I0519169

科学唯物主义第一卷

世界哲学原理

陈定学　著

加拿大国际出版社

书名：世界哲学原理

作者：陈定学

出版：加拿大国际出版社

www. intlpressca. com

Email: service@intlpressca.com

2023 年 11 月加拿大第一版

2023 年 11 月第一次印刷

印刷版国际书号 ISBN: 978-1-990872-52-5

9 781990 872525

电子版国际书号 ISBN: 978-1-990872-53-2

Book Title: Principles of World Philosophy

Author: Dingxue Chen
Published by: Canada International Press
First Edition, Canada, Nov. 2023
First Printing, Nov. 2023
Printed Edition ISBN: 978-1-990872-52-5
EBook ISBN: 978-1-990872-53-2

阿基米德说，给我一个支点，我就能撬起地球。

哲学家说，给我一把刀，我就能解剖世界。

《世界哲学原理》就是一把解剖世界的刀。

作者简介

陈定学（1946—），男，独立学者，学生时代因向毛泽东上书反映大饥荒真实情况，因在哲学探索中提出独立见解，被开除学籍送农村劳动改造。在艰难的逆境中坚持探索哲学 60 余年，吸纳现代科学的方法与理念，采用新的哲学范式，创建科学心灵哲学、新矛盾论和科学唯物主义新哲学。发表论文与文章 140 余篇，著有书稿 10 部，已出版《破解大脑之谜——精神分子论》《精神的革命》两书。

作者邮箱：dxchen1946@163.com

作者手稿

哲学论文中的"插话"（20 世纪 70 年代）

"插话"摘录：

真理是最神圣无私的东西，她不会屈从于权势，也不会迷惑于富贵，她具有最坚强的骨头。那些以兜售哲学来猎取荣华富贵的"哲学商人"们，恰巧手中就没有真正的哲学，有的只是哲学的僵尸。

今天，当我穷得身无分文，研究哲学只能使我更穷、更危险的时候，所以能坚持不懈，继续进行着我的研究，催促我的就是对哲学的一颗真诚的心。

让你们说去吧，我这个身无分文的"穷酸"还是要研究哲学，一直研究下去……

七二年十一月十四日 秋雨之夜

内容简介

本书是一本专门研究世界问题的哲学著作，全书共六章，约 40 万字。

第一章专门探讨哲学和世界哲学的定义，并阐述了世界哲学的主题、内容与方法。

第二章是材料哲学，首先探讨构成世界万物的最基本材料——物质，并对物质的定义进行了详细的分析与讨论。之后又探讨了物质的来源、作用以及四条基本规律，最后对材料哲学的价值与意义进行了总结。

第三章是组合哲学，首先探讨了组合的定义与意义，之后详细探讨了物质粒子如何通过组合构成元素、结构与物，物与物又如何通过组合构成对子、组、群、系列、序列、系统、场、环境、层以及层系等。通过组合哲学，揭示了微小的物质粒子如何构成了世界万物。第三章还论述了结构的四条规律、系统的四大特征以及整体性规律。

第四章是演化哲学，首先探讨演化的定义、主体与普遍性，之后详细探讨了各种不同的演化方式，以及演化的原因、动力、方向、周期、规律以及轨道等一系列问题。第四章还专门探讨了演化的十条规律，最后对演化哲学的价值与意义进行了总结。

第五章是世界哲学，首先探讨世界的定义，之后探讨关于世界的一系列重大问题——世界的起源、形成、演化、图景以及本质等，并对世界哲学的可靠性、可信性以及世界哲学的价值与意义进行了论述。

第六章是科学唯物主义，首先讨论了世界哲学与科学唯物主义的关系，之后探讨了唯物主义的定义，并对历史上的唯物主义进行了总结，还对正确认识唯物主义的问题进行了论述。而后阐述了科学唯物主义的定义、主题与内容，指出科学唯物主义是唯物主义发展的新阶段，是哲学的新范式。最后是本书的定义、规律和公式集锦。

本书通过一个简约的理论对世界作出了解释，通过世界哲学能够对纷繁复杂的世界有一个清晰、全面而又深入的认识。世界哲学吸纳自然科学的方法与理念，在哲学的出发点、本原、理路、对象、方法以及理论体系等诸多方面都进行了根本的变革，它是哲学的新范式，是一种全新的哲学。

自序

　　本书的书名是《世界哲学原理》，顾名思义本书探讨的主题就是"世界哲学"，就是关于"世界整体"的哲学。在传统哲学中，很少有人把"世界整体"列为主题进行专门的研究，所以"世界哲学"是一个全新的哲学。那么，究竟什么是"世界哲学"呢？所谓世界哲学就是研究世界整体的哲学，就是研究世界的起源、材料、形成、演化、图景以及本质的哲学。

　　世界哲学为什么要把"世界整体"作为主题进行专门的研究呢？这是因为人类生存于世界之中，世界问题是人类面临的最大问题，自然也是哲学需要回答的最重大的问题，所以哲学很有必要把世界作为自己研究的主题，很有必要积极开展"世界哲学"的研究。正如著名哲学家雅斯贝尔斯所预言的那样，我们正面临第二个"轴心时代"，而第二个"轴心时代"的主题就是"世界哲学"。

　　人类诞生于世界，世界是人类之母，人类是世界之子。从人类诞生的第一天起，他们所面对的就是那个浩瀚而又神秘的世界，于是人类必然会产生许许多多的疑问与困惑：我们眼前的这个世界究竟是从哪里来的？是由什么东西构成的？它是如何形成的？又是如何演化的？世界是什么样子？世界的本质又是什么？……从人类诞生一直到21世纪的今天，几百万年过去了，但人类一直没有停止对这些问题的追问、思考与探索。哲学代表了人类最高的智慧，所以人类对哲学寄予厚望，希望哲学能够揭示世界的奥秘，回答这些疑问与困惑，这不仅是哲学的初衷，而且也是哲学的宗旨和最高目标。

著名科学家史蒂芬·霍金说过："科学的终极目的在于提供一个简单的理论去描述整个宇宙。"哲学同样也是如此，哲学的终极目的也是用一个简约的理论解释整个世界，揭示世界的奥秘。世界哲学秉承哲学的初衷与宗旨，对世界进行专门的研究与探索，并通过一种简约的理论——"物质—组合—演化理论"对世界的一系列重大问题，例如世界的起源，构成世界万物的最基本材料，世界万物的形成，世界万物的演化，世界的图景以及世界的本质等诸多问题，都做出了明确而又系统的解释，初步回答了人类的疑问与困惑。通过世界哲学，人们不仅能对纷繁复杂的世界有一个全面、清晰的了解，而且还能对世界的一系列重大问题有一个深入、系统的认识，世界哲学是帮助人们了解、认识世界的哲学。

世界哲学不仅帮助人们了解、认识世界，而且还把人们带入一个与传统哲学迥异的哲学新世界。为什么说世界哲学是哲学的新世界？它与传统哲学有什么不同？它究竟"新"在哪里呢？简言之，世界哲学的"新"主要表现在以下5个方面：

①哲学的新定义、新主题与新方向；

②哲学的新理路与新范式；

③新概念、新原理、新规律与新体系；

④新方法与新手段；

⑤新用途与新功能。

与传统哲学相比较，世界哲学在哲学的定义、主题、方向、出发点、理路、对象、方法以及理论体系等诸多方面，都发生了根本性的改变，它是一种新的哲学范式，它开辟了哲学的新世界。

在数千年漫长的发展历程中，哲学曾经取得过辉煌的成就，但由于科学的冲击以及自身的原因，到20世纪后期，哲学不仅丧失了大部分领地，而且也失去了正确的方向，陷入了困境与危机。正如著名哲学家维特根斯坦所说的那样，哲学成了"捕蝇瓶中的苍蝇"，这只可怜的"苍蝇"被困在狭小的"捕蝇瓶"中，嗡嗡乱飞却找不到出路。维特根斯坦和海德格尔分别代表英美分析哲学和欧洲大陆哲学的两座高峰，但二人都不约而同地得出了"哲学终结"的结论。有着数千年辉煌历史的哲学即将终结，代表人类最高智慧的哲学即将消亡，哲学已经到了生死存亡的严峻时刻！

在这个严峻时刻，世界哲学另辟蹊径，为哲学开拓了一条新路，开辟了一个新天地。在这个新天地中，那个束缚哲学的"捕蝇瓶"被打得粉碎，瓶中的"苍蝇"也突变为雄鹰，自由地翱翔在浩瀚的世界之中，哲学将获得新生，将重新走向辉煌！

陈定学

2021 年 6 月 26 日写于龙山

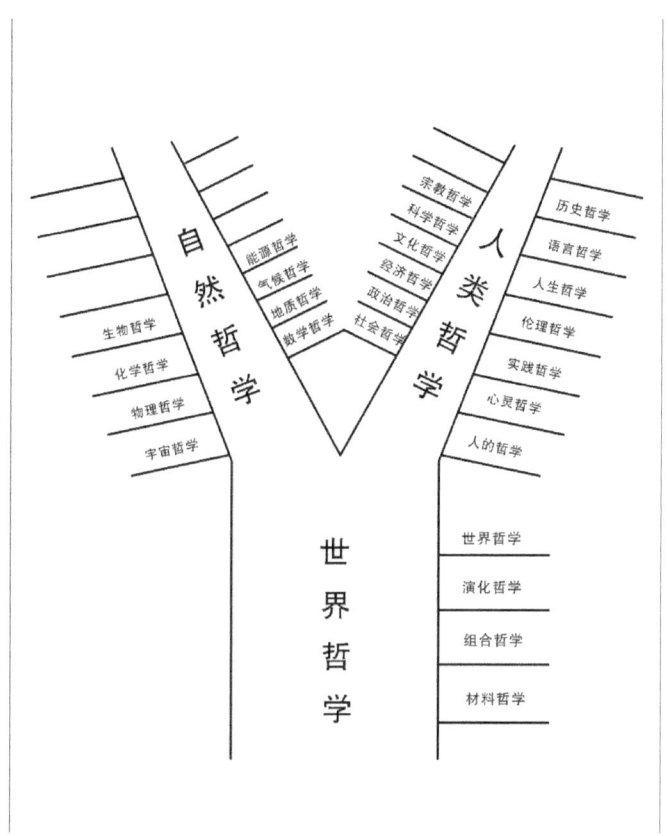

哲学树

（科学唯物主义的结构与体系）

目　录

第一章　什么是世界哲学？

本章探讨的核心问题：

什么是哲学？什么是世界哲学？

本章内容脉络：

一、什么是哲学——哲学的新定义

二、新定义的根据与理由

三、对新定义质疑的解释与回答

四、新定义的价值与意义

五、什么是世界哲学

六、世界哲学的主题与内容

七、世界哲学的方法

第一节 什么是哲学？

第一节内容脉络：

一、哲学一直缺乏准确的定义

二、哲学的新定义

本书的书名是《世界哲学原理》，所谓"世界哲学"就是探究世界的哲学。在探讨"世界哲学"之前，首先应该知道什么是"哲学"，只有对哲学有了准确的了解，才有可能深入地了解"世界哲学"。那么，究竟什么是哲学呢？在第一节，我们将对这个问题进行专门探讨。

一、哲学一直缺乏准确的定义

哲学是一门历史悠久的学科，据学者们考证，它的历史长达3000余年。[1]对于这样一门历史悠久的学科，人们一定会问：究竟什么是哲学？或者说哲学的定义是什么？哲学研究的对象及学科定位又是什么呢？哲学究竟是干什么的呢？这个问题无疑是哲学首先需要回答的"第一问题"，正如法国哲学家雅克·德里达（Jacques Derrida，1930－2004）所说的那样："了解什么能被称为'哲学'的问题总是哲学的真正问题，是它的中心，它的根源，它的生命原则。"然而令人十分遗憾的是，虽然哲学已有 3000 余年的历史，但它对这个问题一直没有一个准确、统一的答案，古往今来的哲学家们对该问题的解释是众说纷纭、莫衷一是，甚至是人见人殊，一个哲人就会有一个答案。

那么，哲学家们究竟有哪些不同的答案呢？历史最悠久，也最为常见的答案是：哲学是智慧之学。这是因为在古希腊文中，哲学（英 philosophy）一词是"爱智慧"的意思，于是哲学就成了一门通过探究真理而获得智慧的学问。除了"智慧之学"外，还有许多不同的答案，中国社会科学院李德顺先生进行过总结：

（1）"形而上学说"认为，人类的最高智慧在于把握一切可感觉事物背后的终极原因和原则，哲学就是关于"作为是的是"的科学；

（2）"世界观方法论说"认为，哲学的智慧在于获得关于世界人生的普遍性知识和规律性认识，构建或表达关于世界或宇宙整体的完整而系统的观点、观念和一般方法；

（3）"认识论说"认为，上述说法难以避免独断论的结果，哲学事实上只能提供人类认识和把握世界的方式、过程及其成果的理论前提和根据，所以哲学就是认识论；

（4）"思维方式说"更进一步把智慧归结为人的思维能力、方式和方法，把哲学看作是关于人的思维方式的学说；

（5）"价值观念说"则基本否定了智慧中的知识化取向，而是强调：哲学不同于具体科学的使命和意义，不在于提供知识，而在于提供并说明人类应有的价值观念系统；

（6）"文化批判说"与价值观念说相近，但它更注重强调：哲学的智慧在于对社会历史和文化的综合考察、批判、超越和重新建构；

（7）"人生境界说"则把重点放在哲学与人生的直接联系上，认为哲学是思考着、追求着的人生所具有的一种自觉的高尚的精神境界；

（8）"语言分析说"主张摈弃抽象玄远的解释方式，抓住人类思想和智慧的载体 —— 语言进行实证的分析和操作，认为这才是哲学的本质面貌。[2] 除此之外，还有普遍规律说、存在意义说、精神境界说、文化样式说、实践论说等不同的说法。[3]

究竟什么是哲学？

哲学家们竟然提出了这么多大为不同的答案，这不能不让人倍感困惑：究竟什么是哲学？哲学究竟是一个什么样的学科呢？3000 多年过去了，这个哲学需要回答的"第一问题"却一直没有得到满意的解决，人们一直无法准确地知道究竟什么是哲学，无法确定哲学研究的对象究竟是什么，也无法确定哲学的定位，而哲学也一直没有一个准确、统一的定义。一门学科，历史长达 3000 余年，竟然搞不清自己的研究对象，找不准自己的学科位置，不知道自己是干什么的，这不能不说是一个巨大的悲哀！而这样的学科不能不说是一门"模糊学"和"糊涂学"！

3000 多年来，哲学家们一直在做着瞎子摸象的游戏！然而，大象的头、牙、腿、尾巴、躯干和皮毛等各个局部还不是大象，只有把大象的头、牙、腿、尾巴、躯干以及皮毛等各个部分有机地组合起来，才是真正的大象。同样的道理，形而上学、认识论、实践论、思维方式、价值观念、人生境界、文化批判、语言分析、普遍规律或存在意义等等，只是哲学的一些部分，它们并不是完整的哲学，也不能代表哲学全部的内涵。

二、哲学的新定义

这无疑是哲学最大的危机，如果哲学搞不清自己的研究对象，找不准自己的学科定位，不知道自己是干什么的，那它的研究只能是瞎子摸象、乱摸一通，哲学的发展也只能是盲人瞎马、放任自流，而哲学这一门历史悠久的学科也只能算是"模糊学"和"糊涂学"！假如这种状况一直持续下去，那么，哲学只能像一个失明的耄耋老人，战战兢兢、摸摸索索、步履蹒跚、踟蹰不前。历史长达 3000 余年竟然还是一门"糊涂学",这确实是哲学最大的危机,哲学要发展、要前进,首先就必须解除这个危机。

那么,如何才能解除这个危机呢?当务之急就是要确定哲学的研究对象,明确哲学的学科定位,对哲学进行准确的定义,对"究竟什么是哲学?"这个问题做出明确的回答。而要想解决这些问题,首先必须解决一个最为关键的问题——哲学研究的对象,这个问题解决了,其他的问题就有可能迎刃而解。那么,哲学研究的对象究竟是什么呢?我们在前面已经介绍过哲学家们提出的各种对象,这些对象无疑都是哲学应该研究的,这些答案也都有一定的道理,但是这些答案大都存在着一个缺陷,那就是只强调某个具体对象而忽视了其他对象,只强调局部而忘记了整体。这种状况就像我们前面所说的瞎子摸象,一个瞎子摸到了大象的牙,就误认为大象就是一根光滑的棍子;另一个瞎子摸到了大象的尾巴,就误认为大象就是一根毛茸茸的鞭子 ……不同的瞎子摸到了大象的某个局部,就误认为这就是大象。哲学家们在确定哲学的对象时同样也是如此,不同的哲学家看到的往往只是哲学的某个局部或分支,于是他们就把这个局部或分支误认为就是哲学。

那么,哲学研究的对象究竟是什么呢?大象的牙、大象的尾巴等并不是大象这个整体,同样的道理,某个局部或分支并不能代替哲学这个整体,哲学研究的对象不应该是某个局部或分支，而应该是各个局部或分支组合而成的整体。那么，哲学研究的这个整体究竟是什么呢？世界哲学认为：

这个整体就是"世界"，哲学研究的对象就是世界这个整体。

假如我们把哲学家们所说的那么多局部或分支有序地拼接、组合起来，那么，就有可能找到一个更为全面和系统的整体，这个整体就是世界。无论是形而上学或普遍规律，无论是认识论或实践论，无论是人生境界或存在意义，也无论是思维方式或语言分析，它们其实都是整体世界的一部分，都是世界的某个局部或分支。这就是说，我们完全可以把既往哲学家们提出的各种对象综合起来，从而形成一个统一的对象；完全可以把这个复杂的问题简单化，用一个更具普遍性的对象来代替哲学家们所说的各种具体对象。

通过以上探讨可以看出，既往哲学家们所说的那么多对象，其实都是世界这个整体的某些局部或分支，所以哲学研究的对象其实只有一个，那就是世界（World）。于是就可以得出这样一个结论：

哲学研究的对象不仅仅是某些局部或分支，而是世界这个整体。

我们说哲学的研究对象是世界，那么，究竟什么是"世界"呢？中文"世界"一词来源于佛经，"古往今来曰世，上下四方曰界"，所以"世界"就是全部时间与空间的总称，通常指人类生活居住的地球，而更广义的"世界"则指的是全宇宙。《辞海》对"世界"的解释是：① 全球所有地方。② 即宇宙。[4] 而对"宇宙"的解释是："四方上下曰宇，古往今来曰宙"，所谓"宇宙"就是天地万物的总称。[5] 通过以上探讨我们可以看出，"世界"中的"世"是一个时间概念，它囊括古往今来的全部时间，而"世界"中的"界"则是一个空间概念，它囊括上下四方的全部空间，所以"世界"其实就是所有时间和空间的总称。由于时间和空间都是物质或事物的度量，所以"世界"也可以表示所有时间和空间中的所有事物；假若用比较通俗的语言来表达，那么，所谓"世界"或"宇宙"就是天地万物的总称。

所谓"世界"是指所有（全部）时间和空间中的所有事物，是天地万物的总称，世界是万物的集合。

以上是"世界"一词的含义，然而，这个囊括了天地万物的、浩瀚无际的世界只不过是人类的一个设想或推论，从来没有人真正见到过这个世界。宇宙是浩瀚的，然而在浩瀚的宇宙里，正如罗素所说，人只不过是在一个微不足道的行星上"由不纯粹的碳和水化合成的一块微小的东西"，这样"一块微小的东西"能够完全认识"所有时间和所有空间中的所有事物"

吗？能够完全认识那个浩瀚无际的宇宙或世界吗？这个问题确实是一个值得深思的问题。为了解决这个难题，世界哲学认为，可以对"世界"这一概念做出更切合实际的解释。人类生存于世界之中，他们与世界进行着信息的交流，并通过自己的实践活动与世界相互作用，所以我们可以把"世界"定义为人类生存的世界、生活的世界，或者定义为人类能够感知的世界。虽然这个"世界"远不如设想中的世界宏大，但这却是一个真实的世界，一个现实的世界。

我们所说的"世界"并不是那个浩瀚无际的设想中的世界，而是指人类生存于其中，并被人类所感知的那个实实在在的"生活世界"、"现实世界"或者说"经验世界"。

正如现象学代表人物胡塞尔（Edmund Husserl，1859-1938）所指出的那样："最为重要的并值得重视的是唯一现实的、通过知觉现实地被给予的、被经验到并可能被经验到的世界——我们的日常生活世界，但这个世界早在伽利略那里就已经被他以数学的方式构成起来的理念基质的世界完全取代了。"[6]

需要指出的是，这个"现实世界"并非是固定不变的，随着人类认识能力和实践能力的提高以及知识的积累，这个"现实世界"的范围会逐渐扩大，并与那个浩瀚的世界逐步接近。

通过以上探讨我们得出这样一个结论：哲学的研究对象是世界。哲学研究的对象是一个最关键的问题，这个问题解决了，我们就有可能对哲学进行定义。那么，究竟什么是哲学？或者说哲学的定义究竟是什么呢？根据哲学的对象与特点，世界哲学为哲学拟定了一个新的定义：

哲学是探究世界根本知识的学问，哲学就是世界学。

新定义只有 21 个字，十分简约，但却对哲学做出了比较准确、清晰的解释。我们在前面介绍过哲学家们对哲学的各种定义，朋友们一定可以看出，新定义与传统定义大不相同。那么，新定义是如何对哲学做出解释的呢？它的解释合理、可靠吗？新定义又具有哪些特点呢？下面我们就对新定义进行专门讨论。

与传统定义相比较，新定义具有一些显著的特点，这就是明确地揭示了哲学的对象、本质、功能和学科定位等。那么，新定义是如何对这些问题做出解释的呢？

第一，新定义明确揭示了哲学的对象——"世界"。

哲学研究的对象是什么？长期以来哲学家们对这个问题做出了各种各样的回答，例如形而上学、认识论、思维方式、价值观念、人生境界、文化批判、语言分析、普遍规律或存在意义，等等。由于研究对象分散而又模糊，所以千百年来哲学像一只无头苍蝇那样四处乱撞，缺乏明确的方向。为了解决这个长期困扰哲学的问题，新定义明确指出，哲学研究的对象并不局限于某个局部或分支，而是世界这个整体，哲学就是专门研究世界整体的学问，哲学就是世界学。

在漫长的哲学史中，也曾有不少哲学家把世界作为研究的对象，他们也在探究世界，但是，他们所探究的是所谓的理念世界、形而上学世界或超验的世界。由于这种世界超越人类的经验，无法被人类感知，几千年过去了，尽管哲学家们绞尽了脑汁、耗费了巨大精力，但却一直无法找到这个神秘的世界，他们留下的是一个又一个高远、玄妙而又虚幻的哲学神话。几千年的教训说明了一个重要道理，哲学决不能把那些神秘、虚幻的"先验"或"超验"的东西作为自己研究的对象，这些研究就像是水中捞月，结果必然是竹蓝打水一场空！

世界哲学也把世界作为研究对象，但与既往哲学家们不同的是，世界哲学探究的并不是那些高远、玄妙而又虚幻的理念世界、形而上学世界或超验的世界，而是能够被人类所感知的经验世界、生活世界，或者说现实世界。正是由于这个世界能够被人类所经验、所感知，所以人类就能够确定这个世界的真实性和实在性。

由于生活世界、经验世界或现实世界是真实的和实在的，又由于这个世界与人类的生存息息相关，所以生活世界、经验世界或现实世界才是哲学研究的真正对象，才是哲学真正的疆域与领地。

第二，新定义明确揭示了哲学的本质——哲学是一门"学问"和"知识"。

什么是哲学？新定义做出了明确的回答，哲学是探究世界根本知识的学问，新定义对哲学的本质做出了明确的回答：哲学是一门学问，是一门探究世界根本知识的学问。哲学是一门学问，那么，哲学家们为什么要花费巨大精力研究这门学问呢？他们研究哲学的目的是什么呢？虽然目的各有不同，但归根结底是一个，这就是认识世界并获得关于世界的知识。

哲学家们在探究世界的过程中必然会产生大量的成果或结论，而这些成果或结论都是以知识的方式呈现出来，所以哲学的本质不仅是学问，而且还是知识，哲学在本质上就是一门学问和知识。

人类的知识体系是一个巨大的系统，哲学是这个系统中的一个重要组成部分。哲学之外的其他知识大都是关于某个具体领域的知识，而哲学知识则是关于世界整体的知识。如果把人类知识体系比作一棵大树，如果把其他知识比作是大树的分支与枝叶，那么，哲学就是这棵大树的根与主干，这是哲学知识与其他知识的不同之处。尽管哲学知识是根本性的知识，但哲学的本质依然是知识。例如《利维坦》一书的作者、英国哲学家霍布斯 (Thomas Hobbes，1588-1679) 就认为，哲学是关于结果或现象的知识。[7] 德国古典哲学家费希特(Johann Gottlieb Fichte，1762-1814) 也明确指出，哲学是知识学，它以整个人类的知识体系为对象，所要阐明的是知识的可能性和有效性，知识的根本原则及其可能性，以及知识与知识之间的内在联系。[8]

第三，新定义明确揭示了哲学的功能——探究世界的根本知识。

新定义不仅明确揭示了哲学的对象、本质和学科定位，而且还揭示了哲学的功能——探究世界的根本知识。长期以来，哲学家们赋予了哲学各种各样的功能，例如认识功能、思维功能、价值功能、人生境界功能、文化批判功能、语言分析功能等等。而新定义则明确指出，虽然哲学具有这些功能，但它的主要功能并非是这些，哲学的主要功能就是探究世界的根本知识。

探索、研究世界的根本知识，这是哲学的主业，而其他功能仅仅是哲学的副业，哲学家们切不可忘记自己的主业，更不可主、副颠倒。

第四，新定义明确揭示了哲学知识的特殊性——"根本知识"。

哲学的本质是知识，然而知识的种类繁多，例如物理知识、化学知识、生物知识、社会知识、历史知识、经济知识、政治知识、文学知识、艺术知识、生活知识，等等。那么，哲学揭示的究竟是什么知识呢？新定义做出了明确的回答：哲学揭示的并不是像物理、化学、生物、历史、政治等那样的普通知识，而是关于世界的"根本知识"。正如我们在上面所指出的那样，如果把人类知识体系比作一棵大树，如果把其他知识比作是大树的分支与枝叶，那么，哲学知识就是这棵大树的根与主干。

哲学是关于世界的"根本知识"，那么，究竟什么是"根本知识"呢？《现代汉语规范词典》对"根本"一词的解释是："①事物的根源、基础或最重要的部分。例如治国的根本。②重要的；起决定作用的。例如最根本的原因。"[9] 根据"根本"一词的词义就可以看出：

所谓"根本知识"就是起决定作用的、根源性的知识，或者说最重要的、最基础的知识。

物理、化学、生物、历史、政治等学科也揭示各自领域的知识，但这些知识大都是一些具体的、局部的知识，假若从世界整体的角度看，这些知识还不是起决定作用的、根源性的知识，也不是最重要、最基础的知识。而哲学则不同，它揭示的并非是具体的、局部的知识，而是那些起决定作用的、根源性的知识，或者说最重要、最基础的知识，这是哲学知识与其他知识的最大区别。我们以历史研究为例，历史学研究的是具体的历史，如历史的演变过程、历史人物的活动以及各种细节等，但历史哲学并不研究这些细节，它研究的是历史演化的大趋势、本质与规律，这些关于历史演化的大趋势、本质及规律的知识就是根本知识。

"根本知识"就是起决定作用的、根源性的知识，那么，什么样的知识才是"根本知识"呢？世界哲学认为：

根本知识具有四个显著特征：终极性、普遍性、必然性与整体性。

这就是说，根本知识就是终极性、普遍性、必然性和整体性知识，下面我们分别探讨"根本知识"的四个特征。

我们首先探讨终极性知识，什么是终极性知识呢？**所谓终极性知识是指，这种知识并非是表面的、肤浅的和枝节的，而是穷根究底的根源性知识，或者说"元知识"；用通俗的话讲，就是最终的知识。**例如哲学家们常常思考世界的本原问题，那么，世界的本原是什么呢？或者说世界究竟是由什么东西构成的呢？古代的哲学家们大都认为，构成世界的本原就是人们日常生活中见到的水、火、气、土等；由于科学发展水平的限制，这些古代哲学家们并不知道，这些水、火、气、土等又是由分子、原子等更小的东西所构成，所以他们关于世界本原的知识是表面的、肤浅的和枝节的，并非是终极性知识。那么，世界的本原究竟是什么呢？在本书的第二章，我们将探讨构成世界的材料问题，世界哲学认为构成世界的最基本材料是物质粒子，物质粒子是世界的本原。由于物质粒子是最基本的粒子，所以可以说这个答案是一个终极性答案，或者说是终极性知识。本原问题或者说构成世界的材料问题只是哲学探究的一个问题，哲学探究的问题还有许多，但哲学所要探究的知识基本上都是这种终极性的知识，或者说最终的知识，这是哲学知识的第一个显著特征。

根本知识的第二个显著特征是，这种知识具有普遍性。什么是知识的普遍性？**所谓普遍性是指，这种知识能够适用于众多领域、众多对象，用通俗但不够准确的话说就是"放之四海而皆准"。**例如化学知识可以适用于化学领域，在化学领域它具有普遍性；但是，这些化学知识并不适用政治领域，它在政治领域没有普遍性。同样的道理，政治知识在政治领域具有普遍性，但到了化学领域，它同样也没有普遍性。而哲学知识就不同，它可以适用于现实世界的各种领域，各种对象，似乎"放之四海而皆准"。例如我们上面所说的世界本原问题，不仅可以适用于化学领域，同样也能够适用于政治领域，而且还能适用现实世界的各个领域。正如罗素（Bertrand Russell，1872-1970）所说的那样："当有人提出一个普遍问题时，哲学就诞生了"[10]

哲学知识不是那种局部的、枝节的知识，而是普遍性的知识。

根本知识的第三个显著特征是，这种知识具有必然性。什么是知识的必然性呢？**所谓必然性就是确定不移、必定如此。**例如地球上曾经生存过不计其数的人，这些人最后的结局无一例外都是死亡，死亡的结局是确定不移、必定如此的，这就是必然性。在中外历史中，有不少专制君主与皇帝，他们梦想长生不老，让臣民们称他们"万岁"，求神拜佛、服用仙丹，虽然竭尽全力，也无法逃避死亡的结局，这就是必然性。

根本知识的第四个显著特征是，这种知识具有整体性。什么是知识的整体性呢？**所谓整体性是指，这种知识并不是零碎的或分散的知识，而是全局性的、系统性的整体知识，即关于世界整体的知识。**哲学之外的知识大都是局部的、分支的或零碎的知识，这些知识很难包括世界整体，例如物理知识仅限于物理领域，化学知识仅限于化学领域，政治知识仅限于政治领域，经济知识仅限于经济领域，它们都无法包括世界整体。而哲学知识则不同，它是关于世界整体的全局的、系统的、整体的知识，这是哲学知识与其他知识的不同之处。

哲学知识不仅具有整体性，而且还具有系统性。所谓系统性是指，这种知识并不是无序的、分散的和缺乏逻辑关系的，而是有序的、有组织的和有逻辑关系的知识。哲学知识就是关于世界整体的系统性的知识，这也是哲学知识的一个显著特征。

通过新定义可以看出，哲学知识具有特殊性，它不是普通的知识，而是关于世界的根本知识，这种知识具有终极性、普遍性、必然性和整体性。哲学所探究的正是这种终极性、普遍性、必然性和整体性的根本知识，这是哲学知识的显著特征。

新定义指出哲学探究的是世界的"根本知识"，这种"根本知识"与哲学家们常说的"形而上学"知识又有什么关系呢？

"形而上学"是传统哲学一个重要的研究内容，长期以来不同的哲学家对"形而上学"有不同的解释，最常见的解释是：预设与现实世界脱离并主宰现实世界的本体世界，试图超越具体存在形式而达到存在本身，试图追寻绝对知识或对存在的最终解释。[11] 例如柏拉图（Plato，前 427-前 347）所说的"理念世界"就是与现实世界脱离并主宰现实世界的"形而上"的世界，他所追寻的知识就是"形而上学"知识，并试图通过这些"形而上学"知识对存在或现实世界做出最终的解释。世界哲学所说的"根本知识"完全不同于这种"形而上学"知识，这种"形而上学"知识是指那些超越现实世界之上的"形而上"世界的知识，由于"形而上"的世界仅仅是某些哲学家的想象，并非是真实的存在，所以这种"形而上学"知识的真实性与可靠性很难保证。而世界哲学所说的"根本知识"则不同，由于它是关于现实世界的知识，由于现实世界能够被人类感知并确定为真实的存在，所以这种知识的真实性和可靠性是有保证的。"根本知识"是真实可靠的知识，而"形而上学"知识则是一种虚幻的、不可靠的知识，这两种知识有着本质的不同，所以"根本知识"完全不同于"形而上学"知识。

但是，有的哲学家对"形而上学"的含义做出了另外的解释，例如《大问题——简明哲学导论》一书的作者罗伯特·所罗门（Robert C.solomon）就把"形而上学"解释为："最简单地说，就是对最基本的（或"第一"）原理的研究。"[12] 世界的"根本知识"中也包含"最基本的原理"，所以从这个角度讲，"根本知识"与"形而上学"知识也有某些共同之处。

第五，新定义明确揭示了哲学的学科定位——综合学科。

新定义明确指出，哲学既不是专门的自然科学，也不是专门的社会科学，更不是专门的人文学科，哲学是一门融合自然科学、社会科学及人文学科的综合性学科，哲学就是世界学，这就是新定义对哲学的学科定位。

马克思主义哲学也曾指出，哲学就是"世界观和方法论"，那新定义是否与它重复呢？回答是否定的，因为新定义明确指出，哲学是一门探究世界根本知识的严谨学科，它是"世界学"，并非是观察世界的泛泛之"观"。一个是严谨的"学"或"学问"，而另一个却是泛泛的"观"和"方法论"，所以二者存在着较大的区别。

通过以上讨论可以看出，新定义明确地揭示了哲学的对象、本质、功能和学科定位，对哲学做出了更为全面、准确和清晰的解释，所以新定义要优于传统定义。

第二节 新定义的根据与理由

新定义与传统定义大不相同，它把哲学定义为探究世界根本知识的学问，定义为世界学。那么，世界哲学为什么要这样定义哲学呢？理由和根据又是什么呢？

第一，世界问题是人类面临的最大问题，只有对世界有一个全面、深入的认识，人类才能更好地在这个世界生存，所以哲学应该担负起这个重任，成为一门全面、深入地认识世界的学问。

从人类诞生的第一天起，他们所面对的就是世界，就是他们生存于其中的世界，于是他们必然会产生这样一些疑问与困惑：我们眼前的这个世界究竟是什么？

它是由什么东西构成的？它从哪里来？人与世界有什么关系？人在世界中处于什么位置？人如何在这个世界中生存？……这些问题无疑是人类所面临、所关心的最大问题，从人类诞生一直到 21 世纪的今天，几百万年过去了，但人类一直没有停止对这些问题的追问、思考与探索，所以世界问题是人类所面临、所关心的最大问题。由于哲学是智慧之学，于是人类就把希望寄托于哲学，希望哲学能够对这些问题做出解释与回答，这样世界问题就成为了哲学的最大问题。既然世界问题是哲学的最大问题，那么哲学研究的对象必然就是世界了。

哲学是一门纯粹而又高远的学科，它并不能直接产生食物、衣服、房屋、汽车与金钱等，它看起来似乎没有什么实用价值，那么，人类为什么还要花费巨大精力去研究哲学呢？人类研究哲学的目的究竟是什么呢？虽然哲学不能直接产生食物、衣服、房屋、汽车与金钱，虽然哲学似乎没有什么实用价值，但是，哲学却能够给人类提供关于世界最根本的知识，这些知识能够让人类在世界中更好地生存，这无疑是哲学最大的价值与意义。那么，如何为人类提供世界的根本知识呢？这就需要哲学把世界列为自己研究的主要对象，就需要哲学变成世界学。

第二，这是哲学的初衷与宗旨

西方哲学诞生于公元前 6 世纪的希腊，最早的哲学家们关注的主要问题就是宇宙的组成以及本原问题，或者说就是宇宙或世界问题。例如古希腊著名哲学家亚里士多德(Aristotles，前 384-前 322) 就曾将他的哲学定义为一种"原因"，宣称他的哲学是"研究真实宇宙原因的科学"。亚里士多德的老师、古希腊著名哲学家柏拉图则将他的哲学定义为"理念的科学"，理念指的是所有现象的基础原理，柏拉图和亚里士多德都认为哲学就是研究宇宙的科学。从哲学诞生的那一天起，它就隐含着一个终极目标，这就是试图用一个统一的模型解释世界万物及其运动规律，试图找到世界的"万有之理"，这不仅是哲学的初衷，而且也是哲学的宗旨。千百年来，众多哲学家都在孜孜不倦地探究世界的"万有之理"，试图实现哲学的初衷与宗旨。但是，从 18 世纪西方哲学的认识论转向开始，不少哲学家把精力转移到一些局部或具体问题，忽视或遗忘了哲学的初衷与宗旨。虽然研究局部或具体问题也很必要，但哲学决不能忘记自己的初衷和宗旨，我们今天重新提出这个问题，并非是让哲学倒退，而是要让哲学回归初衷，回归自己的宗旨。为了完成哲学的初衷与宗旨，很有必要把哲学定义为探究世界根本知识的学问，定义为世界学。

第三，这是众多哲学家的共识

虽然哲学家们对哲学的对象提出了各种不同的看法，但也有不少哲学家明确指出，哲学研究的对象就是世界，他们对这个问题形成了一定的共识。

从哲学诞生一直到 18 世纪西方哲学的转向，众多哲学家探究的正是世界的"万有之理"，他们认为哲学就是研究世界的学问，这一点已经成为众多哲学家的共识。即使在 18 世纪西方哲学转向之后，仍有不少哲学家认为，哲学的主题就是整个世界。例如著名形而上学家彼得·范·因瓦根(Peter van Inwagen)将形而上学的核心问题归结为以下三组：（1）世界最一般的特征是什么？这世界包含着什么样的事物种类？世界"看起来"像什么？（2）为什么世界存在着——进而更具体地说，为什么存在着这样一个世界，它具有在对问题（1）的回答中所描述的哪些特征和内容？（3）我们在世界中的位置是什么？我们人类是如何适应这个世界的？[13] 从彼得·范·因瓦根列举的三组核心问题就可以看出，他所说的这些问题其实都是关于世界的问题，也就是说，形而上学或者说哲学研究的主题就是世界问题。

逻辑实证主义创始人之一、维也纳学派的领导者石里克(Moritz Schlick，1882-1936) 也认为，哲学并非某一具体的学科，但它"以世界为主题"，并对科学的发展具有指导作用。1911 年，石里克在就任罗斯托克大学哲学讲师时发表的就职演讲中指出："哲学绝不是一门具体学科。它不是与具体学科并驾齐驱，而是在特定的意义上高于它们，可以说，包括了它们。…… 哲学的主题内容是整个世界，而不是世界的某个部分，否则，它就根本没有主题。"[14]

20 世纪杰出的思想家、系统论的创始人路德维希·冯·贝塔朗菲（Ludwig Von Bertalanffy, 1901-1972)也指出："任何视野宽阔的理论都含有世界图景……在科学方面，任何主要的发展都会改变世界观，并且都是现代语言中的'自然哲学'和'元科学'。"

第四，世界是全局和整体的，是哲学研究的总对象，其他具体的对象都可以包含在这个总对象之中。

我们说哲学研究的对象是世界，有的朋友可能会提出质疑，如果说哲学研究的对象是世界，那哲学家们所说的那些具体的对象，例如认识论、实践论、人生问题、存在问题、思维问题以及语言分析等等，又由谁来研究呢？难道要把这些对象统统抛弃不成？我们虽然说哲学研究的对象是世界，但并没有说要把这些具体的对象统统抛弃。我们在本书的开头画有一棵"哲学树"，哲学树表示哲学家眼中的世界，这个世界就是哲学研究的总对象。但是，这棵大树不仅仅有主干，而且还有许多分支，这些分支就代表各个具体的对象，这些具体对象正是世界这个总对象的组成部分。通过"哲学树"就可以清楚地看出，哲学研究的对象不仅是世界这个整体，而且还包括各个分支；也就是说，我们不仅把世界整体作为哲学研究的对象，同时也把各个具体的分支或局部作为哲学研究的对象。既有整体对象，也有分支对象，新定义较好地解决了哲学的对象问题。

第五，世界上存在着众多的问题，哲学同样也存在着众多的问题，但这众多的问题都可以归纳为一个问题——世界问题。

世界问题是哲学的全局问题或总问题，其他具体的问题是全局问题或总问题中的部分或分支，即使你把某个局部或分支研究得十分透彻，但如果全局或总问题得不到解决，那么，局部或分支的问题也不可能得到彻底的解决。

所以世界问题是哲学的最大主题，也是哲学最重要、最根本的问题。

正如亚里士多德所说：当所有的科学都只关注各自特定的领域时，哲学关注的却是一切存在，或者说普遍意义上的存在。

通过以上探讨可以看出，世界哲学把哲学定义为探究世界根本知识的学问，定义为世界学，不仅是合理的，而且也是有根据的。

第三节 对新定义质疑的解释与回答

长期以来，哲学的定义一直是一个见仁见智、争论激烈的问题，现在世界哲学对哲学进行了新的定义，肯定也会遭到一些持不同观点的哲学家们的质疑与批评，下面就对一些可能出现的质疑与批评做出解释与回答。

1. 定义哲学是一个"宏阔问题"，所以不可能对

哲学进行准确的定义。

哲学界有一些学者认为，定义哲学是一个十分"宏阔"的问题，所以根本不可能对哲学做出准确的定义。例如北京大学哲学系教授、《哲学是什么？》一书的作者胡军先生就认为："企图给'哲学是什么'这样宏阔问题一个人所公认的确切答案或明确定义是很不明智的，也是很危险的，因为这样的做法几乎是不可能的。"[15]

定义哲学确实是一个"宏阔问题"，但这个"宏阔问题"是人类自己提出的，也是人类自己在进行着哲学的思考与探索，既然如此，人类就应该对这个问题有一个明确的认识和界定，至少应该有一个初步的认识与界定。试想一个人设置了一个学科，但他却不知道设置这个学科的目的是什么，也不知道这个学科究竟是干什么的，那这个人是不是太糊涂了！虽然定义哲学确实是一个"宏阔问题"，但应该相信人类的智慧和认识能力，相信人类有能力解决这个问题。例如宇宙的起源问题同样也是一个"宏阔问题"，但自然科学家们就能够勇敢地面对这个问题，人类诞生只有数百万年的历史，而宇宙却起源于遥远的137亿年前，所以对于人类而言，宇宙的起源同样也是一个"宏阔问题"，然而，自然科学家们并不认为这个"宏阔问题"问题是一个"不可能解决"的问题，他们积极探索，提出了"宇宙大爆炸"等学说，对宇宙起源问题做出了较好的解释。假如科学家们因为宇宙起源是一个"宏阔问题"就畏缩不前、无所作为，那这个问题恐怕永远也不可能解决。

定义哲学同样也是如此，尽管它确实是一个"宏阔问题"，但我们不能因此就畏缩不前、无所作为，放弃对它的研究和探索，否则哲学将永远改变不了那种瞎子摸象、盲人瞎马的被动局面，永远也摘不掉"模糊学"和"糊涂学"的帽子，永远也不可能得到大的发展。世界哲学认为，尽管定义哲学是一个"宏阔问题"，但只要积极不懈地探索，就有可能对这个问题产生一个比较准确的认识，就有可能为哲学提供一个明确的定义和确切的答案。定义的目的就是把一事物与其他事物区别开来，使人们对该事物有一个清晰而又准确的认识。有了准确的定义，人们不仅会对哲学有一个清晰而又准确的认识，而且还能够把哲学与其他学科严格区别开来。

为哲学提供一个准确的定义，能够促进哲学的发展，这种做法不仅是十分必要的，而且也是明智的。中国社会科学院的李德顺先生也认为："关于哲学是什么的问题，究竟是否能够作出比较清楚的回答呢？答案应该是肯定的，也需要是肯定的。理由很简单：哲学是人类自己所为，所以人类必须而且应该能够说明它；我们对于哲学的理解不能永远停留于无休止的盲目状态，否则将意味着哲学本身的终结和死亡，这也将是人类智慧的耻辱。"[16] 一门有着 3000 年悠久历史的学科，竟然不能为自己下一个准确、清晰的定义，这无疑是哲学的最大耻辱！所有有为的哲学家都应该积极研究哲学的准确定义，结束哲学的盲目状态，洗清这个最大的耻辱！

2. 当人们试图用知性范畴去把握世界整体时，就会陷入"二律背反"，所以哲学无法研究世界整体。

新定义认为，哲学就是探究世界根本知识的学问，哲学就是世界学，那么，人类凭借自己的思维能力能够研究、把握世界这个整体吗？有一些学者就提出质疑，他们认为整体世界是超验的，人类的思维能力根本无法研究、把握那个超验的世界整体；如果人类的思维能力根本无法研究、把握世界整体，那就很难把哲学定义为世界学。例如复旦大学哲学系俞吾金教授(1948-2014) 就认为：整体世界作为客观上最高的、无条件的、超验的统一体，根本就是不可知的；原因是知性范畴只能用来把握世界中可经验的具体事物，却无法把握超验的世界整体本身。当人们试图用知性范畴去把握世界整体时，就会陷入"二律背反"。[17] 俞先生的依据是康德(Immanuel Kant，1724-1804)的先验哲学，康德认为，从部分的、有条件的、受限制的研究对象进而追求完整的、无条件的、不受限制的绝对总体的宇宙，即把宇宙作为一个总体（完整、无限、绝对统一……）来追求，就会陷入"二律背反"，并产生"先验幻相"。[18] 从世界整体的角度看，人类只是世界的一部分，那么作为"部分的、有条件的、受限制的"人类，能否把握"完整的、无条件的、不受限制的"世界整体呢？会不会陷入"二律背反"，并产生"先验幻相"呢？这个问题无疑是一个十分重要的问题，假如这个问题得不到解决，那哲学就不能把世界作为自己的研究对象，而作为"世界学"的哲学也根本无法成立。

这确实是一个极大的难题，那么，如何解决这个难题呢？世界哲学认为，虽然人类只是世界的一部分，虽然人类的认识能力是有条件的和受限制的，但是，人类还是有可能认识和把握世界整体的，而且这种认识和把握不一定会陷入"二律背反"，也不一定产生"先验幻相"。理由是：

其一，我们在前面已经对"世界"进行了定义，我们所说的"世界"并不是那个浩瀚无际的超验的世界，而是指人类生存于其中的那个实实在在的"生活世界"或"现实世界"。这就是说，我们所说的"世界"并不是俞先生所说的那种"最高的、无条件的、超验的统一体"，而是人类生存于其中、并通过自己的思维和实践感知、作用的那个实实在在的"生活世界"、"现实世界"或经验的世界。由于这个世界是现实的、经验的，所以这个世界一定是可以经验的，是可以被人类感知的，也是可以被人类研究、把握的。既然这个"生活世界"、"现实世界"是可以被人类经验、感知的，那么当哲学研究世界的时候，就不会陷入"二律背反"，不会产生"先验幻相"。

其二，康德所说的"知性"是指介于感性和理性之间的一种认知能力，然而人不仅有知性，而且还有理性、意识以及智慧等，人不仅可以认识世界中的具体事物，而且还可以通过自己的理性、意识及智慧反思、认识世界整体，这种反思和认识并不一定会陷入康德所说的"二律背反"，也不一定会产生"先验幻相"。例如康德在论述宇宙论的第一个"二律背反"时说，正题：世界在时间上有开端，在空间上有限界；反题：世界并无开端，也无空间限界。就时、空言，它是无限的。[19] 按照康德的论述，宇宙论必然会陷入"二律背反"，但是，宇宙学却明确地告诉我们，情况并非是如此。根据"宇宙大爆炸学说"，世界在时间上是有开端的，在空间上也是有限界的，正如英国著名科学家斯蒂芬·霍金（Stephen William Hawking, 1942-2018）所说的那样："经典广义相对论的奇点定理表明，宇宙必然有一个开端，而且这个开端只能用量子理论来描述。这接下来又会引出如下的观念：在虚时中宇宙可以是有限的，但它没有边界，或者说不存在奇点。然而，一旦回到我们所生活的实时之中，奇点看来仍然是存在的""人们可以说时间有一个起点，即大爆炸瞬刻，这意味着在这之前的时间是完全不可定义的。"[20] 这就是说，正题符合宇宙的实际，而反题并不符合宇宙的实际，所以正题是正确的，而反题却是错误的。通过宇宙学的知识我们可以清楚地看出，人不仅能够认识宇宙整体，而且在认识的时候也不一定会陷入"二律背反"，不一定会产生"先验幻相"。

自然科学的一个重要分支——宇宙学，就是一个专门研究宇宙整体的科学，如果按照康德的哲学，当人们试图用知性范畴去把握宇宙整体时，宇宙学必然会陷入"二律背反"，必然会产生"先验幻相"。但是，科学家们并没有被康德的哲学教条束缚手脚，他们大胆地对浩瀚的宇宙进行观察、研究与探索，积累了大量有关宇宙的知识，并形成了天文学的一门分支学科——宇宙学（cosmology）。宇宙学对宇宙的起源、结构、演化等进行了科学的探索与解释，给人类提供了丰富的宇宙知识，然而，宇宙学并没有陷入什么"二律背反"，更没有产生什么"先验幻相"。宇宙学的实践充分证明，人类完全有可能认识、把握宇宙整体，同时也证明康德的先验哲学存在着局限性，并非是金科玉律。

其三，世界哲学认为哲学有可能把世界整体作为自己的研究对象，并不是说它能够立刻对世界整体产生一个完整而又深入的认识，而是说哲学以及其他学科通过长期探索和努力，有可能对世界整体逐步形成一个比较完整、比较深入的认识。这是一个循序渐进、长期积累的过程，每一次认识可能只是世界的某个局部，但是经过长期不懈的努力，经过漫长岁月的积累，哲学终有可能对世界整体形成一个比较完整、比较深入的认识。我们可以把这个过程比喻成蚂蚁搬山的过程，蚂蚁是微小的，对于蚂蚁而言，山无疑是巨大的，但是经过无数蚂蚁长期不断地努力，大山完全有可能被微小的蚂蚁搬动。

其四，当人们试图用知性范畴去把握世界整体时，之所以会陷入"二律背反"，之所以会产生"先验幻相"，根本原因是因为人们试图超越自己的能力去追求绝对的知识。由于客观和主观的种种限制，人的认识总是相对的，哲学对世界整体的认识和把握也是相对的，哲学所追求的知识也是相对的。正是因为哲学所追求的知识是相对的，而不是绝对的，所以哲学知识就不会陷入"二律背反"和"先验幻相"。

3. 整体世界是超验的，是人无法认知的，所以哲学无法研究世界整体。

俞先生还认为，整体世界作为客观上的最高的、无条件的、超验的统一体，它是超验的，是人无法认知的，所以哲学无法研究世界整体。世界哲学对这个观点不敢苟同，由于我们所说的整体世界是指现实世界，现实世界并不是超验的，自然也是可以认知的，所以把它列为哲学研究的对象是合理的。我们的理由是：

其一，我们所说的"世界整体"或"整体世界"并非是指那个远在"彼岸"的、神秘的"自在之物"，而是指人类生存于其中的那个"此岸"的现实世界或生活世界。几百万年前，人类诞生于这个世界，现实世界就是人类生存的家园。在这个家园中，人类与现实世界进行着物质、能量以及信息的交换，不断地进行着相互作用，并借此维持自己的生存。几百万年来，人类与现实世界互相交融、互相影响、合而为一、密不可分，所以对于人类而言，现实世界这个家园完全是可感的和可知的。如果它真的像某些哲学家所说是超验的、无法认知的，那人类就不可能在这个世界上生存数百万年之久。正如海德格尔 ((Martin Heidegger，1889-1976) 在《存在与时间》中所说的那样："'世界'在存在论上绝非那种在本质上并不是此在的存在者的规定，而是此在本身的一种性质。"[21] 海德格尔所说的"此在"是个正在生成的但目前仍然是个尚不是的东西，指的是人的生成过程，换句话说，就是指正在生成、每时每刻都在超越自己的人。既然世界是由"此在"组建起来的，并且是"此在"本身的一种性质，那么它当然是可以认识的。

其二，我们所说的"世界整体"或"整体世界"指的是各种具体事物的总和，并不是那个所谓的"最高的、无条件的、超验的统一体"。既然具体的事物是可感、可知的，那么，作为具体事物总和的"整体世界"或"世界整体"，同样也应该是可感和可知的。

其三，哲学对世界的认识是一个长期积累、不断丰富、不断深入的过程。从空间的角度看，世界整体是广阔无垠的，而人的活动范围却是极其有限的；从时间的角度看，世界的演化历史极其漫长，而人的生命却非常短暂，由于二者在空间和时间上存在着巨大的差异，所以哲学对世界整体的认识确实存在着很大的困难。既然存在着很大的困难，那是不是说哲学对世界整体的认识就是不可能的呢？世界哲学认为，哲学对世界的认识是一个长期积累、不断丰富、不断深入的过程，虽然个体的生命是短暂的，但是一代又一代人的生命接力却是漫长的；虽然个体的活动范围是有限的，但是全人类的活动范围却是广阔的，经过一代又一代人不断地观察、探索、记忆和传承，人类对世界的认识也不断丰富和深入，经过长期的探索和积累，哲学完全有可能对世界整体有一个比较全面、比较深入的认识，也有可能把整体世界作为自己的研究对象。例如地球上的生物物种纷繁复杂、不计其数，如果仅凭一个人的力量很难把它们搞清楚，但是，一代又一代的生物学家们经过不懈的努力和长期积累，终于搞清了地球上多达数百万种的生物物种，并对其中的200万种生物种类进行了统计、命名和描述。生物学家们经过长期努力能够搞清地球上的生物物种，那么应该相信，哲学家们经过长期努力也能够对世界整体有一个全面而又深入的认识。

4、"哲学就是哲学史"

长期以来，哲学界广泛流传着这样一种观点："哲学就是哲学史"。这种观点把哲学等同于哲学史，或者说把哲学定义为哲学史。有不少哲学家都持这样的观点，几乎成为许多哲学家的共识。长期以来，高等院校哲学系的学生们学习哲学其实学的就是哲学史，从古希腊的泰勒斯一直到 20 世纪的海德格尔，学生们把大量的时间与精力都耗费到哲学史中，他们以为这就是哲学。

哲学真的就是哲学史吗？世界哲学认为，这种观点是极其片面的，是哲学这门学科不成熟的表现。如果你问"什么是物理学？"，假如有人回答说："物理学就是物理学的历史"，那你一定会认为这个答案是错误的，一定会斥责这个人是个门外汉！可是，当许多哲学家和哲学教师都把哲学等同于哲学史的时候，人们为什么却把这个极其片面、极其蹩脚的回答捧为"经典"呢？

物理学不等于它的发展史，同样哲学也不等于哲学史，所以把哲学定义为哲学史是片面和蹩脚的。哲学是一门专门的学问，它探究的是世界的根本知识，它研究的对象是世界整体以及分支；而哲学史研究却的是哲学发展的历史，研究的是不同历史时期出现的哲学家以及他们的哲学观点等等。当然，研究哲学也需要学习、研究哲学史，然而，哲学史仅仅是哲学研究的一个部分或分支，它并不能代替整个哲学。把哲学定义为哲学史，把部分当作整体，这就像瞎子摸象中的瞎子那样，可笑地把大象的尾巴当成了大象。

5、解释世界是自然科学的功能，哲学根本不具备这样的功能。

有些学者认为，自从科学从哲学中分离出来并成为一门独立的学科之后，解释世界的历史使命已经落到科学身上，而哲学则完全放弃了这种功能。事实真的是如此吗？世界哲学认为，这种观点过高地估计了自然科学，过低地估计了哲学，所以是不符合实际的。经过数百年的发展，自然科学确实有了巨大的进步，它确实能够对自然现象做出很好的解释，但是自然科学并不是万能的，它也具有局限性。例如自然科学就很难对人类社会以及人文领域做出满意的解释，也更难跨越自然科学、社会科学和人文学科去揭示有关世界的更具普遍性的根本知识。而哲学却不同，由于哲学探究的就是更具普遍性的根本知识，所以哲学不仅能够对自然现象做出解释，不仅能够对社会科学和人文学科做出解释，而且还能够跨越自然科学、社会科学和人文学科去揭示世界的根本知识。这是哲学之长，也是自然科学无法做到的。自然科学能够从科学的角度解释世界，而哲学也能够从自己的角度解释世界，所以哲学同样具有解释世界的功能，而且有些功能是自然科学无法替代的。

科学需要严格的检验与实证，所以人类大量的理性思考、理论或假说在没有得到检验和实证之前，都无法进入科学的殿堂，这时哲学就可以把它们纳入自己的体系，作为哲学研究的内容。这样哲学就是科学的准备与奠基，就是科学的先导，就是科学之母。从根本的意义上说，科学诞生于哲学，诞生于哲学的思考与探索；没有哲学的思考与探索，就不会有科学。正如海德格尔在《什么是哲学》和《哲学的终结和思的任务》中所说的那样："要不是哲学先行于诸科学，那就根本不可能有科学"，社会学家卡尔·曼海姆也说，哲学是科学的开始，科学是哲学的终结。世界哲学则把这句话改成：

哲学是科学的先导，科学是哲学的完成。

通过哲学与科学的关系也可以看出，哲学不仅能够解释世界，而且还是科学的先导；如果没有哲学的思考与探索，就不可能有科学。

6、把世界作为自己的研究对象就是过时和落后的哲学吗？

有些学者认为，现代哲学已经不将世界作为研究对象，只有古典哲学才把世界作为自己的研究对象，所以这种哲学是"过时"和"落后"的。事实真的是如此吗？我们在前面已经进行过讨论，世界问题是人类面临的最大问题，它不仅是哲学需要研究的最重要、最根本的问题，而且也是哲学的初衷，所以把世界作为哲学的对象是完全合理、正确的。

在哲学的发展历程中，由于种种原因，一部分哲学家把精力转移到某些局部或分支，这确实有利于哲学的深化与发展，应予肯定。但是，一些人沉溺于局部而忘却了全局，忘却了哲学的根本任务和初衷；更为严重的是，某些哲学家对哲学产生了严重的误解，他们误以为只有研究局部或分支的哲学才是先进的、现代的，而那些研究世界整体的哲学就是"过时"和"落后"的。世界哲学认为，哲学的初衷和宗旨就是研究世界这个整体，所以研究世界整体的哲学应该是哲学的主流，决不是"过时"和"落后"的哲学。

为了哲学的健康发展，我们大声呼唤哲学回归主业，回归初衷，回归古希腊范式！

7、 把哲学定义为"世界学"，会不会与宇宙学重复？

有的朋友还可能提出这样的疑问，把哲学定义为研究世界整体的学问，宇宙学也是研究宇宙（世界）整体的学科，那哲学岂不是与宇宙学重复了吗？世界哲学认为，虽然二者的研究对象同为宇宙或者说世界整体，但它们却是两门大不相同的学科，那么，二者究竟有哪些不同呢？

其一，从学科的分类看，宇宙学是天文学的一个分支学科，它属于自然科学；而哲学却是一个横跨自然科学、社会科学以及人文学科的综合学科，它并不属于自然科学。

其二，从研究内容上看，宇宙学研究的主要内容是宇宙天体、星系、物质以及能量等等，而哲学研究的内容更加广泛和深入，从宇宙到地球，从自然到人类，从社会到个体，从精神到实践，从科学到人文，从自由到正义，从艺术到伦理等，都属于哲学研究的内容，所以哲学的研究内容更广泛、更深入。

其三，宇宙学研究的是宇宙天体、星系等知识，这些知识是关于宇宙天体、星系的具体知识；而哲学研究的则是更为普遍的根本知识，这些知识不仅包括宇宙天体和星系，而且还包括自然、人类、社会、精神、实践、科学、人文、自由、正义、艺术、伦理等等。借用哲学家们的习惯用语，如果说哲学是"形而上学"，那么宇宙学就是"形而下学"。

通过以上探讨可以看出，虽然哲学和宇宙学的研究对象同为宇宙或世界整体，但它们观察的视角、研究的内容、研究的方法完全不同，它们对宇宙或世界整体的解释也大不相同，所以哲学与宇宙学是两门不同的学科，它们不会重复。

8、把哲学定义为世界学，会不会取代其他学科？

有的朋友可能还会提出这样的疑问，把哲学定义为世界学，而且世界学中还包括那么多分支，哲学几乎成了一个无所不包、大而全的学科。如果是这样，那哲学会不会与其他学科重复？会不会代替其他学科？世界哲学认为，人类的知识体系可以划分成众多的学科，哲学是其中的一个学科，那么，哲学这门学科与其他学科又有什么关系呢？所谓"学科"，是指按知识的分类标准划分出来的一个个相对独立的领域。假如我们把人类的知识大致划分成自然科学、社会科学及人文学科，那么，哲学就是横跨自然科学、社会科学及人文学科的全局性或综合性学科，这是因为世界是一个整体，所以研究世界整体的知识一定是全局性的、总体性的知识，这种知识就是哲学。哲学既不能代替自然科学和社会科学，也不能代替人文学科，但它又与这些学科存在着密切的关系，它不仅把这众多的学科组织成一个有机的整体，而且还揭示了这些学科之间的关系，揭示了人类知识体系的结构或架构。我们以地图为例，假如一门门具体学科画出的是一个国家、一个地区的地图，那么，哲学画出的就是整个世界的地图。通过这个世界地图，人类才能够对广袤的世界有一个全局的、总体的认识。哲学为人类刻画了一幅完整的世界地图，描绘了世界的全貌，这是哲学的一个特有功能，其他学科很难具备这一功能。

此外从知识的角度看，哲学知识与其他学科的知识也大不相同。无论是自然科学或社会科学，也无论是人文学科，它们在各自的领域里研究、探索，总结、创造出各自领域的知识，我们可以把这些知识称之为专门知识。然而，哲学探究的知识并非是这种专门知识，那么，哲学探究的又是什么知识呢？我们在前面定义哲学时已明确指出，哲学探究的是世界的"根本知识"，是终极的、普遍的、必然的和整体的知识，是知识中的知识，而不是那些专门知识。由于探究的知识各不相同，所以哲学不可能代替其他学科，也无法代替它们。

第四节　新定义的价值与意义

前面我们为哲学拟定了一个新的定义，那么，世界哲学为什么要专门拟定一个新的定义呢？与传统定义相比较，新定义究竟"新"在哪里？它又有哪些价值与意义呢？本节就对这些问题进行专门探讨。

第一，新定义明确地揭示了哲学的对象、本质、功能和学科定位，这样通过新定义，人们就有可能对哲学有一个准确而又清晰的认识。

千百年来，不同的哲学家对哲学做出了各种不同的解释，拟定了各种不同的定义，关于"什么是哲学？"的答案五花八门、多种多样。面对这五花八门、多种多样的答案，人们莫衷一是、左右为难、无所适从。尽管哲学已有数千年的历史，但是，人们一直不知道究竟什么是哲学，自然对哲学也很难有一个准确与清晰的认识。与传统定义相比较，新定义具有一个显著的特点，这就是它明确地揭示了哲学的对象、本质、功能和学科定位。哲学研究的对象是世界，哲学在本质上是一门学问与知识，哲学的功能就是探究世界的根本知识，哲学的学科定位就是横跨自然科学、社会科学以及人文学科的综合学科。由于新定义明确揭示了哲学的对象、本质、功能和学科定位，由于新定义对哲学做出了准确和清晰的解释，这样通过新定义，人们就有可能对哲学有一个准确而又清晰的认识，自然也会改变那种莫衷一是、左右为难、无所适从的局面，这是新定义一个重要价值与意义。

第二，新定义有可能解除哲学面临的最大危机。

究竟什么是哲学？哲学是干什么的？哲学研究的对象、本质、功能以及学科定位是什么？哲学的定义又是什么？这些问题无疑是哲学应该回答的首要问题或"第一问题"，然而数千年来，哲学一直没有对这些问题做出令人满意的回答。哲学搞不清自己的研究对象，找不准自己的学科定位，也不知道自己是干什么的，哲学研究就像瞎子摸象那样乱摸一通，哲学的发展也像盲人骑瞎马那样放任自流，而哲学这一门历史悠久的学科也只能算是一门"模糊学"和"糊涂学"！如果这种状况一直持续下去，那么，哲学只能像一个失明的耄耋老人那样，战战兢兢、摸摸索索、步履蹒跚、踟蹰不前！历史已经长达 3000 余年，竟然还不能确定自己的研究对象、本质、功能和学科定位，竟然还是一门"模糊学"和"糊涂学"，这不能不说是哲学的最大危机！哲学要发展、要前进，首先就必须解除这个危机，新定义明确揭示了哲学的对象、本质、功能和学科定位，一旦明确了自己的研究对象、本质、功能和学科定位，那么哲学就有了前进的方向，就明确了自己的任务，就知道自己是干什么的，就有可能改变那种瞎子摸象、盲人骑瞎马的状况，就有可能扔掉"模糊学"和"糊涂学"的帽子，这就是说，通过新定义哲学有可能解除它面临的最大危机。

第三，新定义是传统定义的综合与升华，这不仅是新定义的一大特点，而且也是它的价值与意义。

千百年来，哲学家们曾经把哲学定义为形而上学、认识论、思维方式、价值观念、人生境界、文化批判、语言分析、普遍规律或存在意义，等等。新定义并没有重复这些传统定义，但它也没有简单地否定、抛弃这些定义，而是对这众多的定义进行了总结与归纳，找出了它们的共性，即它们都是世界这个整体的一部分。根据这一共性，新定义用"世界"这一总对象来涵盖、替代那众多的局部对象，所以新定义不仅是传统定义的总结与综合，而且也是其提炼与升华。对传统定义进行总结与归纳，兼容并蓄，取长补短，升华提高，从而形成一个更加全面、更加准确的定义，这不仅是新定义的一大特点，而且也是其价值与意义所在。

第四，新定义明确了哲学的方向，为哲学的健康发展奠定了基础。

千百年来，由于哲学搞不清自己的研究对象，找不准自己的学科定位，也不知道自己是干什么的，于是哲学的发展就如同盲人骑瞎马那样信马由缰、放任自流，既没有明确的目的，也没有正确的方向，哲学的发展充满了偶然性与随机性。

新定义明确揭示了哲学的对象、本质、功能和学科定位，一旦明确了哲学的对象、本质、功能和学科定位，那么哲学研究就有了正确的方向——现实世界，也有了明确的目的——探究现实世界的根本知识。有了正确的方向、明确的目的，哲学的发展就不会再像以前那样信马由缰、放任自流，就不会再把大量的时间与精力浪费到无用之处。正确的方向、明确的目的，也为今后哲学的健康发展奠定了基础，这也是新定义的一个重要价值与意义。

第五，通过新定义，有可能构建一种规范、普适的新哲学——"标准哲学"。

数千年来，由于对哲学的对象、本质、功能和学科定位缺乏一致的认识，哲学界形成一种十分混乱的局面：哲学家们纷纷画地为牢、占山为王、各自为政，他们拟定自己的哲学概念，提出自己的一套理论，甚至构建自己的哲学体系，一个哲学家俨然成了一个小王国的国王、小山寨的寨主。长期以来，哲学界其实就是由这许许多多的小王国、小山寨拼凑而成，由于这些小王国、小山寨各自为政，整个哲学界存在着各种不同的理论体系与概念系统，大家各说各话，互相之间不仅很难理解与沟通，而更多的则是互相拆台、相互攻击、吵吵嚷嚷、争论不休。哲学界就像是一个杂乱无章的农贸市场，市场里摆放着一个又一个摊位，哲学家们就像那些高声叫卖的小商贩，他们分别用自己的语言、自己的衡器、自己的价格叫卖自己的货物。在这个市场里，由于缺乏统一的语言、统一的规则和统一的度量衡，人们在这里购买商品时不仅需要掌握各种不同的语言，而且还要准备各种不同的货币，所以人们在这个市场里购买商品十分困难。不仅如此，由于这种分散、混乱的状况，这个市场自然也很难发展、壮大，尽管数千年过去了，哲学依然像一个杂乱无章的农村庙会。

那么，如何才能彻底改变这种混乱的局面呢？世界哲学认为，根本的办法就是构建规范的、普适的新哲学，我们可以把这种新哲学称之为"标准哲学"。所谓"标准哲学"就是具有统一的对象、统一的概念、统一的规则、统一的方法的哲学，这种哲学不仅是规范的，而且也是普适的，即可以适用于整个哲学界。这就像一个市场，必须有统一的语言、统一的规则、统一的度量衡、统一的价格体系和统一的货币体系，否则这个市场就很难运行下去。长期以来，由于哲学家们对哲学的对象、本质、功能和学科定位缺乏一致的认识，所以很难构建这种规范、普适的"标准哲学"。但是，新定义已经明确地揭示了哲学的对象、本质、功能和学科定位，一旦在这些重要的基本问题上取得共识，那就有可能构建一种规范、普适的新哲学——"标准哲学"。为构建规范的、普适的新哲学——"标准哲学"奠定基础，这也是新定义的一个重要价值。

第六，新定义揭示了哲学的用途——哲学是大用之学，这也是新定义的一个重要价值。

数千年来，哲学研究的主要模式就是"形而上学"，哲学家们预设了一个与现实世界脱离并主宰现实世界的"形而上的世界"，并竭力通过这个"形而上的世界"对现实世界做出解释，这一哲学理路就是"形而上学"。它后来成为哲学最主要的模式，以至于很多人都认为，哲学就是"形而上学"。几千年来，绝大多数哲学家都在孜孜不倦地追寻那个超越并制约现实世界的"形而上的世界"，并试图通过这个"形而上的世界"对现实世界的本质和奥秘做出解释。由于这种"形而上学"的世界是虚无缥缈的，是脱离实际、脱离生活的，所以这种研究无法产生有用的知识。人们——包括哲学家自己也承认，哲学没有实用价值，哲学无用。正如威尔·杜兰在《谈谈哲学的用途》中所批评的那样，哲学"已经退出了为真理而战的沙场，躲进幽深、狭窄的角落里，胆战心惊地回避世间的问题和责任。……专门家对整个世界不予理睬，眼光只是盯在鼻子下的那块方寸之地。整体消失了，'事实'代替了理解；而与理解的延续毫无关系的知识再也不能产生智慧了。各门科学、各个哲学流派都衍生出一套只有专业人员才能理解的词语。"

长期以来，"哲学无用"已经成为人们的共识，但是，新定义有可能彻底改变这种状况，这是因为新定义明确地把哲学定义为"探究世界根本知识的学问"，这就是说，哲学这门学问不仅能够产生知识，而且还能产生世界的"根本知识"。我们在前面进行过探讨，所谓"根本知识"就是终极的、必然的、普遍的和整体的知识，人一旦拥有了这种根本知识就会拥有大视野、大思维、大境界和大谋略，就会成为一个拥有大智慧人，而一个拥有大智慧的人必将会拥有超凡的能力，所以哲学不仅有用，而且有大用，哲学是大用之学。新定义揭示哲学是大用之学，这也是新定义的一个重要价值。

哲学的定义是我们研究哲学的重要前提，前提明确了，哲学研究才不会走弯路，才不会南辕北辙，才不会徒劳无功，这就是我们花费大量精力讨论哲学定义的原因。新定义明确揭示了哲学的对象、本质、功能以及学科定位，一旦明确了自己的发展方向，一旦明确了自己的研究对象和学科定位，那么，哲学这门有着数千年积淀的古老学科必将厚积薄发、迅猛发展！

第五节 什么是世界哲学？

前四节我们探讨了哲学的定义，通过这些探讨，朋友们对"什么是哲学？"会有一个比较准确和清晰的认识。第五节我们将探讨哲学的一个重要分支——"世界哲学"。说到"世界哲学",朋友们可能会产生疑问,新定义已经指出"哲学是探究世界根本知识的学问,哲学就是世界学",既然哲学就是世界学,那怎么在哲学中又出现了一个"世界哲学",这岂不是叠床架屋、互相重复了吗?为了消除朋友们的疑虑,下面我们就对世界哲学与哲学的关系做出解释。

那么,世界哲学与哲学又有什么关系呢?

世界哲学与哲学存在着密切关系,但是前者又不同于后者,二者存在一定的差异。那么,二者的差异究竟在哪里呢?我们首先通过"哲学树"来加以分析,本书的开头画有一棵哲学树,我们把哲学比喻成一棵大树,这棵大树由一个树干,自然哲学和人类哲学两个大的分支以及更多小的分支所构成。如果说哲学是整棵大树,那么,世界哲学就是这棵大树的树干或主干,其他的大大小小分支都是从这个主干上生长出来的。假如没有这个主干,就无法产生那些大大小小的分支,也无法形成一棵完整的哲学之树,所以虽然世界哲学是哲学的一部分,但它却是哲学的主干与核心,是哲学最重要的部分。

其次从知识的角度看,二者也存在着一定的差异。新定义指出,哲学是探究世界根本知识的学问,与哲学之外的自然科学、社会科学以及人文等学科知识相比较,哲学知识无疑是"根本"知识,而其他学科的知识大都称不上"根本"知识。然而在哲学的内部,知识也有层次之分，也有最根本和不那么根本之分。由于世界哲学是哲学的主干与核心，所以世界哲学的知识是哲学的核心知识，这些知识要比人类哲学、自然哲学的那些分支知识更核心、更根本、更重要。不仅如此，

世界哲学知识不仅是哲学的核心知识，即使在整个人类知识体系中，这些知识同样也是最核心、最根本、最重要的知识。

本书的书名就是《世界哲学原理》，这就是说，本书所探讨、所研究的内容不仅是哲学的主干与核心，而且也是人类知识体系中最核心、最根本、最重要的知识。

通过以上探讨，就可以清楚地看出世界哲学与哲学的关系：虽然世界哲学只是哲学的一部分，但它却是哲学的主干与核心，世界哲学与哲学的关系就是主干与树的关系。

世界哲学是哲学的主干与核心，那么，究竟什么是世界哲学呢？它的定义又是什么呢？为了让朋友们对它有一个准确、清晰的认识，特定义如下：

世界哲学是研究世界整体的哲学，是研究世界的定义、起源、材料、形成、演化、图景以及本质的哲学。

定义首先揭示了世界哲学的研究对象，世界哲学是研究世界整体的哲学，这就是说世界哲学研究的对象是"世界整体"。我们在上面讨论过哲学树，在哲

学树中除了主干，还存在着自然哲学和人类哲学两个大的分支，世界哲学既不研究自然哲学，也不研究人类哲学，它研究的就是哲学树的那个主干，即世界整体。世界哲学是研究世界整体的哲学，那它研究世界整体的哪些问题呢？定义也明确指出，它研究的主要问题是：世界的起源、材料、形成、演化、图景以及本质等。什么是世界的起源、材料、形成、演化、图景以及本质呢？这些问题我们将在下一节专门探讨。

需要指出的是，"世界哲学"这一概念不仅说明它是一个研究世界整体的哲学，而且还包含着其他的含义，它还包含哪些含义呢？

第一、本书之所以把它命名为"世界哲学"，是试图通过它构建一种能够适用于世界各个国家和地区的、普适的哲学，即世界的哲学。为什么要构建世界的哲学呢？长期以来，由于地域、文化、生存方式以及思维方式的不同，在世界的不同国家和地区形成了各种不同的哲学。例如在欧洲和北美等地区形成了"西方哲学"，在中国形成了"中国哲学"，在印度形成了"印度哲学"，在阿拉伯地区形成了"阿拉伯哲学"，而在非洲地区则形成了"非洲哲学"，等等。这些带有明显地域色彩的哲学，虽然具有一些共同之处，但不可否认的是，这些哲学从形式到内容都存在着较大的差异。虽然不同国家和地区的哲学都被冠以"哲学"之名，但这些"哲学"大都是自成一家、自说自话、各自为政，不仅很难交流与沟通，而且更难达到一致和统一，所以一直没有一个能够适用于全世界的、普适的哲学。人类生存于世界之中，世界不仅是人类共同的家园，而且也是人类共同的研究对象，所以人类完全应该有一个统一的、共同的哲学，应该有一个能适用于世界各个国家和地区的、普适的哲学。而"世界哲学"就是这样一个尝试，它尝试突破国家和地域的藩篱，尝试构建一个能够适用于全世界的、普适的哲学，构建一个世界的哲学。

第二、本书之所以把它命名为"世界哲学"，是尝试通过它构建一个规范的、标准的哲学。3000 多年来，虽然哲学产生了众多的哲学理论与学派，但是，这些理论与学派基本上都是自定概念、自成体系、各自为政，哲学就像是一个由大量小摊贩拼凑而成的乡村庙会，杂乱无章、混乱不堪，正如美国著名哲学家约翰·塞尔（John Searle, 1932 -）所说的那样，哲学界处于"可怕的混乱状态"。3000 多年过去了，哲学一直处于各自为政的混乱状态，一直没有像其他成熟学科那样发展成为规范的、标准的哲学。所谓"规范的、标准的哲学"，是指哲学有一个基本统一的学科框架，有统一的概念体系、统一的规则、统一的评价标准，等等。每一个成熟的学科例如物理学、化学、生物学等，都有一个统一的学科框架、统一的概念体系、统一的规则、统一的评价标准等，这不仅能够避免研究者各霸一方、各自为政的混乱局面，而且还能够促进学科的发展。哲学同样也是如此，哲学也应该建立一个统一的学科框架、统一的概念体系、统一的规则以及统一的评价标准等，也应该成为一门规范的、标准的、成熟的学科，只有这样哲学才会结束混乱局面，才会得到长足的发展。

第三、本书之所以把它命名为"世界哲学"，是试图通过它构建一种适合所有人的、大众的哲学。长期以来，在许多人眼里，哲学是一门高深而又尊贵的学问，普通人根本不可能涉足，更不可能从事哲学的研究。哲学研究机构及学院中的专业人士们更是把哲学视为自己的专有领地，拒绝、排斥非专业人士进入，有一些专业人士甚至轻蔑地把一些非专业哲学研究者贬称为"民哲"，意思是说他们是一些缺乏哲学素养的、不入流的门外汉或"民间哲学家"。在这种风气的推动下，哲学变成了曲高和寡的阳春白雪，孤芳自赏、自视其高，它日益学院化和贵族化，日益脱离社会和大众，日益变成"少数人的学问"。正如有的学者指出的那样，如果大多数人读不懂也不去读哲学的论文、论著、译文、译著，那哲学就没有任何影响力，最后只能沦为学术圈子里专家学者们自娱自乐的东西。

我们在前面进行过探讨，世界问题是人类面临的最大问题，而哲学就是人类对世界的思考与认识，哲学是属于世界上所有人的，所有的人都具有思考、探索哲学的愿望、潜质与权力，所以哲学不应该是"少数人的学问"，而应是社会大众广泛参与的"大众的学问"。"世界哲学"就是这样一种尝试，它试图构建一种生动活泼、通俗易懂、能够被普通大众接受和掌握的大众哲学，把哲学变成世界上每个人都可以参与的学问。

通过以上探讨可以看出，我们所说的"世界哲学"，不仅是研究世界整体的哲学，而且还是普适的哲学，规范的标准哲学，人人都可以参与的大众哲学，这就是"世界哲学"的全部含义。

德国哲学家卡尔·雅斯贝尔斯（karl Theodor jaspers，1883—1968）在晚年提出了"世界哲学"的构想，在《历史的起源和目标》一书中，他提出了"轴心时代"的著名论断。"轴心时代"指的是公元前 800 年到公元前 200 年这六百年的时间。这是人类思想史上最为激动人心的年代，中国出现了孔子和老子这样的伟大思想家，印度出现了《奥义书》和佛教的释迦牟尼，伊朗出现了查拉图斯特拉创立的琐罗亚斯德教，希腊出现了荷马史诗以及一批伟大的悲剧作家和哲学家，近东出现了犹太教的先知。在"轴心时代"，整个人类实现了精神突破，是人类的全面精神化和人性的全盘改造的过程。雅斯贝尔斯预言，我们正面临着第二个"轴心时代"。世界各地的人将在世界范围内思考全体人类的生存境况问题，可以说，第二个"轴心时代"的主题就是"世界哲学"。[22]

为什么发展世界哲学？雅斯贝尔斯认为，交流不仅仅是个人之间的交流，也可以是、并且一定会发展为个人与传统、民族与民族、文化与文化之间的交流，也就是"普遍的交流"，这是人类的希望之所在。由于哲学知识是世界的根本知识，具有普遍性，所以构建普适的世界哲学能够大大促进人类的普遍交流。雅斯贝尔斯关于"世界哲学"的设想是十分可贵的，这不仅是哲学的发展方向，而且也是哲学走向新生的一个重要契机。本书就是一个大胆的尝试，尝试把雅斯贝尔斯的设想变成现实。

第六节 世界哲学的主题与内容

第五节探讨了世界哲学的定义、含义以及它与哲学的关系，第六节将探讨世界哲学的主题与内容。

首先探讨世界哲学的主题，那么，世界哲学的主题究竟是什么呢？世界哲学的定义已经明确指出："世界哲学是研究世界整体的哲学"，这就是说，世界哲学研究的主题就是"世界整体"。正如我们在前面所说的那样，世界哲学研究的不是整棵哲学大树，也不是自然哲学或人类哲学分支，它研究的是哲学树的树干或主干，这个主干就代表世界整体，它就是世界哲学研究的主题。

世界哲学研究的主题是"世界整体"，那么，它具体研究的又是哪些问题呢？或者说它研究的内容是什么呢？世界哲学的定义也明确指出，它研究的主要内容是：世界的起源、材料、形成、演化、图景以及本质等。什么是世界的起源、材料、形成、演化、图景以及本质？下面一一做出解释。

什么是世界的起源？所谓世界的起源是指，世界是如何产生的？是如何从无到有的？世界的起源问题就是世界的发生问题，这个问题可以称为"世界起源学"或"世界发生学"，这是世界哲学研究的第一个大问题。

什么是构成世界的材料？所谓构成世界的材料是指，究竟是什么东西构成了世界？构成世界的基本材料究竟是什么？或者说世界的本原是什么？这个问题可以称为"世界材料学"，这是世界哲学研究的第二个大问题。

什么是世界的形成？所谓世界的形成是指，宇宙起源之后，混沌无序的材料如何构成了一个复杂有序的宇宙？当材料构成世界的时候，这些材料是如何组织在一起的？又是如何构成世界的？这个复杂有序的宇宙是如何形成的？这些问题可以称为"世界形成学"，这是世界哲学研究的第三个大问题。

什么是世界的演化？所谓世界的演化是指，当世界形成之后，它又是怎么样的？它是一劳永逸、固定不变，还是在不断地发生着演变与变化？如果世界在不断地发生着演变与变化，那它又是如何演变与变化的呢？世界的演化有方向吗？方向是什么？世界的演化有规律吗？规律是什么？等等。这些问题可以称为"世界演化学"，这是世界哲学研究的第四个大问题。

什么是世界图景？所谓世界图景是指世界究竟是什么样子，例如中国画家徐悲鸿善于画马，通过徐悲鸿的画，我们就可以知道马的样子。那么，人类能够为世界画一张像吗？如果能，那画像中的世界又是什么样子呢？这个问题可以称为"世界图景学"，这是世界哲学研究的第五个大问题。

什么是世界的本质？所谓世界的本质是指，世界在本质上究竟是一种什么东西？它是物质的，还是精神的？或者是物质、精神之外的另一种东西？这个问题可以称为"世界本质学"，这是世界哲学研究的第六个大问题。

可以看出这六个问题都是关于世界整体的大问题，只有把这些大问题搞清楚，人类才有可能对世界整体形成一个深入而又系统的认识，才有可能产生关于世界整体的知识。

世界哲学研究有关世界整体的六大问题，那么，它又是如何研究这些问题的呢？在本书中，世界哲学由四个部分所构成，它们分别是：材料哲学、组合哲学、演化哲学和世界哲学，本书就是通过这四个部分研究世界整体的，并对六大问题做出回答。

"材料哲学"主要研究构成世界的最基本材料—

—物质，研究物质的来源，物质的形成，物质的定义，物质的规律，研究物质如何成为构成世界的最基本材料。材料哲学回答了有关世界起源、世界形成的部分问题：究竟是什么东西构成了世界？世界的本原是什么？或者说构成世界的材料究竟是什么？

"组合哲学"主要研究物质材料是如何构成世界的，揭示物质如何通过组合构成元素和物，物与物又如何通过组合构成对子、组、群、序列、系列、系统、场、环境、层和层系，最后构成世界整体。"组合哲学"主要回答了有关"世界结构学"的问题：世界是如何形成的？当本原或材料构成世界的时候，这些本原或材料是如何组织在一起的？又是如何构成世界的？世界的组织架构是怎么样的？

"演化哲学"主要研究世界的演变与变化，研究世界是如何演化的？研究演化的具体方式，揭示演化的终极原因与动力，揭示演化的方向、周期、轨道及规律，等等。"演化哲学"主要回答有关"世界演化学"的问题。

"世界哲学"是全书的总结，它根据现代科学的成果对世界的起源、形成、演化、图景和本质等问题做出解释，回答世界究竟是从哪里来的？是如何形成的？世界究竟是什么样子（世界的图景）？它的本质是什么？世界整体是如何演化的？等问题。"世界哲学"是"材料哲学"、"组合哲学"及"演化哲学"的总结，它回答了"世界发生学"、"世界材料学"、

"世界形成学"、"世界演化学"、"世界图景学"和"世界本质学"的一系列问题。

材料哲学、组合哲学、演化哲学和世界哲学四部分构成了一个有序的整体,通过这个有序的整体,世界哲学回答了有关世界整体的六大问题,从哲学的角度揭示了世界整体的奥秘。

第七节 世界哲学的方法

哲学的历史长达三千年之久,在这漫长的岁月里,哲学的研究方法基本上没有大的变化,这种方法就是"思辨"。什么是思辨?哲学辞典的解释是:**所谓"思辨"是指从概念出发进行纯粹的逻辑思维,并推演出整个客观实在的方法。**[23] 思辨的核心是"思",由于这种"思"是从概念出发所进行的纯粹逻辑思维,由于这种"思"是脱离现实、脱离实际、脱离生活的空洞之思,还由于这种"思"缺乏检验与验证,所以思辨大多变成了哲学家们的主观想象、臆测或幻想,不少哲学思辨变成了哲学想象、臆测或幻想。

在思辨方法的引导下,三千年来,一代又一代的哲学家独坐书斋、苦思冥想、天马行空、闭门造车,炮制了一大堆抽象、艰涩的哲学概念,制造了一大堆空洞、虚幻的"哲学神话"。这些抽象的哲学概念和"哲学神话"脱离现实、脱离实际、脱离生活，无法给人类提供确定、可靠的知识，既没有多少用处，也没有多大价值。哲学家们忙碌了三千年，结果制造了一大堆既不可靠又无用处的抽象概念和"哲学神话"，所以思辨方法对哲学危害巨大！

对这种空洞的思辨方法，科学家们也提出了尖锐的批评，例如著名科学家赫尔姆霍茨（Hermnn Von Helmholtz,1821-1894）就批评说："哲学是有害的梦幻"，"哲学家们发疯了"！著名科学家爱因斯坦（Aibert Einstein,1879-1955）也毫不客气地把黑格尔的哲学评价为"醉汉的胡言乱语"！还有一些科学家批评说，思辨方法"原来是一种骗人的东西，它走的是一条死胡同。"[24]

三千年来，由于研究方法的失误，哲学走入了"一条死胡同"，变成了"梦幻"与"胡说"之学（维特根斯坦），教训十分惨痛！历史的教训值得注意，后来的哲学研究者要汲取这个教训，不要再走思辨的老路，不要再沿用落后的思辨方法。

不再走思辨的老路，那哲学研究又该采用什么样的方法呢？

世界哲学认为，思辨方法存在着严重缺陷，如果哲学的研究方法不进行大的改革，不彻底改弦更张，那哲学就无法发展与前进，甚至有可能日益衰落、走向死亡！那么，哲学的研究方法又如何改弦更张，如何进行改革呢？世界哲学认为：

最根本的办法就是彻底改变不科学的思辨方法，虚心向自然科学学习，吸纳自然科学先进的、科学的研究方法，用科学的方法研究哲学，把哲学变成科学的哲学。

如何采用科学的方法研究哲学？如何把哲学变成科学的哲学呢？

在探讨这个问题之前，我们首先应该对"科学方法"有所了解，那么，究竟什么是科学的方法呢？本书作者曾撰写过《究竟什么是科学》[25] 一文，该文对科学的方法进行过总结，科学方法是一个规范、有序的序列，该序列由六个环节构成：（1）观察事实、发现问题；（2）认识问题；（3）提出假说；（4）检验假说；（5）发表论文，科学共同体对论文进行验证与评价；（6）最后形成科学知识。下面就对这六个环节作以简介。

科学方法的第一个环节是观察事实、发现问题。进化论的创始人达尔文（Charles Robert Darwin,1809-1882）曾经给科学下过一个定义："科学就是整理事实，从中发现规律，做出结论"；英国科学哲学家查尔默斯 （Chalmers）在《科学究竟是什么？》一书中也曾指出："科学是从经验事实中推导出来的知识"

[26] 通过达尔文和查尔默斯的论述可以看出，科学起源于事实，通过观察事实并从中发现问题，这是科学研究的第一步，也是科学方法的第一个环节。科学方法的第二个环节是认识问题，科学研究者对问题进行分析、综合、归纳或演绎，并通过推理与判断，对问题产生一定的认识。科学方法的第三环节是提出假说，根据认识的结果，科学研究者对问题做出假定性的解释，即提出假说。假说只是一个假设，假设是否符合事实？是否正确？还需要对假说进行严格的检验，所以科学方法的第四个环节就是检验假说。如何检验假说呢？科学最常用的检验方法就是实验，科学研究者利用专门的仪器设备，通过一系列操作对假说进行检验与验证，从而确定假说是否符合事实，是否正确。假说一旦通过了实验检验，科学研究者就可以撰写论文并公开发表。论文发表后，科学共同体中的其他研究者可以对论文进行验证，提出质疑或评价。根据其他研究者的验证、质疑与评价，研究者对论文进行修改与完善，这是科学方法的第五个环节。如果能够通过以上五个环节，那么，假说就有可能上升为科学理论或科学知识，并被纳入到科学知识的体系之中。通过这六个环节可以看出，科学方法环环相扣、步步深入，有序而又严密，规范而又严格，规范、有序、严格而又严密，这就是科学方法的特点，也是它与其他学问的最大不同。无论是宗教，无论是哲学，也无论是文学或艺术，大多数学问都缺乏这样一套规范、有

序、严格而又严密的方法。

上面介绍了科学的方法，科学方法是一个规范、有序、严格而又严密的系列，正是由于科学方法是规范、有序、严格而又严密的，所以科学所产生的知识就具备了较大的合理性和可靠性，科学知识也成为人类最可靠、最有用的知识。

思辨方法在哲学界已经应用了三千年之久，哲学家们早已成为习惯，再加上哲学的特殊性，所以目前哲学还不能全盘照搬科学的方法，还无法完全用科学的方法来研究哲学。但是，哲学完全可以见贤思齐，虚心学习、吸纳科学方法的先进之处，采用比较科学的方法来研究哲学。那么，哲学要学习、吸纳科学的哪些先进方法呢？又如何采用这些先进的方法研究哲学呢？

第一，学习科学方法，改变哲学研究的出发点。

我们在前面已经进行过探讨，思辨方法的出发点是概念，是从概念出发研究问题；而科学方法的出发点却是事实或实际，是通过观察事实或实际发现问题、研究问题。如果从概念出发进行纯粹的逻辑思维，那思维就很容易走向空洞与虚幻，所以哲学研究也可以学习科学的方法，研究问题从实际出发，从实际中发现问题，而不是从空洞的概念出发。改变了研究的出发点，无疑会给哲学研究奠定一个坚实的基础，开一个好头。

第二，学习科学方法，变空洞的思辨为科学的思维。

在第一个环节，研究者从实际中发现了问题，既然发现了问题，那就需要认识问题。那么，应该如何认识问题呢？按照思辨方法，哲学研究者就应该独坐书斋、苦思冥想，由于这种苦思冥想是脱离实际的，所以这种苦思冥想很容易变成天马行空、闭门造车，很容易变成哲学家个人的主观想象、幻想或臆测，而主观想象、幻想或臆测的结果也必然是空洞的玄学理论或虚幻的"哲学神话"。这个教训十分深刻，哲学研究应该吸取这个教训，不要再沉溺于脱离实际的苦思冥想，不要再走思辨的老路。

不走思辨的老路，那如何进行哲学的思考呢？这就需要学习科学，采用科学的方法进行思考，进行科学的思维。那么，什么是科学的思维呢？所谓科学的思维是指，哲学家在思考问题时既要遵循思维和逻辑的规律，又要结合实际，不主观想象，不幻想，不臆测，不制造虚幻的空中楼阁，也不编造毫无根据的哲学神话。

第三，引入实证原则，改变哲学研究只论不证的痼疾。

长期以来，哲学家们通过思辨制造出了许多"高深"的哲学理论，然而，他们从来就不考虑这些"高深"的理论是否符合实际，是否有事实依据，能否被事实所证实，他们只管论证却不管证实，他们是只论不证。只有论证却没有证实，理论不经过检验和验证，那么，怎么能够知道这些理论是否符合实际？是否是真实可靠的？又怎么能够知道这些"高深"的理论不是空话、废话或假话呢？只论不证，不进行检验和验证，这也是哲学的一大痼疾！

随着科学的昌盛，一些有科学精神的哲学家开始反思哲学的这个痼疾，他们主张通过实证原则来加以克服。实证主义的创始人、法国哲学家孔德（Isidore Marie Auguste François Xavier Comte，1798－1857）就提出，科学对观察到的现象加以描述，而不进行主观想象和抽象解释，因此是实证的。一个综合命题只有在能够被经验检验其真假的情况下，才有意义。[27] 德国哲学家维特根斯坦（德语：Ludwig Josef Johann Wittgenstein，1889－1951）认为，"判断一个命题是否拥有意义有两条标准：既要符合逻辑法则，也要符合经验事实，两者缺一不可。"[28] 德国哲学家石里克（Moritz Schlick，1882－1936）也认为，哲学理论应该具有"可证实性"。逻辑实证主义同样认为，只有能够被证实的经验陈述才是有意义的学说。

世界哲学非常赞同实证原则，反对脱离现实、脱离实际、脱离生活的哲学思辨，反对那种没有事实依据的凭空猜测和想象，反对编造无法被事实证实的"空中楼阁"和"哲学神话"。世界哲学主张，哲学研究应该严格遵守实证原则，所有的哲学观点和理论必须有事实依据，并能够被事实所证实。所有的哲学理论与学说都应该经过检验与验证，以便确定它们的真与假、对与错。经过检验与验证之后，那些虚幻的"空中楼阁"和"哲学神话"，那些错误的、不真实的理论或学说就会露出真面目，就会被淘汰；而那些真实的、正确的理论或学说就会被保留下来，并上升为科学的哲学理论。科学的哲学理论就是确定的知识，这样哲学也能够给人类提供确定的知识，哲学也有了大用处和大价值。从无法提供确定的知识到能够提供确定的知识，从没有多少用处和价值到有大用处和大价值，通过科学的研究方法，哲学就有可能克服自己的重大缺陷，就有可能化解哲学所面临的危机。正是由于此种原因，所以世界哲学坚决主张哲学学习、借鉴自然科学的研究方法，主张哲学应该成为一门严谨的科学。

第四，学习科学的假说说，正确认识和评价哲学理论与学说。

对问题思考、认识之后会产生出结论，会形成一定的哲学理论或学说，按照传统哲学的惯例，一旦哲学理论或学说形成，那就是研究的结束与完成。但是按照科学的方法，这些理论或学说仅仅是一种假设性的解释，仅仅是假说，尚不是科学的理论或学说，所以研究并没有结束，更没有完成。哲学家们应该学习科学的假说说，对哲学理论及学说有一个正确的认识和评价，应该认识到这些理论与学说仅仅是一种假说，有待进一步检验与验证，并非是研究的结束与完成。

第五，学习、借鉴科学方法，所有的哲学理论与

学说都必须经过检验与验证。

长期以来，哲学家们一旦建构了自己的理论或学说，就以为这就是哲学研究的结束与完成，很少有人进行这样的反思：这些理论或学说是否符合实际，能否被事实所证实，它们是真实的还是虚假的，是正确的还是错误的。哲学家们之所以如此自信，根本原因是因为他们从思想深处就缺乏这样一种意识，这就是哲学理论或学说还应该进行检验和验证。正是由于缺乏检验和验证，所以哲学领域才会出现那么多虚幻的"空中楼阁"和"哲学神话"，出现那么多失误与错误。为了杜绝虚幻的"空中楼阁"和"哲学神话"，为了避免失误与错误，世界哲学认为，哲学应该学习、借鉴科学的检验法，对所有的哲学理论与学说都进行检验和验证。通过检验和验证，把那些错误的、不真实的哲学理论与学说筛选出来并加以淘汰，把那些真实的、正确的理论与学说保留下来，纳入哲学知识的宝库。为了保证哲学理论与学说的真实性与正确性，为了保证哲学知识的合理性与可靠性，很有必要学习、借鉴、引进科学的检验法。

哲学理论与学说也应该进行检验，那又如何对它们进行检验呢？自然科学可以设置专门的实验室，对假说进行检验，那么，哲学又如何对理论与学说进行检验呢？世界哲学认为，哲学可以通过三种方式对理论与学说进行检验：

第一种方式，事实检验。就是把哲学理论或学说与事实或实际进行比对，看它们能否与事实或实际符合一致，符合一致就是真实的和正确的；而不符合、不一致的，就是不真实、不正确的。这种方式简便易行，是一种很好的检验方式。

第二种方式，实验检验。哲学也应该向科学学习，开展实验研究，通过哲学实验对一些哲学理论或学说进行检验。长期以来，哲学家们大都是坐而论道，很少有人开展实验研究，但是，哲学也是一门探究世界的学问，所以哲学也有可能开展实验研究，有可能通过实验对哲学理论与学说进行检验。这决不是空想，相信在不久的将来，那些有创造精神的哲学家们一定会采用巧妙的方式开展实验研究，哲学实验很可能会成为哲学的一个重要研究方式。

第三种方式，把自然科学或其他学科的检验方法借用过来，为哲学所用。自然科学或其他学科也要对研究结果进行检验，如果这些检验与哲学相关，那么哲学就可以把这些检验方法借用过来，对相关的哲学理论或学说进行检验。例如在相当长的历史时期里，亚里士多德等哲学家都认为"心脏是思维的器官"，由于缺乏检验和验证，所以这个观点一直被人们认为是千真万确的真理。后来古罗马医学家盖伦(Claudius Galenus,129-199) 通过动物实验证明，思维的器官是脑而不是心，盖伦的实验不仅在医学上具有重要意义，而且对哲学也具有十分重要的意义。哲学家们可以把盖伦的实验借用过来，对亚里士多德等哲学家的观点进行检验，那很容易就能检验出亚里士多德等哲学家的观点是错误的，而不是千真万确的真理。借用其他学科的检验方法对哲学理论或学说进行检验，这也是一种很好的检验方式。

上面我们分别探讨了哲学学习、借鉴科学方法的五个方面，改变哲学研究的出发点，变空洞的思辨为科学思维，引入实证原则，学习科学的假说说，学习科学的检验法。如果把这些科学的方法引进哲学，那么，哲学就能弥补缺陷，克服痼疾，就能在研究方法上改弦更张，有一个大的改进。如果哲学家们能够采用更先进的、科学的方法研究哲学，那就有可能把哲学变成科学的哲学，就有可能促进哲学的大发展。学习、借鉴科学的方法，不仅能彻底改变哲学的方法，而且还能彻底改变哲学，促进哲学的发展，所以意义十分重大。当然，哲学需要向科学学习的地方还很多，决不限于这五个方面。

上面我们对哲学的研究方法进行了讨论，那么，世界哲学的研究方法又是什么呢？学习、借鉴自然科学的方法，用科学的方法研究哲学，这就是世界哲学的方法。在本书中，世界哲学将尽力采用新的科学方法研究哲学问题，尽力构建科学的哲学。当然哲学不等于自然科学，它有自己的特殊性，不可能完全照搬自然科学的方法。如何学习、借鉴自然科学的方法，如何在哲学领域合理地应用科学方法，如何对哲学理论和学说进行检验和验证，如何判断哲学理论和学说的真假与对错，这些问题还需要认真地探索和研究。

　　世界哲学主张彻底改变哲学的研究方法，抛弃纯思辨的研究方法，转而采用科学的研究方法。但是，哲学能够采用自然科学的方法吗？长期以来，哲学家们对这个问题存在着截然不同的认识，一部分哲学家认为哲学完全可以采用自然科学的研究方法，哲学应该成为一门严谨的科学。例如从黑格尔到胡塞尔，不少哲学家都力图把哲学建成一种科学，用那些通常用来衡量科学的标准衡量哲学的品质。[29] 但是，另一部分哲学家却持完全相反的态度，他们认为哲学是一门特殊的学问，根本不可能采用自然科学的方法，如果采用自然科学的方法，那哲学就不是哲学了。世界哲学认为，同物理学、化学、生物学等自然科学一样，哲学也是人类探究、认识世界的一种学问，所以它也可以采用自然科学的方法。如果哲学一味强调自己的特殊性，因循守旧、故步自封，那只会越来越落后，越来越衰落。一些哲学家之所以认为，采用自然科学的方法哲学就不是哲学了，那是因为他们习惯了落后的研究方法，误把落后当成了哲学的本色。哲学决不能满足于自己的"不科学"状态，更不能以"不科学"为自豪，哲学应该向先进的自然科学学习、靠拢，哲学应该逐渐发展成为一门严谨的科学。

注释：

[1] 孙美堂等：《哲学新论》，北京理工大学出版社 2004 年版，第 17 页。

[2] 《哲学研究》，2008 年第 7 期。

[3] 孙正聿：《哲学通论》，辽宁人民出版社 1998 年版。

[4] 夏征农主编：《辞海》，上海辞书出版社 2000 年版，第 43 页。

[5] 夏征农主编：《辞海》，上海辞书出版社 2000 年版，第 1205 页。

[6] 胡塞尔：《欧洲科学的危机和先验现象学》，1982 年德文版，第 52 页。

[7] 张传有：《西方智慧的源流》，武汉大学出版社 1999 年版，第 146 页。

[8] 张传有：《西方智慧的源流》，武汉大学出版社 1999 年版，第 320 页。

[9] 李行健主编：《现代汉语规范词典》， 外语教学与研究出版社、语文出版社 2004 年版，第 444 页。

[10] [英] 波特兰·罗素：《西方的智慧》，文化艺术出版社 1997 年版，第 29 页。

[11] 孙美堂等：《哲学新论》，北京理工大学出版社 2004 年版，第 78 页。

[12] [美] 罗伯特·所罗门：《大问题——简明哲

学导论》，张卜天译，广西师范大学出版社 2004 年版，第 433 页。

[13] van Inwagen, P., Metaphysics[M], Boulder and Oxford: Wes- tview Press, 2002.

[14] 李文倩："维特根斯坦论科学与哲学"，爱思想—天益学术—哲学—外国哲学。

[15] 胡军：《哲学是什么》，北京大学出版社 2002 年版，第 3 页。

[16] 李德顺：《什么是哲学？》，《哲学研究》，2008 年第 7 期。

[17] 俞吾金：《哲学是"关于世界观的学问"吗？》，《哲学研究》，2013 年第 8 期。

[18] 李泽厚，《李泽厚哲学文存》，上编，安徽文艺出版社 1999 年版，第 230 页。

[19] 李泽厚，《李泽厚哲学文存》，上编，安徽文艺出版社 1999 年版，第 230 页。

[20] [英]斯蒂芬·霍金：《宇宙的起源与归宿——听霍金讲万物之理》，赵君亮译，凤凰出版传媒集团、译林出版社 2009 年版，第 84-85 页。

[21] 海德格尔：《存在与时间》，陈嘉映、王庆节译，生活·读书·新知三联书店 1987 年版，第 80 页。

[22] 赵敦华：《现代西方哲学新编》，北京大学出版社 2001 年版，第 142 页。

[23] 冯契、徐孝通主编：《外国哲学大辞典》，

上海辞书出版社 2000 年版，第 607 页。

[24] 石里克：《自然哲学》，商务印书馆 1984 年版，第 5 页。

[25] 陈定学：《究竟什么是科学》，爱思想—天益学术—哲学—科学哲学。

[26] [英]A. F. 查尔默斯：《科学究竟是什么？》，鲁旭东译，商务印书馆 2007 年版，第 13 页。

[27] 赵敦华：《现代西方哲学新编》，北京大学出版社 2001 年版，第 85 页。

[28] 转自《当代西方哲学》，人民出版社 2007 年版，第 186 页。

[29] 杨帆："哲学的科学化和科学的哲学化"，"哲学在线" 2014 年。

第二章　材料哲学

本章探讨的核心问题：构成世界的基本材料

本章内容脉络：

一、究竟什么是物质

二、物质是构成现实世界的基本材料

三、物质也是构成精神世界的基本材料

四、物质是从哪里来的

五、物质的基本规律

六、材料哲学的价值与意义

我们在第一章对"哲学"进行了定义：哲学是探究世界根本知识的学问，哲学就是世界学。哲学是探究世界根本知识的学问，然而世界浩瀚无际，那么，哲学家们是从哪里开始探究这个浩瀚的世界呢？或者说哲学是从哪个问题开始自己的思考、探索或研究的？这个问题无疑是哲学所面临的第一个问题，我们把这个问题称之为哲学的"出发点问题"。

那么，哲学的出发点究竟是什么呢？回顾数千年的哲学史，我们可以很清楚地看出，西方哲学的出发点就是"存在"，绝大多数哲学家都是从"存在"开始探究世界的。古希腊大哲学家亚里士多德曾经明确指出，哲学应该探究"诸存在"之"存在"问题，这个思想可以追溯到巴门尼德(Parmenides，约前六世纪末-约前五世纪中叶之后)，由"存在"这个出发点出发，西方哲学逐步形成了本体论与形而上学体系。然而，"存在"是一个非常抽象、模糊和空虚的概念，正是由于西方哲学把这个非常抽象、模糊和空虚的概念作为自己的出发点，结果西方哲学走入了一条虚幻的形而上学歧路。

世界哲学对这个失误进行了深刻总结与反思，决定改弦移辙，摈弃"存在"这个出发点，重新为哲学选择更好的新出发点。那么，世界哲学选择的新出发点又是什么呢？这个新出发点就是"物"，就是人类在生存活动中经常看到、接触到并与之发生密切关系的"物"。这些"物"不仅给人类提供了赖以生存的条件，而且还构成了人类生存的家园，假如离开了这些"物"，人类就无法生存，甚至不可能存在。例如空气、水、粮食、蔬菜、水果、房屋、土地、天空、江河、高山、森林，等等。由于"物"是世界上最普遍、最实在的东西，又是与人类关系最为密切的东西，所以人类很容易就可以通过自己的感官去感知这些"物"，去研究和认识它们。由于"物"具有最普遍、最实在、最易感知的特性，所以显而易见，"物"要比那个抽象、模糊和空虚的"存在"更容易被人类感知和认识，所以把"物"作为哲学研究的出发点无疑是一个最佳的选择。

世界哲学把世界上最普遍、最实在、最易感知的"物"作为研究的出发点，那么，世界哲学又是如何通过"物"来探究整个世界的呢？世界哲学是通过"材料哲学"来解决这个问题的，长期以来，很少有哲学家把"材料"作为一个专题来研究，所以"材料哲学"是世界哲学提出的一个新概念，一个新的哲学分支。那么，究竟什么是"材料哲学"呢？

所谓"材料哲学"就是研究构成世界万物的基本材料的哲学分支，它研究的核心问题就是"构成世界的基本材料是什么？"。

"材料哲学"不仅是世界哲学的开端，而且还是其重要基础，整个世界哲学就是建立在"材料哲学"这个基础之上的。本书的开头画有一棵哲学之树，材料哲学就是这棵大树的"根"，自然也是世界哲学的"根"。

世界上的"物"林林总总、千姿百态、纷繁复杂，然而，究竟是什么东西构成了这些"物"呢？或者说构成这些"物"的最基本的材料究竟是什么呢？这个问题就是材料哲学研究的问题。

第一节 究竟什么是物质

本节探讨的核心问题：物质的定义

本节内容脉络：

一、什么是材料？

二、物质传统定义评析

三、物质的新定义

四、对相关问题的解释

五、新定义能够解决哪些问题？

一、什么是材料？

材料哲学是世界哲学的"根"，在探讨材料哲学之前，我们首先需要对"材料"这一概念有一个了解。那么，究竟什么是"材料"呢？《现代汉语规范词典》对"材料"一词的解释是："可供制作成品的物质、原料。"[1] 这就是说，材料就是构成成品的原料。《词典》的解释是从日常生活的角度作出的，假若从哲学的角度看，"材料"这一概念就具有了更为普遍的意义，材料哲学把"材料"定义为：

所谓材料就是构成物体、实物的原料或元素。

例如构成水分子的材料是氧原子和氢原子，构成动物和植物的材料是细胞，构成面包的材料是面粉、糖以及食油等，构成房子的材料是砖头、水泥、钢筋、沙子以及木材等，构成一个家庭的基本材料是家庭成员例如父亲、母亲、孩子等，而构成人类社会的基本材料就是人。通过上面的例子可以看出，在我们这个世界上存在着各种不同的材料，这些不同的材料构成了不同的物体或实物。

那么，这些不同的材料又是由什么材料构成的呢？现代科学的研究已经证明，构成这些材料的材料是微小的分子、原子、质子、中子、电子、光子和各种介子，以及更为微小的夸克、轻子、规范玻色子和希格斯粒子等，目前科学家们发现的基本粒子已达 60 余种。由于科学技术发展水平的限制，人类至今还没有找到最基本的"始原"粒子，但是，我们仍然可以得出这样一个结论：微小的粒子是构成物体或实物的基本材料。正是这些基本材料构成了不同的材料，而不同的材料又构成了不同的物体或实物。由此可以看出，在各种不同的材料中还存在着一种最基本的材料，这种最基本的材料是最终构成物体或实物的东西，如果没有它们，那么，所有的物体或实物都无法形成，我们把这种材料称之为"基本材料"。"基本材料"如此重要，那么，究竟什么是基本材料呢？世界哲学把基本材料定义为：

所谓基本材料就是构成所有"物"的最基本的材料，离开了这种材料，所有的"物"都无法形成。

讲到这里，那些对传统哲学比较熟悉的朋友可能会说，世界哲学所说的"基本材料"不就是传统哲学常说的"本原"吗？"本原"是西方哲学的一个基本概念，所谓"本原"是指，万物"所从出者"、"所从归者"的那个东西。"本原"来源于古代的"始基（arche）"说，亚里士多德在解释古代"始基（arche）"时说，出自此又复归于此，是谓"始基"。假若从这个角度看，"基本材料"与"本原"确实有某种共同之处，但是，世界哲学所说的"基本材料"与"本原"又存在着较大的不同，二者究竟有什么不同呢？"本原论"或者说"本体论"是关于存在本身的学说，它作为一种哲学学说正式形成于 17 世纪，然而它的渊源却可以追溯到古希腊哲学。本体论所说的"本原"（Noumenon）是指，在人类意识的背后所无法认识的实在。人类能意识的实在则被称为现象。本体是自在的存在，与经验无关。[2] 这就是说，所谓"本原"是一种隐藏在人类意识背后而无法被人类认识的实在，它是一种极其神秘的东西；而世界哲学所说的"基本材料"却是现实世界中的真实存在，它是一种极平常、极常见的东西，它并不在人类意识的背后，它不仅有可能被人的感官所感知，而且还能被人的心灵所认识，所以它并不是什么神秘的东西。一个是隐藏在人类意识背后而无法被人类认识的存在，而另一个却是能够被人类认识的现实世界中的真实存在，这就是"基本材料"与"本原"的不同。世界哲学认为，世界上并不存在万事万物之上或之后的"本原"，不存在脱离现实世界的"本体"，真正的"本原"或"本体"其实就在现实世界之中。

传统哲学追寻的"本原"或"本体"是一种隐藏在人类意识背后无法被人类认识的、神秘莫测的东西，而世界哲学所说的"基本材料"则是能被人类认识的真实存在，这就是世界哲学与传统哲学的一个截然不同之处。

为了与传统哲学衔接，也为了论述的方便，世界哲学有时也使用"本原"一词，但需要指出的是，这里所说的"本原"与"基本材料"同义。

二、物质传统定义评析

上一小节我们探讨了材料和基本材料，世界哲学认为"基本材料"是构成所有"物"的最基本的材料，离开了它们，所有的"物"都无法形成。那么，这种最基本的材料又是什么呢？经过科学家和唯物主义哲学家们的长期探索和研究，终于得出了一个重要结论：

这种最基本的材料就是"物质"，物质就是构成世界万物的最基本材料。

物质就是构成世界万物的最基本材料，那么，究竟什么是物质？或者说物质的定义究竟是什么呢？这个问题无疑是一个十分重要的问题，然而长期以来，这个问题却是科学和哲学所面临的一个难题。也曾有不少哲学家和科学家对物质进行过定义，但这些定义大都存在着这样或那样的缺陷与不足，受到了人们的质疑与批评，所以"物质"概念一直缺乏一个准确、完善和严谨的定义。正如德国哲学家施太格谬勒（Wolfgang Stegmuller）在 20 世纪所指出的那样："这个物质概念始终是使这个世纪科学感到最困难、最难解决和最难理解的概念。"[3]施太格谬勒为什么说物质概念是一个"最困难、最难解决和最难理解的概念"呢？传统物质定义究竟存在着哪些缺陷与不足呢？

"物质"这一概念是意大利哲学家、自然科学家特勒肖（Bernardino Telesio，1509-1588）首次提出的，传统的物质定义大致可以分为两种：

第一种是自然科学家们的定义。虽然物质是自然科学的一个十分重要的基础概念，然而令人遗憾的是，科学一直没有给物质提供一个准确、完善和严谨的定义。长期以来，有不少科学家都认为：自然科学的物质范畴，指的是自然界各种物质的具体形态或具体物质，具体说，指的是各种宏观和微观的实物，诸如天体、地球、生物体、分子、原子、基本粒子等，即具有静止质量的具体物质；以及各种场诸如可见光、电磁场、引力场、介子场等，即只具有运动质量的具体物质。[4]通过这个定义可以看出，科学家们所说的物质其实就是指，存在于自然界的各种物体、实物，或者说具体的物质形态或物质结构。

第二种是哲学家们的定义。不同的哲学家对物质做出了不同的定义，比较著名的定义有：

笛卡儿（法语：René Descartes，1596－1650）的定义是：物质是具有广延的实体。

霍尔巴哈（Ludwig Andreas Feuerbach，1804－1872）的定义是："物质一般地说就是以任何一种方式刺激我们感官的东西；我们归之于不同的物质的那些特性，是以不同的物质在我们身上造成的不同印象或变化为基础的。"[5]

普列汉诺夫（Георгий Валентинович Плеханов，1856—1918）的定义是：物质不是别的，而是一些自在之物的总和，因为这些物是我们感觉的来源。[6]

恩格斯（Friedrich Von Engels，1820－1895）的定义是："实物、物质无非是各种实物的总和，而这个概念就是从这一总和中抽象出来的"[7] 为了让人们对他的定义有一个明确的了解，他又进一步解释说："物质本身是纯粹的思维创造物和抽象。当我们把各种有形地存在的事物联合在物质这一概念下的时候，我们就把各种事物的质的差异都撇开了。因此物质本身和特定的存在着的物质不同，并不是感觉上存在着的东西。"[8] "还没有人看到或体验"过物质。[9]

1908 年，列宁（俄语：Влади́мир Ильи́ч Улья́нов，1870－1924）在《唯物主义和经验批判主义》一书中也曾给物质下过一个定义："物质是标志客观实在的哲学范畴，这种客观实在是人通过感觉感知的，它不依赖于我们的感觉而存在，为我们的感觉所复写、摄影、反映。"[10] 列宁进一步解释说："物质的唯一'特性'就是，它是客观实在，它存在于我们的意识之外。"[11] 通过这个定义可以看出，列宁其实是从物质和意识的关系的角度定义物质的，列宁认为：凡是存在于意识之外的"客观实在"都是物质。物质是意识之外的"客观实在"，那么究竟什么是"实在"呢？《外国哲学大辞典》的解释是："指实存的与可能存在的东西，马克思主义哲学认为，实在或现实指实际存在的东西。"[12] 根据"实在"的含义，我们可以用更通俗的语言来解释列宁的定义——所谓物质就是意识之外实际存在的东西。

加拿大哲学家邦格(Mario Bunge,1919-) 的定义是：物质是（等同于）所有物质客体的集合。用符号表示：

$$M = df\{x \mid \mu x\}^{[13]}$$

通过哲学家的定义可以看出，除了笛卡儿是从"广延"即空间的角度定义物质的，其他哲学家大多是从感觉或意识的角度定义物质的，他们认为物质就是存在于感觉或意识之外的东西，物质是人的思维对这些东西的抽象。

这两种定义能够对物质做出准确、清晰和完善的解释吗？它们是理想的定义吗？

我们首先分析第一种定义，通过这种定义我们可以清楚地看出，自然科学家把物质等同于物质所构成的物体或实物，那么，物质真的就是各种具体的物体或实物吗？世界哲学认为，物质的本质是材料，各种具体的物体或实物是由物质材料所构成的"物"或"成品"，它们是"成品"而不是材料，所以原材料与"成品"是不可能等同的。例如构成桌子的材料是木材，木材不等于桌子，所以二者是不同的；构成衣服的材料是布，布不等于衣服，所以布和衣服也是不同的；构成水（H_2O）的材料是氢原子和氧原子，氢原子、氧原子不等于水，所以它们也是不同的。自然科学的定义把材料与材料所构成的"物"混为一谈，把原材料与"成品"混为一谈，这是不准确的，所以这个定义还不是一个理想的定义。邦格认为，物质就是所有物质客体的集合，这个定义与自然科学家的定义类同，同样也是把"成品"与原材料混为一谈，所以这个定义也是不够准确的。

下面再分析第二种定义。笛卡儿从"广延"即空间的角度来定义物质，他抓住了物质的一个重要属性，这个定义能够明确地说明物质究竟是一个什么东西，这是笛卡儿定义的长处；但是，这个定义也存在着一些不足，虽然"广延"即空间确实是物质的一个重要属性，但物质的重要属性不仅仅是空间，质量、能量以及时间都是物质的重要属性，所以笛卡儿的定义还不够全面。其次，笛卡儿说物质是具有广延的实体，然而现代科学发现，各种场诸如可见光、电磁场、引力场、介子场等也是物质，但它们并不是"实体"，这说明笛卡儿的定义还存在着一些不足。

恩格斯是马克思主义哲学的创始人之一，列宁在马克思主义哲学的发展中也占据重要地位，他们的物质定义影响比较大，下面我们分别对二人的定义进行分析。

我们首先分析恩格斯的定义。恩格斯认为："物质本身是纯粹的思维创造物和抽象。"通过恩格斯的定义可以清楚地看出，他所说的"物质"与自然科学家所说的物质截然不同，这种"物质"并不是现实世界中那种具体的、可感的物质，而是"纯粹的思维创造物和抽象"。物质真的是一种"纯粹的思维创造物"和"抽象"吗？对恩格斯的定义，不少专业哲学家和民间哲学家都提出了质疑与批评。例如一位网友在中国人民大学的"爱智论坛"撰文批评说："唯物论作为立论前提的抽象物质在现实中是不存在的，现实中只有具体的物体形态而无抽象的纯粹客观物质，因为只有人的思维有抽象能力，所以抽象的物质是人的思维的产物。"黑格尔(Georg Wilhelm Friedrich Hegel，1770-1831) 在《小逻辑》中有一段批评唯物论的话，虽然针对的并不是恩格斯的定义，但他的批评也是很道理的。黑格尔说："唯物论以物质的本身为真实的客观世界。但物质本身已经是一个抽象的东西，物质之为物质是无法知觉的。所以我们可以说，没有物质这个东西，因为就物质之有存在言，必永是一确定的具体的事物。然而，抽象的物质观念却被认作一切感官事物的基础，—— 被认作普遍的感官世界，绝对的个体化，亦即互相外在的个体世界的基础。"[14]

世界哲学认为，这些批评是有道理的，恩格斯的定义确实存在不少缺陷，这些缺陷是：

其一，真实的物质并不是"纯粹的思维创造物"。恩格斯说："物质本身是纯粹的思维创造物和抽象"，他认为"物质本身"并不是一个真实的存在，而是人的思维创造出来的东西。从认识的角度看，"物质"这一概念，或者说"物质"这一"名称"确实是人的思维的产物，确实是"纯粹的思维创造物和抽象"；但是，作为现实世界中真实存在的"物质"，绝不可能是人的思维的产物，绝不可能是"纯粹的思维创造物和抽象"，它们是宇宙演化的产物，它们产生并存在于现实世界。物质原本是现实世界中的真实存在，然而恩格斯却把它定义成了无法被人"看到或体验"的"纯粹的思维创造物和抽象"，这是恩格斯定义的一个重大缺陷。

其二，恩格斯定义的是物质之"名"，并不是物质之"实"。通过以上探讨我们可以看出，世界上存在着两种"物质"，一种是存在于现实世界中的真实物质，而另一种则是真实物质的"名称"。我们观察、研究物质，观察、研究的重点是那个真实的物质，而不是它的"名称"。我们为什么要定义物质呢？定义的目的就是要揭示真实物质的内涵与属性，而不是揭示"名称"自身的含义。例如孙悟空大闹天宫犯了天条，玉皇大帝要抓的是那个偷吃蟠桃、大闹蟠桃宴的猴子，而不是"孙悟空"这个名字。假如有一位糊涂天神拿着"孙悟空"这个名字去交差,那玉皇大帝一定会严厉地惩罚他。恩格斯在定义"物质"的时候就是如此,他定义的是物质之"名",并不是物质之"实",用物质之"名"代替物质之"实",这无疑也是一大缺陷。

其三,"抽象的物质"不可能在现实世界中存在。恩格斯说:"物质本身是纯粹的思维创造物和抽象",既然是人的"思维创造物和抽象",那么这种"抽象的物质"就只能存在于人的大脑或意识之中,绝不可能在现实世界中存在。

其四,恩格斯的定义有可能导致不可知论。既然这种"抽象的物质"不可能在现实世界中存在,那人自然也就无法"看到或体验"它们,无法感知和认识它们。假如物质无法被人感知和认识,那必然会导致不可知论。

通过以上分析可以看出,恩格斯的定义存在着诸多缺陷,这个定义也不是一个理想的定义。

下面再分析列宁(Владимир Ильич Ленин Ульянов,1870-1924)的定义。百余年来,列宁的定义曾被原苏联、中国等社会主义国家的官方哲学界尊崇为物质的"经典定义",他们认为"列宁科学地规定了哲学的物质范畴。…… 列宁的物质定义既是高度抽象又是无限丰富具体的,它经受了科学实践发展的不断检验,日益显示其深刻性、正确性。"[15] 列宁的定义真的是"科学"、"深刻"、"正确"的吗?

这个定义称得上"经典定义"吗？其实并非是如此，近年来在中国，列宁的定义不仅受到许多民间哲学家的诟病与批评，而且也受到了一些专业哲学家的质疑。世界哲学认为，这些批评与质疑大多是有道理的，列宁的物质定义确实存在着诸多缺陷与不足，由于篇幅所限，这里仅从物质定义的角度对这些缺陷与不足进行探析。

其一，列宁的物质定义是一个只有外延，缺乏内涵的定义。列宁认为：物质就是存在于我们意识之外的"客观实在"，他的意思是说，凡是存在于我们意识之外的"客观实在"都是物质，凡是存在于我们意识之内的东西都不是物质。列宁的定义其实是以意识为界，划出了物质的范围，从逻辑学的角度看，这仅仅是揭示了物质这一概念的外延。然而，"定义是揭示概念的内涵的逻辑方法"，[16] 那么，物质的内涵究竟是什么呢？或者说"客观实在"的内涵究竟是什么呢？令人遗憾的是，列宁的定义并没有揭示这些最关键、最重要的问题，所以通过列宁的定义，人们很难确切地知道究竟什么是物质，究竟什么是"客观实在"。所以说列宁的物质定义是一个只有外延，缺乏内涵的定义，而一个缺乏内涵的定义无疑是有严重缺陷的。

其二，存在于意识之外的"客观实在"不一定都是物质。根据列宁的定义，所谓物质就是存在于意识之外的"客观实在"或实际存在的东西。从逻辑学的角度看，这是一个全称肯定判断：凡是存在于意识之外的"客观实在"都是物质。世界哲学认为，这个全称肯定判断很难成立，因为存在于意识之外的"客观实在"不一定都是物质。例如能量、时间、空间以及信息、熵等等，这些属性都是实际存在的，又都存在于我们的意识之外，（有些哲学家可能不同意这个观点，但不少科学家例如霍金就认为，空间和时间都是"客体"）然而它们并不是物质。既然存在于意识之外的"客观实在"不一定都是物质，那么根据波普的证伪原则，列宁的物质定义就很难成立。

其三，世界上不仅存在着"客观实在"，而且还存在着"主观实在"。列宁认为：物质就是存在于我们意识之外的"客观实在"，但是，世界上不仅存在着意识之外的"客观实在"，而且还存在着意识之内的"主观实在"。例如在人的"主观世界"或者说大脑之内还存在着许多神经组织、神经细胞、电信号、各种化学分子和离子等等，正是它们产生、形成并存储着人的精神或意识，它们与精神或意识紧密地结合在一起难以分离，然而这些东西也是实实在在的物质。由于这些物质不是存在于意识之外，而是存在于人的"主观世界"或者说意识之内，那么按照列宁的定义，这些物质就应该被划入非物质的范畴，这显然是十分荒谬的。列宁只看到了意识之外的"客观实在"，却忽略了意识之内的"主观实在"，所以列宁的定义存在着较大的片面性。

其四，列宁的定义过于笼统，不够确切。列宁认为：物质就是存在于我们意识之外的"客观实在"，然而，这种"客观实在"究竟是什么呢？它具有哪些属性？它的本质和特征如何？对这些重要的问题，列宁的定义都避而不谈，只是泛泛地说物质就是"客观实在"，所以列宁的定义过于笼统，不够确切。

其五，列宁的定义偏离了主题。列宁定义的主题原本是物质，然而他的着重点却不是物质，而是物质和意识的关系。他并没有下功夫去揭示物质的内涵，却在物质与意识的关系上花费了许多笔墨，所以列宁的定义不太像物质的定义，更像是物质和意识关系的定义。一个关于物质的定义却偏离了物质这个主题，这不能不说是一个缺陷。

通过以上分析可以看出，列宁的定义存在诸多缺陷，这个定义也不是一个理想的定义。

上面我们对各种物质定义进行了详细的分析，通过这些分析可以看出，物质这一重要概念一直缺乏一个准确、完善和严谨的定义，一直是一个"最困难、最难解决和最难理解的概念"，人们始终说不清物质究竟是一个什么东西。物质是唯物主义的基石，离开了物质，整个唯物主义大厦都有可能轰然坍塌，然而，唯物主义哲学家们却不能给物质一个准确、完善和严谨的定义，不能说清楚物质究竟是一个什么东西，这无疑是唯物主义所面临的最严峻挑战！

三、物质的新定义

物质的定义问题已经成为唯物主义所面临的最严峻挑战，那么，如何解决这个大难题？又如何回应这个严峻的挑战呢？材料哲学认为，当务之急就是为物质拟定一个更为准确、完善和严谨的定义。材料哲学总结、反思了传统定义的缺陷与不足，并从自然科学和哲学的角度对物质进行了更为深入的思考与研究，从而提出了一个新的物质定义，试图对物质做出更为准确、完善和严谨的解释。这个新定义是：

物质就是最基本的粒子，物质粒子具有质量和能量，并占有空间和时间，它是构成世界万物最基本的材料。

可以看出，新定义与传统定义大不相同，它对物质做出了全新的解释，那么，新定义究竟"新"在哪里？它能够对物质做出更为准确、完善和严谨的解释吗？下面我们对新定义进行分析。

第一，新定义明确揭示了物质的本质：物质是一种最基本的粒子，物质的本质是粒子。

物质究竟是什么东西？或者说物质的本质究竟是什么？长期以来，哲学家和科学家们一直认为，物质在本质上或者是具体的物质形态，或者是各种实物的总和，或者是意识之外的客观实在，然而新定义却明确指出，物质并不是具体的物质形态，并不是各种实物的总和，也不是意识之外的客观实在，而是最基本的粒子，物质的本质是粒子。

什么是粒子？自然科学认为，**粒子（particle）是指能够以自由状态存在的最小物质组分**。人类最早发现的粒子是原子、电子和质子，1932年又发现了中子，确认原子由电子、质子和中子组成，它们比起原子是更为基本的物质组分，于是称之为基本粒子。以后这类粒子发现越来越多，累计已超过几百种，而且还有不断增多的趋势。

什么是"最基本的粒子"？**所谓"最基本的粒子"就是说，物质粒子是不可再分的终极粒子，或者说始原粒子**。物质粒子互相组合构成了各种基本粒子，构成了原子与分子，并进一步构成了世界和万物。千百年来，科学家和哲学家们一直在寻找"纯粹的物质"、"物质的始原"或"最后的基石"，新定义认为，物质粒子就是这种"纯粹的物质"、"物质的始原"或"最后的基石"。为什么说物质是最基本的粒子？根据是什么？这个问题我们将在后面探讨。

第二，新定义明确揭示了物质的四个特有属性：质量、能量、空间与时间。

下面我们分别介绍物质的四个特有属性：

物质的第一个特有属性——具有质量。什么是"质量"？长期以来，物理学家大都把质量定义为物体所含物质的多少，而根据新定义，我们可以把"质量"定义为：

质量是物质粒子含量的度量。

由于所有的物质形态最终都是由物质粒子构成的，所以不同的物质形态所包含的物质粒子的数量也是不同的，包含的物质粒子数量越多，质量就越大；相反，包含的物质粒子数量越少，那么质量就越小。例如一个水分子和一个星球所含的物质粒子的数量有天壤之别，那么星球的质量就大，而水分子的质量就小。

物质的第二个特有属性——具有能量。物质为什么会具有能量？物质的能量来自于它的运动，具有质量的物质并不是静止不动的，它时时刻刻都处于运动之中，而物质的运动就产生了能量。那么，什么是能量呢？科学已经对能量进行了定义：

能量是物质运动的度量。

能量具有多种形式，例如机械能、热能、电能、声能、化学能，等等。那么，物质的运动为什么会产生能量呢？通过爱因斯坦的质能关系公式 $E = mc^2$ 就可以看出，能量等于质量乘以光速的平方，这就是说，是质量的运动产生了能量。通过爱因斯坦的质能关系公式，我们不仅可以看出质量的主体性，而且也可以看出质量与能量的密切关系。如果说质量是物质成为物质的先决条件，那么运动就是物质的存在方式。物质的运动产生了能量，而能量就是物质运动的度量，所以能量也是物质的一个重要属性。 科学家们通过核裂变和链式反应发现，质量可以转化成能量，这说明物质的属性之间存在着密切的联系和相互作用。

物质的第三个特有属性——占有空间。所谓"占有空间"具有两层含义：其一，是指物质的广延性。由于物质具有质量，所以所有的物质粒子以及物质组合物都具有长宽高三向度，这就是物质的广延性。其二，是指物质在空间中所处的位置以及与其他物质的空间关系。由于物质具有广延性，假如我们把宇宙看作是一个巨大的四维坐标系，那么所有的物质粒子或组合物在这个坐标系中都有自己的位置，并且与其他物质粒子或组合物形成一定的空间关系，例如距离、排列顺序等等。假若从物质的角度看，材料哲学认为可以把"空间"定义为：

空间是物质广延和位置的度量。

物质为什么会占有空间？物质的空间性来自于它的质量，正是由于物质具有质量，所以它才具有广延性，而具有广延的物质就必然会在空间中占据一定的位置。在这个世界上，只有物质和物质的组合物能够占有空间，而一个虚无缥缈的非物质的东西不可能占有空间，所以"占有空间"或具有广延也是物质的一个非常重要的属性，也是我们识别物质和非物质的一个重要根据。

不仅如此，物质的空间性还是可感性的前提，只有占有空间的东西才是可感的，才能够被人类的感官所感知。正是由于这个原因，笛卡儿才把广延视为物质的唯一特性。[17]　笛卡儿敏锐地把握到了物质的广延性，但遗憾的是，他并没有发现广延与质量的关系。

我们在前面探讨过哲学的出发点问题，数千年来，西方哲学一直把"存在"作为哲学的出发点，然而，"存在"是一个既无质的差异又无量的区分的、抽象而又空虚的概念，它不具有空间性。既然"存在"不具有空间性，那么"存在"根本就不具有可感性。既然没有可感性，那哲学家们又是如何感知、研究这种无法感知的东西呢？唯一的方法只能是空想、想象或者说思辨，这就是西方哲学陷入数千年思辨与混乱的根本原因之一。世界哲学之所以把"物"作为哲学研究的出发点，是因为"物"是由物质构成的，由于物质具有空间性和可感性，所以"物"也具有了空间性和可感性。既然"物"具有空间性和可感性，既然"物"是客观实在的，那么，哲学就可以采用科学的方法研究"物"，从而形成科学的和实在的哲学。

物质的第四个特有属性——占有时间。我们在上面已经讲过，运动是物质的存在方式，而运动着的物质又离不开时间，所以时间也是物质的一个重要属性。现代科学已经证明，没有时间以外的物质运动。如果一个东西，不曾有过去，也没有现在和将来，那就是说根本没有这个东西。[18] 假如我们把时间看作是四维坐标系中的一条有方向的轴线，那么运动着的物质必然会在这条轴线上留下自己的轨迹，所以材料哲学尝试这样定义"时间"：

时间是物质运动过程的一种度量。

之所以说时间是物质运动过程的"一种"度量，是因为物质运动过程还存在着其他度量方式，而时间仅仅是其中的一种。物质的时间属性也是一个重要的属性，因为时间也是我们观察、认识物质和物质运动的一个重要根据和指标。

材料哲学认为，在物质的四个特有属性中，质量和广延（占有空间）是最具决定意义的两个属性，所以我们也可以用更精练的语言来定义物质：

所谓物质就是具有质量和广延的始原粒子。

我们如何判断一个东西是不是物质呢？最简单的方法就是看它有没有质量和广延（长宽高），假若它具有一定的质量和长宽高，那它就是物质；假若它没有质量，没有长宽高，那它一定不是物质。

第三，新定义明确揭示了物质的功能：物质是构成世界万物最基本的材料。

西方语言"物质"一词，来源于拉丁语 materia，词根是 mater，mater 的意思是"母亲"，而 materia 指的就是构成万物的"材料"或"素材"。新定义明确指出，物质是最基本的粒子或始原粒子，根据宇宙大爆炸学说、物理学以及化学等现代科学知识就可以知道，正是这些最基本的物质粒子互相组合构成了各种基本粒子，而各种基本粒子互相组合又构成了原子与分子，而原子与分子互相组合又进一步构成了万物，构成了整个世界。由于世界万物最终都是由物质粒子构成的，所以物质就是构成世界万物的最基本的材料。

为了对物质做出更科学的刻画与解释，材料哲学尝试提出"物质公式"：

$$Ma = m（e，t，s）$$

其中"Ma"表示物质 matter，"m"表示质量，"e"表示能量 energy，"t"表示时间，"s"表示空间 space。该公式说明，质量 m 是物质的主体，而能量 e、时间 t 和空间 s 分别是物质的属性。

四、对相关问题的解释

与传统定义相比较，新定义是一个全新的定义，它对物质做出了全新的解释。新定义还涉及到许多相关问题，为了让朋友们对新定义有一个全面、深入的认识，我们将对这些问题做出解释。

（1）为什么说物质是"最基本的粒子"？

新定义明确指出物质是最基本的粒子，为什么说物质是最基本的粒子呢？根据又是什么呢？最重要的根据就是宇宙大爆炸学说，该学说认为，大约在 137 亿年前，宇宙起源于一个"原始火球"，这个"原始火球"由中子组成，密度极大、温度极高（大约 150 亿摄氏度），"原始火球"通过大爆炸的方式产生了宇宙。既然宇宙产生于大爆炸，那么可想而知，在大爆炸最初的瞬间，释放出来的粒子一定是最基本的粒子，或者说始原粒子，而宇宙万物就是由这种最基本的始原粒子构成的。

物质的本义就是指构成"物"的最基本的"质"，或者说最基本的材料，既然宇宙万物就是由这种最基本的始原粒子构成的，那么，这种最基本的始原粒子必然是物质了。正如著名物理学家霍金在《时间简史》中所说的那样，在我们这个宇宙里，大体有 1 亿亿亿亿亿亿亿亿亿亿（1 后面跟着 80 个 0）的实粒子，这些粒子构成了物质，组成了星系和我们。[19] 通过以上探讨可以看出，新定义做出的"物质是最基本的粒子"的论断，不仅在逻辑上是自洽的，而且还是有科学依据的。

我们在前面曾指出，物质粒子是不可再分的终极粒子，然而长期以来，很多人都认为物质是无限可分的，中国古人就曾说过："一尺之棰，日取其半，万世不竭"。物理学家们经过长期探索，发现了分子、原子、各种基本粒子以及夸克等等，但却一直未能发现不可再分的终极粒子，那么，我们为什么说物质粒子就是不可再分的终极粒子呢？我们的根据仍然是宇宙大爆炸学说，既然宇宙在时间上有一个始点——137 亿年前的一次大爆炸，既然在大爆炸最初的瞬间释放出来是最基本的始原粒子，那么，这种最基本的始原粒子就是我们所寻找的"终极粒子"。由于物质粒子就是这种最基本的始原粒子，那就是说，物质粒子是不可再分的终极粒子。尽管目前的科学还没有找到"终极粒子"，但应该相信这种最基本的始原粒子或者说"终极粒子"一定是存在的，科学的发展一定会证明，物质粒子就是不可再分的终极粒子。

既然科学还没有发现这种不可再分的物质粒子，那又如何能够证明它是一个真实的存在呢？材料哲学认为，最有力的证明就是各种物质的组合物——物质客体、实物或物质形态，既然物质已经构成了那么多的组合物，那么，物质粒子一定是真实存在的，只不过科学还没有发现它而已。

值得注意的是，20 世纪 60 年代末，物理学家们提出了"M 理论"和"超弦理论"，这种理论认为：弦（或膜）是宇宙最基本的组成物、宇宙的物质基元，"宇宙就是由同样的弦弹出的不同乐曲组成的交响乐"。[20] 虽然物理实验尚无法探测到它们的存在，但是"M 理论"和"超弦理论"提示，"最基本的粒子"应该是存在的。

随着科学研究的逐步深入，相信终有一天会找到最基本的粒子，不管那时的科学家把它叫作什么，但它一定就是我们所说的物质粒子。

（2）质量问题

新定义指出，质量是物质的主体，也是物质的根本属性，物质首先必须具有质量，然后才有可能成为物质。对这一论断，一些熟悉自然科学的朋友可能会提出疑义：根据爱因斯坦的相对论，质量与速度有关，同一个物体，相对于不同的参考系，其质量就有不同的值。另外，在核裂变和链式反应时，部分质量变成巨大的能量释放出来，质量转化成了能量。既然质量不再是不变的属性，那怎么能说它是物质和物质属性的主体呢？如果质量不再是物质和物质属性的主体，那物质还能够存在吗？

材料哲学认为，这些现象确实是存在的，但是，通过这些现象并不能否定质量的主体地位，更不可能否定物质的存在。我们的理由是：

其一，根据爱因斯坦的相对论，虽然在不同的参考系中，质量的值确实会发生变化，但这只是观察角度的不同或度量方式的不同所造成的，并不是质量不存在或"消灭"了。尽管质量的相对值发生了变化，但质量依然是存在的，所以质量相对值的变化并不能否定质量的存在，更不能否定物质的存在。例如台湾名嘴、国民党原民意代表邱毅本来是一个体态较胖的人，然而当他住了几个月监狱后，他却变成了一个清瘦的人，几个月的监狱生活让他的"质量"大减，我们能说出狱后的邱毅就不再是邱毅了吗？我们能说邱毅不存在了吗？

其二，根据爱因斯坦的质能关系公式 $E = mc^2$，质量确实有可能转化为能量，但是转化的前提是，必须先有质量这个主体，然后才有可能发生质能之间的转化；假若根本就没有质量，那又怎么可能发生质能之间的转化呢？所以质能转化现象同样也证明了质量是物质和物质属性的主体。

（3）"场"是不是物质？

新定义提出，物质粒子是构成世界万物最基本的材料，有的朋友可能会提出这样的质疑："场"也属于"世界万物"中的一种，然而这个空空荡荡的场子，既不具有质量和能量，又不占有时间，它怎么可能是物质呢？

材料哲学认为，这些朋友对"场"的认识还不够深入，"场"其实并不是一个空空荡荡的场子，虽然它不具有静止质量，但它却具有运动质量和能量。既然它具有运动质量和能量，那它就必然占有时间；由于"场"本身就以空间的方式存在，所以它也必然占有空间。由于"场"具有质量和能量，并占有时间和空间，所以它也属于物质的范畴，正如《自然·科学·辩证法》一书所说的那样："各种场诸如可见光、电磁场、引力场、介子场等，它们是只具有运动质量的具体物质。"[21]

（4）精神问题

新定义提出，物质是构成"世界万物"最基本的材料，细心的朋友一定会提出这样一个质疑：精神也是"世界万物"中的一种，它是否也是物质构成的呢？千百年来，绝大多数唯心主义、二元论以及一些不彻底的唯物主义哲学家们都认为，精神是由"非物质实体"构成的，精神的本质是非物质。如果构成精神的材料真的是"非物质实体"，那新定义所说的物质构成"世界万物"的说法就无法成立，而新定义也无法成为一个逻辑自洽的定义。为了搞清精神的真正本质，材料哲学对唯心主义、二元论以及不彻底的唯物主义的观点进行过长期的研究，结果发现他们的观点其实是一种猜测与想象，既缺乏科学依据，又不符合实际，所以他们关于精神的本质是非物质的论断是无法成立的，也就是说精神的本质并不是非物质，精神也不是由"非物质实体"构成的。

如果说精神的本质并不是非物质，精神也不是由"非物质实体"构成的，那么，精神的本质究竟是什么呢？精神又是由什么东西构成的呢？材料哲学认为，精神是大脑思维的产物，精神就是大脑神经元所合成的特定化学分子，正是这些化学分子携带、存储了人脑中的精神信息，所以精神的本质是分子。精神的本质是分子，而这些化学分子又具有质量和能量，并占有空间和时间，所以精神的本质其实也是物质。根据"精神分子论"，构成精神的材料并不是那种虚无缥缈、神秘莫测的"非物质实体"，而是人脑中的那些实实在在的化学分子。新定义所说的"世界万物"不仅包括客观世界中的"万物"，而且也包括人的主观世界或精神世界中的"万物"。我们在讨论列宁的物质定义时曾讨论过"主观实在"的问题，其实"主观实在"同样也是由物质构成的。既然精神的本质也是物质，那么精神就完全可以列入"世界万物"的范畴，这样新定义也自然是一个逻辑自洽的定义。

为什么说精神的本质并不是非物质？为什么说精神的本质是分子？为什么说精神是大脑所产生的高级物质？本书作者著有《破解大脑之谜——精神分子论》和《精神的革命》两书，书中有详细的论述，有兴趣的朋友可以参阅。

（5）如何区别"抽象物质"与"具体物质"？如何区别"个别物质"与"一般物质"？

长期以来，由于传统定义对物质的界定不够准确，对具体物质和抽象物质、个别物质和一般物质不能做出严格的区分，不少人常常把它们混为一谈，结果造成了对物质认识的混乱局面。新定义对物质的本质以及特有属性都做出了明确的界定，这样根据新定义，就有可能对具体物质和抽象物质、个别物质和一般物质做出严格的区分，就有可能扭转之前的混乱局面。

什么是"抽象物质"？**所谓"抽象物质"就是人脑通过思维抽象而形成的关于物质的概念。**例如恩格斯在定义物质时所说的："物质本身是纯粹的思维创造物和抽象"，这种通过人的思维创造出来的"物质"就是"抽象物质"。那么，什么又是"具体物质"呢？**所谓"具体物质"就是存在于现实世界中的、具有质**

量和广延的真实的物质，例如新定义所说的"物质粒子"。"抽象物质"和"具体物质"存在着密切的关系："具体物质"是物质之"实"，而"抽象物质"则是物质之"名"，是人脑对"具体物质"的表征。

正是由于"抽象物质"和"具体物质"存在着密切的关系，所以不少人把二者混为一谈，造成了混乱。为了正确地认识物质，需要把二者严格区别开来，那么，我们又应如何区别这两种不同的物质呢？材料哲学认为，我们可以通过以下三个方面进行区别：

其一，从本质上区别。"抽象物质"的本质是概念，而"具体物质"的本质则是实在的粒子，二者在本质上是截然不同的两种东西；

其二，从存在的地域区分。"抽象物质"是人脑通过思维抽象而形成的，它存在于人的大脑之中；而"具体物质"是宇宙大爆炸形成的，它存在于现实世界之中。一个在人脑之中，而另一个在人脑之外，它们存在的地域大不相同；

其三，存在于现实世界中的"具体物质"，由于它具有质量和广延，所以它能够被人的感官所感知；然而"抽象物质"却潜藏在人脑的内部，它很难被他人的感官直接感知。

奥地利物理学家、心理学家、哲学家马赫（Ernst Mach，1838-1916）是经验批判主义的创始人之一，它提出的"经验要素一元论"在哲学界曾产生一定的影响。马赫对物质也进行过定义："我们称之为物质的东西，只是要素（"感觉"）的一定的有规律的联系。"
[22] 通过该定义就可以清楚地看出，马赫所说的"物
质"并不是存在于现实世界中的"具体物质"，而是潜
藏在人脑内部的"抽象物质"，这种"物质"由"感
觉要素"构成，所以这种"物质"的本质完全是精神
的或心理的，并非像马赫所说是一种既不属于心理也
不属于物理的"中立的东西"。

通过以上三个方面，我们可以把"抽象物质"和
"具体物质"区别开来，那么，我们又如何区别"个
别物质"与"一般物质"呢？在讨论这个问题之前，
我们首先需要搞清什么是"个别物质"与"一般物
质"。中国著名的马克思主义哲学家李达（1890-
1966）在《唯物辩证法大纲》一书中说："物质就是
撇开一切事物的具体形态，单单抽取它们的共同本质
而得到的一般概念，或哲学范畴。物质是一切事物的
共同本质，而一切事物则是物质的种种具体形态。因
此，物质和物质具体形态的关系，是一般和个别的关
系。物质是一般，物质的具体形态是个别。" [23]通过
李达的解释可以看出，所谓"个别物质"其实就是
指"具体物质"，由于"一般物质"也是来自于人
脑的"抽象"，所以"一般物质"其实就是"抽象
物质"。这就是说，所谓"个别物质"与"一般物
质"其实就是指"具体物质"与"抽象物质"，既然
二者是相同的，那么，通过后者的区别方法同样也可
以区别前者。

（6）如何区别物质与物质的组合物？

区别了"抽象物质"与"具体物质"、"个别物质"与"一般物质"，我们还需要区别物质与物质的组合物。长期以来，不少人都把二者视为同一个东西，甚至认为物质的组合物就是物质。我们在前面介绍过自然科学对物质的定义，自然科学家们就认为，物质的组合物例如各种宏观和微观的实物以及物质的具体形态就是物质。材料哲学认为，从严格的意义上讲，这种说法是不准确的，物质并不等于物质组合物，我们应该把二者区分开来。

为了区分物质与物质组合物，我们首先必须搞清物质组合物的含义，那么，什么是物质的组合物呢？**所谓物质的组合物是指，由物质粒子直接或间接构成的各种物质形态。**例如物体、实物、物质实体、物质结构、物质系统等都是物质组合物，也就是说，凡是由物质粒子直接或间接构成的"物"统统都是物质组合物。那么，物质粒子又是如何构成组合物的呢？物质粒子是世界上最小的物质组分，它不可能直接构成世界上所有的组合物，物质粒子构成各种组合物的过程是：首先，物质粒子互相结合构成各种基本粒子，基本粒子互相结合再构成质子、中子、电子和原子，原子互相结合又构成分子，分子互相结合再构成各种各样的物质组合物，构成世界万物。通过这个过程可以看出，虽然物质粒子不能直接构成所有的组合物，但是，如果没有物质粒子这个最基本的材料，那么所有的组合物，所有的物体、实物、物质实体、物质结构、物质系统等统统无法形成，世界万物也不可能存在。微小的物质粒子是整个世界的基石，浩瀚的世界就是建立在这个基石之上的。

通过物质组合物的形成可以看出，物质与物质组合物存在着非常密切的关系，正是由于此种原因，才有那么多人把二者混为一谈。我们已经对物质以及物质的组合物做出了明确的界定，我们应该把它们区别开来。那么，我们又该如何区别物质与物质的组合物呢？材料认为，二者的区别在于：物质是最基本的粒子，它是最基本的材料，而物质组合物则是由物质材料所构成的"成品"。一个是材料，而另一个则由材料构成的"成品"，这就是二者的最大区别。例如木材是材料，而桌子则是由材料构成的"成品"，桌子不同于木材。

通过以上探讨可以看出，我们所说的"物质"指的是最基本的粒子——物质粒子，并非是指由物质粒子所构成的组合物，也不是指各种各样的物体、实物、物质实体、物质结构、物质系统等，我们应该把它们区别开来。当然在现实中也存在这样一种情况，由于习惯，有些人会把物质的组合物简称为"物质"，只要他的指称是准确的，只要不引起歧义，也未尝不可。

（7）物质能否独立存在？

新定义指出，物质是构成世界万物最基本的材料，它是整个世界的基石，然而，物质这个基石能否独立地存在呢？唯物主义哲学家们认为，物质是现实世界中的真实存在，物质能够独立地存在；而唯心主义哲学家们却认为，我们认识的任何物质都是在人的意识之中，世界上所有的物质形态都依赖于人的意识，所以物质不可能独立地存在。

对于物质的独立性问题，唯物主义和唯心主义的观点截然相反，那么，究竟哪一方的观点更正确、更符合实际呢？下面我们进行分析。

其一，根据现代科学理论宇宙大爆炸学说，物质产生于 137 亿年前的一次宇宙大爆炸，也就是说 137 亿年来，物质一直存在于宇宙之中。而人类的祖先——早期猿人大约生活在 400～150 万年前，人的意识大约产生于 400 万年前，这就是说，在人的意识产生之前的 130 多亿年里，物质早就存在着，它并不依赖于人的意识，物质是独立存在的。正如著名科学家爱因斯坦所说："相信有一个离开知觉主体而独立的外在世界，是一切自然科学的基础"[24]

其二，不可否认，人对物质的认识确实需要通过意识，但是，意识到物质只是对物质信息的接受、感知和认识，并不是"产生"、"建构"了物质，也不能决定物质的存在与否，所以物质并不依赖于意识，它能够独立地存在。物质的产生、形成、存在与物质被意识是两个完全不同的事件，所以对物质的意识并不等于物质的产生和形成，也不等于物质的存在。虽然人确实是通过意识才知道了物质的存在，但这并不是说，物质是因为人的意识才存在。物质具有客观独立性，它们自在地存在着，即使没有人的意识，它们也照样存在。例如哥伦布发现了新大陆，从此人们才知道世界上还存在着这样一个地方，但是在哥伦布发现之前，新大陆其实早就存在着，我们决不能说，新大陆的存在取决于哥伦布的发现，如果没有哥伦布的发现，新大陆就不存在。

其三，我们在前面曾讨论过两种不同的物质，一种是具有质量和广延的真实的"具体物质"，这种物质存在于现实世界之中；另一种则是人脑通过思维抽象而形成的"抽象物质"，"抽象物质"存在于人脑之中。一个是存在于现实世界之中的真实物质，另一个则是存在于人脑中的"抽象物质"，这是两种性质截然不同的"物质"。唯心主义哲学家们之所以对物质的独立性产生错误的认识，根源就在于他们混淆了两种性质截然不同的"物质"，把真实的物质也当成了"抽象物质"。"抽象物质"是人的意识或思维的创造和抽象，它的存在确实依赖于人的意识，离开了意识，它确实无法独立地存在。但是，存在于现实世界之中的真实物质或具体物质，它产生于137亿年前的宇宙大爆炸，它是独立自在的，并不依赖于人的意识；即使没有人的意识，它照样会存在，因为它已经存在了137亿年之久。唯心主义哲学家们的论断只适用于"抽象物质"，而不适用于"具体物质"，由于他们混淆了"具体物质"和"抽象物质"，并把"具体物质"误认为是"抽象物质"，结果得出了错误的结论。

我们今天重新研究物质，一定要汲取唯心主义哲学家们的教训，一定要分清"具体物质"和"抽象物质"这两种性质截然不同的"物质"，一定要对物质的独立性有一个正确的认识。

（8）物质是否是真实的存在？

新定义指出，物质是构成世界万物最基本的材料，它是世界万物的基石，没有物质就没有世界万物，所以物质也是真实的存在。但是，唯心主义哲学家却竭力反对这一观点，他们认为物质完全是"多余的假设"，是"可有可无的东西"，承认物质就是"形而上学的独断"，就是"没有逻辑根据的荒谬思想"，所以物质不是真实的存在。主观唯心主义的代表人物贝克莱(George Berkeley，1685-1753)大主教看到了物质学说对宗教造成的严重威胁，于是激烈地否定物质学说。他说："无神论和反宗教的一切渎神体系是建立在物质学说或有形实体学说的基础上的，…… 他们的一切怪异体系之依存于物质实体，是如此明显，如此必要，以致一旦把这个基石抽掉，整个建筑物就一定倒塌。""我决不对我们通过感觉或思考能够认识到的任何一物的存在提出异议。我用眼睛看到的和用手摸到的那些物是存在的，是真实存在的，这一点我毫不怀疑。我们否定其存在的唯一的物，是哲学家们<黑体是贝克莱用的>叫作物质或有形实体的东西。否定它，不会给其余的人类带来任何损害；我敢说，没有它，他们任何时候都不会感到若有所失……无神论者的确会需要这个徒有其名的幽灵来作为他们不信神的根据……"[25] 贝克莱十分肯定地说，物质是"nonentity"（不存在的实质，第 68 节），物质是无（第 80 节）。贝克莱嘲笑唯物主义者说："如果你们愿意的话，你们可以在别人使用'无'这个词的意义上使用'物质'一词。"[26]

贝克莱只是一个代表，几乎所有的唯心主义哲学家都断言：物质并不是真实的存在；但是，他们又承认"物"是真实的存在，正如贝克莱所说："我用眼睛看到的和用手摸到的那些物是存在的，是真实存在的，这一点我毫不怀疑。"虽然唯心主义哲学家不承认"物质"是真实的存在，但他们却承认那些被感觉到的"物"是真实存在的。唯心主义哲学家们对"物质"和"物"的矛盾态度露出了破绽，既然可感之物是真实存在的，那么人们必然会问，这些真实存在的物又是由什么东西构成的呢？知识和常识都告诉我们，构成这些物的是那些更小的东西，而更小的东西又是由更加小的东西构成的；如果按照这个逻辑推论下去，那么一定有一种构成物的最小的东西，这种东西就是物质。这个推论不仅是合理的，而且也完全符合逻辑。不仅如此，"物"由"物质"构成还可以被人类的经验事实所证实。例如大海是一个真实的存在，那么，大海是由什么东西构成的呢？构成大海的是水，水又是由什么东西构成的呢？科学告诉我们，构成水分子的是氧原子和氢原子。那么，氧原子和氢原子又是由什么东西构成的呢？科学已经对这个问题进行了深入的研究，氧原子和氢原子又是由更小的物质微粒所构成，而这些更小的物质微粒又是由更加微小的微粒所构成，那么可想而知，一定存在着一种最小的物质微粒，这种最小的物质微粒就是物质。通过探讨可以看出，只要你承认可感之物是真实的，那么，无论是通过逻辑推论，无论是通过经验事实，也无论是通过科学实验，都能够得出这样一个结论：物质是真实的存在。这个结论有充分的逻辑根据，并被大量事实所证实，而且还得到了科学的检验与验证，所以这个结论是真实可信的，并不是"形而上学的独断"，更不是"没有逻辑根据的荒谬思想"，贝克莱等唯心主义哲学家们的论断是难以成立的。

五、新定义能够解决哪些问题？

我们在第三节详细论述了物质的新定义，并对新定义所涉及的问题一一进行了解释，那么，新定义究竟有什么用处？或者说它能够解决哪些问题呢？

（1）新定义对物质概念做出了更为准确、完善和严谨的解释，较好地回答了各种误解、质疑与批评，初步解决了唯物主义和自然科学所面临的难题和挑战。

唯物主义和自然科学提出了"物质"这一概念，并把它作为立论的基础，然而，由于哲学和科学发展水平的限制，长期以来唯物主义和自然科学并没有对"物质"这一概念做出准确、完善和严谨的解释，他们一直说不清物质究竟是一个什么东西。正是由于他们对物质的解释比较笼统、模糊，所以引起了不少误解、质疑与批评。例如有人就曾尖锐地指出："物质"这一概念是一个内涵和外延、本质和特征模糊不清的概念，是个别物质和一般物质、具体物质和抽象物质的混合体。当代著名哲学家施太格缪勒（Wolfgang Stegmuller）甚至把"物质"这一概念列为"二十世纪的失误"，他在《当代哲学主流》一书中写道："未来世代的人们有一天会问：二十世纪的失误是什么呢？对这个问题他们会回答说：在二十世纪，一方面唯物主义哲学（它把物质说成是唯一真正的实在）不仅在世界上许多国家成为现行官方世界观的组成部分，而且即使在西方哲学中，譬如在所谓身心讨论的范围内，，也常常处于支配地位。但是另一方面，恰恰是这个物质概念始终是使这个世纪的科学感到最困难、最难解决和最难理解的概念。"中国科学技术大学前校长朱清时先生也批评说，一方面以"唯物主义"为标记的哲学广为流行，而另一方面却又说不清"物质"究竟是什么。施太格缪勒正是在这里看到了"二十世纪的失误"。[27]

通过这些批评可以看出，如何准确地定义物质已经成为唯物主义和自然科学所面临的一大难题，如果不能解决这个难题，唯物主义和自然科学的立论基础就会动摇，它们的合理性与合法性也会受到严重质疑，甚至整个唯物主义和自然科学的大厦都有可能轰然坍塌，可以毫不夸张地说，物质的定义问题已经成为唯物主义和自然科学生死存亡的大问题！

材料哲学看到了这个问题的严重性，决定通过物质的新定义来解决这一难题。那么，新定义又是如何解决这个难题的呢？长期以来，人们批评最多的就是物质的传统定义是一个内涵和外延、本质和特征模糊不清的概念，而新定义就对物质的内涵与外延、本质与特征均做出了比较准确和清晰的解释。根据逻辑学，所谓概念的内涵就是概念所反映的事物的特有属性，新定义不仅明确揭示了物质的本质属性——物质是一种最基本的粒子，而且还明确地揭示了物质的四个特有属性——质量、能量、空间与时间，所以新定义对物质概念的内涵做出了明确、完善的解释。根据逻辑学，所谓概念的外延就是具有概念所反映的特有属性的事物，新定义明确指出物质是构成世界万物的最基本材料，那么，物质概念的外延就是世界万物，所以新定义对物质概念的外延也做出了清晰的界定。新定义不仅对物质概念的内涵与外延做出了明确的解释，而且对其本质与特征也做出了比较准确、清晰的解释，物质的本质是一种最基本的粒子，它的特征就是具有质量和能量，并占有空间和时间。新定义对物质概念的内涵与外延、本质与特征都做出了比较准确、清晰的解释，这样物质概念就有了一个更为准确、完善和严谨的定义。

逻辑学认为，定义就是揭示事物的特有属性（固有属性或本质属性）的逻辑方法。新定义不仅揭示了物质的本质属性——物质是最基本的粒子，而且揭示了物质的四个特有属性——质量、能量、空间与时间，并进一步揭示了物质的功能，所以新定义完全符合逻辑学的要求。新定义不仅符合逻辑学的要求，而且对物质概念也做出了更为清晰、准确的解释，这样通过新定义，唯物主义和自然科学就能够对物质概念做出更为准确、完善和严谨的解释，也能够说清楚物质究竟是一个什么东西。有了一个更为准确、完善和严谨的定义，这样"物质"概念就不再是施太格缪勒所说的"最困难、最难解决和最难理解的概念"了，也不再是"二十世纪的失误"。新定义对物质概念做出了更为准确、完善和严谨的解释，较好地回答了人们的各种误解、质疑和批评，初步解决了唯物主义和自然科学所面临的难题与挑战。

（2）新定义有可能解决唯物主义的立论基础

与前提问题。

唯物主义哲学其实就是关于物质的哲学，所以物质是唯物主义立论的基础与前提，所有唯物主义哲学的宫殿都是建立在物质这个基础与前提之上的。假若这个基础与前提不牢固，那么，所有唯物主义哲学的宫殿都有可能动摇或坍塌，而唯物主义哲学也难以存在。长期以来，由于唯物主义哲学家们不能对物质这个基础概念做出准确、清晰的解释，所以唯物主义立论的基础与前提其实是极不牢固的。正是由于此种原因，有不少人都对唯物主义立论的基础与前提问题提出了质疑，例如网友 Lgajj 在中国人民大学的"爱智论坛"撰文批评说："唯物论作为立论前提的抽象物质在现实中是不存在的，现实中只有具体的物体形态而无抽象的纯粹客观物质，因为只有人的思维有抽象能力，所以抽象的物质是人的思维的产物。"假如唯物主义作为立论的基础与前提——物质——在现实世界中是不存在的，那么，唯物主义哲学就难以立论，而所有的唯物主义哲学宫殿也都变成了空中楼阁！

如何解决唯物主义立论的基础与前提问题呢？材料哲学认为，关键就是对物质概念做出准确、完善和严谨的解释，就是确定物质的本质。新定义明确指出，物质的本质是最基本的粒子，它具有质量、能量、空间和时间四个特有属性，所以物质是现实世界中的真实存在，物质是独立的和自在的，它并不是"人的思维的产物"，并不是"纯粹的思维创造物和抽象"。既然物质是现实世界中的真实存在，既然物质是具有质量、能量、空间、时间属性的东西，既然物质是独立的和自在的，那么，唯物主义立论的基础与前提就不存在问题，它的前提就是真实的，基础是牢固的，而唯物主义哲学的宫殿也不会变成空中楼阁，所以新定义能够较好地解决唯物主义立论的基础与前提问题。

（3）新定义修复并捍卫了唯物主义的物质观。

自二十世纪初的物理学革命以来，传统唯物主义的物质概念受到了前所未有的冲击，在现代物理学看来，传统的物质观已经是千疮百孔、风雨飘摇，于是就有人认为物理学的发展有可能彻底否定物质的存在，有可能彻底颠覆唯物主义的物质观。

首先应该承认，自二十世纪初的物理学革命以来，传统唯物主义的物质概念确实受到了前所未有的冲击，传统物质观确实变得千疮百孔、风雨飘摇。那么，传统物质观为什么会变得千疮百孔、风雨飘摇呢？我们在前面已经进行过探讨，根本原因就是因为传统的物质定义对物质的解释不准确、不完善、不严谨，存在着诸多缺陷与不足，所以当它面临冲击的时候必然会变得千疮百孔、风雨飘摇，甚至有被彻底否定和颠覆的危险。但需要指出的是，变得千疮百孔、风雨飘摇的是传统的物质定义，并非是物质本身。从 137 亿年前的宇宙大爆炸开始，物质就一直存在着，并构成了世界与万物，所以物质的存在是不可能被否定的，唯物主义的物质观也是不可能被颠覆的。新定义对物质概念做出了更为准确、完善和严谨的解释，弥补了传统定义的缺陷与不足，这样唯物主义的物质观就变得更加坚实与牢固，而那些否定物质存在、颠覆唯物主义物质观的企图也会化为泡影，所以新定义修复并捍卫了唯物主义的物质观。

（4）新定义解决了物质的可感性问题，为认识论提供了理论依据。

物质和物质世界能否被人感觉和认识？这个问题是认识论的一个重要问题，然而，如果按照恩格斯等人的定义——物质是"纯粹的思维创造物和抽象"，那么，物质和物质世界就很难被人感觉和认识，这是因为"抽象物质"存在于脑中，人很难进入他人的大脑去感觉和认识它们。正像黑格尔批评的那样："唯物论以物质的本身为真实的客观世界。但物质本身已经是一个抽象的东西，物质之为物质是无法知觉的。所以我们可以说，没有物质这个东西，因为就物质之有存在言，必永是一确定的具体的事物。然而，抽象的物质观念却被认作一切感官事物的基础，—— 被认作普遍的感官世界，绝对的个体化，亦即互相外在的个体世界的基础。"[28]

物质和物质世界真的无法被人感觉和认识吗？认

识论真的没有理论依据吗？事实并非如此，虽然"抽象的物质"难以被人感觉和认识，但是，新定义所定义的物质却有可能被人感觉和认识。这是因为：

第一，新定义所定义的物质具有空间性。

新定义明确指出，物质具有空间属性，或者说广延性，而空间性或广延性就是可感性的前提，也就是说，只有占有空间的东西才是可感的。正是由于这个原因，笛卡儿才把广延性（即空间性）视为物质的唯一特性。[29] 由于新定义所定义的"物质"具有空间性或广延性，所以它完全能够被人的感官所感知，能够被人的大脑所认识。

第二，新定义所定义的物质具有信息属性。

新定义明确指出，物质具有质量、能量和空间属性，而具有质量、能量和空间属性的物质以及物质组合物都会具有信息属性，也就是说，物质及物质组合物具有发送、传递、接受以及处理信息的功能。从本质的角度看，人其实也是一个物质的组合物，既然同为物质组合物，那么，人就能够和其他物质组合物进行信息的交流。感觉、认识的过程其实就是一个信息交流和处理的过程，既然人能够与物质及物质组合物进行信息的交流，那么，人就完全有可能感觉、认识它们。新定义解决了物质的可感性问题，为认识论提供了理论依据。关于物质的信息属性问题，我们在后面还要探讨，这里存而不论。

（5）新定义能够弥补传统定义的缺陷与不足。

我们在前面曾对物质的传统定义进行过评析，我们认为这些定义存在着各种缺陷与不足，那么，新定义能够避免、弥补这些缺陷与不足吗？

我们首先看自然科学的定义。长期以来，自然科学家所说的"物质"大都是指那些具体的物质形态或物质结构——实物，这些实物确实是由物质构成的，但严格地讲，这些实物都是物质的组合物或者说"成品"，它们并不是材料，所以不能把材料与材料所构成的"实物"、原材料与"成品"混为一谈，这是自然科学定义的一个不足。而新定义所说的"物质"就不是指实物，而是指构成实物的最基本材料——物质粒子，正是物质粒子构成了实物。新定义把实物与材料区别开来，这就纠正了自然科学定义的不足。例如根据自然科学的定义，"房子"就是物质，然而根据新定义，"房子"并不是严格意义上的物质，那些构成房子的砖头、水泥、沙子、钢筋与木料等材料才是"物质"。

新定义为什么要特别强调物质是材料而不是实物呢？19 世纪末 20 世纪初，物理学曾出现过一次危机，危机的原因就在于人们把某种具体的物质结构（如原子）的改变当成了物质的"消灭"。为什么会出现这样的"危机"呢？导致危机的原因就是因为传统物质定义的不准确，由于传统定义把物质和物质所构成的"物"混为一谈，所以当"物"发生质的改变的时候，人们就误认为是"物质消灭"了。新定义把物质和物质粒子所构成的"物"、把"原材料"和"成品"严格区别开来，这样即使"物"和"成品"发生再大的改变，即使它们"消灭了"，但由于物质是"最基本的粒子"，所以它并不会"消灭"。新定义对物质做出了更为准确的界定，这样就有可能避免人们的误解。

由物质所构成的具体的物质形态或"物"有可能解体或消灭，但由于物质是"最基本的粒子"，它不可能消灭，所以新定义与物质不灭定律或质量守恒定律是完全符合的。

下面我们再看哲学家们的定义。我们首先看笛卡儿的定义，他认为物质是具有广延的实体。我们在前面已经进行过评析，笛卡儿的定义存在着两个缺陷与不足，一是对物质属性的揭示不够全面，二是认为只有实体才是物质。而新定义则明确指出，物质不仅具有广延——空间属性，而且还具有质量、能量和时间属性，这就弥补了笛卡儿定义的第一个不足。笛卡儿认为只有实体才是物质，按照他的定义，那些非实体的"场"例如电磁场、引力场、介子场等就不是物质了。然而按照新定义，物质是构成世界万物最基本的材料，这就是说，不仅是实体，就连非实体的"场"同样也是由物质材料构成的。新定义把物质的范畴从实体扩大到非实体，这就弥补了笛卡儿定义的第二个不足。

霍尔巴哈的定义与普列汉诺夫的定义有某些共同之处，他们都认为物质就是"以任何一种方式刺激我们感官的东西"，"是我们感觉的来源"。他们的定义也存在一些缺陷，例如我们看到"一张很大的方桌"，在这里"桌子"是物质构成的实物，可以说包含着物质；但是，"大"和"方"却是这张"桌子"的属性，它们并不是物质。然而，这些属性同样也能"刺激我们的感官"，同样也能成为我们"感觉的来源"。假若按照霍尔巴哈与普列汉诺夫的定义，那么，这些属性也应该是物质。物质的属性究竟是不是物质呢？新定义对这个问题也做出了明确地界定，物质必须具有四个特有属性——质量、能量、空间与时间，那么根据新定义，既然"大"和"方"这些属性没有质量和能量，所以它们并不是物质。新定义对物质和非物质做出了明确地界定，所以新定义能够弥补霍氏与普氏定义的不足。

我们再来讨论恩格斯的定义，我们在前面已经进行过评析，恩格斯的物质定义存在着四个缺陷，而新定义就有可能弥补这些缺陷。那么，新定义又是如何弥补这些缺陷的呢？

第一，恩格斯的定义认为，物质是"纯粹的思维创造物和抽象"，根据这个定义，物质只能存在于人脑或人心之中，它不可能是现实世界中的真实存在。与恩格斯的定义截然不同，新定义明确揭示了物质的本质以及四个特有属性——物质是最基本的粒子，它具有质量和能量，并占有空间和时间。由于物质在本质上是最基本的粒子，由于物质具有四个特有属性，所以物质必然是一个真实的存在，它既可以存在于现实世界之中，也可以存于人脑或人心之中。新定义揭示了物质的真实性和实在性，这就从根本上弥补了恩格斯定义的缺陷。

第二，新定义不仅揭示了物质的本质，而且还揭示了物质的特有属性。这些本质与特征都是真实物质所具有的，所以新定义定义的是物质之"实"，而不是物质之"名"，这样新定义就弥补了恩格斯定义的第二个不足。

第三，根据恩格斯的定义，物质是"纯粹的思维创造物和抽象"，既然是"抽象的物质"，那么它们就不可能在现实世界中存在，人自然无法"看到或体验"它们，也自然无法感知和认识它们。假如物质无法被人感知和认识，那就必然会导致不可知论。新定义纠正了恩格斯定义的缺陷，它明确指出物质是一种最基本的粒子，物质具有四个特有属性——具有质量和能量，并占有空间和时间，这就是说，物质是现实世界中具体的、真实的存在。由于它是现实世界中的真实存在，又由于它具有质量和能量，并占有空间和时间，所以它完全能够被人"看到或体验"，完全能够被人的感官所感知，也完全能够被人所认识。新定义揭示了物质的可感性，这就从根本上纠正了恩格斯定义的缺陷。

我们在前面也评析过列宁的物质定义，我们认为列宁的定义存在着五个缺陷与不足，那么，新定义又是如何弥补这些缺陷与不足的呢？

第一，列宁认为：物质就是存在于我们意识之外的"客观实在"，他的意思是说，凡是存在于我们意识之外的"客观实在"都是物质，凡是存在于我们意识之内的东西都不是物质。列宁的定义其实是以意识为界，划出了物质的范围，从逻辑学的角度看，这仅仅是揭示了物质这一概念的外延。然而，"定义是揭示概念的内涵的逻辑方法"，[30] 那么，物质的内涵究竟是什么呢？或者说"客观实在"的内涵究竟是什么呢？令人遗憾的是，列宁的定义并没有揭示这些最关键、最重要的问题，所以通过列宁的定义，人们很难确切地知道究竟什么是物质，究竟什么是"客观实在"。所以我们说列宁的物质定义是一个只有外延，缺乏内涵的定义，而一个缺乏内涵的定义无疑是有严重缺陷的。

而新定义就明确指出，物质粒子是构成世界万物最基本的材料，这不仅揭示了物质的本质属性，而且还揭示了物质概念的外延——它是"构成世界万物"的基本材料，也就是说它的外延包括"世界万物"。不仅如此，新定义还进一步揭示了物质概念的内涵——物质的特有属性如具有质量和能量，占有空间和时间。新定义不仅揭示了物质的外延，而且还揭示了物质的内涵，这样新定义就弥补了列宁定义的缺陷。

第二，根据列宁的定义，所谓物质就是存在于意识之外的"客观实在"或实际存在的东西。但是，存在于意识之外的"客观实在"不一定都是物质。例如我们在前面所说的桌子的"大"和"方"，"大"和"方"这些属性都是实际存在的，又都存在于我们的意识之外，然而它们并不是物质，这无疑是列宁定义的又一个严重缺陷。然而根据新定义，物质具有四个特有属性——具有质量和能量，并占有空间和时间，由于"大"和"方"这些属性不具有质量和能量，又不占有空间和时间，所以它们并不是物质。

物质的属性派生于物质，它们与物质存在着极其密切的关系，但属性并不是物质。长期以来，由于传统定义对物质的界定不够准确，于是人们很容易产生这样的误解，他们常常把物质的属性与物质混为一谈，认为物质的属性也是物质。例如有不少人都认为，时间、空间、信息、熵等属性都是物质。而根据新定义，这个难题就很容易解决，由于这些属性不具备质量和广延，所以它们并不是物质。

第三，根据列宁的定义：物质就是存在于我们意识之外的"客观实在"，但是，世界上不仅存在着意识之外的"客观实在"，而且还存在着意识之内的"主观实在"。例如在人的"主观世界"或者说大脑之内还存在着许多神经组织、神经细胞、电信号、各种化学分子和离子等等，正是它们产生、形成并存储着人的精神或意识的信息，它们与精神或意识紧密地结合在一起难以分离，然而这些东西也是实实在在的物质。由于这些物质不是存在于意识之外，而是存在于人的"主观世界"或者说意识之内，那么按照列宁的定义，这些物质就应该被划入非物质的范畴，这显然是十分荒谬的。列宁只看到了意识之外的"客观实在"，却忽略了意识之内的"主观实在"，所以列宁的定义存在着较大的片面性。

然而根据新定义，物质是构成世界万物最基本的材料，它具有质量和能量，并占有空间和时间；这就是说，只要具有物质属性的都是物质，不管它是在意识之外，还是在意识之内。根据新定义，由于这些"主观实在"例如人脑内的神经组织、神经细胞、电信号、各种化学分子和离子等也具有质量和能量，也占有空间和时间，所以它们也应该列入物质的范畴。新定义把物质的范围由意识之外扩展到意识之内，这不仅符合科学和实际，而且也纠正了列宁定义的片面性。

第四，列宁的定义认为：物质就是存在于我们意识之外的"客观实在"，然而，这种"客观实在"究竟是什么呢？它具有哪些属性？它的本质和特征如何？对这些重要的问题，列宁的定义都避而不谈，只是泛泛地说物质就是"客观实在"，所以列宁的定义过于笼统，不够确切。而新定义就明确指出，物质是构成世界万物的"最基本的材料"，并一一揭示了这种"基本材料"的本质以及特有属性，所以新定义能够弥补列宁定义的不足。

第五，列宁定义的主题原本是物质，然而他并没有下功夫去揭示物质的内涵，却在物质与意识的关系上花费了许多笔墨，所以列宁的定义不太像物质的定义，更像是物质和意识关系的定义。一个关于物质的定义却偏离了物质这个主题，这不能不说是一个缺陷。新定义以物质为主题，论述的重点始终是物质，没有在其他问题上花费笔墨，所以新定义也能够弥补列宁定义的缺陷。

（6）新定义是一个普适的定义，它不仅适用于哲学，而且也能够适用于自然科学和其他学科。

我们在前面曾经介绍过自然科学和哲学家们对物质的定义，通过这些定义可以看出，自然科学的定义与哲学的定义各不相同，物质这一重要概念一直缺乏一个能够被各个学科普遍接受的普适的定义。根据新定义的内容和特点，材料哲学认为，新定义不仅适用于哲学，而且也有可能适用于自然科学以及其他学科，所以它有可能成为一个普适的定义。

第二节 物质是构成现实世界的基本材料

本节探讨的核心问题：为什么说物质是构成现实世界的基本材料？

本节内容脉络：

一、哲学的论证

二、科学的检验与证实

第一节我们对物质的定义进行了详细而又深入的探讨，通过这些探讨，朋友们可能对"物质"概念有了更为准确、清晰和完善的认识。认识了物质，我们进一步探讨物质与世界万物的关系，那么，物质与世界万物又有什么关系呢？其实物质的新定义已经明确揭示了物质与世界万物的关系：物质是构成世界万物最基本的材料。为什么说物质是构成世界万物最基本的材料呢？有什么证据能够证明这个论断呢？在第二节和第三节，我们将对这个问题进行专门探讨。

一、哲学的论证

从两千多年前的古希腊开始一直到 21 世纪的今天，一代又一代的哲学家一直在孜孜不懈地探索构成世界的"材料"或者说"本原"问题。在这些探索中，唯物主义哲学家们一致认为，构成世界万物的基本材料就是物质，他们对这个问题进行了长期而又反复的探索和论证。

在两千六百多年前的古希腊，米利都学派称得上是西方第一个唯物主义学派，这个学派由于产生在小亚细亚的米利都城而得名。其主要代表人物是泰勒斯（Thales，约前 624-约前 547）、阿那克西曼德（Anaximandros，约前 610-前 546）、阿那克西米尼（Anaximenes，约前 588-约前 525）。他们用一种具体的物质来说明世界万物的本原：泰勒斯认为万物的本原是"水"，阿那克西曼德认为是某种我们永远无法经验到的基本"原料"——"无定"（aperion），而阿那克西米尼则认为是"气"。古希腊哲学家、爱非斯派的创始人赫拉克利特（Herakleitos，约前 540-约前 480 与 470 之间）继承了米利都学派的唯物主义传统，他认为万物的本原不是水、也不是气，而是更有变化性的"火"。他说："火产生一切，一切都复归于火"，"这个有秩序的宇宙(科斯摩斯)对万物都是相同的，它既不是神也不是人所创造的，它过去、现在和将来永远是一团永恒的活火，按一定尺度燃烧，一定尺度熄灭。"赫拉克利特认为万物的本原是火，说宇宙是永恒的活火，他的基本出发点是：这个有秩序的宇宙既不是神也不是人所创造的。宇宙本身是它自己的创造者，宇宙的秩序都是由它自身的逻各斯所规定的。这是赫拉克利特学说的本质，它是米利都学派的朴素唯物论思想的继承和发展。

古希腊自然派哲学家德谟克利特（Demokritos，约前 460-前 370）是一位早期的自然科学家，也是第一个百科全书式的学者。他是"原子论"的创始者，并由原子论入手构建了认识论。他认为，万物的本原是原子与虚空，原子是一种最后的、不可分的物质微粒。宇宙的一切事物都是由在虚空中运动着的原子构成，所谓事物的产生就是原子的结合。原子处在永恒的运动之中，即运动为原子本身所固有。虚空是绝对的空无，是产生运动的场所。世界是由原子在虚空的漩涡运动中产生的。宇宙中有无数个世界在不断的生成与灭亡。人所存在的世界，无非是其中正在变化的一个。所以他声称：人是一个小宇宙（小世界）。

古希腊大哲学家亚里士多德（希腊语：Αριστοτέλης，Aristotélēs，公元前 384 年－公元前 322 年）是世界古代史上伟大的哲学家、科学家和教育家之一，堪称希腊哲学的集大成者。亚里士多德在《物理学》一书中专门讨论了世界的本原（原因）问题，他认为自然哲学研究的原因有四种：质料、形式、动力和目的，而后三种原因可以合三为一。他所说的"质料因"（Material Cause）是指，一个事物从一堆零件、成分、原料所组成的存在形式，例如形成一尊大理石雕像的"质料"就是大理石。亚里士多德还认为，世界由五大质料构成，构成地上世界的是土、水、气、火四大质料，而构成天上世界如天球和天体（恒星和行星）的质料是神圣的以太。质料是事物的基质，它是不依赖任何主体而独立存在的东西。地球是宇宙的中心，接着是水、空气、然后是火。这些质料会进行自然的运动，不需任何外界的动力。因此人的躯体会沉入水中、水会随着空气蒸发、蒸发后的水汽随着雨降下、火可以在空气中燃烧，这些质料有着永恒的运动与循环。

亚里士多德虽然是柏拉图的学生，但却抛弃了他的老师所持的唯心主义观点。柏拉图认为理念是实物的原型，它不依赖于实物而独立存在。而亚里士多德则认为，世界乃是由各种本身的形式与质料和谐一致的事物所组成的，"质料"是事物组成的材料，"形式"则是每一事物的个别特征。就像是有一只鼓翅乱飞的鸡，这只鸡的"形式"是它会鼓翅、会咕咕叫、会下蛋等；当这只鸡死亡后，"形式"也就不再存在，唯一剩下的就是鸡的"质料"。亚里士多德之前的哲学家大都把某一种具体的实物作为本原，而亚里士多德则不同，他试图寻找构成世界万物的最基本的本原，他把这种最基本的本原称之为"质料"。"质料"概念更具普遍性，它极可能是"物质"概念的滥觞。

罗马共和国末期的诗人和哲学家卢克莱修（Titus Lucretius Carus，约前 99 年-约前 55 年）著有《物性论》，这是长达 7000 余行的哲学长诗。第一卷讨论的就是"宇宙的终极构成物"，他认为宇宙是由在无限空间中运动的无限数的原子构成的。并分别讨论了物质的永恒性和原子的存在、原子和虚空、原子是固体、永恒不可分的粒子、宇宙是无限的等问题。[31]

意大利的特勒肖（Bernardino Telesio，1509-1588）是达·芬奇之后意大利最卓越的哲学家和自然科学家，1565 年他出版了《物性论》一书，该书的拉丁文本原名是《依照事物自身的原理论事物的本性》。特勒肖正式提出了"物质"这一概念，他认为，物质是客观存在的、永恒不变的，即不可创造也不可消灭。热与冷的对立是推动物质运动的源泉，热使物质膨胀与稀疏，冷使物质收缩与凝聚，热趋于运动，冷趋于静止。[32]

亚里士多德之前的哲学家们大都把某一种具体的实物作为本原，亚里士多德提出了基本的本原"质料"，而特勒肖又提出了更具普遍意义的本原——物质，这说明哲学家们对本原的认识逐步深入。"物质"概念的提出具有重要意义，它标志着人类对本原的探索已经进入了一个更为科学的新阶段。

笛卡儿提出了"物质实体"的概念，他认为物质实体具有广延属性，即长宽高三向度，是一种有形体无思想的东西。实体是"能自己存在"，其存在不需要别的事物的一种事物。[33]

17 世纪英国政治哲学家托马斯·霍布斯（Thomas Hobbes，1588-1679）著有《利维坦》一书。在该书的第 1—5 章，霍布斯论述了人体运作机制，并表达了唯物主义自然观和一般的哲学观点。他认为，宇宙是由物质的微粒构成，物体是独立的客观存在，物质永恒存在，既非人所创造，也非人所能消灭，一切物质都在运动状态中。"物质是一切变化的主体。"[34] 世界上除了具有广延的物体之外，不存在其它任何东西。

英国哲学家约翰·洛克（John Locke，1632-1704）等一些唯物主义哲学家认为，世界万物都由原子构成，原子是世界的本原。原子是物质实体，所以世界的本原是物质实体，并把广延性、形状、质量等看成物质的规定性，对物质的研究也从关于个别事物与一般本原的关系，转向实体与属性的关系。[35]

荷兰哲学家巴鲁赫·斯宾诺莎（Baruch [后改名为Benedictus] Spinoza，1632-1677）认为，只存在一种无限的、永恒的、不可分割的物质实体，它是一切自然现象的基础。[36]

十八世纪法国的唯物主义者、无神论者让·梅叶（Jean Meslier，1664-1729）认为，一切自然现象的基础是"原子构成的、永恒的、无限的物质。""我们所看到的一切，我们所感觉到的和认识到的一切，毫无疑问，都只是物质。"[37] 梅叶在《遗书》中断言，世界是真实存在着的，存在就是物质。物质是永恒的，它的存在不依其它任何存在为转移，它是一切存在的起因。物质是可以分割的，而且是运动着的。自然界的一切是按照物质运动的自然规律产生的。一切起源于物质各部分的不同结合、配置和变化。物质自己在运动，不存在任何引起物质运动的外部原因。《遗书》告诉人们，宗教神学所谓存在一个全知全能的精神实体"上帝"和上帝创造世界的说法完全是虚妄的，没有任何理智上的根据。谁也不能证明上帝的存在，谁也无法克服上帝创造世界假设中的重重矛盾。

在十八世纪的法国，有一批唯物主义哲学家如狄德罗（Denis Diderot，1713-1784）、爱尔维修（Claude Adrien Helvétius，1715-1771）、霍尔巴哈（Paul Heinrich Dietrich d' Holbach，1723-1789）、拉美特利（Julien Offroy de La Mettrie，1709-1751）等都认为，构成世界的基本材料是物质。狄德罗著有《关于物质和运动的哲学原理》一书，对物质以及物质的运动进行了探讨。爱尔维修也认为，宇宙是由物质组成的，物质是第一性的，运动和物质不可分离。拉美特利也明确指出，"自然界只有一个唯一的物体"，那就是物质。万物有生有灭，而物质永恒。拉美特利说："我睁开眼睛就看到我的周围只是物质。"

俄国著名科学家、哲学家罗蒙诺索夫（Михаил Васильевич Ломоносов，1711-1765）通过对自然科学的深刻研究指出，一切自然现象的根据是物质，物质是组成物体和决定物体本质的东西，物质是一切物体的基础，而物质是由永恒运动着的原子或元素组成的。[38]

俄国十二月党人如亚库什金、克留克夫、波利索夫、戈尔巴切夫斯基、拉也夫斯基等都是唯物主义者，他们认为物质是由原子或"单元"组成的，这些原子或"单元"处于永恒运动中并充溢于整个无穷无尽的不可测度的宇宙空间，而原子的联结和黏合就形成了各种宇宙体。

俄国著名的思想家车尔尼雪夫斯基（Николай Гаврилович Чернышевский，1828-1889）认为："凡是存在的东西都是物质。物质有质，质的表现就是力。我们称之为自然规律的东西，是力的作用方式。"自然界的一切事物、现象都是统一的物质存在的形式，而这些事物、现象之间的相同性就在于它们都是物质的。

德国著名唯物主义哲学家毕希纳（Ludwig Büchner，1824-1899）是一位坚定而彻底的唯物主义者，他写的《力与物质》一书曾风靡一时，被誉为"唯物主义的圣经"。毕希纳明确指出，整个世界是由同样的物质材料构成的一个无限的整体，世界统一于物质。物质总体是一切的母亲，她使所有存在的东西产生并复归于她。世界上没有超越物质基础之上的纯粹的精神实体，人也是物质实体。"物质"这一概念是《力与物质》中最重要的概念之一，他关于物质和物质世界的论述构成了他关于身心关系的思想基础。[39]

德国唯物主义哲学家费尔巴哈（Ludwig Andreas Feuerbach，1804 年 7 月 28 日－1872 年 9 月 13 日）认为，自然界是一切物质的感性的有形事物的总和，是唯一的客观实在，是"非产生、非创造"的实体，是永恒的实体。时间和空间是自然界事物的存在形式。自然界的存在和变化始于自身原因，并且是有规律的。

人是自然界的产物，又是自然界的一部分，人与自然界是不可分割的物质统一体。

1901 年，日本学者中江兆民（1847-1901）在《一年有半·续一年有半》中明确声明："我坚决主张无佛，无神，无灵魂，即纯粹的物质学说。"强调世界万物由若干元素化合而成，它无始无终、不生不灭，物质世界在其自身的演化中发展。指出时间和空间是物质存在的形式，世界在时间和空间上都是无限的。[40]

马克思主义哲学或辩证唯物主义宣称自己是唯物主义一元论，它认为世界的本原是物质，世界是物质的，物质是一切事物、现象的共同本质和统一基础。世界上形形色色的现象都是物质的种种形态，连意识也是物质的产物。世界是物质的统一体。[41] 恩格斯著有《自然辩证法》一书，书中对物质以及物质的各种不同的运动形态进行了探讨，他认为，"物质是某种既有的东西，是某种既不能创造也不能消灭的东西"[42] "宇宙是一个体系，是各种物体的相互联系的总体""我们所面对着的整个自然界形成一个体系，即各种物体的相互联系的总体，而我们这里所说的物体是指所有的物质存在，从星球到原子，甚至直到以太质点，如果我们承认以太质点存在的话。"[43]

物理主义和自然主义是 20 世纪出现的新型唯物主义，物理主义认为，存在着的事物最终都由现代物理学研究的物理对象构成，天下万物皆为物理物，或因物理物的存在而变得必然会存在。[44] 所谓"物理物"其实就是由物质构成的"物"。彻底的自然主义相信世界上只有一元的物质存在，一切事物都可以还原到物质上；它认为自然是实在的，没有任何实在能够超出物质的自然界，即没有任何超自然的存在、能量和事件。自然主义哲学家塞拉斯（Roy Wood Sellars,1880-1973）在《物理实在论的哲学》中说：物理实在论"承认物理之物的无限多样性，而不拒绝它的任何一种现实的形式，从宇宙尘和太阳的剥落原子到地壳上的原始泥层和人类大脑的复杂组织。在种种富丽堂皇的情景背后，在丑和美、悲剧和幸福的背后，都存在着物质。简而言之，物理之物只不过是存在的另一名称。"[45] 自然主义哲学家阿姆斯壮(David Armstrong)也明确宣称，"世界只包含物理学所承认的物项"。[46]

哲学界还存在着一批实体实在论者，他们认为世界就是由科学理论所承认的实体所组成的，宇宙中的一切客体，无论是星球还是有机体，最终都是由不可观察的基本粒子构成的。

加拿大麦吉尔大学哲学教授马里奥·奥格斯特·邦格也认为，真实世界是唯一地由物质性的事物构成的。[47]

上面介绍的是外国哲学家对物质与世界万物关系的论述，下面我们介绍中国哲学家对这个问题的论述。

早在中国古代的殷、周之际就出现了具有唯物主义色彩的"五行"说，例如周幽王的史官就提出"以土与金、木、水、火杂以成百物"（《国语·郑语》），中国古代的先哲们认为是"五行"—— 金、木、水、火、土五种物质材料构成了"百物"。《管子·水地》篇认为水是万物的本原，《易经》认为天、地、水、火、风、雷、山、泽八种自然物是世界万物的本原。无独有偶，古印度人也认为，宇宙万物是由水、风、地、火四种材料构成的。

由于认识水平的限制，春秋之前的先哲们往往把某几种或某一种具体的物质形态作为构成世界万物的基本材料，这种解释具有一定的局限性。后来哲学家老子（公元前 580 年—公元前 5 年）用性质混沌的"道"作为世界的本原，他在《老子》一书中说："有物混成，先天地生。寂兮寥兮，独立而不改，周行而不殆。可以为天下母。"（《老子》二十五章）"道生一，一生二，二生三，三生万物。"（《老子》四十二章）他的意思是说，有这样一个浑然一体的东西，它比天地更在先，听不见、看不见，它不靠外力而存在，永远循环往复地运行着。可以作为天下万物的本原。按照老子的理论，构成世界万物的基本材料是物质性的"道"。"道"虽然比较抽象，但却比具体物质形态更具普遍意义。

战国中期的哲学家宋鈃、尹文提出"精气"是构成万物的本原，他们认为，虽然世界上存在着形形色色的事物，但它们都是由"气"构成，一切事物都是"气"变化的结果。《业内》篇中说："凡物之精，比则为生，下生五谷，上为列星。流于天地之间，谓之鬼神；藏于心中，谓之圣人。是故此气，杲乎如登于天，杳乎如入于渊，淖乎如在于海，卒乎如在于己。"其意思是说，世界上的一切东西得到了精气，它就存在。地上的五谷，天上的列星都是精气产生的。精气流行在天地之间就有了鬼神，精气藏于人们的心中，就成为了圣人。它的光耀像在天上，幽微像在深渊，湿润如在海洋，峭拔如在山颠。[48]

战国末期的哲学家荀子（生卒年不详）也认为物质性的"气"是构成世界的本原，他在《王制》篇中说："水火有气而无生；草木有生而无知；禽兽有知而无义；人有气有生有知亦且有义，故最为天下贵也。"

《黄帝内经》是周秦以来到西汉初年中国古代医学的总结，它也继承了先秦的"气"，认为阴阳二气是产生一切的物质根源。"清阳为天，浊阴为地，地气上为云，天气下为雨。""在天为气，在地为形。形气相感而化生万物矣"。

西汉末年的哲学家杨雄（公元前 53 年—公元 18 年）认为，混沌未开的"元气"是天地的根源。在"元气始化"的阶段，虽然还没有天地，但已经有了天地的萌芽："权舆天地未袪，睢睢盱盱，或玄而萌，或黄而芽。"有天地然后有万物，万物是天地相互作用

的结果。"天地交，万物生"（《法言·修身》）[49]
汉代《鹖冠子·泰录》说："天地成于元气，万物成
于天地"；《白虎通义·天地》也说："天地者，元
气之所生，万物之祖也"。

东汉哲学家王充（公元27年－公元97年）继承
了先秦以来的"元气说"，他认为"元气"是天地万
物的原始的物质基础，天地和自然界的万物都是由物
质的"元气"所构成。王充在《论衡》一书中说："元
气未分，浑沌为一"，"万物之生，皆禀元气"，"天
地合气，万物自生"，"气"的交感变化产生了万物
和人类。特别值得一提的是，王充还对"元气"的本
质进行了思考，他说"元气"很可能是和云烟云雾相
似的原始的物质元素。

三国时的嵇康（公元223年—公元262年）也认
为，"元气陶铄，众生禀焉"（《明胆篇》），即万
物都是禀受元气而产生的。他还认为元气中包含阴阳
两个对立面，阴阳的相互作用推动了万物的发生。他
说："浩浩太素，阳曜阴凝，二仪陶化，人伦肇兴"
（《太师篇》），就是说人和物，都是由天地阴阳二
气的作用孕育而成的。他还说："天地合德，万物资
生，寒暑代往，五行以成。章为五色，发为五音"（《声
无哀乐论》），他认为宇宙万物的发生发展是自然界
自身运动和变化的结果。[50]

三国时的杨泉（生卒年代不详）也认为，元气是
构成万物的基本物质，他在《物理论》中说："夫天，

元气也，皓然而已，无他物焉"。他还用元气来解释自然界的各种物体及现象，他说："星者，元气之英"，"汉，水之精也"，天上的星体是元气的精华，天上的银河是水之精粹部分。"气发而升，精华上浮，宛转随流，名之曰天河，一曰云汉，众星出焉"。他认为天体是由元气的精华形成的，而地同样也是如此。[51]

唐代著名思想家、政治家、文学家柳宗元（公元773 年—公元 819 年）认为，宇宙是由混沌的"元气"所构成，宇宙的构成过程是"曶黑晰眇，往来屯屯，庞昧革化，惟元气存，而何为也"（《天对》）这就是说，世界是由混沌状态的、运动着的元气构成的，它自己如此，没有一个造物者。至于元气与阴阳二气的关系，柳宗元说："合焉二三，一（指元气）以统同，吁炎吹冷，交错而功"（《天对》）这就是说，天地和阴阳都统一于元气。他还把阴阳二气看作元气内部相反相成的两个方面，阴（吹冷）阳（吁炎）交错对立的运动，形成了物质世界的多样变化。[52]

唐代大儒、哲学家、文学家、诗人刘禹锡（约 772 — 约 842）提出了唯物主义的宇宙发生论，他说："天之三光悬寓，万象之神明者也，然而其本在乎山川五行。浊为清母，重为轻始。两仪既立，还相为庸（用）。嘘为雨露，噫为雷风，乘气而生，群分汇从，植类曰生，动类曰虫。保虫之长，为智最大。"他的意思是说，天的日月星三光，虽然是万象中最清明的，但决不是什么神物，天地同属物质世界。天是"清"、"轻"的物质，而地是"重"、"浊"的物质，并且"重"、"浊"的地是"清"、"轻"的天的根本。他还认为，天地有"相为庸"的交互作用，正是由于这种交互作用，而有元气的"噓"、"噫"的运动，由于这种运动而产生了雨露雷风。万事万物"乘气而生"，山川、雨露雷风、植物动物、直至"为智最大"的人类，都是物质性的气在阴阳交互运动中产生的。

更为可贵的是，刘禹锡还对"空"或者说"空间"的物质属性也做出了比较正确的论断。他认为，"空"也是一种人的肉体器官一时感觉不到的细微的"物"，"空"不是一无所有，它可以通过"有"来显示自己的作用。例如房屋中的有"高厚之形"的空间，乃是依赖于房屋中的"物"而存在的；器皿中的有"规矩之形"的空间，乃是依赖于器皿中的"物"而存在的。"空"并不是超越物质形体之外的独立存在，而是物质形体的一种表现形态。[53]

宋代的李觏（公元 1009 年—公元 1059 年）也主张唯物主义的宇宙发生论，他认为作为宇宙本体的"太极"，不是"无"，而是物质性的"气"，五行万物都是"太极"的阴阳二气的结合所产生的。他说："夫天一至地十乃天地之气降出之次第耳。……厥初太极之分，天以阳高于上，地以阴卑于下，天地之气，各亢所处，则五行万物何从而生？……夫物以阴阳二气之会而有象，象而后有形。象者胚胎是也，形者耳目鼻口手足是也。……天降阳，地出阴，阴阳合而生五行"（《删定易图序论一》）他的意思是说，"太极"是阴阳二气的统一体，它分化而成为阴阳天地。阴阳天地的结合，便产生了有具体形象的五行和万物。[54]

北宋著名政治家、思想家、文学家王安石（公元1021年－1086年）也认为，构成世界的原材料是元气或者说"道"，正是物质性的元气或"道"形成了世界万物。他说："一阴一阳之谓道，而阴阳之中有冲气，冲气生于道。道者天也，万物之所自生。故为天下母"（《道德真经集义》卷十三第八）道是"天"，天是自然，也是元气。冲气是从元气中分化出来的。万物生于元气，所以元气是天下母。他说："夫太极者，五行之所由生"（《原性》）"天（阳）一生水"、"地（阴）二生火"、"天三生木"、"地四生金"、"天五生土"（《原性》），"五行，天所以命万物者也"（《洪范传》）。自然物质世界（太极）分化为天地（阴阳），再分化为水、火、木、金、土，由这五种物质元素变化而形成万事万物。王安石解释老子的"朴散则为器"，他说"朴"就是道，也是符合老子的原义的。他说："道常无名矣。名者，强名之也。朴者道之本而未散者也。……朴未散，则虽小，足以为物之君"（《 道德真经集义》卷八第九引）朴就是道的未散的原始状态的气，也就是元气。元气虽小，却是构成万物的原始材料，所以说"虽小，足以为物之君"。[55]

北宋著名哲学家张载（公元 1020 年—公元 1077 年）认为，构成世界万物的本体是"太虚"，"太虚"是一种极细微的物质——气。他说："太虚无形，气之本体。其聚其散，变化之客形耳"（《太和篇》）他的意思是说，世界的本体是元气，这种气是无形的（不能直接用眼睛看到它），气的聚合、分散都是暂时的现象（客形）。他还说："气聚，则离明得施而有形；不聚，则离明不得施而无形。方其聚也安得不谓之客；方其散也，安得遽谓之无"（《太和篇》）有形可见（离明得施）的是气之聚，无形可见的东西是气之散。其之聚，不过是暂时的（客），气之散并不能说气不存在。气聚则有形而形成万物，气散则无形可化为太虚。[56]

南宋思想家陈亮（公元 1143 年—公元 1194 年）也认为："盈宇宙者，无非物；日用之间，无非事。"[《龙川文集·经书发题》]

南宋思想家叶适（公元 1150 年—公元 1223 年）认为，构成自然界的主要物质形态就是五行和八卦所标志的各种物质。他说："五行之物，遍满天下，触之必应，求之必得"（《习学记言》卷三九）又说："易有太极，近世学者以为宗旨秘义。按卦所象惟八物，推八物之义为乾、坤、艮、巽、坎、离、震、兑"（《习学记言》卷四）但他认为五行八卦还只是我们感官所接触的物质的表面形态，五行八卦是气所构成的，只有气才是统一的物质的根本形态。他说："夫天、地、水、火、雷、风、山、泽，此八物者，一气之所役，阴阳之所分。其始为造，其卒为化，而圣人不知其所由来者也。"（《叶适集·进卷·易》）气是造成五行八卦的，所以说"其始为造"；五行八卦最后又化为气，所以说"其卒为化"。[57]

明代著名哲学家、思想家罗钦顺（公元 1465 年—公元 1547 年）也认为气是万物之源，他说："盖通天地，亘古今，无非一气而已。气本一也，而一动一静，一往一来，一阖一辟，一升一降，循环无已，积微而著，由著复微，为四时之温凉寒暑，为万物之生长收藏。"（《困知记》）

明代著名文学家、思想家、哲学家王廷相（公元 1474 年—公元 1544 年）也认为，"元气"是物质世界的根源。他说："天地未形，惟有太空，空即太虚，冲然元气"（《雅述上篇》）意思是说，在天地万物未产生之前，充满宇宙的是物质的"元气"。在"元气"中蕴涵着天地万物的生机，他说："气不离虚，虚不离气，天地日月万形之种，皆备于内，一氤氲萌蘖而万有成质矣"（《雅述上篇》）

明末清初的大哲学家、思想家、文学家王夫之（公元１６１９—１６９２年）也认为，气是宇宙的唯一实体。他说："阴阳二气充满太虚，此外更无他物，亦无间隙。天之象，地之形，皆其所范围也。""散而归于太虚，复其絪缊之本体，非消灭也。聚而为庶物之生，自絪缊之常性，非幻成也。"（《张子正蒙注·太和篇》）"盈天下之间皆器也""据器而道存，离器而道毁。"[《周易外传》卷五、卷二]所以气是宇宙万物变化发展的物质实体，天地万物都是由物质性的气构成的，其变化都不过是气的聚散而已。

清朝著名哲学家、经学家、语言学家戴震（公元1724年－公元1777年）认为，道是实体实物的总名，它包括自然界和社会的各种人伦日用的实体实事。道，本质上就是阴阳二气，就是金、木、水、火、土五种物质元素，五种物质元素又各自具有阴阳二气。由于阴阳二气的运动，就变化发展而为人的血气心知，血气心知的实体就是性。

清末百日维新著名人物、政治家、思想家谭嗣同（1865年－1898年）曾著《仁学》一书，认为物质性的"以太"是世界万物存在的基础。他说："是盖遍法界、虚空界、众生界，有至大，至精微，无所不胶粘，不贯洽，不莞络而充满一物焉。目不得而色，耳不得而声，口鼻不得而臭味，无以名之，名之曰：'以太'。"（《仁学》）世界万物处于不断运动变化之中，而变化的根源在于事物的"好恶攻取"、"异同生克"。他把"以太"的精神表现规定为"仁"，而"仁"的内容是"通"，"通之象为平等"，"仁——通——平等"是万物的发展法则，是不可抗拒的规律。

著名革命家、政治家孙中山（1866年—1925年）著有《孙文学说》，该学说认为，宇宙体系是由"太极"构成，它是世界物质的始基，"太极"动而生电子，电子凝而成元素，元素聚而成物质，物质结合形成地球。

上面我们回顾了两千多年来大量中外哲学家对材料问题的探索与论述，通过这些回顾可以清楚地看出，尽管称谓不尽相同，但这些中外哲学家们都认为，构成世界万物的基本材料是一种物质性的元素。随着探索的逐步深入，随着自然科学的发展，哲学家们的认识也逐渐清晰与明确，经过两千多年漫长而又艰难的思考和探索，这些中外哲学家们终于得出了一个肯定的结论：

构成世界万物的基本材料就是物质，正是物质构成了世界上的万事万物，正是物质构成了浩瀚的世界。

看到这个结论，有的朋友可能会提出质疑，上面所列举的几乎全都是唯物主义哲学家，而唯心主义哲学家们是不可能认同这个结论的。虽然唯心主义与唯物主义在许多问题上存在着差异与分歧，但唯心主义并不否认现实世界和现实事物的存在。例如最极端的唯心主义者贝克莱就曾经说过："我决不对我们通过感觉或思考能够认识到的任何一物的存在提出异议。我用眼睛看到的和用手摸到的那些物是存在的，是真实存在的，这一点我毫不怀疑。"[58] 著名的唯心主义哲学家黑格尔也说过："就物质之有存在言，必永是一确定的具体的事物。"[59]

通过贝克莱和黑格尔的话可以看出，唯心主义否认的是那个"抽象的物质"，即"纯粹的思维创造物"；他们并不否认真实的"物"，即那些"用眼睛看到的和用手摸到的那些物"。既然唯心主义也承认真实的"物"的存在，那么，随之就会出现构成这些"物"的材料问题，构成这些"物"的材料究竟是什么呢？正如我们在前面所探讨的那样，构成这些真实的"物"的材料就是物质。只要承认世界上存在着真实的"物"，那么，必然就会得出构成"物"的材料是物质的结论。

二、科学的检验与证实

中外哲学家们经过两千多年漫长而又艰难的思考与探索，终于得出了一个肯定的结论：构成世界万物的最基本材料就是物质。然而，哲学家们的结论是来自他们的思考、推论与论证，并没有经过严格的检验与证实，我们在第一章中曾讨论过哲学的研究方法问题，世界哲学主张，哲学研究应该严格遵守实证原则，所有的哲学观点和理论必须有事实依据，并能够被事实所证实。那么，哲学家们的结论是否符合实际？是否有事实依据？又能否被事实所证实呢？这就需要对哲学家们的结论进行严格的检验与验证，那么，如何进行检验与验证呢？自然科学家们担当起了这个重任，他们通过严格的科学实验对这个结论进行检验与验证。

在自然科学中，这个问题属于物质结构问题，主要由物理学进行研究。世界上存在着林林总总、各种各样的"物"，那么，这些"物"究竟是由什么东西构成的呢？科学家们采用科学的方法对这些"物"进行分解和分析，结果发现构成这些"物"的是一种很小的物质微粒——分子，正是各种不同的分子构成了世界上林林总总、各种各样的"物"。例如我们经常见到的水，水不仅是维持人类生命的重要液体，而且也是地球上一种广泛存在的"物"，水汇集起来构成了奔腾的江河与浩瀚的大海，它占据了地球上的多半面积。古希腊哲学家泰勒斯就认为，万物生于水，又复归于水，水就是构成世界的本原。那么，水究竟是一种什么东西呢？科学家们对水进行了分析，发现水其实是一种微小的物质微粒——水分子，正是微小的水分子构成了江河湖海，占据了地球上的多半面积。那么，水分子又是由什么东西构成的呢？它真的如泰勒斯所说是世界的本原吗？科学家们对水分子也进行了分解，发现构成水分子的是更小的物质微粒——氧原子和氢原子，水分子就是由 2 个氢原子和 1 个氧原子结合而成的，它的分子式是 H_2O。水分子是由更小的物质微粒——氧原子和氢原子构成的，这证明水还不是世界的本原，也证明泰勒斯的论断是不准确的。原子是一种比分子更小的物质微粒，古希腊哲学家德莫克利特和留基伯就提出过"原子论"，他们认为一切自然现象的基础是一种极其微小的物质微粒——原子，世界万物都是由原子和虚空构成的，所以原子就是世界的本原。原子真的就是最微小的物质微粒吗？原子真的是世界的本原吗？科学家们通过科学实验对原子进行研究，结果发现原子也不是最微小的物质微粒，自然也不是世界的本原。通过自然科学家们的检验，证明德莫克利特的"原子论"虽然是一个天才的猜想，但这个猜想并不完全符合事实。

原子也不是最微小的物质微粒，那原子又是由什么东西构成的呢？科学家们继续深入研究，结果发现原子是由更小的物质微粒构成的，这些微粒是原子核和核外的电子，而原子核又是由质子和中子构成的。那么，这些更小的物质微粒——电子、质子和中子就是构成世界万物最基本的材料吗？科学家们进一步研究后发现，电子、质子和中子也不是构成世界万物的最基本材料，因为它们同样也是由更加微小的物质微粒构成的。科学家们通过粒子加速器等现代科学手段对这些更加微小的物质微粒进行研究，结果发现了多达数百种的基本粒子，目前科学家们把这些基本粒子分成夸克、轻子、规范玻色子和希格斯粒子四大类。然而，对物质结构的探索并没有终结，科学家们仍然在寻找更新的基本粒子。

对物质结构的探索好象打开了一个神秘的魔盒，一下子出来了那么多的基本粒子，那么，究竟哪一种粒子才是最基本的粒子呢？物质结构之谜被列入四大科学之谜，所以科学家的探索可能还需要一个过程。但是，根据宇宙大爆炸学说，既然宇宙在时间上有一个始点——137 亿年前的一次大爆炸，既然在大爆炸最初的瞬间释放出来是最基本的始原粒子，那么，这种最基本的始原粒子就是我们要寻找的"终极粒子"，也就是物质新定义所说的"物质粒子"。物质粒子就是最基本的"始原粒子"，同样也是不可再分的"终极粒子"。尽管目前的科学还没有找到这种最基本的"物质粒子"，但是应该相信终有一天会找到它的。

通过科学家们对物质结构的研究可以看出，世界万物确实是由一种非常微小的物质微粒构成的，我们可以把这种非常微小的物质微粒称之为"物质粒子"，"物质粒子"就是构成世界万物最基本的材料。自然科学家们对物质结构进行了实证研究，这些研究用无可争辩的事实证明唯物主义哲学家们的结论是符合实际的，是有事实依据的，也是正确、可靠的。正如著名科学家霍金在《时间简史》里所说的那样，在我们这个宇宙里，大体有 1 亿亿亿亿亿亿亿亿亿亿（1后面跟着 80 个 0）的实粒子，这些粒子构成了物质，组成了星系和我们。

第三节 物质也是构成精神世界的基本材料

上一节我们探讨了构成现实世界最基本的材料问题，哲学家和科学家们经过长期研究证明：构成现实世界最基本的材料就是物质。然而，在我们这个世界上不仅存在着现实世界，而且还存在着一个似乎与现实世界截然不同的心灵世界或精神世界。那么，构成精神世界的最基本材料又是什么呢？在本节，我们对这个问题进行专门探讨。

千百年来，哲学家们对这个问题有着截然不同的答案，彻底唯物主义与某些心灵唯物主义哲学家认为，构成精神世界的最基本材料同样也是物质；但是，唯心主义、二元论及一些唯物主义哲学家却认为，构成精神世界的最基本材料并不是物质，而是一种与物质截然不同的"非物质实体"。那么，构成精神世界的最基本材料究竟是什么呢？是物质粒子，还是非物质实体呢？千百年来，持不同观点的哲学家们各执己见，展开了激烈的争论，使得这一问题成了哲学的一个焦点，成为了所谓的"哲学最高问题"。正如马克思主义创始人之一的恩格斯所指出的那样："什么是本原？是精神，还是自然界？是全部哲学的最高问题。""全部哲学，特别是近代哲学的重大的基本问题，是思维和存在的关系问题。"[60]

我们在前面进行过探讨，物质是一种极其微小的粒子，那么，唯心主义、二元论及部分唯物主义哲学家所说的"非物质实体"又是一个什么东西呢？长期以来，他们对"非物质实体"的描述十分笼统和模糊，缺乏明确的定义和细致的刻画，他们也说不清这种"非物质实体"究竟是一种什么东西。概括而言，唯心主义、二元论及部分唯物主义哲学家所说的"非物质实体"大致有两种含义：一是指构成世界的一种非物质本原，例如宗教及一部分哲学家所说的灵魂、柏拉图所说的"理念"、莱布尼茨（Gottfried Wilhelm Leibniz，1646-1716）所说的"单子"以及中国古典哲学家们所说的"理"等；二是指人脑中的精神或意识，例如笛卡儿所说的"心灵实体"、贝克莱所说的"感觉"以及中国古典哲学家们所说的"心"等。当然对"非物质实体"的解释还有许多，我们在这里就不一一列举了。

我们在前面已经说过，哲学研究应该严格遵守实证原则，所有的哲学观点和理论必须有事实依据，并能够被事实所证实。物质材料已经被科学事实所证实，那么，唯心主义及部分唯物主义哲学家所说的非物质实体有事实依据吗？能够被事实证实吗？符合实际吗？

我们首先分析、检验第一种观点。这些哲学家们认为，"非物质实体"是构成世界的一种非物质本原，既然是构成世界的一种本原，那它首先必须是一种真实的存在，必须能够被人类感知、把握和认识，否则它不可能充当本原，更不可能构成世界。然而，这种"非物质实体"却是一种无形无踪、虚无缥缈、神秘莫测的东西，它根本不是真实的存在，人类也无法感知它、把握它和认识它，数千年来，根本没有人见过这种"非物质实体"，甚至连持这种观点的宗教家和哲学家们也说不清它究竟是一个什么东西。例如几千年来，宗教和某些哲学家一直坚称灵魂是一个真实的存在，然而，千百年来从没有人能够对灵魂做出准确、细致的描述，灵魂究竟是什么样子？灵魂究竟由什么东西构成？灵魂具有什么样的结构？灵魂确切的栖息地究竟在哪里？灵魂的活动规律是什么？更没有人把灵魂拿出来让大家亲眼看一看、亲手摸一摸！既然宗教和哲学家们不能提供这种"非物质实体"存在的证据，既然人们根本无法感知、把握和认识这种神秘的"非物质实体"，那么，如何能够证明它是一个真实的存在呢？如果这种"非物质实体"并不是一个真实的存在，那它又如何能够充当世界的本原？又怎么构成世界呢？既无法提供事实依据，又无法被事实所证实，所以这种神秘的"非物质实体"极可能是宗教家和哲学家们的想象与虚构，事实上并不存在。

下面再分析第二种观点。第二种观点认为，这种"非物质实体"是人脑中的精神或意识，那么，人脑中真的存在着这种"非物质实体"吗？随着科学的发展，脑科学或神经科学已经能够深入到大脑的内部，已经对大脑的微观结构有了细致的认识，科学家们在大脑内部发现了各种各样的物质实体，例如神经组织、神经细胞、突触以及微小的化学分子等等，但是，科学家们却一直未能发现那种所谓的"非物质实体"。现代科学的手段已经非常先进，就连大脑中那些极其微小的化学分子例如神经递质分子都发现了，那为什么一直不能发现这种"非物质实体"呢？科学家无法发现这种"非物质实体"，它的存在也无法被事实证实，那么，这种"非物质实体"的真实性就非常可疑，它极可能也是哲学家们的想象和虚构，事实上根本就不存在。对于这个结论，那些哲学家可能会拼命反对，然而反对并没有多大用处，要想证明你们的观点，最好的办法是在大脑中找到那种所谓的"非物质实体"，并让大家亲眼看一看、亲手摸一摸，正像俗言所说的那样——"事实胜于雄辩"！

通过以上探讨我们可以得出这样的结论：所谓的"非物质实体"只不过是宗教家和某些哲学家的想象与虚构，事实上并不存在。既然这种"非物质实体"并不存在，那它又如何能够充当最基本的材料，又怎么能够构成精神世界呢？

既然构成精神世界的最基本材料不是"非物质实体"，那就只能是物质了，然而，随之又出现了一个新的问题：精神世界与现实世界截然不同，那物质又是如何构成精神世界的呢？千百年来，精神世界一直是一个神秘的王国，精神也一直是一个深邃难解的谜，所以哲学和科学一直无法对这个问题做出解释，它成为哲学和科学的一个空白区。本书作者探索精神之谜达四十年之久，著有《破解大脑之谜——精神分子论》

与《精神的革命》两书。通过四十年艰难探索，作者提出了一个新的精神理论——"精神分子论"，精神分子论能够对这个问题做出解释。精神分子论认为，精神的本质并不是虚无缥缈、神秘莫测的非物质实体，精神是大脑这个物质结构的产物，精神是大脑神经元合成的一种特定的化学分子，精神的本质是分子，而人脑中的精神信息就蕴涵在这些化学分子之中。既然精神的本质是分子，既然精神的信息就蕴涵在化学分子之中，那么，构成精神世界的材料必然是精神分子。精神分子是一种化学分子，那么，精神分子又是由什么构成的呢？根据物理学对物质结构的研究，分子由原子构成，原子又由更小的物质微粒构成，所以从终极的意义上讲，精神分子同样也是由物质粒子构成的，也就是说，构成精神世界的最基本材料同样也是物质。

精神分子论认为，构成精神世界的最基本材料也是物质，那么，这个论断有事实依据吗？能被事实所证实吗？经过科学检验和验证了吗？作者在《破解大脑之谜——精神分子论》与《精神的革命》两书中提供了大量的证据和实验验证，这些证据和实验验证有力地证明，精神分子论的这个论断是有事实依据的，是符合实际的，也是真实可靠的。在《科学唯物主义》的第二卷《人类哲学大纲》中，我们还要对这个问题进行详细的论述，这里就不赘述了。

几千年来，绝大多数哲学家都坚持这样的本原观：世界是由"心"和"物"两种本原构成的，所以绝大多数哲学其实都是二元哲学。由于"心"和"物"是两种截然不同的东西，所以二元哲学先天地存在着深刻的内在矛盾。材料哲学彻底否定了那个虚无缥缈的非物质的"心"，把"心"也纳入物质的范畴，这样构成世界的两种本原就变成了一种，这种本原就是物质。从"心"、"物"二元到彻底的物质一元，材料哲学彻底改变了哲学的本原观。由于只存在物质这一种本原，于是传统哲学的内在矛盾也得到了彻底的解决。

有人可能会提出质疑，材料哲学竟然取消了精神这个"元"，把二元变为物质一元，这是不是太绝对了？材料哲学认为，我们的研究应该以事实为准绳，有则有，无则无，决不能把无当作有，决不能把不存在的非物质的精神当作实际存在的东西。

本节我们探讨了构成世界万物的最基本材料问题，那么，构成世界万物的最基本材料究竟是什么呢？几千年来，一代又一代的哲学家各执己见，无休止地进行着激烈的争论，所以这个问题一直没有一个统一的结论。材料哲学认为，随着哲学和科学的发展，随着人类认识水平的提高，这个问题已经逐渐明了，也应该有一个统一的结论了，不应该再无休止地争论下去。那么，这个统一的结论又是什么呢？这个结论就是：

构成世界万物的最基本材料就是物质，如果我们把世界看作是一个舞台，那么物质粒子就是这个舞台上的演员，世界上丰富多彩的戏剧都是由它们演出的。

第四节 物质是从哪里来的

在第二节和第三节，我们探讨了物质的功能：物质是构成世界万物最基本的材料，离开了物质，世界万物无法形成，所以物质是整个世界的基石。物质如此重要，那么，物质又是从哪里来的呢？长期以来，唯物主义很少对这个问题做出解释，以至于给人们造成物质凭空而降的误解，受到了人们的质疑与批评。本节就对这个问题进行专门探讨。

物质不仅是整个世界的基石，而且也是唯物主义立论的基础与前提，整个唯物主义哲学大厦都是建立在这个基础与前提之上的。然而，这个基础与前提常常受到人们的批评与质疑——物质究竟是怎么来的呢？它来自哪里？它难道是凭空而降的"空降部队"吗？例如有网友就曾撰文批评说：辩证唯物主义"一上来就确立了第一性的'物质'概念，但是对于'物质'是怎么来的，从没有任何说明。再往后看，辩证法出来了，是怎么来的，也没有任何说明。而且这一切被认为是'毋庸置疑'的！"[61]人们的批评确实是有道理的，作者查阅了一些具有代表性的唯物主义哲学著作，这些著作虽然对物质的概念、物质的属性以及世界的物质统一性进行了比较详尽的探讨，但对物质的来源问题却很少涉及。通过这些著作，人们很难知道物质究竟是从哪里来的，好象物质真的是凭空而降的"空降部队"。

物质究竟是从哪里来的呢？它真的是凭空而降的"空降部队"吗？材料哲学认为，物质其实是有来源的，它就来自于宇宙的演化，它并不是凭空而降的"空降部队"。根据就是宇宙大爆炸理论，根据这个理论，在大约 137 亿年前，宇宙起源于一个"原始火球"，这个"原始火球"由中子组成，密度极大、温度极高（大约 150 亿摄氏度），"原始火球"通过大爆炸的方式产生了宇宙。

美国著名理论物理学家温伯格（Steven Weinberg, 1933—）在其畅销书《最初三分钟》中，对大爆炸最初的时刻做出了描述。在宇宙大爆炸的第 0.01 秒，温度达到一千亿度，最初产生出来的是目前我们物理学认定的最小基元——夸克及其力场的交换子：胶子。此时由于温度极高，夸克之间没有像现在那样处于"渐进自由"的"囚禁态"，而是处于像具有较强作用力的自由粒子一样的"等离子态"，所以把它称为"夸克胶子等离子"，也就是处于一种比"气体等离子"作用力强的"等离子流体"状态。 由于夸克胶子"等离子流体"的温度极高，所以"夸克"的能量空间必然会剧烈膨胀，而根据热力学定律，封闭热能空间膨胀的结果就是温度下降。当温度下降到一百亿度，原来处于相对自由游离状态的单独夸克的动能减少，而夸克之间的作用力加强，于是形成了夸克对的组合形态。后来逐渐形成了强子、质子、中子和电子，最基础的氢原子和氦原子也逐渐成形。这是物质产生的时间流程，假若从空间的角度看，由于"自由夸克"的空间膨胀形成了新的物质聚合体——简单的原子，于是一个新的、关于原子的能量空间已经产生出来。但由于此时温度仍然很高，由夸克组成的简单原子以原子核力的强相互作用力为主。原子核与电子之间的电磁力基本不起什么作用。当温度进一步下降到十亿度时，强力空间进一步膨胀，开始生成结构复杂一些的原子，此时原子核与电子之间的电磁力才开始起主导作用，电磁空间才产生出来。到此为止，构成宇宙基本成分的各种基本粒子已经齐备，万物开始形成。其后由于电磁空间的膨胀，温度进一步下降，引力空间诞生，各种基本粒子在重力的作用下开始凝聚，形成气态的星云团，最后出现星球天体的运行体系。

有的科学家把大爆炸过程分为三个阶段，在大爆炸的第一个阶段（1 秒钟内），强子和轻子生成并湮灭，基本粒子及其构成成分形成。在大爆炸的第二个阶段（1 秒到 3 分钟期间），中子与质子聚合成氘、氦等核素，并形成了不同的化学元素。在大爆炸的第三个阶段（大爆炸后的 137 亿年间），宇宙的温度逐渐降低，天体及天体系统形成，世界上的各种实物形成，我们今天仍然生活在这个阶段。通过宇宙的演化我们就可以看出，物质产生于宇宙大爆炸，起初它们以基本粒子的方式存在，之后它们组合成化学元素，后来化学元素又逐步组合成天体与实物。正如霍金在《时间简史》里所说的那样，在我们这个宇宙里，大体有 1 亿亿亿亿亿亿亿亿亿亿亿（1 后面跟着 80 个 0）的实粒子，这些粒子构成了物质，组成了星系和我们。

通过科学家们对宇宙大爆炸过程的描述可以看出，在大爆炸最初的时刻，确实产生出了最小的基元，或者说最基本的粒子。温伯格把它称为"夸克与胶子"，有的科学家把它称为"强子与轻子"，不管它叫什么，这种最基本的粒子就是我们所说的物质粒子。这就是说，

物质粒子来自于宇宙大爆炸，这就是物质的来源。

有的朋友可能会对大爆炸学说提出质疑，他们认为既然宇宙大爆炸发生在 137 亿年前，那时根本就没有人存在，人们怎么能够断定它是真实、可靠的呢？目前的宇宙大爆炸学说之所以能够获得科学界的公认，并不是因为这个故事"编"得好，而是因为它有事实依据，这些事实是：恒星光谱红移、黑体辐射、化学元素的相对丰度等。[62]　正是因为宇宙大爆炸学说有事实依据，所以它还是比较可靠的。

第五节 物质的基本规律

本节探讨的核心问题：物质的基本规律

本节内容脉络：

一、究竟什么是规律？

二、对一些困惑与误解的解释与回答

三、物质的四个基本规律

四、物质四个基本规律的哲学意义

在前面的四节中，我们分别探讨了物质的定义、功能及来源，通过这些探讨，朋友们对物质一定有了更全面、深入的认识。物质是宇宙大爆炸所产生的始原粒子，物质粒子是构成世界万物的最基本材料，那么，物质粒子为什么能够充当最基本的材料？为什么能够构成世界和万物呢？这其中的秘密究竟是什么呢？秘密就在于物质自身所具有的属性与规律性，前面我们已经探讨过物质的属性，那么，物质又有哪些基本规律呢？本节就对这个问题进行专门探讨。

一、究竟什么是规律？

在探讨物质的基本规律之前，我们首先应该对规律的重要性有一个基本的认识。人类之所以耗费大量时间、精力和资金研究各种知识，一个重要目的就是寻找事物的规律性，只有认识、发现并掌握了事物的规律性，人类才能够更好地在这个复杂的世界中生存；否则，不认识、不发现、不掌握事物的规律性，人类就有可能遭遇挫折与打击，就有可能四处碰壁，甚至有可能遇到巨大的危险，所以研究、发现事物的规律是人类知识的一个重要内容。

规律对于人类如此重要，所以规律也是一个重要的概念，我们很有必要把它搞清楚。那么，究竟什么是规律呢？德国大哲学家黑格尔认为："规律就是本质的关系"，他认为规律就是一种关系。列宁在阅读黑格尔《逻辑学》一书时也曾作过批注："规律就是关系。……本质的关系或本质之间的关系。"这说明列宁也是赞成黑格尔的定义的。[63] 《外国哲学大辞典》对规律的定义是："事物发展变化过程中的本质的联系和必然的趋势。"[64] 可以看出，中国哲学界对规律的定义基本上是以黑格尔的定义为准的。

"规律"这一概念是从古希腊哲学中的"逻各斯"一词演化来的，古希腊哲学家赫拉克利特最早提出"逻各斯"论，他把"逻各斯"理解为世界的普遍规律性，所以"逻各斯"一词后来就逐渐演变成"规律"概念。黑格尔和列宁都认为，规律的本质是一种关系，那么，这种关系的主体究竟是什么？或者说是什么东西构成了这种关系呢？为什么本质的关系就是规律呢？对于这些重要的问题，传统定义都未能做出明确、清晰的解释与回答，所以这个定义还不够完善，表达也不够清晰，人们通过这个定义仍然无法清楚地知道究竟什么是规律。为了对"规律"这一概念做出更为准确、完善和严谨的解释，为了让人们对"规律"有一个清晰的认识，世界哲学拟定了一个新的定义：

规律是人对事物演变过程的归纳与总结，所谓规律就是事物必然的演变过程。

可以看出，新定义对"规律"概念做出了完全不同的解释，那么，新定义为什么对规律做出这样的解释呢？新定义能够对规律做出准确、完善和严谨的解释吗？下面我们对这些问题进行探讨。

（1）首先，新定义明确地揭示了规律的本质：规律的本质是知识。

长期以来，虽然人们在广泛地使用规律这一概念，但很多人对规律的本质缺乏了解，他们并不知道规律究竟是一种什么东西。之所以会出现这样的状况，根本原因是传统定义未能对规律的本质问题做出专门的解释。那么，规律的本质是什么？或者说规律究竟是一种什么东西呢？新定义明确指出，"规律是人对事物演变过程的归纳与总结"，在人类的生存或生活过程中，人类能够经常接触并感知到事物的各种演变过程，经过长期、反复地观察，人类逐渐发现事物的演变过程存在着一定的因果性和必然性，通过对这种因果性和必然性的归纳与总结，人们发现了事物演变的规律。这就是说，规律是人对事物演变过程的一种归纳与总结，是人对事物演变过程的一种认识或意识，所以规律是人认识的结果，规律属于认识或知识的范畴，规律的本质是知识。

（2）新定义明确地揭示了规律所表达的对象：事物的演变过程。

规律的本质是知识，规律是人认识的结果，那么，规律所认识的究竟是什么呢？或者说规律所表达的对象究竟是什么呢？黑格尔等人的定义认为，规律所表达的对象是事物之间的关系，而新定义却认为，规律所表达的对象并不是单纯的关系，而是事物的整个演变过程。人类发现规律的时候，大都是通过观察、总结事物的演变过程发现的，而人类用规律这一概念所表达的也正是那种必然的演变过程，所以用"事物的演变过程"更符合规律的本意，也能更准确地表达规律的内涵。

那么，什么是事物的演变过程呢？所谓事物的演变过程是指，一事物演化或变化的一个比较完整的过程，或者说一事物从演变开始到结束的一个完整过程。例如把一粒小麦种子种到地里，如果温度、湿度等各种条件适宜，那么，这粒小麦种子就会长成一株小麦，最后还会结出许多新的麦粒来，这个过程就是小麦的演变过程。再如一个人，从他呱呱坠地开始，经历了婴幼儿、儿童、少年、青年、中年和老年几个阶段，最后离开这个世界，这样一个过程就是一个人的演变过程。世界上的事物都在不停地发生着变化或演变，而事物的演变都会形成一个比较完整的过程，而规律所表达、所反映的就是事物的演变过程。

（3）新定义明确揭示了规律最显著的特征：必然性。

然而，事物的演变过程是多种多样的，并非所有的演变过程都是有规律的，那么，规律所表达、所反映的究竟是哪一种过程呢？新定义明确指出，规律所表达、所反映的并不是一般的过程，而是一种特殊的过程，这种特殊的过程就是"必然的演变过程"。规律所表达、所反映的正是事物"必然的演变过程"，所表达、所反映的正是事物演变中的"必然性"，而这种"必然性"就是规律的特有属性，就是规律最显著的特征。我们如何判断一个演变过程是否是规律？最显著的特征就是必然性，如果一个演变过程是必然的，那就是规律；如果不是必然的，那一定不是规律。

那么，究竟什么是"必然"？什么又是"必然的演变过程"呢？所谓"必然"就是必定如此，就是确定不移，而所谓"必然的演变过程"就是确定不移、必定如此的演变过程。科学哲学家常常用这样的形式表达规律：B 类事件总是伴随着 A 类事件或者在 A 事件之后发生。[65] 他们通过事件的演变过程来表达事物的规律，例如小麦种子种到地里，如果温度、湿度等各种条件适宜，那么，这粒种子必定会长成小麦，而绝不可能长成水稻、土豆或南瓜，这个过程是确定不移、必定如此的，所以这个演变过程就是一个必然的过程。再如一个氧原子和两个氢原子结合必定会生成一个水分子，而绝不可能生成氯化钠、碳酸钙等分子，更不可能生成小麦或土豆。这种确定不移、必定如此的演变过程就是必然的过程，而表达、描述、反映这种过程的就是规律，所以说规律的最显著的特征就是"必然性"。

世界是丰富多彩的，既存在着必然的演变过程，同时也存在着非必然的演变过程，我们可以把这些非必然的演变过程称为或然的或偶然的过程。人类寻找规律，就是从大量纷繁复杂的演变过程中寻找必然的过程，就是从大量的或然性或偶然性中寻找必然性，

然而需要指出的是，必然也不是绝对的和永恒的，几乎所有的必然都是相对的，都是一定时空条件下的必然；一旦脱离了这个时空条件，必然性就有可能衰减，甚至有可能变成或然或偶然。

（4）新定义明确揭示了规律的主体：事物。

黑格尔等人在定义规律时说："规律就是关系"，

然而，规律究竟是谁的关系呢？或者说规律的主体是什么呢？这些定义大都缺乏主体，不够完善，而新定义就明确指出，规律的主体是"事物"，也就是说，所有的规律都是关于事物演变的规律，脱离了事物这个主体，规律就无法存在。新定义明确揭示了规律的主体，更为清晰、完善。

通过以上探讨可以看出，新定义不仅明确揭示了规律的本质、对象与主体，而且进一步揭示了规律最显著的特征，所以新定义对规律做出了更为准确、完善和严谨的解释。由于新定义对规律做出了更为准确、完善和严谨的解，这样通过新定义，人们就有可能对"规律"这一概念有一个准确而又清晰的认识。

二、对一些困惑与误解的解释和回答

新定义对规律做出了更为准确、完善和清晰的解释，然而，由于规律概念长期缺乏准确、清晰的定义，所以人们对它还存在着诸多困惑与误解。如果不消除这些困惑与误解，人们仍然无法对规律形成正确的认识，所以很有必要对这些困惑与误解做出解释与回答。

人们对规律最为常见的一个困惑是：规律究竟是客观事物自身拥有的，还是人按照自己的需要创造出来的？或者说规律究竟是客观的，还是主观的呢？长期以来，哲学家们对这个问题存在着较大的分歧，一部分哲学家认为规律是客观事物自身拥有的，并不是人随意创造出来的，所以规律具有客观性。例如斯宾诺莎就认为，自然界存在着客观规律性，人要获得自由，就只能运用理性去认识这些规律性。法国哲学家霍尔巴哈也坚持规律的客观性和普遍性，认为在自然界中发生的一切运动都遵循着一些不变的必然法则。黑格尔虽然是著名的唯心主义哲学家，但他也认为规律是"没有存在物的存在"，强调科学特别是哲学的任务，就在于通过现象去认识潜蕴着的规律性。马克思主义哲学也认为，规律是事物内部和事物之间的本质的关系或本质之间的关系，决定着事物发展的方向和趋势。规律具有客观性、普遍性、稳定性和重复性。[66] 而另一部分哲学家却认为，事物自身不可能拥有规律，规律完全是人按照自己的需要创造出来的，所以规律不可能是客观的，它只具有主观性。例如主观唯心主义的代表人物贝克莱就否认规律的客观性，他认为规律只是上帝为了人们的方便而创造出来的"感觉符号"之间的关系。一些实证主义者也认为，科学的对象就是我们观测到的物理量，科学定律是人类为了自己的需要而对这些物理量所进行的逻辑建构，是按照经济原则建立的"作业假说"。

那么，规律究竟是客观事物自身拥有的，还是人按照自己的需要创造出来的呢？世界哲学认为，首先应该承认，规律确实是人发现、认识和总结出来的，如果没有人的发现、认识和总结，规律不可能自动地跑出来，更不可能通过知识的方式记录、存储与传递，所以从某种意义上讲，规律确实是人"创造"出来的。但是，规律并不是人随意创造出来的"感觉符号"或"作业假说"，人之所以能够"创造"规律，根本原因还是因为事物在演变过程中确实存在着规律，人只不过是发现、认识和总结了它们，并不是凭空地创造、建构出了规律。例如小麦种子种到地里会长出小麦，一个氧原子和两个氢原子结合会生成一个水分子，这些都是事物自身所拥有的过程或现象，并不是人随意创造出来的，所以那些认为规律完全是人主观创造出来的，规律不具有客观性的观点是不正确的。如果规律真的是人凭空创造出来的，那么，人为什么不创造小麦种子种到地里能够长出牛肉和香肠，一个氧原子和两个氢原子结合能够生成黄金和美圆这样的"规律"呢？

一些人对规律还存在着这样的误解，他们认为规律其实是不存在的。例如一些非决定论者就否认规律的存在，他们的理由是，既然世界上根本就不存在必然的因果联系，那必然性的规律怎么可能存在呢？决定论与非决定论是两种截然不同的观点，决定论认为，每个事件都是先前原因的必然结果，而这些原因又是此前原因的必然结果，既然每个事件都是必然的，那规律肯定是存在的。在科学史上，拉普拉斯（Pierre-Simon Laplace,1749-1827）曾提出过一种决定论，这种决定论认为，世界上一切事物的运动都严格遵从一定的机械规律，它只承认必然性，否认偶然性，这是一种十分严格的决定论。而非决定论的观点则截然不同，非决定论认为，某一事件不一定是先前原因的必然结果，否认存在着客观规律和必然的因果联系。例如著名科学哲学家波普（Karl Popper,1902-1994）就曾说过："非决定论——更确切地说，物理非决定论——只是这样的学说，它认为，在物理世界里不是所有事物在一切极微小的细节上都绝对精确地预先决定了的。"[67]

决定论承认必然性，同时也承认规律的存在；而非决定论否认必然性，自然也否认规律的存在。通过决定论与非决定论的争论，可以看出问题的关键就在必然性，他们的争论其实就是必然性之争。那么，事物的演变究竟是必然的，还是或然或偶然的呢？世界哲学认为，决定论与非决定论均有其正确的一面，但又不够全面，因为事物的演变过程是复杂多样的，有不少演变过程确实是或然或偶然的，但不可否认的是，也确实存在着不少必然的过程。这就是说，在这个世界上，既存在着或然性与偶然性，同时也存在着必然性。人类正是从大量的或然性与偶然性中寻找必然性，并发现事物演变的规律。正是因为存在着必然性，所以规律确实是存在的。

决定论承认必然性，却否认或然性与偶然性；非决定论承认或然性与偶然性，却否认必然性，这两种观点都是不全面的。例如作为个体的人也有一个从生到死的演变过程，而且最后的结果必定是死亡，这是一个必然的过程，同样也是一个铁一样的规律，这证明决定论是正确的；但是，一个人什么时候死、以什么样的方式死，死在什么地方，不可能是必然的，更不存在一个铁一样的规律，这其中有很大的或然性与偶然性，这又证明非决定论有正确之处。所以通过人的演变过程就可以看出，事物的演变过程是极其复杂的，其中既有必然性，也有或然性与偶然性，我们应该全面、客观地看待这个问题，决不能因为存在着或然性与偶然性就否认规律的存在。

法国哲学家埃德加·莫兰（Edgar morin,1921-）对规律也提出了质疑，他的根据来自波普，他说波普对可以从特殊事例中抽象出普遍规律的归纳法给予了第一个重击。波普正确地使人察觉：人们不可能完全严格地归纳出一条普遍规律，例如"所有的天鹅都是白色的"，因为这条规律仅仅是根据从未看到过有黑天鹅而得出的。归纳确实有启发性的价值，但并没有绝对证明的价值。

莫兰的意思是说，普遍规律都是通过归纳的方法形成的，既然归纳法不具有绝对证明的价值，那规律怎么能够成立呢？规律确实是人对大量的特殊事例进行归纳之后发现和总结出来的，那么，归纳法是否具有绝对的证明价值呢？这个问题涉及到人的认识能力，世界浩瀚而又复杂，人只不过是这个世界中的一个微不足道的存在物，所以相对于整个世界而言，人的认识能力是有限的，人观察到的事例也是有限的，所以归纳法不可能具有绝对的证明价值。既然归纳法不具有绝对的证明价值，那是不是说规律就不具有普遍性了呢？是不是说规律是难以成立的呢？

世界哲学认为，虽然归纳法的证明价值不是绝对的，但并不能因此就否认规律的普遍性，更不能否认规律的合理性。这是因为人的认识能力是有限的，人不可能一下子就看到、接触到世界上所有的事物，更不可能一下子就对世界上所有的事物全都产生透彻的认识，所以人的认识过程其实是一个由少到多、由局部到整体、由浅到深、由现象到本质的循序渐进的过程。既然人的认识过程是一个循序渐进的过程，那么，人对事物演变过程的归纳，人对规律的认识都不可能是绝对的，而只能是相对的。所以所有的规律都是相对的，所有的规律只能在一定的时空条件下有效，越过这个时空条件，该规律就有可能失效。例如牛顿总结的力学三定律，对人类认识世界，对自然科学的发展，都起到了巨大的推动作用。但是，牛顿力学三定律同样也不是绝对的，它也有自己的适用范围，这个适用范围就是经典力学或者说低速运动的宏观物体，一旦越过了这个范围，牛顿的力学定律也有可能失效。尽管牛顿力学定律也有可能失效，但恐怕很少有人会否认牛顿力学三定律不是规律。同样的道理，只要通过归纳法总结出来的规律在一定的时空条件下具有必然性和普遍性，那它就是合理的，能够成立的。莫兰所说的"绝对证明的价值"，超出了人类的认识能力，所以是不存在的。

为什么说"绝对证明的价值"是不存在的？为什么说所有的规律、真理等人类认识成果都是相对的，而不是绝对的？这个问题我们将在《科学唯物主义》第二卷《人类哲学大纲》中进行详细探讨，这里先存而不论。

为了对规律有一个更为准确的认识，我们还需要把规律和定律区别开来。由于不了解规律和定律的区别，许多人常常把二者混为一谈。那么，规律和定律又有哪些不同之处呢？

第一，规律是事物必然的演化过程，而定律则是对规律的一种表达。我们在前面已经进行过探讨，所谓规律是指事物必然的演化过程，而定律则是人们对这种必然演化过程的表达，所以定律是规律的一种表达方式，没有规律就没有定律。所谓"一种表达"，是说人们不仅仅用定律来表达规律，在不少时候也用"规律"这一概念直接表达事物的规律性。

第二，使用上的不同。人们在使用规律与定律两概念时，常有一些细微的差别。一般而言，当表达更具普遍意义的必然性时，常常使用规律一词；当表达某一领域、某一方面的必然性时，常常使用定律一词，所以规律的普遍性要高于定律。例如哲学研究的对象是整个世界，哲学问题更具普遍意义，所以它在表达事物的必然性时常常使用规律一词，例如马克思主义哲学所说的"量变质变规律"等。物理学研究的对象常常是世界的一个方面或局部，它所研究问题的普遍性要低于哲学，所以它在表达物理物的规律性时常常使用定律一词，例如"物质不灭定律"、"质能守恒定律"、"牛顿力学定律"等。

在本小节中，我们用了不少篇幅讨论规律这一概念，这是因为研究事物的规律是人类知识的一个重要内容，自然也是哲学的一个重要内容。然而长期以来，一些哲学家对规律重视不够，认为规律研究无足轻重，个别人甚至否认规律的存在，这无疑会对哲学产生消极的影响。世界哲学竭力消除这些消极影响，积极开展规律研究，并把规律研究列为重要内容，这也是世界哲学的一大特色。

二、物质的四个基本规律

上一节我们探讨了规律的定义与价值，那么，物质又有哪些规律呢？材料哲学对物质的本质、属性、功能以及来源进行了深入的研究，总结并提出了物质的四个基本规律：物质守恒规律、物质作用规律、物质运动规律和物质信息规律。下面就对这四个规律分别进行探讨。

物质的第一个基本规律——物质守恒规律

在自然科学中，有一个很著名的定律——物质不灭定律或质量守恒定律，该定律是这样表述的：在化学反应中，参加反应前各物质的质量总和等于反应后生成各物质的质量总和。这个定律的意思是说，在化学反应中，尽管物质（准确的称谓应该是物质的组合物）的形态、结构等已经发生了变化，但物质的质量却是不变的。通俗地说，物质的存在是永恒的，它不会消失或灭亡，所以人们又把这个定律称之为物质不灭定律。然而随着科学的发展，特别是爱因斯坦质能公式 $E=mc^2$ 的出现，人们发现物质的质量与能量存在着密切关系，质量能够转化为能量，于是质量守恒定律就变成了质能守恒定律，这个定律是：在一个孤立系统内，所有粒子的相对论动能与静能之和在相互作用过程中保持不变，称为质能守恒定律。

质量守恒定律和质能守恒定律揭示了物质的基本规律，物质的质量和能量都是守恒的，但是，物质的质量与能量为什么是守恒的呢？原因究竟是什么呢？这两个定律仅仅描述了守恒这种现象，却未能揭示质量和能量守恒的根本原因。材料哲学认为，物质的产生、存在和演化是一种宇宙现象，我们应该从整个宇宙演化的角度来揭示物质的守恒性，所以材料哲学总结并提出了新的物质守恒规律：

在一定的宇宙演化周期内，物质会发生各种演变，但物质的总质量与总能量之和是恒定的，物质具有守恒性。

可以看出，新的物质守恒规律与原来的质量守恒定律、质能守恒定律均有所不同，它们究竟有哪些不同呢？新的物质守恒规律又是如何揭示物质的守恒性的呢？

（1）物质守恒规律从更广阔的时空角度揭示了物质的守恒性。

质量守恒定律是通过化学反应这个角度来揭示物质的守恒性的，质能守恒定律是从一个孤立系统的角度揭示物质的守恒性的，而新的物质守恒规律则是从整个宇宙的角度来揭示物质的守恒性。根据新的物质守恒规律，物质的守恒性不仅在化学反应或孤立系统中有效，而且在整个宇宙的范围内均有效，这就是说，整个宇宙的物质是守恒的。通过比较可以看出，新的物质守恒规律大大地扩大了规律的时空范围，使物质守恒规律更具普遍性，这是新规律的一个重要特点。

（2）物质守恒规律对物质的守恒性做出了更全面、更严谨的表述。

物质守恒规律是如何表述物质的守恒性的呢？该规律明确指出，在一定的宇宙演化周期内，尽管物质会发生各种演变，但物质的总质量与总能量之和是恒定的。它的意思是说，观察物质的守恒性不仅要观察它的质量，同时还要观察它的能量，所以物质守恒规律把"物质的总质量与总能量之和"作为观察物质守恒性的标准，自然也是通过"物质的总质量与总能量之和"来表述物质的守恒性的。尽管物质的质量能够转化为能量，但由于质量与能量都是物质的属性，所以从整体的角度看，物质依然是守恒的。

那么，质量守恒定律和质能守恒定律又是如何表述物质的守恒性的呢？质量守恒定律说：在化学反应中，参加反应前各物质的质量总和等于反应后生成各物质的质量总和；质能守恒定律说：在一个孤立系统内，所有粒子的相对论动能与静能之和在相互作用过程中保持不变。可以看出，质量守恒定律揭示的仅是质量的守恒，质能守恒定律揭示的是能量的守恒，而物质守恒规律则把质量的守恒与能量的守恒有机地结合起来，用物质的"总质量与总能量之和"来表述物质的守恒性，所以物质守恒规律要比质量守恒定律及质能守恒定律更为全面，也更为严谨。

（3）物质守恒规律揭示了物质守恒的时空条件："一定的宇宙演化周期内"。

物质的守恒性只有在一定的时空条件下才有效，那么，这个时空条件又是什么呢？物质守恒规律明确指出，这个时空条件就是一定的宇宙演化周期内，这就是说，只有在一定的宇宙演化周期之内，物质才是守恒的。例如根据宇宙大爆炸学说，宇宙在 137 亿年前发生大爆炸，之后开始了它漫长的演化，这就是宇宙演化的一个周期，在这个周期之内，物质是守恒的。但是，宇宙的演化并非是一个周期就结束了，很有可能是一个周期接着另一个周期持续不断地进行，这就是说，在这个周期之后，很可能有新的周期出现。那么，在新的周期里物质还会守恒吗？在不同的宇宙演化周期里，物质的总质量与总能量的和有可能发生改变，但是在同一个周期内物质还应该是守恒的。

物质守恒规律揭示了物质的守恒性，那么，物质为什么会守恒呢？守恒的原因又是什么呢？材料哲学认为，物质守恒的原因要追溯到它的来源，根据宇宙大爆炸学说，宇宙在137亿年前发生大爆炸，在爆炸的最初时间产生了物质粒子。由于大爆炸之前的那个"原始火球"的质量和能量是一定的，所以它在大爆炸时所释放出来的物质粒子的总质量和总能量同样也是一定的，这是物质守恒的基础。

物质粒子是"始原粒子"或者说最基本的粒子，尽管世界万物都是由这种最基本的材料构成的，尽管万物聚散分合、生生灭灭、千变万化，但物质这种最基本的材料却是恒定的，它不会凭空消灭。可以举一个很通俗的例子来说明这个问题，我们可以把世界比作一个万花筒，虽然万花筒能变化出不计其数的美丽图案，但其中的彩色玻璃碎片等材料却是恒定的。

物质的第二个基本规律——物质作用规律

上面我们探讨了物质守恒规律，下面我们探讨物质的第二个基本规律，这个规律是"物质作用规律"。这是材料哲学提出的一个新规律，那么，什么是物质作用规律呢？

物质的存在不是孤立的，物质之间必然发生联系

与相互作用。

物质作用规律揭示了物质的另一个规律性，物质的存在不是孤立的，物质之间必然发生联系与相互作用。那么，为什么物质之间必然发生联系与相互作用呢？其中的原因究竟是什么呢？世界哲学认为，物质发生联系与相互作用的根本原因就来自物质自身，就来自物质的质量、能量、空间和时间属性。

那么，物质的属性为什么会导致物质的联系与相互作用呢？物质粒子产生于宇宙大爆炸最初的瞬间，由于巨大的爆炸力的推动，物质粒子不仅具有了一定的质量，而且具有了一定的能量，当具有一定质量和能量的物质粒子占据空间的时候，必然会对同一空间中的其他物质粒子也产生影响，或者说对其他物质粒子产生一个作用力。根据广义相对论，空间和时间有可能变成动力量，当一个力起作用时，它会影响时间和空间的曲率；反之，空间和时间结构的改变也会影响物体的运动和力的作用方式。[68] 这就是说，当物质粒子进入时空的时候，由于物质粒子存在着质量和能量，必然会对其他物质粒子产生一个作用力，而其他物质粒子也会形成一个反作用力，这样两个物质粒子就发生了联系与相互作用。当然不仅是两个物质粒子，由于物质的属性，所有的物质粒子之间都有可能发生联系与相互作用。也就是说，是物质自身的原因导致了它们的联系与相互作用。

这个解释并不是随意的想象或臆测，最有力的证据就是牛顿的万有引力定律：

$$F = (G \times M_1 \times M_2)/R^2$$

公式中的 F 代表两个物体之间的引力，G 表示万有引力常量，M1 表示物体 1 的质量，M2 表示物体 2 的质量，r 表示两个物体之间的距离。万有引力定律证明，物质的质量能够产生一种作用力——引力，而引力就能够导致物质之间的相互作用。物理学家们对引力的本质做出了更深入的解释，引力现象不过是一种质量效应。有质量的物体都会产生一个引力场，质量越大，场量就越大，造成空间弯曲的本领也就越大。这种引力场是以引力波的形式传播的。当然，引力只是物质相互作用的一种方式，除了引力，科学家们还发现了电磁力、强核力和弱核力，正是在这些力的作用下，物质之间必然会发生相互作用。

物质作用规律揭示了物质的另一个规律性：物质并不是孤立存在的，物质之间必然会发生联系与相互作用。正是由于物质之间的联系与相互作用，物质开始了一场精彩绝伦的组合与演化大戏。

物质的第三个基本规律——物质运动规律

探讨了物质的第二个基本规律，我们再来探讨物质的第三个规律，第三个规律是"物质运动规律"，其内容是：

物质的相互作用推动了物质的运动，相互作用是

物质运动的原因和动力。

物质的质量等属性导致了物质之间的相互作用，那么，物质相互作用的结果又是什么呢？物质的相互作用能够产生许多结果，其中一个最主要的结果就是物质的运动。也就是说，正是由于物质之间的相互作用，才推动了物质的运动，相互作用就是物质运动的根本原因，也是推动物质运动的动力。假若没有相互作用，那么物质就是一个僵死的东西，正是相互作用推动了物质的运动、变化、演变和发展，正是相互作用把物质变"活"，赋予了物质灵动的生命。

对这个规律最好的证明就是牛顿的力学定律，例如牛顿第一定律就认为：任何物体都保持静止或匀速直线运动的状态，直到受到其它物体的作用力迫使它改变这种状态为止；牛顿第二定律认为：物体在受到合外力的作用会产生加速度，物体的加速度与所受的合外力成正比，与物体的惯性质量成反比，加速度的方向和合外力的方向相同；牛顿第三定律认为：两个物体之间的作用力和反作用力，在同一直线上，大小相等，方向相反。牛顿的三个力学定律都证明，要改变一个物体的运动状态，必须有其它物体与它相互作用，物体之间的相互作用是通过力体现的，并且指出力的作用是相互的，有作用力必有反作用力。牛顿力学定律描述的是宏观低速运动的物体，其实不仅是宏观低速运动的物体，宇观和微观中的物质形态同样也是如此，都是相互作用推动了物质的运动，这是一条普遍的规律。

物质的第四个基本规律——物质信息规律

探讨了物质的第三个规律，下面我们再探讨物质的第四个基本规律，这个规律是"物质信息规律"，其内容如下：

物质的相互作用和运动产生了物质的信息功能，所有的物质结构都具有产生、发送、传递、接受、处理以及反馈信息的功能。

我们在上面说过，物质之间的相互作用能够产生许多结果，除了推动物质的运动之外，相互作用还产生了另外一个重要结果，这就是物质之间的信息交流，正是物质的相互作用与运动，形成了物质的信息功能。那么，什么是物质的信息功能呢？所谓物质的信息功能是指，所有的物质结构都能够产生、发送、传递、接受、处理和反馈信息。

例如太阳与地球虽然相距 149597870 千米，但是太阳发送的信息（例如太阳光）就可以传递到地球，地球不仅可以接受这些信息，而且还能传递、处理这些信息。当然地球也会发出自己的信息，这些信息同样也可以传递到太阳，太阳接受到这些信息之后也会通过自己的方式传递与处理，这就是说，太阳与地球这两个物质结构之间可以进行信息的交流与沟通。

那么，物质的相互作用和运动又如何产生了物质的信息功能呢？根据信息科学，信息的传递必须要有信源、信宿和载体，信源发出信息，信宿接受信息，而载体则把信息从信源传递到信宿。通过信息的传递过程可以看出，信息的传递过程其实就是信源、信宿和载体之间的相互作用过程，假若信源、信宿和载体都是孤立的，假如三者不发生相互作用，假如没有载体的运动，那么，信息就无法从信源传递到信宿，二者之间的信息交流就不可能发生。从本质的意义上讲，信息交流其实就是物质相互作用的一种特别方式，就是物质运动的一种特别方式，离开了物质的相互作用和运动，物质的信息功能就无法形成。例如文学家们经常描写的"水中月"，就是天上的月亮与地上的水之间的信息交流，月亮是信源，它通过月光这个载体把自己的信息传递给水这个信宿，从而形成"水中月"。通过这个过程就可以看出，信息传递的过程其实就是月亮、月光与水之间的相互作用和运动的过程，如果没有它们的相互作用与运动，那么信息交流就不可能形成，所以我们说是物质的相互作用和运动形成了物质的信息功能。

上面我们探讨了物质的四个基本规律，那么，这四个规律之间又有什么关系呢？这四个规律并非是孤立分散的，而是存在着非常密切的逻辑关系。为什么说四规律存在着密切的逻辑关系呢？在这四个规律中，物质守恒规律是最基础的规律，它是其他规律的基础与前提，正是由于物质具有质量等属性，所以物质才会发生相互作用，物质作用规律才会出现。正是由于物质之间的相互作用，才会推动物质的运动与变化，物质运动规律才会出现。正是由于物质的相互作用和运动，物质的信息功能才能够产生，物质之间才有可能进行信息的交流与沟通，物质信息规律才会出现。可以看出，从物质守恒规律到物质作用规律，再从物质作用规律到物质运动规律及物质信息规律，物质的四个规律形成了一个严密的逻辑链条。

四、物质四个基本规律的哲学意义

上面我们专门探讨了物质的四个基本规律，那么，我们为什么要研究物质的规律呢？或者说物质的四个规律具有什么哲学意义呢？

我们首先分析物质守恒规律，物质守恒规律揭示了物质的守恒性，尽管物质会发生各种各样的变化或演变，尽管物质的质量、能量、时间和空间属性都会发生变化，然而物质并不会消灭或灭亡。物质守恒规律具有重要的哲学意义，它不仅揭示了物质的守恒性，而且进一步揭示了物质的实在性，物质是一种牢固的实在。物质是构成世界万物最基本的材料，既然这种最基本的材料是实在的，那么由它构成的世界万物同样也是实在的。通过物质的守恒性和实在性，进一步揭示了世界万物的实在性，这就是物质守恒规律的哲学意义。

物质作用规律也具有重要的哲学意义，它揭示了物质的存在状态，物质并不是孤立的存在，物质的质量等属性决定物质与物质之间必然要发生联系与相互作用，这就是说，物质之间必然会发生各种关系，物质与物质还会结合或组合在一起构成各种各样的事物，并最终构成整个世界。物质作用规律揭示了世界万物形成的原因与机理，它是组合哲学的理论基础，具有重要的哲学意义。

物质运动规律揭示了物质运动的根本原因，是物质的相互作用推动了物质的运动。物质运动规律还揭示了物质的另一种存在状态，物质的存在不是僵死的，而是处在不停的运动之中，物质是一切变化的主体。正是由于物质的运动，所以那些由物质材料构成的万事万物也在不断地运动、变化或演化之中，整个世界也在不断地运动、变化或演化之中。物质运动规律揭示了物质的运动性以及运动的根本原因，并进一步揭示了世界万物运动和变化的原因与机理，它是演化哲学的理论基础，也具有非常重要的哲学意义。

物质信息规律揭示了物质信息功能产生的原因，正是物质的相互作用和运动产生了物质的信息功能。物质信息规律不仅揭示了物质信息功能产生的原因，而且进一步揭示了物质的一个重要属性——物质具有信息交流的功能。既然物质具有信息交流的功能，既然物质能够发出并接受其他物质的信息，那么，物质以及物质所构成的事物就是可知的，世界万物就是可知的。既然世界万物都是可知的，那么，人类就有可能感觉、认识它们，物质信息规律为世界的可知性以及认识论奠定了理论基础，也具有非常重要的哲学意义。

物质守恒规律揭示了物质以及世界万物的实在性，物质作用规律揭示了物质的相互作用及世界万物形成的机理，物质运动规律揭示了物质以及世界万物的运动性、运动的原因与机理，物质信息规律揭示了物质以及物质结构之间的信息交流功能，为世界的可知性和认识论奠定了理论基础。物质的四个基本规律从不同的方面揭示了物质的规律性，物质的这些规律性不仅是世界哲学的理论基础，而且也是其逻辑前提，整个世界哲学以及科学唯物主义理论体系就是建立在这些理论基础和逻辑前提之上的，所以物质的四个基本规律具有重要的哲学意义。

第六节 材料哲学的价值与意义

在本章，我们花费了大量笔墨对材料哲学进行了全面、系统和细致的探讨，在哲学史中，很少有哲学家把材料问题列为专门的哲学分支，对材料问题进行如此全面、系统和细致探讨的也不多。那么，世界哲学为什么要花费这么多的笔墨对材料问题进行专门的研究和探讨呢？这是因为材料哲学具有非常重要的价值与意义，那么，材料哲学究竟具有哪些价值与意义呢？

（1）材料哲学不仅对哲学家们长期争论的哲学的基本问题——世界的本原或本体问题做出了明确的回答，而且还做出了更为准确、细致的解释。

我们在第一章中探讨过哲学的新定义：哲学是探究世界根本知识的学问，哲学就是世界学。哲学就是世界学，那么，哲学首先需要回答的一个最重要、最基本的问题就是：世界究竟是由什么东西构成的？或者说构成世界的最基本材料究竟是什么？材料哲学对这个问题进行了专门研究，对构成世界的最基本材料——物质进行了全面、系统和细致的探讨，并对这个问题做出了明确的回答：世界是由物质构成的，物质就是构成世界万物最基本的材料。材料哲学不仅对这个问题做出了明确的回答，而且还通过大量事实和证据对这个答案进行了证实与验证，材料哲学较好地解决了这个最重要、最基本的哲学问题，具有重要的价值与意义。

所有的哲学理论或学说都必须建立在本原或本体的基石之上，所以本原或本体问题就成了哲学首先必须解决的一个最基本、最重要的问题。那么，世界的本原或本体究竟是什么呢？几千年来，一代又一代的哲学家都在孜孜不倦地寻找真正的本原或本体，然而许多哲学家却找不到真正的本原或本体。德国著名存在主义哲学家海德格尔(Martin Heidegger，1889—1976)前期曾把"存在"作为本体，但他后来却发现，原来理解的"存在"只不过是"存在者"，最终的本体根本不可寻。德里达（J. Jacques Derrida,1930-2004）则声称，根本没有什么最终的本体，存在的只有本体的"踪迹"，就像探险者寻找传说中的野人那样，他们发现的只是野人留下的脚印、毛发、粪便等踪迹，但却始终无法发现真实存在的野人。材料哲学对本原或本体问题也进行了研究，它认为所谓本原或本体实质上就是构成世界的最基本材料，二者在本质上是同一的。材料哲学认为，既然构成世界的最基本材料是物质，那么，物质就是真正的本原或本体。哲学家们不需要从什么神秘的"存在"或"踪迹"中去寻找本原或本体，通过最普遍、最现实、与人类关系最密切的"物"就可以找到真正的本原或本体——物质。材料哲学对哲学家们长期争论不休的本原或本体问题做出了更为明确、更为可靠的解释，具有重要的价值与意义。

（2）材料哲学提出了一个新的哲学出发点，并从这个新的出发点构建一个新的哲学学说——世界哲学及科学唯物主义。

我们在第一章中讨论过哲学的出发点问题，出发点是哲学研究的开端，从不同的出发点开始就有可能形成不同的哲学，所以哲学的出发点十分重要。两千多年来，绝大多数西方哲学家都把"存在"作为哲学的出发点，并以"存在"为起点建立自己的理论体系，可以毫不夸张地说，两千多年的西方哲学基本上是

"存在"的哲学。但是，"存在"是一个非常抽象、模糊和空虚的概念，如果哲学把这个非常抽象、模糊和空虚的概念作为自己的出发点，那么可想而知，在这个起点上构建的哲学一定是一种非常抽象、模糊和空虚的哲学！差之毫厘而谬之千里，由于选错了出发点，于是正如罗素所说的那样，西方哲学不可避免地陷入了长达数千年的思辨与混乱！

材料哲学对传统哲学的这个重大失误进行了总结与反思，彻底摒弃了"存在"这个虚幻的出发点，并重新选择了新的出发点，这个新的出发点就是"物"，就是人类在生存活动中经常看到、接触到并与之发生着密切关系的"物"。正是由于"物"是具体、实在和可感的，所以人类很容易就可以通过自己的感官去感知这些"物"，去研究和认识它们，显而易见，这些客观实在的"物"要比那个抽象、模糊和虚幻的"存在"更容易被人类感知和认识，所以把"物"作为哲学研究的出发点无疑是一个最佳的选择。材料哲学把具体、实在和可感的"物"作为出发点，进而通过"物"揭示构成这些"物"的最基本材料——物质，并以物质为基石构建了一个新的哲学学说——世界哲学及科学唯物主义。两千年多来，传统哲学一直以"存在"作为哲学的出发点，而材料哲学却选择了一个新的出发点，并通过这个新的出发点构建了一个与传统哲学大为不同的新哲学，所以材料哲学具有重要的价值与意义。

　　辩证唯物主义的奠基人恩格斯曾经这样解决哲学的出发点问题，他仍然把"存在"作为辩证唯物主义的出发点，但却把"存在"等同于"物质存在"或"自然界"，并在此基础上提出了"思维与存在的关系"这一"哲学基本问题"。恩格斯并没有否定"存在"，但他却悄悄地用"物质存在"或"自然界"替代了"存在"，这是一种暗渡陈仓、曲线救"国"的办法。世界哲学认为，恩格斯的做法其实存在一些问题，如果按照传统哲学，那些非物质的精神、意识或思想等同样也是一种"存在"，所以"存在"并不能完全等同于"物质存在"或"自然界"。如果从这个角度讲，那么，"思维与存在的关系"就有可能变成"思维与精神、意识或思想的关系"。世界哲学认为，恩格斯在维持"存在"的前提下暗渡陈仓、曲线救"国"的做法颇有削足适履之弊，正确的做法应该是旗帜鲜明地摈弃"存在"这个出发点，旗帜鲜明地宣布具体的、实在的和可感的"物"才是哲学的真正出发点。

　　世界哲学明确提出，应该把客观存在的"物"和"物质"作为哲学的出发点，但有些哲学家却提出了质疑，他们认为哲学从客体出发是不可接受的，因为一种连贯的哲学不仅要认识，而且要对认识本身进行认识。你断定世界是物质的，那么，同时就要回答你是如何断定的，所以哲学的出发点只能从主观的"我"出发，而不可能从客观的"物"或"物质"出发。按照这些哲学家的观点，要想认识客观的"物"或"物质"，首先必须认识"自我"，认识"认识"自身。认识"自我"、认识"认识"自身，确实是哲学的一个重要内容，这个内容就是哲学的认识论或心灵哲学；但是按照世界哲学，认识客观的"物"或"物质"的哲学分支并不是认识论或心灵哲学，而是材料哲学，我们不能把两个不同的哲学分支混为一谈，更不能用后者代替前者。正确的做法应该是，在材料哲学中我们研究、认识客观的"物"或"物质"，而在认识论或心灵哲学中研究"自我"以及认识"认识"自身的问题。如果在研究、认识客观的"物"或"物质"的时候去纠缠"自我"以及认识问题，那认识"物"或"物质"的任务就很难完成。这就像一对青年男女去登记结婚，婚姻登记机构要求他们拍一张照片，以便证明结婚的确实是他们本人。假如按照那些哲学家的观点，要想证明照片能够代表本人，就必须先研究照相机，研究照相机的结构、功能与机理，研究照片与真人的同一性，也就是说在结婚登记时首先必须把精力放到对照相机的研究上，等把照相机研究透彻了，然后才能拍照片，才能登记结婚。但是，照相机的结构、功能和机理是很复杂的，如果这对青年男女把自己的主要精力都放到照相机研究上，那他们恐怕就很难拍照，登记结婚恐怕也是遥遥无期了！在研究客观的"物"或"物质"的时候，那些哲学家却要纠缠于"自我"以及认识问题，这种做法其实是喧宾夺主、脱离主题！

（3）材料哲学对物质的定义、功能、来源以及规律等一系列问题都做出了更为准确、深入的解释，弥补了传统物质论的缺陷与不足，化解了传统物质论所面临的挑战与危机。

物质是唯物主义的基石，所有唯物主义哲学的大厦都是建立在这个基石之上的，然而长期以来，传统唯物主义所说的"物质"是一个内涵和外延、本质和特征都模糊不清的概念，是一个把物质与物质的组合物混为一谈的概念，所以很难对物质做出准确、清晰和严谨的解释，很难对物质的真正含义做出确切的阐释。正是由于传统物质观存在着这么多缺陷与不足，所以当它受到物理学革命的冲击，当它受到相对论和量子力学检验的时候，它的缺陷与不足就变得愈加明显，甚至是千疮百孔、危机重重。十分严重的是，这个物质概念正是唯物主义哲学的基石，假如基石不稳，那么，整个唯物主义哲学大厦都有可能变得风雨飘摇，甚至有可能轰然坍塌！正如著名的唯心主义哲学家贝克莱主教所说的那样："无神论的和反宗教的一切渎神体系是建立在物质学说或有形实体学说的基础上的……物质的实体对于各时代的无神论者是一个多么伟大的朋友，这是用不着说的。他们的一切怪异体系之依存于物质的实体，是如此明显、如此必要，以致一旦把这个基石抽掉，整个建筑物就一定倒塌。因此，我们不必特别注意无神论者的各个可怜宗派的荒谬学说。"[69]对于唯物主义而言，这确实是一场非常严重的危机，甚至可以说是决定唯物主义生死存亡的一场大危机！

为了化解这个严重的危机，材料哲学对物质进行了更为深入、细致的研究，首先为物质拟定了新的定义，并通过新定义对物质的内涵与外延、本质与特征都做出了明确的界定，对物质概念也做出了更为准确、清晰和严谨的解释，对物质的真正含义也做出了更为确切的阐释。不仅如此，材料哲学进一步对物质的功能、来源以及规律也进行了更深入的研究，并把物质论变成了一个更为科学、严谨的哲学理论。通过这一系列工作，材料哲学弥补了传统物质论的种种缺陷与不足，回应了对物质论的种种挑战，化解了它所面临的严重危机，物质这个基石也变得更加坚实、稳固。基石稳固了，那唯物主义的哲学大厦也就巍然屹立、稳如泰山。材料哲学弥补了传统物质论的种种缺陷与不足，回应了对物质的种种挑战，化解了物质观和唯物主义所面临的危机，稳固了物质这个基石，所以具有非常重要的价值与意义。

（4）世界哲学是一个完整的理论体系，而材料哲学就是它的理论基础，就是它的"根"。

我们在第一章中对世界哲学进行过定义：世界哲学是研究世界整体的哲学，是研究世界的起源、材料、形成、演化、本质以及图景的哲学。通过世界哲学的定义可以看出，它对世界的起源、材料、形成、演化、本质以及图景都做出了解释，它研究的问题很多，内容也十分丰富，所以世界哲学是一个完整的理论体系。

那么，材料哲学与世界哲学之间又有什么关系呢？我们在前面进行过探讨，材料哲学是世界哲学的出发点，整个世界哲学就是从材料哲学这个起点开始构建的。材料哲学不仅是世界哲学的出发点，而且还是其理论基础，整个世界哲学体系就是建立在材料哲学这个基础之上的。如果我们把世界哲学及科学唯物主义比作一棵高大粗壮、枝繁叶茂的大树，那么，材料哲学就是这棵大树的"根"。材料哲学是世界哲学以及科学唯物主义的理论基础与"根"，所以它具有非常重要的价值与意义。

（5）世界哲学是一个严密的逻辑整体，而材料哲学就是它的逻辑前提。

世界哲学不仅是一个完整的理论体系，而且还是一个严密的逻辑整体，而材料哲学就是它的逻辑前提。我们在本章第五节探讨过物质的四个基本规律，这些基本规律就构成了世界哲学以及科学唯物主义理论体系的逻辑前提。例如我们在第三章将探讨"组合哲学"这个重要分支，而"组合哲学"的逻辑前提就是"物质作用规律"；第四章是"演化哲学"，而"演化哲学"的逻辑前提就是"物质运动规律"；再如在科学唯物主义第二卷的《人类哲学》中将探讨"心灵哲学"，而"心灵哲学"的逻辑前提就是"物质信息规律"。材料哲学是世界哲学以及科学唯物主义体系的逻辑前提，所以它具有重要的价值与意义。

（6）材料哲学揭示了物质可知的奥秘，不仅为可知论提供了理论基础，而且回应了不可知论与独断论的质疑。

材料哲学对物质的定义、功能、来源以及规律等一系列问题做出了解释，但是，那些持不可知论的哲学家可能会对此提出质疑。不可知论认为，现实世界是不可知的，物质是存在于世界中的微小粒子，它更不可知。物质究竟是可知，还是不可知的呢？材料哲学认为，不可知论难以令人信服，因为物质具有可感性，物质是可知的。为什么说物质是可知的呢？理由有二：

其一，物质具有广延或空间性，所以物质以及物质所构成的物都有可能被人类感觉和认识。

我们对物质进行过定义：**物质就是最基本的粒子，物质粒子具有质量和能量，并占有空间和时间，它是构成世界万物最基本的材料。**定义明确指出，物质"占有空间"或者说具有空间性，物质的空间性来自于它的质量，正是由于物质具有质量，所以它才具有广延性，而具有广延的物质就必然会在空间中占据一定的位置。物质的空间性是可感性的前提，因为只有占有空间的东西才是可感的，才能够被人类的感官感知。物质具有广延或空间性，而由物质构成的物自然也具有广延或空间性，所以它们同样也能够被人类感知和认识，这是可知论重要的理论与逻辑基础。

其二，物质具有信息功能，所以它能与人进行信息交流，能够被人感知和认识。

我们在前面探讨过"物质信息规律"：物质的相互作用和运动产生了物质的信息功能，所有的物质结构都具有产生、发送、传递、接受、处理以及反馈信息的功能。物质信息规律揭示了物质的一个重要属性——物质具有信息功能，于是物质所构成的物同样也具有信息功能。既然物质和物具有信息功能，那么，它们必然能够产生、发送并传递自己的信息，当人的感官和大脑接受到这些信息并加以处理后，就会对物质及物产生感知与认识。正是由于物质及物能够与人交流信息，所以它们是可知的。

由于物质具有空间性和信息功能，所以物质以及物质构成的物是可知的。材料哲学揭示了物质可知的奥秘，不仅为可知论提供了理论基础，而且也回应了不可知论的质疑。

回应了不可知论的质疑，材料哲学还需要回应独断论的质疑。一些哲学家认为，如果没有对认识能力进行考察就作出判断，就会犯独断论的错误。例如德国哲学家费希特（Johann Gottlieb Fichte，1762-1814）就对唯物主义提出过批评，他认为唯物主义肯定客观事物存在，但由于客观事物与认识主体不同质，二者无法沟通，所以唯物主义对客观事物存在的肯定就是独断论。

材料哲学对物质的一系列问题做出了解释，这些解释是独断论吗？材料哲学认为，答案应该是否定的。理由有二：首先，材料哲学已经对物质的可感性做出了解释，由于物质具有空间性和信息功能，所以物质以及物质构成的物都具有可感性，都是有可能被感知和认识的。其次，人的感官和大脑同样也是物质结构，所以感官和大脑同样也具有信息功能，感官和大脑能够接受物质及物传来的信息并加以处理，从而对它们产生感知和认识。物质和物是物质结构，人的感官和大脑也是物质结构，二者不仅在结构上是同质的，而且都具有信息功能，所以它们完全可以进行信息的交流。也就是说，人通过自己的感官和大脑完全可以感知、认识物质和物，人的认识能力没有任何问题，通过对物质的可感性和人的认识能力的考查，材料哲学回应了独断论的质疑。

本章探讨的是材料哲学这个分支，材料哲学不仅是世界哲学的出发点，而且还是它的理论基础和逻辑前提。材料哲学研究的主题是材料，即构成世界万物的最基本材料究竟是什么？在本章中，材料哲学对物质的定义、功能、来源以及基本规律等进行了全面、系统和深入的探讨，通过这些探讨，最后得出了这样一个结论：

世界万物都是由物质构成的，物质就是构成世界万物最基本的材料，物质就是世界的本原。

那么，物质又是如何构成世界万物的呢？这个问题我们将在第三章"组合哲学"中进行专门探讨。

注释：

[1] 李行健主编：《现代汉语规范词典》，外语教学与研究出版社、语文出版社 2004 年版，第116 页。

[2] 龚耘、彭克慧：《哲学的故事》，北京光明日报出版社 2005 年版，附录"哲学术语表"。

[3] 施太格缪勒：《当代哲学主流》，商务印书馆 1 9 9 2 年版，第 5 3 6 页。

[4] 东北师范大学自然辩证法研究室主编：《自然·科学·辩证法》，科学出版社 1984 年版，第 193 页。

[5] 霍尔巴哈：《自然体系》，引自《西方哲学原著选读》下卷，第 216 页。

[6] 冯契、徐孝通主编：《外国哲学大辞典》，上海辞书出版社 2000 年版，第 526 页。

[7]《马克思恩格斯选集》第 3 卷，第 556 页。

[8] 恩格斯：《自然辩证法》，人民出版社 1971 年版，第 233 页。

[9] 恩格斯：《自然辩证法》，人民出版社 1971 年版，第 214 页。

[10]《列宁选集》第 2 卷，第 128 页。

[11]《列宁选集》第 2 卷，第 266 页。

[12] 冯契、徐孝通主编：《外国哲学大辞典》，上海辞书出版社 2000 年版，第 563 页。

[13][加]马里奥·本格：《科学的唯物主义》，张相轮、郑毓信译，上海译文出版社 1989 年版，第 22 页。

[14] 黑格尔：《小逻辑》，贺麟译，三联书店 1954 年版，第 126 页。

[15] 肖前、李秀林、汪永祥主编：《辩证唯物主义原理》，人民出版社 1991 年版，第 67 页。

[16] 金岳霖主编：《形式逻辑》，人民出版社 1979 年版，第 41 页。

[17] 陈晏清等：《马克思主义哲学高级教程》，南开大学出版社 2001 年版，第 144 页。

[18] 肖前、李秀林、汪永祥主编：《辩证唯物主义原理》，人民出版社 1991 年版，第 89 页。

[19][英] 史蒂芬·霍金：《时间简史——从大爆炸到黑洞》，许明贤、吴忠起译，湖南科学技术出版社，第 120 页。

[20][美]B.格林：《宇宙的琴弦》，李泳译，湖南科学技术出版社 2002 版，第 121 页。

韩小卫：《弦理论的二次革命及其哲学反思》，《科学技术与辩证法》，2004 年第 1 期。

[21] 东北师范大学自然辩证法研究室主编：《自然·科学·辩证法》，科学出版社 1984 年版，第 193 页。

[22] 马赫：《感觉的分析》，商务印书馆 1975 年版，第 265 页。

[23] 李达：《唯物辩证法大纲》，人民出版社 1978 年版，第 175 页。

[24]《爱因斯坦文集》第 1 卷，北京：商务印书馆 1976 年版，第 292 页。

[25] 列宁：《唯物主义与经验批判主义》，人民出版社 1950 年版，代绪论。

[26] 以上贝克莱的话均转引自列宁：《唯物主义和经验批判主义》，《列宁全集》第 14 卷。

[27] 作者：朱清时，中国科学技术大学前校长。来源：第二届世界佛教论坛论文集"佛教与科学"分册，第 34-41 页。

[28] 黑格尔：《小逻辑》，贺麟译，三联书店 1954 年版，第 126 页。

[29] 陈晏清等：《马克思主义哲学高级教程》，南开大学出版社 2001 年版，第 144 页。

[30] 金岳霖主编：《形式逻辑》，人民出版社 1979 年版，第 42 页。

[31] 冯契、徐孝通主编：《外国哲学大辞典》，上海辞书出版社 2000 年版，第 526 页。

[32] 冯契、徐孝通主编：《外国哲学大辞典》，上海辞书出版社 2000 年版，第 526—527 页。

[33] 冯契、徐孝通主编：《外国哲学大辞典》，上海辞书出版社 2000 年版，第 526 页。

[34] 《马克思恩格斯全集》第二卷，人民出版社 1956 年版，第 164 页。

[35] 冯契、徐孝通主编：《外国哲学大辞典》，上海辞书出版社 2000 年版，第 526 页。

[36] 冯契、徐孝通主编：《外国哲学大辞典》，上海辞书出版社 2000 年版，第 813 页。

[37] [法]让.梅叶：《遗书》第一卷，陈太先、睦茂译，商务印书馆 1985 年版。

[38] 冯契、徐孝通主编：《外国哲学大辞典》，上海辞书出版社 2000 年版，第 515 页。

[39] 余丽萍：《庸俗唯物主义庸俗吗？从毕希纳〈力与物质〉来看》，华中师范大学硕士论文。

[40] 冯契、徐孝通主编：《外国哲学大辞典》，上海辞书出版社 2000 年版，第 2 页。

[41] 肖前、李秀林、汪永祥主编：《辩证唯物主义原理》，人民出版社 1991 年版，第 58 页。

[42] 恩格斯：《自然辩证法》，人民出版社 1971 年版，第 54 页。

[43] 恩格斯：《自然辩证法》，人民出版社 1971 年版，第 47 页。

[44] Daniel Stoljar, "Physicalism", The Stanford Encyclopedia of Philosophy(Fall 2009 Edition), Edward N. Zalta(ed.

[45] 塞拉斯：《物理实在论的哲学》，转引自涂纪亮 《美国哲学史》第 2 卷，河北教育出版社 2002 年版，第 314 页。

[46] 程炼：作为元哲学的自然主义[J]，科学文化评论，2012，9(1)：29—40。

[47] [加]马里奥·本格：《科学的唯物主义》，张相轮、郑毓信译，上海译文出版社 1989 年版，序。

[48] 任继愈：《中国哲学史》第一册，人民出版社 1963 年版，第 114 页。

[49] 任继愈：《中国哲学史》第一册，人民出版社 1963 年版，第 102—103 页。

[50] 任继愈：《中国哲学史》第二册，人民出版社 1963 年版，第 183—184 页。

[51] 任继愈：《中国哲学史》第二册，人民出版社 1963 年版，第 194 页。

[52] 任继愈：《中国哲学史》第三册，人民出版社 1963 年版，第 114 页。

[53] 任继愈：《中国哲学史》第三册，人民出版社 1963 年版，第 122 页。

[54] 任继愈：《中国哲学史》第三册，人民出版社 1963 年版，第 163 页。

[55] 任继愈：《中国哲学史》第三册，人民出版社 1963 年版，第 171-173 页。

[56] 任继愈：《中国哲学史》第三册，人民出版社 1963 年版，第 198—200 页。

[57] 任继愈：《中国哲学史》第三册，人民出版社 1963 年版，第 280 页。

[58] 列宁：《唯物主义与经验批判主义》，人民出版社 1950 年版，代绪论。

[59] 黑格尔：《小逻辑》，贺麟译，三联书店 1954 年版，第 126 页。

[60] 《马克思恩格斯选集》第 4 卷，人民出版社 1972 年版，第 220、219 页。

[61] 涉雪之狐：《对唯物主义的批判》，见多思网。

[62] 孙美堂等：《哲学新论》，北京理工大学出版社 2004 年版，第 99 页。

[63] 《黑格尔〈逻辑学〉一书摘要》，《列宁全集》第 38 卷，人民出版社 1960 年版，第 161 页。

[64] 冯契、徐孝通主编：《外国哲学大辞典》，上海辞书出版社 2000 年版，第 478 页。

[65] [英]A.F.查尔默斯：《科学究竟是什么？》，鲁旭东译，商务印书馆 2007 年版，第 251 页。

［66］冯契、徐孝通主编：《外国哲学大辞典》，上海辞书出版社 2000 年版，第 479 页。

［67］［英］卡尔.波普：《客观知识——一个进化论的研究》，舒炜光等译，上海译文出版社 1987 年版，第 231 页。

［68］王文清：《宇宙·地球·生命——化学家眼里的生命》，湖南教育出版社 1999 年版，第 17 页。

［69］转引自列宁：《唯物主义和经验批判主义》，《列宁全集》第 14 卷。

第三章　组合哲学

本章探讨的核心问题：物质如何构成万物

本章内容脉络：

一、　组合哲学的理论依据与逻辑前提

二、　元素

三、　联系

四、　组合

五、　物

六、　结构

七、　对子、组与群

八、　系列与序列

九、　系统

十、　环境与场

十一、层与层系

十二、组合哲学的总结

在这个世界上，存在着千姿百态、纷繁复杂的物，例如天空、日月、繁星、大地、海洋、江河、高山、森林、草原、大树、花朵、城市、村庄、高楼、木屋、飞机、汽车、商店、粮食、蔬菜、水果、电视、电脑、手机……人们把这众多的物统称为"万物"。世界上为什么会出现千姿百态、纷繁复杂的物呢？世界上为什么会有某物？某物为什么会成为某物而非他物呢？某物为什么是这样而非他样呢？某物成为某物的原因究竟是什么呢？[1]世界上为什么会有万物呢？万物究竟是从哪里来的？究竟是什么巨大的力量创造了万物？万物何以存在？万物为什么如此存在？使得一切存在成为存在的根源究竟是什么呢？

这些问题都是关于世界的大问题，也是哲学需要研究、需要回答的重要问题。然而千百年来，绝大多数哲学家都把精力用于探索那个神秘的形而上学世界，少有人对现实世界以及现实世界中的万物进行专门的研究。在本章，我们将探讨世界哲学的第二部分——"组合哲学"，组合哲学将对万物的形成等一系列问题进行专门探讨，并从哲学的角度对这些重大问题做出解释。

第一节 组合哲学的理论依据与逻辑前提

第二章我们对材料哲学进行了探讨，最后得出这样一个结论：世界万物都是物质粒子构成的，物质粒子就是构成世界万物最基本的材料。然而，物质只是一种极其微小的粒子，那么，这种极其微小的粒子为什么能够构成纷繁复杂、千姿百态的万物呢？为什么能够构成浩瀚的世界呢？物质粒子构成世界万物的理论依据和逻辑前提究竟是什么呢？

我们在"材料哲学"中探讨过物质的四个基本规律，其中的物质守恒规律指出，物质具有守恒性；而物质作用规律又进一步指出，物质的存在不是孤立的，物质之间必然发生联系与相互作用。既然物质粒子是守恒的，既然物质粒子之间必然发生联系和相互作用，那么，这些微小的物质粒子就有可能结合在一起，就有可能组成物质的组合物。如果物质的组合物之间再进行反复的组合，那么，微小的物质粒子就有可能构成纷繁复杂、千姿百态的"物"，就有可能构成浩瀚的世界。通过物质守恒规律和物质作用规律就可以作出这样的推论：虽然物质粒子是极其微小的粒子，但它们通过一次又一次不断地组合，完全有可能构成纷繁复杂、千姿百态的"物"，完全有可能构成浩瀚无垠的世界。

物质粒子构成了世界万物，这不仅是理论上的推论，而且还得到自然科学的验证与证明。我们在第二章探讨过物质的来源，物质产生于宇宙大爆炸，起初它们以基本粒子的方式存在，之后它们组合成化学元素，后来化学元素又逐步组合成天体与实物。正如著名科学家霍金（Stephen William Hawking,1942-2018）在《时间简史》一书中所说的那样，在我们这个宇宙里，大体有 1 亿亿亿亿亿亿亿亿亿亿（1 后面跟着 80

个 0）的实粒子，这些粒子构成了物质，组成了星系和我们。通过宇宙的演化过程就可以看出，世界万物确实是微小的物质粒子经过反复组合而形成的。

德国大哲学家康德（(Immanuel Kant，1724-1804）曾经说过："给我物质，我就能给你们看，怎样从物质中产生出世界。"怎样从物质中产生出世界和万物呢？组合哲学的答案就是两个字：

组合，就是物质粒子的反复组合，世界万物都来自物质粒子的组合。

组合哲学不仅揭示了世界万物的来源，而且进一步揭示了世界万物形成的过程与机理。物质粒子为什么要组合？物为什么要组合？根本的原因就是物质的相互作用，相互作用就是组合的动力，就是组合的根本原因，所以物质守恒规律与物质作用规律就是物质粒子组合的理论基础与逻辑前提。那么，物质粒子又是如何构成万物的呢？这些问题将在后面详细探讨。

第二节 元素

在探讨组合哲学之前，我们首先引入一个新概念——"元素"，元素原本是自然科学的一个概念，我们把它引入哲学，并作为组合哲学的一个基础概念。

1661 年，英国化学家玻意耳（Robert Boyle，1627～1691）在《怀疑派化学家》一书中曾为"元素"进行过定义："它们（指元素）应当是某种不由任何其他物质所构成的或是互相构成的、原始的和最简单的物质"；"应该是一些具有确定性质的、实在的、可觉察到的实物，用一般化学方法不能再分解为更简单的某些实物"。在玻意耳看来，元素就是不由任何其他物质所构成的最基本的物质形式，但是随着原子学说和原子结构理论的出现，科学家们发现决定化学元素性质的主要因素是核外电子数和核电荷数，于是元素就有了一个更为准确的现代定义："具有相同核电荷数的同一类原子的总称。"这就是说，化学家们所说的元素其实就是某一类原子。

然而组合哲学所说的"元素"并非是指"某一类原子"，而是泛指构成世界万物的那些部分或要素，所以这里所说的"元素"更具广泛性和普遍性，它不仅适用于化学、物理学等自然科学领域，而且还可以适用于哲学、社会科学以及人文学科等所有领域。朋友们一定要注意把组合哲学所说的"元素"与化学元素或其他元素区别开来。

组合哲学所说的"元素"与自然科学所说的元素含义大不相同，那么，究竟是什么是元素呢？或者说元素的定义是什么呢？组合哲学把元素定义为：

所谓元素就是构成事物的组成部分。

通过定义可以看出，组合哲学所说的元素并非是化学家所说的"不由任何其他物质所构成的最基本的物质形式"，而是泛指那些构成事物的组成部分。例如原子由质子、中子和电子等构成，那么质子、中子和电子就是构成原子的元素；太阳系是由太阳、九大行星以及各自的卫星、几千颗小行星、大量陨石及流星体、200 多颗彗星等所组成的一个天体系统，那么这些大小星球、陨石、流星体、彗星等就是构成太阳系的元素。一个生物体是由众多细胞构成的，那么这些细胞就是构成生物体的元素。一个家庭是由父亲、母亲、儿女等家庭成员组成的，那么这些家庭成员就是构成家庭的元素。一个学校是由学生、教师、管理人员以及各种教学设施构成的，那么这些学生、教师、管理人员以及各种教学设施就是构成学校的元素。一支军队是由士兵、军官和军事装备构成的，那么这些士兵、军官和军事装备就是构成军队的元素。组合哲学认为，所有能够构成事物的那些组成部分或组分统统都可以列入元素的范畴，大如星球，小如基本粒子，都是元素。

元素是构成事物的部分或组分，然而，我们在上一章曾对物质进行过专门研究，我们认为物质是构成世界万物的最基本材料。物质是构成世界万物的最基本材料，那么，物质与元素有什么关系？又有什么不同呢？我们首先讨论物质与元素的关系：

物质是构成世界万物的最基本材料，由于所有的元素都属于"物"的部分，所以元素也是由物质粒子构成的，元素是物质粒子的组合物。物质粒子也是构成各种元素的基本材料，没有物质粒子，元素就无法形成。

例如质子、中子和电子是构成原子的元素，然而质子、中子和电子都是由物质粒子构成的，如果没有物质粒子，质子、中子和电子这些元素就不可能形成。物质是构成元素的基本材料，元素是物质的一种组合物，这就是二者的关系。

元素与物质存在着密切关系，那么，我们如何把二者区分开来？二者又有哪些不同之处呢？我们在前面已经进行过探讨，物质是构成世界万物的最基本材料，是始原或终极粒子，也是世界上最小的物质单位。虽然所有的元素都是由物质构成的，但由于绝大多数元素都是物质的组合物，所以绝大多数元素都不是始原或终极粒子，也不是最基本的材料。例如我们在上面所说的太阳、行星、卫星、质子、中子和电子都是元素，但它们并不等于物质粒子或物质。通过以上探讨可以看出，元素与物质存在着明显的不同，我们应该把它们区分开来，不能把它们混为一谈。

为了研究的方便和准确，组合哲学用小写英文字母来表示元素，例如元素 a，元素 b，元素 c，等等。

第三节 联系

上面我们讨论了元素，元素是构成事物的组成部分，那么，元素为什么能够构成事物呢？它们又是如何构成事物的呢？如果这些元素是分散的和孤立的，如果这些元素老死不相往来，那么，它们只能是元素，永远也不可能构成纷繁复杂、千姿百态的物。正是由于元素之间发生了交际与关系，从而开启了从元素到事物的演变进程，所以交际与关系或者说"联系"是元素构成事物的第一步，也是不可或缺的重要一步。

在元素构成事物的过程中，联系发挥着重要作用，那么，究竟什么是联系呢？或者说联系的定义是什么呢？我们先了解"联系"一词的词义，《现代汉语规范词典》对"联"的解释是："①（彼此）结合在一起。②（彼此）交接发生关系。"对"系"的解释是："① 拴或绑。② 结合（在一起）；联系。"而对"联系"一词的解释是："① 相互接上关系；结合。② 哲学上指事物内部矛盾双方或事物之间相互依赖、相互制约、相互渗透、相互转化的关系。"[2] 《辞海》的解释是："① 联络、结合相关的人或事物。② 哲学名词。事物内部矛盾双方或事物之间相互依赖、相互制约、相互渗透、相互转化的关系。"[3] 通过《现代汉语规范词典》和《辞海》的解释可以看出，联系一词的词义就是事物之间联络、交接和发生关系。

以上是"联系"一词的词义，那么从哲学的角度看，又该如何定义"联系"呢？中国哲学界曾对"联系"进行过定义，比较常见的定义有：

① 联系是"指事物内部矛盾双方和事物之间所发生的关系"；

②"普遍联系作为一般哲学范畴，通常是指事物或现象之间以及事物内部要素之间相互连结、相互依赖、相互影响、相互作用、相互转化等相互关系。"

③《马克思主义哲学原理》一书的定义是："在哲学中，联系是一个普遍性极大的概念，它概括了一切事物、现象、过程之间及其内部诸要素之间的相互影响、相互作用和相互制约。"[4]

这些定义虽然字词略有不同，但基本含义是一致的，它们都认为联系就是事物、现象或事物内部要素之间的关系，例如相互连结、相互依赖、相互影响、相互作用、相互转化等。虽然这些定义对联系也做出了比较明确的解释，但也存在一些不足，例如语言过于程式化，不够准确、精炼等。为了弥补传统定义的不足，为了对"联系"概念做出更为准确、清晰的解释，很有必要为其拟定一个新的定义，组合哲学拟定的新定义是：

所谓联系就是指事物之间发生交集，并形成一定的关系。

可以看出，新定义与传统定义不尽相同，那么，新定义是如何解释联系的呢？它能够对联系这一概念做出更为准确、清晰的解释吗？下面我们就对新定义进行讨论。

（1）新定义明确指出了联系的主体：事物。

在对联系做出解释之前，我们首先应该明确这个问题：究竟是什么东西发生了联系？或者说联系的主体究竟是什么？传统定义认为，联系的主体是"事物内部矛盾双方"、"事物或现象"、"事物内部诸要素"等等。由于"事物内部矛盾双方"、"事物或现象"、"事物内部诸要素"等都属于事物的范畴，所以新定义就用"事物"一词涵盖了联系的主体，这样联系的主体不仅更为明确，而且定义也更为精炼。

（2）新定义比较准确地揭示了联系这一概念的真正含义：联系就是事物之间的交集与关系。

传统定义在解释联系的时候大都认为，联系就是事物或现象之间以及事物内部要素之间的相互连结、相互依赖、相互影响、相互作用、相互转化，然而新定义却明确指出，联系仅仅是事物之间的"交际"与"关系"，事物之间不一定会发生相互连结、相互依赖和相互转化。那么，为什么说事物之间的联系不一定会发生相互连结、相互依赖和相互转化呢？这是因为一事物与他事物原本是各自独立的，二者并没有什么关系，由于种种原因，二者发生了交际，并形成了一定的关系，这样一个过程就是联系。所以联系这一概念所表征的仅仅是事物之间的"交际"与"关系"，至于它们能否相互连结、相互依赖和相互转化，这要看联系能否深化与发展，如果联系得到了深化与发展，那么联系的双方就有可能相互连结、相互依赖和相互转化；但如果联系没有得到深化与发展，那它们就不一定会相互连结、相互依赖、和相互转化了。正是由于这个原因，新定义删去了"相互连结、相互依赖和相互转化"这样的词语。

为了更好地说明这个问题，我们举一个例子，例如一个人去国外参加学术会议，在会上结识了一个陌生的同行，二人互通姓名、互留联系方式，这时他们发生了交际并形成一定的关系，这个过程就是联系。然而，二人关系的发展往往是不确定的，他们有可能成为交往密切的朋友，从而相互连结、相互依赖、相互影响、相互作用和相互转化；但是，会议结束后他们也有可能从此不再联系，甚至把对方忘得一干二净，如果已经把对方忘得一干二净，那他们又怎么可能"相互连结、相互依赖、相互影响、相互作用、相互转化"呢？所以联系这一概念只是说明事物之间发生了交际与关系，并不能说明事物之间已经发生了"相互连结、相互依赖和相互转化"，新定义比较准确地揭示了"联系"这一概念的真正含义。

通过以上探讨可以看出，新定义明确指出了联系的主体，并准确地揭示了联系概念的真正含义，所以新定义要比传统定义更为准确、清晰。

上面我们探讨了联系的新定义，那么，事物之间为什么会发生联系呢？形成联系的根本原因又是什么呢？组合哲学认为，事物之间发生联系的根本原因就是因为物质的相互作用，我们在第二章探讨过物质的四个基本规律，物质作用规律揭示了物质的一个重要规律：物质的存在不是孤立的，物质之间必然发生联系与相互作用。物质之间必然发生联系与相互作用，由于事物大都是由物质构成的，所以事物之间也必然会发生联系与相互作用，必然会互相交际并形成一定的关系，所以从根本的意义上讲，联系就是物质相互作用的一种方式。我们在前面讨论过元素，元素也是物质的组合物，所以根据物质作用规律，元素之间也必然会发生联系，也会形成一定的关系。

上面我们探讨了联系的定义以及事物发生联系的根本原因，那么，我们为什么要用这么多笔墨来研究联系呢？联系在哲学上究竟有什么意义呢？

世界哲学的前身是"联系运动论"，20 世纪 60 年代初，那时本书的作者还是一个十五六岁的中学生，当时我就提出了一个新的哲学理论——"联系运动论"，并尝试通过"联系运动论"构建一个新的哲学，所以"联系运动论"就是世界哲学的萌芽与滥觞。"联系运动论"的核心思想就是"联系"与"运动"，它把"联系"和"运动"放到哲学的核心位置，试图从联系和运动的角度对世界万物做出解释。然而非常不幸的是，"联系运动论"诞生于阶级斗争的年代，那时思想高度专制，所有不符合毛泽东思想的思想都会被打成"反动思想"，而拥有这些思想的人也会受到残酷的迫害与打击！1962 年到 1965 年，我就读于河南省渑池县高中，当时的校长名叫张相如，是一个长期从事共产党宣传工作的小官僚；我所在的高三一班的班主任名叫吕忠德，是一个专门扼杀、摧残学生的刽子手，是一个靠整人向上爬、十分狠毒的极左分子。尽管这二人不学无术、对哲学一窍不通，但他们还是依照阶级斗争的惯例把我的"联系运动论"定为"反马克思主义、反毛泽东思想"的"反动理论"，研究"联系运动论"也成了我的一大"罪状"。1965 年 1 月，我被开除学籍并送农村监督劳动改造，从此失去了进入大学学习哲学的机会，也失去了进入学术机构从事哲学研究的机会。假如不遭受这场政治灾难，那么，这部《世界哲学原理》很可能在几十年前就问世了。尽管"联系运动论"遭到了沉重打击，但它的思想是不会磨灭的，离开学校后，我到农村劳动改造，生活十分艰难，但我仍然坚持研究和探索，并撰写了十几万字的《联系运动论探讨》书稿。在书稿中，我用大量篇幅，从宇观、宏观和微观多个角度探讨了联系的普遍性，并得出了这样的结论：

在这个世界上，大至宇宙星球，小至基本粒子，所有的事物之间都存在着各种各样的联系，都连接着有形或无形的联系之线。无数条联系之线互相交织，构成了一个宏大的联系之网，而万事万物就存在于这个宏大的联系之网中，整个世界就是一个互相联系的整体。由于整个世界就是一个互相联系的整体，所以世界上的任何事物都不可能孤立地存在，它必然与其他事物发生联系，而联系又会引发事物之间的互相作用、互相影响、互相结合或互相转化。

由于整个世界就是一个互相联系的整体，由于万事万物都存在于联系之网中，所以我们在观察、认识、研究事物的时候，首先就必须从联系的角度观察、认识、研究它们，必须把联系放到哲学的重要位置。

为什么会得出这样的结论？这个结论又有什么事实依据呢？在《联系运动论探讨》中，我列举了大量的事实与例证对这个结论加以证明，由于篇幅所限，无法一一列举，这里仅举几个典型的例子。

第一个例子就是人们常说的"蝴蝶效应"。美国气象学家爱德华·罗伦兹（Edward N.Lorenz）认为，一只南美洲亚马逊河流域热带雨林中的蝴蝶，偶尔扇动几下翅膀，可以在两周以后引起美国德克萨斯州的一场龙卷风 。混沌学也对蝴蝶效应做出了解释，所谓蝴蝶效应（The Butterfly Effect）是指在一个动力系统中，初始条件下微小的变化能带动整个系统的长期、巨大的连锁反应。一只蝴蝶在南美洲扇动几下翅膀，为什么能引起美国德克萨斯州的一场龙卷风？初始条件下一个微小的变化，为什么能带动整个系统长期、巨大的连锁反应呢？从哲学的角度看，蝴蝶效应的根本原因就是事物的联系性，正是因为万事万物都存在于宏大的联系之网中，正是因为整个世界就是一个互相联系的整体，所以当一只蝴蝶在南美洲扇动几下翅膀，就会引起一系列连锁反应，最后导致美国德克萨斯州的一场龙卷风的发生。正是因为一个动力系统就是一个互相联系的整体，所以初始条件下的一点微小的变化，就能够带动整个系统长期、巨大的连锁反应，"蝴蝶效应"有力地证明了联系的普遍性。

第二个例子是物理学中的共振现象，当一个庙宇里的铜钟敲响的时候，相距颇远的一个家庭中的铜盆也会不敲自鸣。庙宇里的铜钟敲响时，为什么相距颇远的铜盆也会不敲自鸣呢？物理学告诉我们，共振在声学中亦称"共鸣"，它指的是物体因共振而发声的现象，比如两个频率相同的音叉靠近，其中一个振动发声时，另一个也会发声。从哲学的角度看，根本原因也是事物的联系性，正是因为庙宇里的铜钟与户家的铜盆发生了联系，引起了共振，所以铜盆才会不敲自鸣，共振现象也证明了联系的普遍性。

第三个例子发生在生物领域，生物进化论的创始人达尔文（Charles Robert Darwin,1809-1882）发现一种很有趣的现象，当猫多的时候，田鼠就少，土蜂就多，而红三叶草就旺盛；当猫少的时候，田鼠就多，土蜂就变少，而红三叶草也不旺盛。为什么会出现这一系列现象呢？原来红三叶草要靠土蜂传授花粉，而土蜂的多少又决定于田鼠，因为田鼠常常毁坏土蜂的蜂房和蜂巢，而田鼠数量的多少又决定于猫，于是就形成了这一系列有趣的现象。从哲学的角度看，正是因为红三叶草、土蜂、田鼠和猫之间存在着联系和相互作用，所以才会形成这种有趣的现象，这种现象也证明了联系的普遍性。

通过以上探讨，我们就有可能对联系的哲学意义进行总结：

（1）联系是事物之间发生交集和关系，如果没有联系，事物就不可能发生交集，也不可能形成关系，所以联系具有重要的意义。

（2）联系具有普遍性，它广泛地存在于万事万物之中，并把整个世界变成一个互相联系的整体，所以联系具有重要的意义。

（3）在物质构成世界万物的过程中，联系是一个重要的起始点，物质互相联系从而构成元素，元素互相联系从而构成事物，所以在物质到事物的演变过程中，联系发挥了重要作用。

为了更好地阐明联系的哲学意义，组合哲学总结出了普遍联系规律：

世界就是亿万事物通过互相联系编织而成的巨大网络，每一事物都存在于这个巨大的网络之中，所以每一事物都必然要与其他事物发生联系，没有任何联系、绝对孤立的事物是不存在的。

我们在本章的开头已经指出，组合哲学研究的核心问题就是，物质如何构成了万物？通过本节的探讨可以看出，在物质构成元素以及元素构成"物"的过程中，联系发挥了重要作用，正是联系开启了从物质到事物的演变进程。

联系的数学表达：

联系可以通过数学的方式进行表达，例如事物 A 与事物 B 之间的联系可以表达为：A——B；事物 C 与事物 D 之间的联系可以表达为：C——D。

式中 A、B、C、D 表示事物，"——"表示事物之间的联系。

第四节 组合

本节探讨的核心问题：组合

本节内容脉络：

一、什么是组合？

二、世界万物产生于组合

三、历史上对组合的认识

四、组合的价值与意义

第二节探讨了元素，第三节又探讨了联系，通过这些探讨可以得出这样的结论：元素是事物的组成部分，而在元素构成事物的过程中，联系开启了从元素到事物的演变进程，所以联系发挥了重要作用。那么，联系又是如何开启从元素到事物的演变进程的呢？当元素与元素发生了联系之后，它们之间的关系有可能深化与发展，例如变成相互作用、相互影响的关系；而这种相互作用、相互影响的关系还有可能进一步深化与发展，这样元素之间的关系就会变得更加紧密，各自独立的元素甚至会结合在一起，构成一个整体。独立的元素互相结合并构成整体的过程就是"组合"，在从元素到事物的演变进程中，组合发挥了关键性的作用，具有重要意义，本节就对"组合"进行专门探讨。

一、什么是组合？

在从元素到事物的演变进程中，组合发挥了关键作用，所以我们很有必要对"组合"这一概念进行深入的探讨。组合原是一个数学名词，所谓组合是指，从 m 个不同的元素中，任取 n（n≤m）个元素为一组，叫作从 m 个不同元素中取出 n 个元素的一个组合。组合哲学把这个数学名词引入哲学，作为组合哲学的一个核心概念。

"组合"是组合哲学的核心概念，那么，究竟什么是组合呢？我们首先看"组合"一词的词义，《辞海》对"组"的解释是："① 编织。《诗.郑风.大叔于田》：'执辔如组，两骖如舞。'郑玄笺：'如组者，如织组之为也。'② 组织；构成。如：组阁；改组。③ 因工作、研究、学习的需要，由若干人员组成的小单位。如：小组；互助组；工作组。④ 把性质相近的事物有系统地合置在一起。一般指文艺作品。如：组诗；组曲。"[5] 而对"合"的解释是："会集；汇聚。《商君书.赏刑》：'晋文公将欲明刑以亲百姓，于是合诸侯大夫于待千宫。'《水经注.汾水》：'汾水又南与东西温溪合。'"[6] "把几个部分组织成一体。"[7] 通过《辞海》的解释可以看出，所谓"组"是编织、组织的意思，而"合"则是"会集、结合"的意思，所以"组合"的词义是，将若干个部分会集、组织起来，并结合成一个整体。

以上是组合的词义，那么，哲学又如何定义组合呢？长期以来，由于很少有哲学家把组合概念引入哲学，所以也很少有人对组合进行定义，而组合哲学则将其定义为：

所谓组合就是若干元素结合成一个有序整体的过程。

这是组合的哲学定义，那么，这个定义是如何对组合做出解释的呢？又具有有哪些特点呢？

（1）定义首先揭示了组合的主体："元素"。

组合是一个过程，那么，究竟是什么东西实施了这个过程呢？或者说组合的主体究竟是什么呢？定义明确指出，组合是若干元素结合成一个有序整体的过程，这就是说，组合的主体是"元素"，正是元素实施了这个过程。我们在第二节探讨过元素的定义：所谓元素是指构成事物的组成部分，那么，构成事物的"组成部分"又是什么呢？"组成部分"是一个非常普遍的概念，几乎所有的物质结构或物质形态，例如物质粒子、基本粒子、原子、分子、化学元素、生物细胞、物体以及系统等等，都有可能充当"组成部分"。既然几乎所有的物质结构或物质形态都有可能充当"组成部分"，那就是说所有的物质结构或物质形态都有可能是组合的主体，都有可能进行组合，所以组合的主体是非常广泛的。

（2）定义还揭示了组合的本质：组合是一个过程，是元素结合成整体的过程。

组合的主体是元素，那么，组合的本质又是什么呢？定义也揭示了组合的本质：组合是一个过程，是一个元素结合成整体的过程。

（3）定义进一步揭示了组合最为显著的特征："结合"，即分散的元素"结合"成整体。

定义不仅揭示了组合的主体与本质，并且进一步揭示了组合最为显著的特征，这就是"结合"。在组合之前，这些元素原本是分散的、各自独立的，但是通过组合这个过程，这些分散的、各自独立的元素互相结合起来，并构成了一个整体，所以组合最显著的特征就是"结合"。既然组合的显著特征是"结合"，那么，我们就可以根据这个特征判断一个过程是否是组合。如果一个过程是若干个元素结合成一个整体，由于这是一个"结合"的过程，我们就可以判断这个过程是组合；相反，如果一个整体分解成为多个部分，由于这个过程不存在"结合"，那我们就可以判断它不是组合。

（4）什么是"有序整体"？

定义认为，组合就是若干元素结合成一个有序整体的过程，那么，究竟什么是"有序整体"呢？所谓"有序整体"是指，元素结合而成的不仅是一个"整体"，而且这个整体还是"有序"的。那么，什么又是"有序"呢？"有序"是系统论的一个概念，意思是说这个整体是有规则、有次序的，而不是无规则、无次序、杂乱无章的。例如一支军队组织严密、军纪严明，我们说这支军队是有序的；而一群逃兵由于他们无组织、无纪律、无规则、无次序，所以我们说他们是无序的。

定义对组合的主体、本质、特征以及有序性均做出了解释，这样通过该定义，人们就有可能对组合这一概念有一个准确、清晰的认识。由于组合是组合哲学的核心概念，也为理解组合哲学奠定了基础。

上面我们探讨了组合的定义，然而需要注意的是，还有一个概念与组合十分相似，这个概念就是"集合"。那么，集合与组合有什么不同？我们又如何把二者区别开来呢？集合也是数学的一个基本概念，是集合论的主要研究对象，若把一定范围的、确定的、可区别的事物，当作一个整体来看待就叫集合，简称"集"；而其中的各个事物叫作集合的元素或简称"元"。例如北京、天津、上海三城市就是一个集合；全体英文大写字母也是一个集合；全体自然数或平面上的所有直线，也可以构成不同的集合。

集合也是多个事物或元素的合而为一，那么，集合与组合又有什么不同呢？组合哲学认为，虽然集合与组合都是多个事物或元素的合而为一，但二者的含义并非是同一的，它们存在着一些不同之处：其一，集合是多个事物或元素"聚合"在一起，这种"合"是一种松散的"合"，集合中的事物或元素并没有结合成一个紧密的整体；而组合则不同，它是多个元素"结合"在一起，这种"合"是紧密的"合"，组合中的元素结合成了一个紧密的整体。其二，由于集合并没有构成一个紧密的整体，所以集合中的事物或元素不一定是有序的；而组合则不同，由于已经结合成了一个紧密的整体，所以组合中的元素一定是有序的。组合中的元素是有序的，而集合中的元素却不一定有序，这是组合与集合的最大不同，我们应该注意把二者区别开来。

组合是联系的一种重要形式，然而需要指出的是，联系的形式是多种多样的，并非所有的联系都能成为组合，例如那些松散的、短暂的、表面的或无序的联系就不可能成为组合。事物之间的联系只有达到紧密、结合并有序的程度，才有可能成为组合。例如一个男人与一个女人恋爱结婚，最后组成一个家庭，这是组合；如果一个男人与一个女人仅仅相了一次亲，并没有结婚成家，那他们之间的关系就是联系而不是组合。

组合的数学表达：

组合也可以用数学的方式进行表达，例如元素 a、b、c 组合成一个有序的整体，可以用组合式"a •b •c"进行表达。式中 a、b、c 表示元素，而"•"则表示元素与元素的组合。

二、世界万物产生于组合

通过组合，元素结合成了一个"有序的整体"，但由于结合的程度不同，所以"有序的整体"又可以分成两种不同的类型：一种是较为松散的整体，这种整体虽然也是一个整体，但整体中的元素结合得并非十分紧密，元素仍然是一个独立的个体，并具有一定的独立性。例如化学中的元素周期表是一个有序的整体，但元素周期表中的元素仍然是独立的个体，它们仍具有一定的独立性，这个整体属于那种比较松散的整体。像元素周期表这样的整体还有许多，例如一个数轴中的数字，一个学校中的学生，一个社区中的住户等等，虽然也构成了一个有序的整体，但这些整体中的元素大都比较独立，元素之间结合得也不是那么紧密，所以这些整体都属于比较松散的整体。

与这种比较松散的整体不同，世界上还存在着另一种有序整体，在这种整体中元素结合得非常紧密，元素互相交织、融合，合而为一，组成了一种紧密的有序整体。在这种整体中，元素的独立性大大降低，它们变成了整体的部件或零件，这些部件或零件互相配合，把整体的功能发挥到最大。假若失去某个元素，整体的功能就会受到较大的影响，甚至有可能影响到整体的存在，所以这是一种紧密结合的整体。例如粗略地看，人体是由头颅、躯干、内脏、四肢等元素组合而成的一个有序整体，在这个整体中，元素结合得非常紧密，它们互相交织、融合，合而为一，构成了人体这个有序的整体。在这个整体中，头颅、躯干、内脏、四肢等元素已经成为人体密不可分的部件或零件，一旦失去某个部件或零件，人体的功能就会受到严重影响，甚至有可能导致人的死亡。例如失去四肢，人体的功能就会受到严重影响；失去心脏或大脑，人就会死亡，人体也会变成一具僵尸。

在组合哲学中，我们研究的主要对象就是第二种有序整体，即元素紧密结合的整体，我们把这种整体称之为"物"。世界上存在着千姿百态、纷繁复杂的"物"，例如日月、星球、牛羊、飞鸟、大树、花朵、高楼、木屋、飞机、汽车、水果、电视、电脑、手机，等等。那么，这些千姿百态、纷繁复杂的"物"究竟是如何形成的呢？组合哲学认为，这些千姿百态、纷繁复杂的"物"都是由元素组合而成的，在从元素到物的演变过程中，组合发挥了非常关键的作用。

那么，在从元素到物的演变过程中，元素究竟是如何组合成物的呢？为什么说组合发挥了非常关键的作用呢？我们首先通过一个例子来说明这个问题，水是地球上一种十分常见的"物"，人类每天都需要饮水，离开了水生命就无法维持。在自然界，水更是一种广泛的存在，江河中流淌着水，湖泊水库中积存着大量的水，大海中的水更是浩瀚无际。地理学家进行过统计，地球表面的总面积约为 5.1 亿平方千米，其中陆地面积约为 1.49 亿平方千米，而海洋的面积却高达 3.61 亿平方千米，这就是说，地球上有 70% 是海洋，由此可以看出，地球上的水有多么多。那么，这么多的水是如何形成的呢？究竟是什么元素构成了水呢？科学已经揭示了其中的奥秘，科学家发现水是一种化学分子，它的分子式是 H_2O ，也就是说水分子是由 2 个氢原子和 1 个氧原子构成的。那么，氢原子和氧原子又如何构成了水分子呢？化学家认为，是氢原子和氧原子发生了化合反应后生成了水分子，所谓"化合反应"是指由两种或两种以上的物质反应生成一种新物质的过程。从组合哲学的角度看，氢原子和氧原子就是两种元素，而水分子就是这两种元素互相组合之后所形成的一种"物"。这就是说，世界上那么多的水其实都是氢原子和氧原子两种元素组合而成的，如果没有组合，氢原子和氧原子就不可能变成水分子，水也根本无法形成，地球上也就不会有那么多的水了。假若没有水，地球就会变成一个干涸的星球，而一个干涸的星球上是不可能存在生命的，地球上的植物、动物和人类统统不可能出现。通过水的形成就可以看出，水产生于氢原子和氧原子的组合，在氢原子和氧原子构成水的过程中，组合确实发挥了非常关键的作用。

不仅是水，化学知识还告诉我们，几乎所有的化合物都是组合的产物。例如一氧化碳 CO 、二氧化碳 CO_2、二氧化硫 SO_2、二氧化氮 NO_2、甲烷 CH_4、氧化钙 CaO 、氧化镁 MgO 、氧化锌 ZnO、

氧化铜 CuO 、氧化汞 HgO 、二氧化锰 MnO_2、三氧化二铝 Al_2O_3、三氧化二铁 Fe_2O_3 、五氧化二磷 P_2O_5 、过氧化氢 H_2O_2、盐酸 HCl 、硝酸 HNO_3、硫酸 H_2SO_4 、磷酸 H_3PO_4、碳酸 H_2CO_3、氢氧化钠 $NaOH$ 、氢氧化钾 KOH、氢氧化钙 $Ca(OH)_2$、氢氧化镁 $Mg(OH)_2$、氢氧化铝 $Al(OH)_3$、氧化铁 $Fe(OH)_3$、碳酸钾 K_2CO_3、碳酸钙 $CaCO_3$、碳酸银 Ag_2CO_3、硫酸钠 $NaSO_4$、硫酸钾 K_2SO_4、硫酸钡 $BaSO_4$、氯化钾 KCI、氯化钠 $NaCI$、碳酸氢铵 NH_4HCO_3、氨水 $NH_3.H_2O$ 、酒精 C_2H_6O、甲醇 CH_3OH、醋酸 CH_3COOH 等等化合物,统统都是由不同的元素组合而成的。如果离开了组合,所有的化合物都无法形成,所以完全可以说所有的化合物都产生于组合。

不仅化合物产生于组合,那些组成化合物的元素同样也产生于组合。我们以组成水分子的元素——氧原子为例,科学家发现氧原子并不是最小的元素,它同样也是由更小的元素——原子核与核外电子组合而成;当然原子核也不是最小的元素,它又由更小的元素——质子和中子组合而成。质子和中子也不是最小的元素,它们同样也是由更小的元素组合而成。现代物理学对微观物质进行了深入研究,发现了夸克、强子、轻子、费米子、玻色子等更小的粒子或者说元素,然而,它们也不是最小的粒子或元素。

我们在第二章探讨物质的新定义时就指出,物质粒子才是最小的粒子，或者说是最基本的粒子。由于物质粒子是最基本的粒子和最基本的元素，所以夸克、强子、轻子、费米子、玻色子等基本粒子都是由物质粒子这种最基本的元素组合而成。当夸克、强子、轻子、费米子、玻色子等基本粒子形成后，它们又作为元素组合成了质子、中子和电子。质子、中子和电子形成后，它们再作为元素进一步组合成原子，然后原子再组合成分子，分子再组合成各种化学物质。通过微观物质的形成就可以看出，所有的微观物质都是由元素组合而成，如果离开了组合，那么，所有的微观物质都无法形成，所以微观物质也产生于组合。

上面我们研究了微观领域，发现所有的微观物质都产生于组合，那么，宇观领域中又怎么样呢？宇观领域中的存在物又是如何产生的呢？宇宙中存在着亿万颗星球，那么，这亿万颗星球又是如何形成的呢？1755 年，德国哲学家康德出版了《宇宙发展史概论》一书，在该书中他提出了一个太阳系起源的"星云假说"。康德认为，太阳系中的天体是由体积很大的、分散的、云雾状的"原始星云"演变来的，这些"原始星云"其实就是许多物质微粒，它们由于相互吸引而不断地凝聚，又由于相互排斥而进行旋转运动，经过长期地凝聚和旋转运动，"原始星云"从最初的混沌状态逐步发展成为太阳系中的诸天体。通过康德的"星云假说"可以看出，太阳系中诸天体的形成过程其实就是一个组合的过程，组合的元素就是由巨量物质微粒所构成的"原始星云"，而"原始星云"组合的结果就是太阳系中诸天体的形成，太阳、地球、水星、金星、火星、木星、土星、天王星、海王星等星球就是这样形成的。如果没有"原始星云"这些元素，如果没有这些元素的组合，那么，太阳系中的太阳、地球、水星、金星、火星、木星、土星、天王星、海王星等星球就无法形成，所以我们说太阳系中的天体也是产生于组合。除了太阳系，宇宙中还存在着更大的银河系以及河外星系等等，这些星系中的亿万个天体同样也是由宇宙物质组合而成的。

上面我们研究了微观和宇观领域中"物"的形成，那么，我们人类直接生存于其中的宏观领域又怎么样呢？宏观领域中的物又是如何产生的呢？我们在读书、学习、写作以及操作电脑时离不开桌子，桌子是一种比较常见的物。那么，桌子又是如何形成的呢？粗略地看，一张桌子大致有桌面、桌腿、抽屉等各个部分组成，这些部分就是构成桌子的元素，那么，这些元素又是如何构成桌子的呢？在桌子的制作过程中，木工师傅把桌面、桌腿、抽屉等元素有序地组合起来，于是一张桌子就诞生了，这就是说，桌子是桌面、桌腿、抽屉等元素组合而成的。如果没有组合，桌面、桌腿、抽屉等就是一堆分散的部件，桌子不可能产生。不仅是桌子，我们经常使用的椅子、柜子、床、沙发、茶几等家具，无一不是组合的产物。仔细思考，我们人类穿的衣服、吃的食物、住的房子，哪一样不是组合的产物呢？离开了组合，人类就无法生存。

汽车是人类重要的交通工具，通过汽车，人类不仅能够方便、快捷地抵达目的地，而且还能够帮助人类运输大量的物品，甚至房车还能成为流动的家。汽车是人类重要的工具，那么，汽车是如何形成的呢？汽车设计师进行过统计，一部汽车是由钢铁、橡胶、铝、塑料等10000多个零部件组装而成的，也就是说，一部汽车是由10000多个元素组合而成的。假若没有组合，那么，这10000多个零部件就是一大堆无序的元素，汽车永远无法形成。不仅是汽车，我们经常使用的手机、电脑、电视、空调、冰箱、收音机、电风扇、煤气灶、抽油烟机、空气净化器等等，哪一个不是组合的产物呢？

桌子、椅子、汽车、冰箱等都是无生命的"物"，那么，有生命的"物"又是如何形成的呢？组合哲学认为，有生命的"物"同样也是通过组合形成的。微生物、植物、动物和人类都是有生命的"物"，我们把这些"物"统称为生物。那么，生物是如何形成的呢？生物科学已经证明，所有的生物体都是由细胞构成的，从组合哲学的角度看，这些细胞就是构成生物体的元素，正是这些细胞元素的组合构成了生物体。简单的生物大多由少量细胞组合而成，而那些复杂的生物则是由大量细胞组合而成的，一些高级生物往往是由几十万亿个细胞组合而成的，所以完全可以说，世界上所有的生物都是组合的产物。

生物体是由细胞组合而成的，那么，细胞又是如何形成的呢？生命科学家发现，构成细胞的是生物大分子蛋白质和核酸等，也就是说，细胞是由生物大分子蛋白质和核酸等元素组合而成的。那么，蛋白质和核酸等元素又是什么东西构成的呢？生命科学家们进一步发现，构成细胞的物质是原生质，原生质中含量最多的是碳、氢、氮、氧为主要元素（占 96%）；硫、磷、钙、钠、钾、镁、铁为次要元素（占 3%以上）；锰、钼、钴、锌、硒、碘、铜、铬、锡、钒、硅、氟、硼含量极微，称微量元素。[8] 这就是说，构成细胞的其实就是碳、氢、氮、氧等诸多元素，正是这诸多元素的组合构成了细胞，而细胞再次组合便构成了生物。如果从组合哲学的角度看，世界上那千姿百态、纷繁复杂的微生物、植物和动物，本质上其实都是碳、氢、氮、氧等元素的组合物。

世界上的微生物、植物和动物都是碳、氢、氮、氧等元素的组合物，人类是"宇宙之精华，万物之灵长"，那么，人类的身体又是由什么东西构成的呢？生命科学家的研究证明，人体大约是由 60 万亿个细胞组合而成的。[9] 这就是说，与其他生物一样，构成人体的元素同样也是细胞，人体就是由 60 万亿个细胞组合而成的一个整体。人体也是由细胞组合而成，那么，构成人体细胞的又是什么东西呢？生命科学进一步证明，构成人体细胞的元素同样也是碳、氢、氮、氧等。既然人体也是由细胞组合而成，既然构成人体细胞的元素也是碳、氢、氮、氧等，那么，人类为什么不同于微生物、植物和其他动物呢？人类为什么是"宇宙之精华，万物之灵长"呢？人类的特别之处究竟在哪里呢？这些问题我们将在科学唯物主义的第二卷《人类哲学大纲》中探讨，这里存而不论。

世界上存在着千姿百态、纷繁复杂的"物"，那么，这些千姿百态、纷繁复杂的"物"究竟是如何形成的呢？在本小节，我们对微观、宇观和宏观中的"物"的形成进行了探讨，通过这些探讨，组合哲学总结出了"组合规律"：

无论是微观、宇观领域，也无论是宏观领域，世界上所有的"物"都是元素组合的产物，离开了组合，所有的"物"都无法形成，世界也难以成为世界，所以世界万物形成的关键就在组合。

三、历史上的组合思想

上一小节探讨了组合，我们得出了这样的结论：世界万物均产生于组合，离开了组合，所有的"物"都无法形成，世界也难以成为世界，世界万物形成的关键就在组合。组合哲学关于世界万物产生于组合的观点并非是孤立的，在人类历史上，组合的思想源远流长。

　　早在中国周朝的周宣王时期，史官伯就提出过这样的观点："土与金木水火，杂以成百物"。（《国语·郑语》）中国的古老典籍《易经》也指出："天地絪缊，万物化醇。男女媾精，万物化生。"东周战国中期著名思想家、哲学家和文学家、道家学派代表人物庄子（约公元前 369 年—公元前 286 年，一说公元前 275 年）以"气"解释"道"，认为"通天下一气耳"，气之聚散，构成万物的生灭。人亦如是，"人之生，气之聚也。聚则为生，散则为死。"。东汉哲学家王充（公元 27 年—公元 97 年）认为："天地合气，物偶自生也""天地合气，人偶自生也"（《论衡.物势》）明末清初大哲学家、思想家、文学家王夫之（公元 1 6 1 9—1 6 9 2 年）也认为，"气聚而生万物"[10]

　　中国先哲们所说的"杂"、"聚"、"合"以及"偶"等其实就是组合的意思，这些解释大都比较简约，而佛教的解释就较为细致。按照佛教创始人释迦牟尼的缘起说，世界上的一切事物均由各种因素和条件因缘会合而生，合则为生，分则为灭。"有此则有彼，此生则彼生；无此则无彼，此灭则彼灭"。生命现象也是如此，一切众生都不过是"五蕴"的因缘会合。五蕴是色蕴、受蕴、想蕴、行蕴、识蕴。色蕴包括一切物质事物和众生身体所有的眼耳鼻舌身等感觉器官，总称"色"。 受、想、行、识等蕴就是众生的心理的、思维的活动，包括一切精神世界，总称为

"名"。[11]

外国哲学家们对组合也多有论述，例如"原子论"的创始者德谟克利特就认为，万物的本原是原子与虚空，原子是一种最后的、不可分的物质微粒。宇宙的一切事物都是由在虚空中运动着的原子构成，所谓事物的产生就是原子的结合。法国哲学家霍尔巴哈说："形形色色的物体，用千万种方式结合起来，不断地得到和互相给予各种不同的运动。在我们看来，这些物体的种种特性，它们的种种结合，它们的各种活动方式（这些活动方式是活动的必然结果），构成了一切存在物的实质；这些实质的差别决定这些存在物所具有的各种序列、范畴或体系，这些存在物的总和就是我们所说的自然界。"[12] 法国哲学家狄德罗（Den Diderot ，1713—1784）也认为：自然就是异质元素组合起来的那个现实的总结果和那些相继出现的总结果。[13]

四、组合的价值与意义

在前面三个小节中，我们分别探讨了组合的定义、功能以及历史上的组合思想，那么，组合究竟有什么价值和意义呢？

（1）组合是联系的深化与发展，是更紧密、更牢固的联系。

我们在上一节对联系进行过定义：所谓联系就是

指事物之间发生交际，并形成一定的关系。通过联系的定义可以看出，联系只是事物之间发生了交际与关系，而组合却不同，虽然组合也是一种联系，但由于组合的元素已经结合成一个有序的整体，所以这种联系更为紧密，也更加牢固。正是由于组合，事物之间的联系才得到发展与深化，互相联系的事物才能结合成一个整体，所以组合具有重要的价值与意义。

（2）元素通过组合构成了物，并进一步构成了世界，这是组合最重要的价值与意义。

我们在前面已经进行过探讨，世界万物均产生于组合，可以设想，假如没有组合，那么，宇宙大爆炸产生出来的物质粒子只能孤立地存在，它们既无法形成强子、质子、中子、电子等基本粒子，也无法形成各种元素，自然也无法形成世界和万物。正是由于组合，世界万物才得以产生和形成，所以组合具有非常重要的价值与意义。

（3）组合不仅产生了世界万物，而且还产生了有序性，这无疑是组合的一个重要价值与意义。

我们在第一小节为组合拟定过一个定义：所谓组合就是若干元素结合成一个有序整体的过程，通过定义就可以看出，正是组合产生出了有序的整体，也就是说是组合产生了事物和世界的"有序性"。假若没有组合，那么，宇宙大爆炸产生出来的物质粒子只能是混乱无序的，它们不可能构成有序的事物和世界。

组合产生有序，而有序又产生更高级的组合，这是一个相辅相成、互相促进的过程。

组合产生了世界万物的有序性，这无疑是组合的又一个重要价值与意义。

20 世纪中叶以来，"三论"产生了巨大影响，所谓"三论"就是系统论、信息论与控制论。系统论把"系统的优化"即"从无序转化为有序"作为一个重要问题进行研究，它认为人类以及整个宇宙的历史，就是一部从无序到有序的演化史。然而，人类和宇宙为什么会从无序向有序转化呢？这种转化的本质和机理究竟是什么呢？系统论并没有做出令人满意的回答。

组合哲学认为，人类和宇宙之所以能够从无序转化为有序，人类和宇宙这两大系统之所以能够不断优化，首要的答案就是组合。正是由于组合，人类和宇宙才能够成为有序的整体，才能够从无序转化为有序，才能够不断地优化。

那么，人类和宇宙又是如何通过组合从无序转化为有序？又是如何通过组合不断地优化呢？这些问题我们将在本书第四章"世界哲学"和《科学唯物主义》第二卷《人类哲学大纲》中详细探讨。

（4）组合不仅产生出有序性，而且还产生出复杂性，这也是组合的一个重要价值与意义。

宇宙大爆炸之初，宇宙中充斥着单一的物质粒子，这些粒子纷乱杂陈，可以说那时的宇宙是一个单纯或"简单"的宇宙；但是，当物质粒子开始组合之后，当物质粒子的组合物再不断地组合之后，各种基本粒子、原子、分子、化学元素以及千姿百态、纷繁复杂的"物"都纷纷出现，由于组合、组组合、组组组合……，于是宇宙变得越来越复杂。

宇宙之所以会变得越来越复杂，最根本的原因就是组合，正是组合产生出"复杂性"，而世界的复杂性就来自于组合，这无疑也是组合的一个重要的价值与意义。

（5）组合不仅产生出有序性与复杂性，而且还产生了复杂系统的自组织现象。

自组织现象也是系统论的一个理论，那么，什么是自组织现象呢？所谓自组织现象是指，复杂系统(例如生命系统、社会系统等)自行产生的组织性和相干性。自组织理论（Self-organizing Theory）是 20 世纪 60 年代末期开始建立并发展起来的一种系统理论，它研究的对象主要是复杂自组织系统的形成和发展机制问题，它研究系统是如何自动地由无序走向有序，由低级有序走向高级有序的。那么，复杂系统为什么会自组织呢？半个多世纪以来，系统学家们提出了耗散结构论、协同论、突变论、演化路径论以及混沌论等各种理论，试图对这个问题做出解释，但由于自组织现象的机制尚不清楚，所以目前系统论尚不能对自组织现象做出令人满意的解释。

组合哲学有可能对这个问题做出解释，组合哲学认为，系统之所以能够自组织，之所以能够自动地由无序走向有序，之所以能够由低级有序走向高级有序，其根本原因就在于组合，是组合导致了系统由无序走向有序、由低级有序走向高级有序，导致了系统的自组织。正是由于组合，混乱无序的元素才能结合成有序的整体或系统，才能由无序走向有序；不仅如此，当这些有序的整体或系统形成之后，它还会与其他有序的整体或系统进行新的组合，从而构成更复杂、更有序的整体或系统。正是由于不断地组合，这些整体或系统会变得越来越复杂、越来越有序，或者说由低级有序走向高级有序。组合哲学认为，系统之所以能够自组织，根本原因就是构成系统的元素之间的组合，组合就是推动系统不断有序化和组织化的原动力。组合推动了系统的自组织，这也是组合的一个重要价值与意义。

（6）组合推动了事物的发展。

我们在第四章"演化哲学"中将会专门探讨发展问题，那么，事物为什么会发展呢？原因十分复杂，但其中的一个重要原因就是组合，从组合哲学的角度看，事物之所以会发展就是因为不断组合，一事物与他事物组合之后就会形成新的事物，由旧事物到新事物就是发展。

事物不断地组合、组组合、组组组合……，于是事物就会在不断的组合中发展，组合推动了事物的发展，这无疑也是组合的一个重要价值与意义。

（7）组合产生有序，而规律又诞生于有序性，所

以规律也是组合的结果。

我们在第一章探讨过规律的定义，所谓规律就是事物必然的演变过程。那么，事物的演变为什么会出现规律呢？原因很多，其中一个重要原因就是组合，我们在前面进行过探讨，是组合产生了有序性，而规律就诞生于有序性，规律是有序的组合。假如没有组合，物质粒子纷乱杂陈，它们就不可能结合成有序的整体；如果没有有序整体的出现，就不可能出现有序性，而如果没有有序性，那规律就不可能诞生，所以规律也是组合的结果。组合产生了有序性，而规律又诞生于有序性，这无疑也是组合的一个重要价值与意义。

第五节　物

本节探讨的核心问题：究竟什么是物？

本节内容脉络：

一、究竟什么是物？

二、构成物的要素

三、物的正确称谓

我们在本章的开头已经明确指出，组合哲学研究的核心问题是：物质如何构成了"物"？通过前几节的探讨，我们得出了这样的结论：物质首先通过组合构成了元素，然后元素再通过组合构成了物。元素通过组合构成了物，那么，物究竟是一个什么东西？或者说究竟什么是物呢？物是由哪些要素构成的？物的正确称谓又是什么呢？本节将对这些问题进行探讨。

一、究竟什么是物？

在这个世界上，物是一种极其广泛的存在，无论是在宏观领域，也无论是在宇观或微观领域，都存在着千姿百态、纷繁复杂的物，可以说这个世界就是物的世界。人类生活在世界之中，同样也生活在物的海洋中，他们不仅时时处处都能够看到、接触到、感知到物，而且时时处处都与物发生着联系与相互作用，一旦离开了物，人类就无法生存，所以物是人类最密切、最重要的朋友。

物对于人类如此重要，所以千百年来，一代又一代的人都在谈论物、研究物、利用物和占有物，但是，很多人并不知道物究竟是一种什么东西，也说不清究竟什么是物，他们对物的认识比较浮浅、模糊。物理学家、化学家、哲学家和经济学家们常常把物作为自己的研究对象，他们从各自专业的角度对物进行定义，所以物具有各种不同的定义，例如物理的、化学的、哲学的或经济学的定义。但由于这些定义大都带有比较浓重的"专科"色彩，普遍性、普适性不够，所以很难对物做出准确、完善的解释。正是由于以上种种原因，所以物一直没有一个理想的定义。为了更清楚地说明究竟什么是物，为了对物做出更准确、完善的解释，组合哲学给物拟定了一个新的定义：

所谓物就是若干元素组合而成的独立有序的整体。

这是组合哲学对物的定义，那么，这个定义能够对物做出准确、完善的解释吗？它又是如何对物做出解释的呢？

（1）首先新定义揭示了构成物的材料：元素。

我们在本小节的开头就指出，在这个世界上，物是一种极其广泛的存在，那么，这些广泛存在的物究竟是由什么东西构成的呢？或者说构成物的材料究竟是什么呢？新定义明确指出，世界上的物都是由元素构成的，构成物的材料就是元素。那么，元素又是由什么东西构成的呢？我们在前面已经进行过探讨，元素最终都是由物质粒子构成的，也就是说，物质粒子是构成物的最基本的材料，所以从最本质的意义上讲，世界上所有的物都是物质粒子构成的。明确揭示了构成物的材料，这是新定义的一大特点。

（2）新定义明确揭示了物的本质：物是元素的

组合体。

新定义明确指出，构成物的材料是元素，那么，物究竟是一个什么东西呢？或者说物的本质是什么呢？新定义进一步揭示了物的本质，物是元素组合而成的一个整体，或者说物就是元素组合体。世界上存在着千姿百态、纷繁复杂的物，那么，这些千姿百态、纷繁复杂的物在本质上究竟是什么东西呢？新定义明确指出，原来这些千姿百态、纷繁复杂物都是元素的组合体，它们是由不同的元素、按照不同的方式组合起来的一个个整体。新定义明确揭示了物的本质，这无疑也是新定义的一大特点。

（3）新定义还揭示了物的三个显著特征：整体性、有序性和独立性。

物是元素组合而成的整体，所以所有的物都具有整体性。世界上存在着两种不同的整体，一种是元素结合得非常紧密的整体，在这种整体中，元素之间结合得比较紧密，它们互相交织、融合，合而为一，组成了一个紧密有序的整体。在这种整体中，元素的独立性大大降低，它们变成了整体的部件或零件，这些部件或零件互相配合，把整体的功能发挥到最大。假若失去某些元素，整体的功能就会受到较大的影响，甚至有可能影响到整体的存在，所以物是一种元素紧密结合的整体。而另一种则是元素结合得比较松散的整体，虽然比较松散，但仍然构成了一个整体，所以所有的物都具有整体性。

物是元素组合而成的整体，这些元素的结合并非是杂乱无章的，更不是胡乱拼凑的，而是井然有序的，所以物不仅是元素组合而成的整体，而且还是有序的整体。

新定义还指出，物不仅是有序的整体，而且还是"独立"的整体。一个物不仅具有有序的内部结构，而且还具有明确的外部边界，所以物是一个独立的整体，它具有独立性和确定性。正是由于物具有独立性和确定性，所以世界上才会出现千姿百态、纷繁复杂的万物。

新定义明确揭示了物的三个显著特征：整体性、有序性和独立性，这也是新定义的一大特点。

新定义不仅揭示了构成物的材料，而且明确揭示了物的本质和显著特征，这样通过新定义，人们就有可能对物有一个比较准确、完善的认识，就有可能清楚地知道究竟什么是物，知道物究竟是一个什么东西。不仅如此，由于新定义是从最根本的意义上定义物的，所以它具有较好的普适性，不仅能适用于哲学、经济学等社会科学，而且还能适用于物理学、化学等自然科学。

物也可以通过数学方式进行表达，物的数学公式是：

$$A = \{ a \cdot b \cdot c \}$$

该公式说明，物 A 是由元素 a、b、c 组合而成的一个紧密有序的独立整体。公式中的大括号"{}"表示物 A 由元素 a、b、c 组合而成，公式中的"·"表示元素紧密地结合。

二、构成物的要素

上一小节我们探讨了物的定义，所谓物就是若干元素组合而成的独立有序的整体；在本小节，我们将探讨构成这个独立整体的各种要素。说到要素，朋友们可能会感到疑惑，物的定义不是已经明确指出构成物的就是"元素"吗？怎么又出现了一个"要素"呢？朋友们的疑惑可以理解，因为"要素"与"元素"这两个概念比较近似，人们很容易把它们混为一谈。那么，"要素"与"元素"有什么不同呢？我们在本章第二节讨论"元素"时已经指出，物质是构成元素的基本材料，元素是物质的组合物，这就是说元素是由物质粒子构成的一种物质实体；然而我们所说的"要素"却不同，它可以是物质实体，也可以是非物质的因素，例如物质的属性等。我们再通过一个例子加以说明，所有的物都具有能量，能量是构成物的一个要素，但能量并不是物质实体，所以我们不把它称为"元素"，而称之为"要素"，以示区别。通过"要素"与"元素"的比较可以看出，"要素"既可以包括物质实体——"元素"，也可以包括其他因素，所以"要素"的外延要大于"元素"，我们应该注意二者的区别。

那么，构成物的要素有哪些呢？组合哲学认为，构成物的基本要素有：材料、质量、广延、外部形态、内部结构、能量、信息以及功能等等，下面我们就一一讨论这些要素。

构成物的首要要素就是材料，这个材料就是我们前面所说的物质组合物——元素。正是元素的组合构成了物，假若没有元素，假若没有这些材料，那物根本就不可能形成，所以元素即材料无疑是构成物的首要要素。

构成物的第二个要素是质量，为什么质量是物的要素呢？这是因为物是由元素组合而成的，由于元素是物质的组合物，又由于物质粒子具有质量，所以所有的元素都具有一定的质量。元素具有一定的质量，那么，由元素构成的物也必然具有质量，所以质量也是构成物的一个要素。

构成物的第三个要素是广延，所谓广延就是指物的空间尺度，通俗地说就是物的大小或长宽高。广延为什么是物的要素呢？我们在第二章"材料哲学"中明确指出，物质的第三个特有属性就是占有空间，也就是说物质是有广延的。既然物质具有广延，那么，由它构成的元素必然具有广延；既然元素具有广延，那么，由元素构成的物也一定具有广延。正是由于这个原因，所有的物都会占据一定的空间，都具有一定的空间尺度或广延，所以广延也是物的一个要素。正是由于物具有广延，所以人类才能感知到物，广延是人类感知、认识物的一个重要基础。

构成物的第四个要素是外部形态，由于物是一个独立的整体，那么，这个整体就必然会形成一定的外部形态，如形状、体积、颜色、温度、气味等等。如果用流行的语言来表述，那么外部形态就是物的"面子"，所有的物都有自己的"面子"，所以外部形态也是构成物的一个要素。

构成物的第五个要素是内部结构，所谓内部结构是指，事物内部元素的组合方式或组织架构。我们在前面已经指出，物是元素组合而成的一个紧密有序的独立整体，正是因为元素的组合是有序的，所以元素必然会按照一定的方式组合或组织起来，并形成一定的组织架构，这个组织架构就是物的内部结构。所有的物都有自己的内部结构，离开了内部结构，物就不成为物了，所以内部结构是构成物的一个决定性要素。为什么说内部结构是物的决定性要素？这个问题将在下一节"结构"中探讨。

构成物的第六个要素是能量，我们在第二章"材料哲学"中探讨过能量，能量是物质运动的度量；在第二章，我们还探讨过物质的第三个规律——物质运动规律，物质运动规律指出，物质的相互作用推动了物质的运动。通过以上探讨可以看出，是物质之间的相互作用推动了物质的运动，而物质的运动又产生了能量。由于物最终是由物质构成的，所以当物形成之后，物与物之间也必然会发生相互作用，相互作用也会推动物的运动，而物的运动就会产生出能量。能量不仅是物运动的结果，而且也是保障物的运动、发展和存在的动力，如果没有能量，物就会失去动力，就无法运动与发展，甚至会造成物的灭亡，所以能量也是构成物的一个重要要素。

构成物的第七个要素是信息，我们在第二章"材料哲学"中探讨过物质的第四个基本规律——物质信息规律，物质信息规律指出，物质的相互作用和运动形成了物质的信息功能，所有的物质结构都能够产生、发送、传递、接受、处理以及反馈信息。物是由元素或者说物质构成，所以物也是一种物质结构；既然物是一种物质结构，那么物也就必然具有信息功能。正是由于物具有信息功能，它才能够与其他的物、其他的物质结构以及环境进行信息的交流与沟通，才能维持、保证物的运动、发展与存在。假如失去了信息功能，物就变成了"瞎子"和"聋子"，就无法与其他的物、其他的物质结构以及环境进行信息的交流与沟通，这样物也就无法维持自己的运动、发展与存在，所以信息也是构成物的一个要素。

构成物的第八个要素是功能，这里所说的功能并非是指信息功能，而是指一个物所具有的特定功能。作为一个有序的整体，作为一个独立的存在，所有的物都具有自己的特定功能，所以功能也是构成物的一个要素。

在第二小节，我们探讨了构成物的八个要素，它们分别是：材料、质量、广延、外部形态、内部结构、能量、信息以及功能。这八个要素是物的基本要素，构成物的可能还有其他一些要素，这里就不一一探讨了。通过构成物的八个基本要素可以看出，物是一个由诸多要素构成的复杂整体。

物的要素也可以通过数学的方式进行表达，物的要素公式是：

$Q = \{el, m, s, a, st, e, i, b\}$

公式中 Q 表示物，el 表示材料或元素（element）、m 表示质量、s 表示广延、a 表示外部形态（appearance）、st 表示内部结构（英文，structure）、e 表示能量（energy）、i 表示信息（information）、B 表示事物的功能。

三、物的正确称谓

通过第一小节的探讨，我们对物有了比较准确、清晰的认识，已经知道了究竟什么是物。通过第二小节的探讨，我们知道了构成物的各种基本要素，知道了物是一个由各种要素构成的复杂整体。明确了物的定义、本质与要素，我们再来讨论物的称谓问题。

物广泛存在，接触到物的人不计其数，由于对物的认识不同，于是不同的人会给物起不同的名字，赋予它不同的称谓，所以长期以来，物有许多不同的名字或称谓。例如有人把物称为"物质"、"物体"、"实物"、"实体"、"实在"，也有人把它称为"物自体"、"自在之物"、"物质客体"、"客观实在"、"客观事物"或"事物"等等。同是物，竟然有这么多名字或称谓，那么，这些名字或称谓都有什么含义呢？如何评价这些名字或称谓呢？我们应该如何正确地称谓物呢？本小节就对这些问题进行讨论。

长期以来，不少自然科学家和哲学家把物称为"物质"，在他们看来，既然物是物质构成的，那么，物与物质就没有什么区别，于是他们就把物也称为物质。组合哲学认为，虽然物确实是物质粒子构成的，但是，物已经不同于物质，所以我们不应该笼统地把物称为"物质"。为什么不能把物称为"物质"呢？理由是：

其一，我们在第二章"材料哲学"中对物质进行过定义：物质就是最基本的粒子，物质粒子具有质量和能量，并占有空间和时间，它是构成世界万物最基本的材料。我们在本章对物也进行了定义：所谓物就是若干元素组合而成的独立有序的整体。通过二者的定义就可以看出，物质是最基本的粒子，是构成世界万物最基本的材料，而物却是由元素组合而成的独立有序的整体，一个是最基本的材料，而另一个却是由最基本的材料构成的独立有序的整体；一个是材料，而另一个却是材料构成的"成品"，所以物已经不是单纯的物质了，它已经与物质有了很大的不同。

其二，虽然物确实是由物质粒子构成的，但是，除了微观领域的个别基本粒子外，世界上绝大多数的物都不是物质粒子直接构成的。正如我们在前面探讨的那样，构成物的材料是元素，而大多数元素都是物质粒子经过多次组合之后形成的。既然绝大多数物都不是由物质粒子直接构成的，那么，就不能把物与物质混为一谈。虽然物确实是由物质构成的，但是，物与物质已经有了很大的不同，所以我们不能笼统地把物称为"物质"。这就像著名的维纳斯雕像，虽然雕像的材料是大理石，但雕像已经完全不同于大理石，我们也不能说维纳斯雕像就是一块大理石。

物理学家们还常常把物称为"物体"，他们认为物是由物质构成的独立个体。我们在前面已经对物进行过定义：所谓物就是若干元素组合而成的独立有序的整体，也就是说，物确实是由物质构成的独立个体，所以把物称为"物体"是恰当的。

哲学家们也常常把物称为"实物"、"实体"或"实在"，他们的意思是说，物并不是那种看不见、摸不着、虚无缥缈的东西，而是一种可以把握、可以感知的实际存在的东西。组合哲学认为，由于物最终是由物质粒子构成的，而物质粒子又具有质量与空间属性，所以物也必然具有质量与空间属性（即广延）。既然物具有质量与空间属性，那么，它就是一种可以把握、可以感知的实际存在的东西，所以把物称为"实物"、"实体"或"实在"是有道理的。但是需要指出的是，并非所有的物都是"实体"，有些特殊的物质结构或形态并不是实体，例如物理学中的各种场诸如可见光、电磁场、引力场、介子场等就不是以实体的方式存在。

有一些哲学家还把物称为"物自体"或"自在之物"，例如康德就是这样称呼物的。这些哲学家认为，我们能够认识的仅是可以感觉到的现象，我们的认识只能停留在现象界的此岸，而外部事物却是"自在之物"或"物自体"，它们在彼岸；在此岸和彼岸之间隔着一条不可逾越的鸿沟，所以在此岸的我们是无法认识彼岸的"自在之物"的。组合哲学认为，物是一个独立的个体，所以物确实有"自在"的一面；但是，由于物具有信息功能，所以它完全可以与人进行信息的交流与沟通，也完全可以被人认识。既然物能够与人进行信息的交流与沟通，那就是说，物与人之间并不存在不可逾越的鸿沟，所以物并不是什么无法认识的"物自体"或"自在之物"。由于这种称谓存在着严重缺陷，所以最好不要把物称为"物自体"或"自在之物"。

还有一些哲学家把物称为"物质客体"、"客观实在"或"客观事物"，他们之所以这样称呼物，是因为他们认为世界上存在着两种截然不同的物，一种是存在于主观世界中的"物"，例如思想、精神、意识等；而另一种则是存在于客观世界中的"物"。由于这一类物存在于客观世界，于是这些哲学家把它们称为"物质客体"、"客观实在"或"客观事物"，以便与主观之"物"相区别。组合哲学认为，世界上确实存在着两种不同的物，一种存在于人脑之外的客观世界，而另一种则是存在于人脑之内，把存在于人脑之外的物称为"物质客体"、"客观实在"或"客观事物"，是有道理的。

还有一些哲学家或学者把物称为"事物"，那么，什么是事物呢？中国著名哲学家高清海（1930-2004）先生曾对"事物"这一概念做出解释：

哲学所说的事物极其广泛，凡是构成人们认识对象，包含差别性和统一性的确定的存在，都可以看作是事物。[14]

按照高先生的解释，所有"包含差别性和统一性的确定的存在"，都可以看作是事物，我们在上一节探讨过构成物的八个要素：材料、质量、广延、外部形态、内部结构、能量、信息和功能，通过物的八要素就可以看出，物不仅是一种"包含差别性和统一性的确定的存在"，而且还能构成人的认识对象，所以也可以把物称为"事物"。

通过以上探讨可以看出，物的传统称谓中有一些是恰当的，也有一些不那么恰当，我们不能全盘照搬，应该区别对待，尽量采用正确的称谓。通过各种称谓的比较，"事物"这一概念无论是在内涵，还是在外延上都比较符合物，也没有明显的缺陷与不足，所以它是物的一个比较好的称谓，可以大力推广和应用。

但需要指出的是，"事物"并不完全等同于"物"，"事物"包括的范围更加广泛，既包括"物"这样的实体，也包括那些非实体的属性、关系等等。如果用传统的哲学语言来表达，所有的"存在者"或"存在物"都可以称为"事物"，但并非所有的"存在者"或"存在物"都是"物"。在后面的章节里，我们所说的"事物"多指"物"这样的实体，如果是指非实体的属性、关系等，我们会加以说明。

物是一个广泛的存在，许多学科都在研究物，为了对物有一个统一的认识，各个学科应该互相交流、沟通，取长补短、互相借鉴，尽量采用规范的称谓，正确地称呼物。

以上我们所探讨的物均是物质的组合物，那么，存在于大脑之内的精神之物又该如何称呼呢？组合哲学认为，大脑中确实存在着许多精神之物，由于这些精神之物同样也是由神经元素或精神元素所构成，所以这些精神之物也可以称为"物"或"事物"。

第六节 结构

本节探讨的核心问题：事物的结构

本节内容脉络：

一、什么是结构？

二、结构公式

三、结构元素关系律

四、结构功能统一律

五、结构决定律

六、结构优化律

在第五节，我们探讨了构成物的各种要素：材料、质量、广延、外部形态、内部结构、能量、信息以及功能等，在这些要素中，有一种要素最为重要，它是决定性的要素，这种要素就是"结构"。在本节，我们将专门探讨"结构"。

一、 什么是结构？

我们观察一个事物，首先看到的就是它的外部形态，但这只是它的外表或"面子"；假如我们更深入地去观察，就会发现事物的"里子"，这个"里子"就是内部结构。现在手机成了人们最亲密的工具，从外表看手机不过是一个长方形的薄薄小盒子，这个盒子能够发出声音，屏幕上还能显示出数字与图象；但这只是手机的外部形态，如果打开手机的后盖就会发现许多零部件和复杂的集成电路，这些零部件和集成电路有序地组合在一起，构成了手机的内部结构。手机之所以能够通话、播放歌曲、显示数字、文字与图象等，之所以能有那么多的功能，关键就在于它的内部结构。如果没有内部结构，手机就变成了一个空盒子，它的全部功能也会消失。

没有了内部结构，手机的全部功能都会消失，可以看出结构对于事物确实是一个决定性的要素。结构如此重要，那么，究竟什么是结构？或者说结构的定义是什么呢？结构（structure）原本是一个工程技术用语，现在已经进入多个学科领域，并被人们赋予各种不同的含义。

社会学认为，结构主要包含两层相互联系的意思：① 认为任何一个作为独立对象看待并且有完整意义的事物（大到星系，小到微观粒子），都是由一定的因素（或要素）、成分组合而成的，因而是可以分解和分析的；② 认为组成事物的因素（要素）、成分并非杂乱无章地组合起来，而是按确定的方式、原则有秩序地组合起来的。它们彼此要产生一种较为固定的关系，从而成为一个统一的整体并具有相对稳定性。[15] 苏联社会学家对结构的定义是："各种成分联系的方式或它们相互关系的总和"[16]

《辞海》的定义是："物质系统内各组成要素之间的相互联系、相互作用的方式。是物质系统化、有序化的重要标志。物质系统的结构可分为空间结构和时间结构。任何具体事物的系统结构都是空间结构和时间结构的统一。结构既是物质系统存在的方式，又是物质系统的基本属性，是系统具有整体性、层次性和功能性的基础与前提。"[17]

《外国哲学大辞典》的定义是："指诸要素之间相对稳定的联结关系的总和"[18]

系统科学的定义是：组分或要素之间关联方式的总和。[19]

《宣传舆论学大辞典》的定义是：系统中各组成要素之间的相互联系、相互作用的方式或秩序。[20]

这些定义从不同的角度对结构做出了解释，各有所长，但由于表述各不相同，使得人们对结构这一概念很难有一个明确的、统一的认识。为了对结构做出更为准确、清晰的解释，为了让人们对结构概念有一个明确、统一的认识，组合哲学在传统定义的基础上，拟定了一个新的定义：

所谓结构就是构成事物的元素互相组合而形成的组织架构，就是元素的组合方式。

新定义汲取了传统定义的长处，但又与传统定义有所不同，那么，新定义能够对结构做出准确、清晰的解释吗？它又是如何对结构做出解释的呢？

（1）首先新定义明确指出了结构的主体：元素。

我们研究事物的结构，首先必须明确结构是由什么东西构成的，必须明确结构的主体是什么。那么，结构的主体究竟是什么呢？新定义明确指出，结构的主体就是元素，为什么说结构的主体是元素呢？新定义进一步指出，所谓结构就是指元素的组合方式或组织架构，既然结构就是元素的组合方式或组织架构，那就是说结构产生于元素的组合或组织；假如没有元素的组合或组织，结构就不可能产生，所以结构的主体必然是元素。

我们在本节的开头讨论过手机，手机的内部结构就是由许多零部件及复杂的集成电路构成的，这些零部件和集成电路就是构成手机内部结构的主体——元素；假若没有这些零部件和集成电路，就无法构成手机的内部结构，手机也不成为手机了，所以结构的主体就是元素。

结构的主体是元素，如果结构中出现了非元素的东西，例如手机的内部进入了灰尘，那灰尘能成为结构的主体吗？回答是否定的，我们在本章的第二节对元素进行过定义：所谓元素就是指构成事物的组成部分，这就是说，只有那些能够构成事物的组成部分才是元素，才能成为结构的主体。由于灰尘不是构成手机的组成部分，所以它不能成为结构的主体。

(2)新定义进一步揭示了结构形成的机理：元素的组合。

结构的主体是元素，那么，这些元素又是如何形成结构的呢？或者说结构形成的机理是什么呢？新定义进一步揭示了结构形成的机理，结构形成于元素的组合，或者说结构形成于元素的有序组合。我们在前面探讨过事物的形成，事物就产生于元素的有序组合，当构成事物的元素有序地组合起来之后，事物的结构也就形成了，也就是说，事物的结构就来自于元素的有序组合。

我们在上面讨论过手机，那么，手机的内部结构是如何形成的呢？正是构成手机的那些元素——复杂的集成电路与零部件，有序地组合或组织起来，才形成了手机的内部结构。假若没有这些元素的组合或组织，假若这些元素无序地堆放在那里，那就不可能形成手机的内部结构。

（3）新定义还揭示了结构的本质：结构就是元素的组合方式或组织架构。

新定义不仅揭示了结构的主体及形成机理，而且还揭示了结构的本质，那么，结构的本质究竟是什么呢？或者说结构究竟是一个什么东西呢？新定义明确指出，结构就是元素的组合方式或组织架构，那么，什么是组合方式？什么又是组织架构呢？所谓组合方式就是指元素是怎么样结合在一起的，或者说元素是怎么样排列组合的，元素的结合样式、元素的排列组合样式就是组合方式。那么，什么又是组织架构呢？所谓元素的组织就是无序的元素组织成一个有序的整体，当无序的元素组织成一个有序的整体时，这些元素必然会形成一种组织方式或样式，而元素的这种组织方式或样式就是组织架构。例如在盖房子的时候，首先必须构建房子的框架——主体结构，建筑工人用砖头、水泥、钢材、木材等建筑材料建成了房子的主体结构，那么，房子的主体结构是如何形成的呢？房子的主体结构就是砖头、水泥、钢材、木材等建筑材料组合而成的，或者说房子的框架是由建筑材料组织成的，所以房子的那个框架就是建筑材料的组合方式或组织架构。不同的房子会有不同的框架，一间简陋的木屋与一座摩天大楼的框架大不相同，二者的框架为什么大不相同？正是因为建筑材料的组合方式或组织架构不同，所以结构的本质就是元素的组合方式或组织架构。

通过以上探讨可以看出，新定义明确揭示了结构的主体、形成机理以及本质，所以新定义有可能对结构这一概念做出准确、清晰的解释。

我们在第五节探讨事物的要素时曾指出，事物不仅有内部结构，而且还有外部形态，那么，事物的外部形态也具有结构吗？组合哲学认为，事物的外部形态同样也是来自结构，所以决定事物外部形态的也是结构。一间简陋的木屋与一座摩天大楼的外部形态大不相同，它们的外部形态之所以大不相同，根本原因还是因为结构的不同，正是结构决定了事物的外部形态。比较复杂的事物大都有明显的内部结构与外部结构，而它的外部结构就构成了该事物的外部形态。例如我们前面讨论的手机，它不仅有复杂的内部结构，而且还有专门的外部结构，正是外部结构形成了手机的外部形态。

世界上所有的事物都具有结构，大至宇宙星系，小至基本粒子，都有自己的结构，就连浩瀚无际的宇宙也有结构，所以结构具有普遍性。

二、结构公式

上一小节我们探讨了结构的定义，通过探讨，我们对结构有了比较准确、清晰的认识。为了更准确地表达结构，也为了更深入地研究结构，本小节我们将探讨结构公式。什么是结构公式？所谓结构公式就是用数学的方法对结构进行更精确的刻画，并用公式的方式进行表达。组合哲学总结的结构公式是：

$$S = \{a \cdot b \cdot c\}$$

结构公式中的 S（英文，structure）表示事物的结构，a、b、c 表示构成结构的元素。结构公式表示，结构 S 是由 a、b、c 三个元素组合而成，即 $\{a \cdot b \cdot c\}$。

例如水的分子式是 H_2O，也就是说水分子是由 2 个氢原子和 1 个氧原子构成的，那么，水的结构公式就是：

$$S = \{H \cdot H \cdot O\}$$

氨基酸序列是蛋白质分子的结构与功能基础，它由碳（C）、氢（H）、氧（O）、氮（N）诸元素构成，氨基酸的结构通式是：

$$H_2N-\underset{\underset{H}{|}}{\overset{\overset{R}{|}}{C}}-COOH$$

根据氨基酸的结构通式，那么，它的结构公式就是：

$$S = \{C \cdot H \cdot O \cdot N\}$$

我们在第四节"组合"中讨论过"有序整体"的问题，由于结合的程度不同，所以还存在着一种较为松散的整体，这种整体虽然也是一个整体，但整体中的元素结合得并非十分紧密，元素仍然是独立的个体，并具有一定的独立性。这样的整体也有可能形成结构，那么，我们又该如何表达这种结构呢？组合哲学认为，可以用另外一个公式来表达这种比较松散的结构：

$$S = \{a, \ b, \ c\}$$

我们可以把第一个结构公式命名为"紧密结构公式"，而把第二个公式命名为"松散结构公式"。"松散结构公式"表示，事物的结构 S 是由 a、b、c 三个元素互相组合而成的，而结构就是 a、b、c 三元素互相组合之后所形成的组合方式或组织架构，即 $\{a, b, c\}$。我们在前面已经指出，"·"表示元素之间的紧密结合，而"，"则表示元素之间的结是一种松散的结合。第一个公式的结构是 $\{a \cdot b \cdot c\}$，而第二个公式中的结构则是 $\{a, b, c\}$，这就说明二者的组合方式或组织架构大为不同。

例如联合国是一个国际组织，它由 193 个成员国构成，虽然是一个国际组织，但却是一个比较松散的组织，成员国之间的结合并不紧密，所以联合国的结构公式可以表达为：

$$S = \{a, b, c, d, e, f, g, \cdots\cdots\}$$

公式中 S 表示联合国的结构，a, b, c, d, e, f, g，等表示构成联合国的各成员国，而联合国的结构是：$\{a, b, c, d, e, f, g, \cdots\cdots\}$。

三、结构元素关系律

我们在第一小节讨论过结构形成的机理，事物的结构来自元素的有序组合，也就是说，是元素的组合形成了结构。那么，当结构形成之后，结构与元素、元素与元素之间又存在着什么样的关系呢？在本小节，我们就对这个问题进行探讨。

结构是一个整体，在这个整体中，不仅整体与部分——结构与元素之间存在着关系，而且部分与部分——元素与元素之间也存在着关系。那么，它们究竟存在着什么关系呢？为了更准确、清晰地说明它们之间的关系，组合哲学提出了"结构元素关系规律"，内容如下：

在一个结构中，结构与元素、元素与元素之间都是互相制约、互相影响的。

"结构元素关系规律"有两层意思，第一层意思揭示了元素与结构之间的关系。根据结构形成的过程与机理，事物的结构产生于元素的组合，假若没有元素的组合，结构就无法形成，所以元素的组合决定了结构。但当结构形成之后，它会反过来制约、影响元素，也就是说，结构与元素之间是互相制约、互相影响的。例如一个学校是由学生、教师、管理人员和后勤人员组合而成的，假若没有这些学生、教师、管理人员和后勤人员，学校就不可能形成，所以可以说是元素——学生、教师、管理人员及后勤人员决定了结构——学校。但是，当学校的结构形成之后，它又会反过来对元素——学生、教师、管理人员及后勤人员产生制约与影响。例如一个学生在没有进入学校之前是相对自由的，他不受学校的制约与影响，但当他进入了学校之后，他就必须遵守学校的制度、纪律与规定，就必须受到学校的制约与影响，这就是结构对元素的制约与影响。

"结构元素关系规律"的第二层意思揭示了元素

与元素之间的关系，在结构形成之前，这些元素原本是分散的，相互之间没有什么关系，自然也不会互相制约和影响。但当结构形成之后，这些分散的元素就结合成为一个整体，由于共处同一个整体之中，于是这些元素就会发生关系，就会互相制约、互相影响。我们以教师与学生的关系为例，在没有进入学校之前，学生与老师大都互不认识，相互之间也没有什么关系，所以教师不可能对学生产生制约与影响。但是，当学生进入学校之后，他与教师就发生了密切的关系，教师不仅向学生传授知识，而且辅导、教育和管理学生，所以教师会对学生产生较大的制约与影响。当然反过来，学生也会对教师产生一定的制约与影响，所以教师与学生之间的关系是互相制约、互相影响的。在学校这个结构之内，元素之间的制约与影响不仅仅发生在教师与学生之间，学生与学生之间也会互相制约、互相影响。在进入学校之前，学生们生活在不同的家庭，大多数人互不认识，相互之间也没有什么关系，所以他们不会互相制约、互相影响。但是，当这些学生进入同一个学校之后，由于他们共处于同一个整体之中，于是这些学生就会发生关系，学生之间也会互相制约、互相影响。在共同的学习生活中，学生与学生有可能结成好朋友，互相学习、互相帮助，相得益彰；但学生之间也有可能发生矛盾与冲突，出现谩骂、斗殴，甚至报复与杀戮。2004年，云南大学学生马加爵因与同学发生矛盾，竟连杀四名同学，举国震惊！

这虽然是一个大悲剧，但也充分说明学生之间的制约与影响有多么大！

"结构元素关系律"也可以用一个公式进行表达：

$$S \longleftrightarrow \{a \longleftrightarrow b \longleftrightarrow c\}$$

在公式中，S 表示事物的结构，a、b、c 表示构成结构的元素，而符号"$\longleftrightarrow$"则表示互相制约、互相影响。该公式表示，在一个结构中，不仅结构 S 与元素 a、b、c 是互相制约、互相影响的，而且元素 a、b、c 之间也是互相制约、互相影响的。

我们之所以要研究结构与元素、元素与元素之间的关系，目的就是揭示结构之所以成为结构的内在原因，揭示结构稳定性的原因。那么，结构为什么能够成为结构呢？结构为什么会具有稳定性呢？最根本的原因就是结构与元素、元素与元素之间的互相制约与互相影响，正是由于它们的互相制约与互相影响，结构才能成为结构，结构才能稳定地存在。

四、结构功能统一律

在第五节，我们探讨过构成事物的基本要素：材料、质量、广延、外部形态、内部结构、能量、信息以及功能等。功能是事物的一个基本要素，这就是说，所有的事物都具有一定的功能。事物不仅具有功能，而且不同的事物往往具有不同的功能，事物的功能也是纷繁复杂、各不相同的。那么，事物为什么会具有功能？究竟是什么东西决定了事物的功能呢？

组合哲学认为，事物的功能主要来自结构，是结构决定了事物的功能。为了更准确、清晰地揭示结构与功能的关系，组合哲学用系统论的"结构功能统一律"来加以说明，表达"结构功能统一律"的公式是：

$$B = f\,(E,\ C,\ S)$$

该公式说明，在特定的环境 E 下，一个系统的功能 B 既取决于系统的元素 C，更取决于系统的结构 S。

结构是功能的基础，功能是结构的表现，功能反作用于结构。

"结构功能统一律"与公式均来自系统论，是系统论的五个规律之一。[21] 我们把它引入组合哲学，借以说明结构与功能的关系。

五、结构决定律

在第四小节，我们探讨了事物的功能与结构的关系，但功能仅仅是事物的一个要素，那么，结构与事物的其他要素又有什么关系呢？组合哲学认为，结构与事物的其他要素同样也存在着密切关系，为了准确、清晰地表达这种关系，组合哲学提出了新的"结构决定律"来加以说明，其内容如下：

结构是事物的决定性要素，事物的本质、外部形态、广延、功能以及信息等都决定于结构。

"结构决定律"揭示了结构与事物的关系：结构

是事物的决定性要素。我们在前面探讨过事物的基本要素：材料、质量、广延、外部形态、内部结构、能量、信息以及功能，在这么多要素中，内部结构是最重要的要素，因为它起着决定性的作用。

结构是事物的根基、核心与命脉，一事物之所以成为该事物而非他事物，之所以是这样而非他样，根本原因就在结构。

结构一旦改变，事物也会随之发生改变，一事物甚至会变成他事物；结构一旦解体，事物也会随之灭亡，由此可见，结构确实是事物的决定性要素。例如一幢摩天大楼，它不仅有巍峨、华丽的外表，而且还有多种功能，但是，起决定作用的还是这幢摩天大楼的建筑结构，建筑结构是摩天大楼的根基、核心与命脉，一旦遭到毁坏，这个巍峨、华丽的摩天大楼就有可能轰然坍塌。在 2001 年的"911 事件"中，美国纽约世界贸易中心一号楼与二号楼，由于遭到恐怖分子劫持的民航客机的撞击而轰然坍塌。高达 110 层、415 米的摩天大楼为什么顷刻之间就轰然坍塌了呢？从建筑学的角度看，最根本的原因就是大楼的钢结构遭到了破坏，于是这座摩天高楼就在顷刻之间轰然坍塌了。结构遭到了破坏，摩天大楼顷刻之间就轰然坍塌，通过这个例子就可以看出，结构确实是事物的决定性要素。

对于事物，结构是决定性要素，而对于事物的其他要素，结构同样也起着决定性作用，例如事物的本质、外部形态、广延、功能以及信息等都决定于结构。"结构功能统一律"已经明确指出，事物的功能主要决定于结构，那么，事物的其他要素为什么也决定于结构呢？

我们首先探讨事物的本质，本质是事物的重要属性，那么，究竟什么是本质呢？

所谓本质就是决定一事物成为该事物而非他事物的属性，由于这种属性对事物具有决定性作用，所以称为本质属性。

那么，究竟是什么决定了一事物成为该事物而非他事物呢？我们在上面已经进行过探讨，一事物之所以会成为该事物而非他事物，根本原因就在结构，因为结构是事物的根基、核心与命脉，这就是说，结构决定了事物的本质。我们以水为例，水有多种属性如无色、无味、无嗅及透明等，但这些属性都不是它的本质属性，因为它们无法决定水成为水，决定水成为水的是它的化学结构——H_2O。这就是说，是化学结构决定了水的本质；一旦化学结构改变了，例如变成了 H_2O_2，那水就不再是水了，而是变成了双氧水。通过这个例子就可以清楚地看出，是结构决定了事物的本质。

我们再探讨事物的外部形态，为什么说事物的外部形态也决定于结构呢？所谓外部形态就是事物的外部表现，例如形状、体积、颜色、温度、气味等。事物之所以会形成一定的外部形态，根源还在结构，外部形态只不过是结构的外部表现。例如一张桌子与一把椅子，它们的外部形态大不相同，那么，它们的外部形态为什么会不同呢？根源就在结构，正是因为二者的结构不同，所以决定了它们的外部形态也不相同。再如一个年轻苗条的女模特与一个又矮又胖的老太太相比较，她们的外部形态也大不相同，那么，她们的外部形态为什么会有如此大的差异呢？根源还在结构，正是因为二人的骨骼、肌肉、脂肪等身体结构的不同，所以造成了二人外部形态的较大差异。那么，年轻女模特与老太太的身体结构又有什么不同呢？我们以脊椎为例，假如用 X 光透视二人的脊椎，那就会发现年轻女模特的脊椎结构是正常的，所以她的身材是挺拔、健美的；而老太太的脊椎结构则发生了较大变化，例如弯曲与扭曲，所以老太太是弯腰驼背的。这个例子证明，确实是结构决定了外部形态。

　　广延也是事物的一个要素，所谓广延就是事物的空间尺度，通俗地说就是大小或长宽高。那么，事物的大小或空间尺度又是由什么决定的呢？组合哲学认为，决定事物大小与空间尺度的同样也是结构，结构决定了事物的大小或空间尺度，结构决定广延。例如小金鱼和鲸鱼都是鱼，但它们的大小或空间尺度大不相同，那么，小金鱼和鲸鱼的大小或空间尺度为什么大不相同呢？根本原因还是结构，金鱼的骨骼小而细，鲸鱼的骨骼大而粗，不同的骨骼构成了不同的骨骼结构，而不同的骨骼结构就决定了小金鱼和鲸鱼具有不同的空间尺度或广延。假如一条小金鱼的骨骼结构的长度只有5厘米，那么，它无论如何也长不成一条大鲸鱼，因为它的结构决定了它的空间尺度。

我们在第二章"材料哲学"中探讨过物质的四个基本规律，第四个基本规律是"物质信息规律"：物质的相互作用和运动产生了物质的信息功能，所有的物质结构都能产生、发送、传递、接受、处理和反馈信息。所有的物质结构都具有信息功能，由于事物都是由物质粒子构成的，所以所有的事物都是物质结构，也就是说，所有的事物都具有信息功能。那么，事物的信息功能又是由什么决定的呢？组合哲学认为，决定事物信息功能的依然是结构，结构决定信息。例如手机可以发送并接受信息，手机发送和接受信息的功能就来自于它的结构，如果没有这些结构，手机也就没有了发送和接受信息的功能。再如人可以通过声音发出信息，如说话、朗诵与唱歌等。那么，人为什么会通过声音发出信息呢？根本的原因就在于人有一个复杂的发声结构，例如声带、喉头、肺、口腔、鼻腔、咽腔等，如果没有这个复杂的发声结构，人就不能说话、朗诵与唱歌，也就不能通过声音发出信息。有一些人因为疾病严重破坏了发声结构，结果变成了哑巴，他们无法说话、朗诵与唱歌，也无法通过声音发出信息。这些例子从反面证明，结构决定着事物的信息功能。

为了更准确、清晰地表达"结构决定律"，组合哲学总结了两个公式：

（1）S → {Es，A，Ex，B，I，}

（2）f S = (Es，A，Ex，B，I)

公式中 S 表示事物的结构，Es 表示事物的本质（essence），A 表示事物的外部形态（appearance），Ex 表示事物的广延（Extension），B 表示事物的功能，I 表示事物的信息（ information），而"→"则表示决定。公式（1）说明，结构是事物的决定性要素，事物的本质、外部形态、广延、功能以及信息等都决定于结构。公式（2）与公式（1）同义，该公式说明，事物的本质、外部形态、广延、功能以及信息等是结构的函数，它们会随着结构的改变而改变。

本小节我们专门介绍了"结构决定律"，这是一条很重要的规律，可以说它是组合哲学的一条核心规律。此外，"结构决定律"的适用范围也比较广泛，它不仅适用于哲学，而且还适用于哲学之外的其他领域，可以说凡是存在着结构的地方，"结构决定律"都能适用。

六、结构优化律

上一节我们介绍了"结构决定律"，得出结构是事物决定性要素的结论；既然结构是事物的决定性要素，那么，结构的好坏与优劣就显得格外重要，好的结构有利于事物的稳定与发展，而不好的结构则会影响事物的稳定与发展。那么，究竟什么样的结构才是好的结构呢？好结构对事物又有哪些好处呢？本小节就对这些问题进行探讨。

组合哲学认为，决定结构好坏优劣的主要因素有两个，第一是元素的性质与质量，第二是元素的组合方式。元素之间的组合方式不同，就会形成不同的结构，假若从好坏优劣的角度来划分，那么，我们可以把结构大致分为优化、一般和较差三种类型。在这三种类型中，优化结构无疑是最好的结构，那么，究竟什么是优化结构呢？组合哲学把它定义为：

所谓优化结构是指元素组合合理，结构严密有序，各部分协调一致的结构。

通过定义可以看出，优化结构具有三个条件或标准：元素组合合理、结构严密有序以及各部分协调一致。

我们首先讨论第一个条件或标准——"元素组合合理"，虽然事物的结构都是由元素组合而成的，但是，元素之间的组合不一定都是合理的，如果元素的组合比较合理，那么，这样的结构质量就比较好，有可能成为优化结构；如果元素之间的组合不尽合理，那么，这样的结构质量就比较一般，它有可能成为那种不是很好但也不是很坏的一般性结构；如果元素之间的组合极不合理，那么，这样的结构质量就比较差，它有可能成为较差的结构。例如金刚石与石墨都是由同一种元素——碳元素构成的，但由于二者元素的组合方式不同，于是就形成了具有天壤之别的两种物质——金刚石与石墨。那么，二者元素的组合方式究竟有什么不同呢？科学家们发现，金刚石原子间是立体的正四面体结构，而石墨原子间却是正六边形平面结构，正是由于碳原子组合方式的不同，于是就形成了两种具有天壤之别的物质。通过这个例子就可以看出，元素的组合方式对结构的影响有多么大！

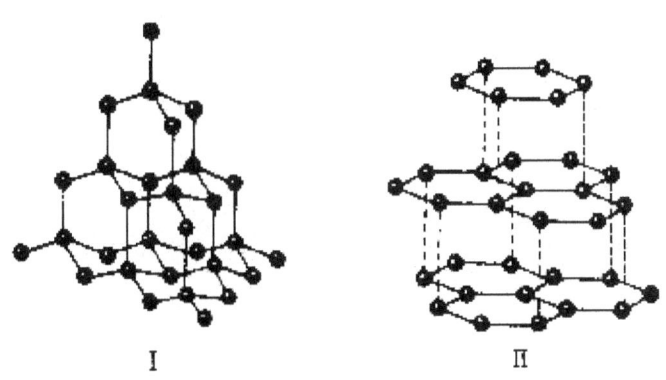

Ⅰ　　　　　　Ⅱ

（图 1）金刚石（Ⅰ）与石墨（Ⅱ）的结构图

　　通过优化结构的第一个条件或标准可以看出，元素组合是否合理极其重要，那么，究竟什么是"合理"呢？或者说"合理"的标准是什么呢？对于"合理"一词，词典的解释一般是："合乎道理或事理"，在这里，我们可以把"合理"理解为元素之间的组合十分恰当，符合结构之"理"，达到了最佳或较佳的状态。

我们再讨论优化结构的第二个条件或标准——"结构严密有序"。什么是"结构严密有序"？所谓结构"严密有序"是指，元素的组合不仅是有序的，而且结合得十分严密。所有的结构都具有一定的有序性，无序的元素不可能成为结构，但是，不同的结构有序性也不完全相同，有的结构有序性程度比较高，有的结构有序列性程度就比较低，而所谓优化结构就是有序程度最高的一种结构。元素互相结合成为结构，但不同的结构元素结合的程度也不完全相同，有的结构元素结合得比较严密，有的结构元素结合得就不那么紧密，而优化结构就是元素结合得十分紧密的一种结构。

最后讨论优化结构的第三个条件或标准——"各部分协调一致"。虽然元素互相组合成为结构，但由于种种原因，构成结构的各个部分之间并不一定都是协调一致的，有的结构部分之间协调性比较好，而有的结构部分之间的协调性就比较差，会出现部分与结构整体之间不协调、不一致的情况，甚至会出现矛盾与冲突。而优化结构就不存在这些问题，它的各个部分之间是协调一致的，不会出现矛盾与冲突。

上面我们探讨了优化结构的定义、条件与标准，充分说明这种结构是最好的结构。那么，这种最好的结构与事物又有什么关系呢？为了更准确、清晰地说明这个问题，组合哲学总结出"结构优化律"来加以说明，其内容是：

优化结构元素组合合理、结构严密有序且各部分协调一致，所以优化结构能够增强事物的稳定性，发挥事物的最大功能，促进事物更快、更好地发展。

由于优化结构元素组合合理，结构质量好，所以这样的结构就比较稳定。根据"结构决定律"，结构是事物的决定性要素，既然结构稳定，那么，事物的稳定性也必然会增强。所谓事物的稳定增强，就是指事物存在的时间比较长，具有较长的"生命"。

世界就像一个大舞台，事物就像舞台上的演员，所有的演员都希望自己能够永葆青春，生命尽量延长。那么，如何才能永葆青春？生命如何才能延长呢？最重要的就是保持稳定性，保存自己，这就像人，有的人生命十分稳定，能够活到百岁；而有的人生命却极不稳定，年纪轻轻就夭折了。同样是人，为什么生命周期会有如此大的差异呢？排除天灾人祸，那么最重要的原因就是身体结构，正是由于身体结构的不同，所以才导致了人的生命周期大不相同。

为了说明结构与事物稳定性的关系，我们再举一例。为了方便通过河流，人们常常会在河上修建桥梁，但是，有的桥能够存在千年之久，而有的桥却在很短时间内就倒塌了。在河北省赵县的洨河上有一座赵州桥，该桥建于隋朝年间，由著名匠师李春设计建造，距今已有 1400 多年的历史，是当今世界上现存最早、保存最完整的古代单孔敞肩石拱桥。在漫长的岁月中，赵州桥经历过无数次洪水冲击、风吹雨打和冰雪风霜的侵蚀，并经受过 8 次地震，但它却安然无恙，巍然屹立在洨河上。1907 年，在加拿大的圣劳伦斯河上也修建过一座钢悬臂桥，但就在这座桥即将竣工之际，大桥杆件发生失稳，突然倒塌，19000 吨钢材和 86 名建桥工人落入水中，只有 11 人生还，酿成了一场悲剧。这座大桥还没有竣工，为什么就倒塌了呢？根本原因是设计师 Theodore Cooper 为了节省建造桥墩基础的成本，盲目地将大桥的主跨由 490 米延伸至 550 米，结果导致了大桥的倒塌。赵州桥稳定地存在了 1400 年之久，而加拿大圣劳伦斯河上的这座桥还没有竣工就倒塌了，这究竟是为什么呢？原因可能很多，但一个最重要的原因就是结构，结构合理，桥的稳定性就好，存在的时间就长久，例如赵州桥；相反，如果结构不合理，那么，桥的稳定性就差，存在的时间就短，例如加拿大圣劳伦斯河上的那座桥。

优化结构不仅能够增强事物的稳定性，而且还能发挥事物的最大功能，优化结构为什么能够发挥事物的最大功能呢？我们在第四小节中探讨过"结构功能统一律"，该规律明确指出，一个系统的功能 B 既取决于系统的元素 C，更取决于系统的结构 S。这就是说，一个系统或者说一个事物的功能主要取决于它的结构，所以优化结构能够使事物的功能得到最大发挥。例如火车是人类重要的交通工具之一，1804 年，英国矿山技师德里维斯克利用瓦特的蒸汽机制造出了世界上第一台蒸汽机车，时速仅 5～6 公里：而目前中国的高速列车最高时速已经达到 250 公里，速度提高了 40 多倍。为什么高速列车的速度比第一台蒸汽机车的速度快 40 多倍呢？当然原因很多，但最重要的原因还是火车结构的改变，由于高速列车的结构更加合理，所以它的速度能够大幅度提高，也发挥出了更大的功能。

优化结构不仅能增强事物的稳定性，不仅能发挥事物的最大功能，而且还能促进事物更快、更好地发展。优化结构增强了事物的稳定性，使事物的功能得到最大发挥，所以具有优化结构的事物必然能够更快、更好地发展。为什么优化结构能够促进事物更快、更好地发展？这个问题在第四章"演化哲学"中还要进行深入探讨，这里就不赘述了。

为了更准确地表达"结构优化律"，组合哲学也拟定了一个数学公式：

$$f(So) = A(St, B, D)$$

公式中 A 表示事物，So 表示优化结构（optimization），St 表示事物的稳定性（Stable），D 表示事物的发展（Development），B 表示事物的功能。该公式说明，事物的稳定 St、功能 B、发展 D 是优化结构 So 的函数，优化结构能够促进事物的稳定、功能和发展。

第七节 对子、组与群

在前面的几节中，我们探讨了物质粒子如何构成了物，如何构成了世界上纷繁复杂的事物。然而，物并不是一个孤立的个体，物与物之间也会发生联系和相互作用，也会互相组合并形成物的组合体。那么，物与物组合之后又会构成什么样的组合体呢？物与物组合之后能够构成多种多样的组合体，但最基本的组合体就是对子，而后还会构成组和群等。对子、组和群是物与物组合之后所形成的三种不同的组合体，本节就对它们进行探讨。

我们首先探讨对子，那么，什么是对子呢？组合哲学认为：

一事物与另一事物互相组合构成一种简单的组合体，这种简单的组合体就是对子。

顾名思义，所谓对子就是两个事物互相组合所形成的一个"对"，或者说一个"双"。一个独立的事物，当它进行联系、作用和组合的时候，最初的也是最基本的形式就是对子。例如一个男人与一个女人谈恋爱、结婚并组成家庭，他们二人就构成了一个对子。两个拳击运动员在赛场上互相拼搏、一决高下，这两个拳击运动员也构成了一个对子。矛盾的双方互相作用、互相对立，它们也构成了对子。此外，父子、母女、兄弟、姐妹、师徒、警察与小偷、医生与病人都是对子。男女之间产生爱情，结成一个爱情的对子，文学、诗歌以及歌曲用大量的篇幅描写这种对子，几乎成了它们永恒的主题。

两个事物互相组合构成了对子，由于参与组合的事物只有两个，所以对子是事物之间最简单的组合方式。但是，事物之间的组合并不仅仅构成对子，当多个事物发生联系、作用和组合的时候，就会构成一种新的组合体，这种新的组合体就是"组"。那么，什么是"组"呢？

顾名思义，所谓组就是由多个事物组合而成的较小的组合体。

在这个组合体中，事物的数量虽然多于对子，但也比较有限，而且范围也比较小，所以把它称为"组"。组也是一种很常见的现象，例如几个学生互相结合组成一个学习小组，十几个士兵结合成为一个班组；此外，读书小组、科研小组、艺术小组、一个办公室的同事、一个商店的营业员以及几户农民组成的互助组等，都是组。

组是少量事物组合而成的组合体，当大量的事物互相联系、互相作用并互相组合起来的时候，那就会构成更大的组合体，这种更大的组合体就是"群"。

顾名思义，所谓群就是由众多事物组合而成的较

大组合体。

由于这种组合体是由众多事物所构成，所以这种组合体是一种较大的组合体，它大于对子和组。群也是一种很普遍的现象，例如大量的蚂蚁组合起来构成蚁群，大量的蜜蜂组合起来构成蜂群，大量的学生组合起来构成学生群，大量的失业工人组合起来构成失业工人群，大量农民组合起来构成农民群，大量军人组合起来构成军人群。

对子、组和群都是由事物组合而成，它们都是事物的组合体，这是它们的共同之处；但它们也有着明显的不同，最明显的不同就是事物的数量，两个事物构成的是对子，多个事物构成的是组，而大量事物构成的则是群。这就像两个士兵构成的是对子，十几个士兵构成的是班组，而大量的士兵例如一个营、一个团、一个师的士兵就构成了群。

对子、组和群都是事物的组合体，但需要指出的是，这种组合体与独立的事物有所不同。我们在第五节探讨过物的定义：所谓物就是若干元素组合而成的紧密有序的独立整体。通过物的定义可以看出，物有两个显著的特点：其一是元素结合得比较紧密；其二是在物这个整体中，元素的独立性大大降低，它们已经变成了整体的部件或零件。与物相比较，组合体就有所不同，那么，二者究竟有什么不同呢？

其一，虽然组合体中的事物也在互相联系、互相作用和互相组合，但它们结合的程度并没有那么紧密，它们属于一种比较松散的组合。

其二，由于组合体是一种比较松散的组合，所以组合体中的事物都保持着一定的独立性，它们以独立事物的身份参与组合，而不是组合体的部件或零件。

其三，组合体往往具有一定的时效性，在一定的时间内组合体存在，超过一定的时间，组合体就有可能解体，其中的事物又会参与到其他的组合中。例如一个青年工人刚刚进入工厂，为了学习技术，他拜一个老工人为师，二人组成了一个师徒组合体。在这个组合体中，他们都具有自己的独立性，二人的结合也是一种松散的结合。此外，这个组合体也不是永恒的，一旦这个青年工人学会了技术，这个师徒组合体就有可能解体，青年工人会成为工人群中的一员，而老工人也有可能与更新的工人结成新的师徒组合体。

为了更准确地表达对子、组和群，组合哲学列出了它们的数学公式：

对子：　　$Su = \{ A—B \}$

组：　　　$Gr = \{ A—B—C—D—E \}$

群：　　　$G = \{ A—B—C—D—E—\cdots\cdots — Xn \}$

根据"对子"的英语 Sub，用 Su 来表示对子；根据"组"的英语 group，用 Gr 来表示组；根据"群"的英语 group，用 G 来表示群。事物则用大写字母 A、B、C、D 等表示，而"—"号则表示事物之间发生了联系与组合。

第八节　系列与序列

上一节我们探讨了对子、组和群，这一节我们探讨两种新的组合体，这就是系列与序列。

我们首先探讨系列，那么，什么是系列呢？

组合哲学所说的系列是指，若干事物排列组合而形成的行列，我们把这种行列称之为"系列"，而把构成系列的一个个事物称之为"项"。

例如天上飞着一排大雁，一个个大雁排列成整齐的行列，这个整齐的行列就是系列，而行列中的一个个大雁就是其中的一个个项。一排大雁是一个系列，一组数字，一行树，一排楼房，一摞书籍，一队学生等等，都是系列。通过系列的定义可以看出，所谓系列其实就是互相组合的一队事物，或者说是若干事物排列组合而成的一个链条。

如果把系列仔细划分，还可以分为同项系列和异项系列两种。所谓同项系列是指，构成该系列的各个项是同一或类同的。例如上面所说的大雁系列就是同项系列，因为该系列的各个项都是同一的，即都是大雁。另一种系列是异项系列，所谓异项系列是指，构成该系列的各个项是不同的，或者说是由不同的项构成了一个系列。例如一组数字——1，5，3，2，6，4，

8，7，9——构成了一个系列，由于这个系列的各个项（数字）均不相同，所以这个系列就是异项系列。

系列不仅可以分为同项系列和异项系列，根据项的数量，系列还可以分为有限系列和无限系列两种。例如一排楼房，由于楼房的数量是有限的，所以这种系列就是有限系列。如果把世界上所有的事物一一排列起来构成一个系列，由于世界上的事物浩若烟海、数量无限，那么这个系列就是一个无限系列。

为了更精确地表达系列，组合哲学列出了数学表达式：

1. 同项系列：A—A—A—A—A——……An
2. 异项系列：A—B—C—D—E—F——……Xn
3. 无限系列：A—A—A—A—A——……

（n 是一个常数）

在系列中，各个项的排列往往是无序的，假如各个项排列有序，那系列就变成另外一种形式，这就是序列。那么，什么是序列呢？

组合哲学所说的序列是指，若干事物按照一定的次序或规律排列组合而成的行列，我们把这种有序的行列称之为序列。

序列也属于系列的范畴，二者的不同在于有序性，系列是无序的，而序列则是有序的。那么，什么是序列的有序性呢？例如一组数字 1—5—3—2—6—4—8—7—9 构成了一个系列，可以明显看出，这个系列中各个数字并没有按照数值大小的次序排列，也就是说系列中各个项的排列是无序的。如果把系列中的各个项重新排列并形成这样一组数字：1—2—3—4—5—6—7—8—9，由于这组数字中的各个项都是按照数值的大小有序排列的，所以它已经不再是系列，而是变成了序列。通过这两组数字就可以看出，序列与系列的最大不同就是有序与无序。

上面所说的序列是按照一定的次序组合而成的，还有一种序列不一定按照次序组合，而是按照一定的规律组合而成，这是序列的第二种形式。例如 1—2—3—1—2—3—1—2—3，这组数字并没有按照一定的次序排列，而是以"1—2—3"三项作为一个单元有规律地重复，由于它是有序的，所以它也属于序列。

与系列相同，根据项的数量，序列也可以分成有限序列和无限序列两种。例如门捷列夫最初发布的元素周期表，是由 63 种元素构成的一个序列，这个序列就是一个有限序列。再如数轴上的数也可以构成一个序列，由于数是无穷的，所以这个序列就是一个无限序列。

为了更精确地表达序列，组合哲学也列出其数学表达式：

1. 有次序的序列：A1—A2—A3—A4—A5—A6—……An

2. 有规律的序列：A—B—C—A—B—C—A—B—C—……（A，B，C）n

3. 无限序列：A1—A2—A3—A4—A5—

A6—……

（n 是一个常数）

系列和序列也是事物的组合体，与对子、组和群不同的是，在这种组合体中，事物排列成了长短不一的链条或行列，这是一种链状组合体。

第九节　系统

本节探讨的核心问题：系统

本节内容脉络：

一、系统的定义

二、新定义与传统定义的不同

三、如何区分事物与系统？

四、系统是一个多维度、非线性的复杂组合体

五、系统的四大特征及整体性规律

六、组合哲学与系统论的关系

上一节我们探讨了系列与序列，系列与序列都是事物组成的链状组合体，这种链状组合体是一种单维度的线性结构，比较简单。本节我们将探讨一种更为复杂的事物组合体，这就是系统。

一、系统的定义

英文中系统（system）一词来源于古代希腊文（systεmα）意为部分组成的整体。系统论是一门专门研究系统的学科，它诞生于 20 世纪中叶，创始人是美籍奥地利人、理论生物学家 L.V. 贝塔朗菲（L.Von.Bertalanffy，1901～1972）。系统论与信息论、控制论并称"三论"，在科学、哲学以及理论界都产生了重大影响。

组合哲学也把系统作为一个重要问题进行研究，在研究系统问题之前，我们应该首先搞清一个问题，那就是究竟什么是系统？或者说系统的定义是什么？半个多世纪以来，人们为系统拟定了几十种不同的定义，下面就列举一些比较常见的定义：

首先是系统论创始人贝塔朗菲的定义，他把系统定义为："处于一定相互联系中的与环境发生关系的各组成部分的总体。""系统是相互联系相互作用的诸元素的综合体"。[22]

《辞海》的定义是：由若干相互联系和相互作用的要素组成的具有一定结构和功能的有机整体。[23]

中国著名科学家钱学森(1911-2009)认为：系统是由相互作用相互依赖的若干组成部分结合而成的，具有特定功能的有机整体，而且这个有机整体又是它从属的更大系统的组成部分。

学者麻福武的定义是："所谓系统就是指过程中诸事物之间的联系"[24]

也有人把系统定义为：由若干要素以一定结构形式联结构成的具有某种功能的有机整体，或相互作用着的若干元素的复合体。

"系统是由若干可以互相区别、互相联系而又相互作用的要素所组成，处于一定的环境之中，为达到整体的目的而存在的有机集合体。"[25]

还有人把系统定义为：由若干要素以一定结构形式联结构成的具有某种功能的有机整体。在这个定义中包括了系统、要素、结构、功能四个概念，表明了要素与要素、要素与系统、系统与环境三方面的关系。

这些定义虽然表达的语词有所不同，但基本含义还是相同的，它们都认为系统就是若干要素组成的具有一定结构和功能的整体。上面的定义大都是从系统论的角度拟定的，本书尝试从组合哲学的角度对系统进行定义，定义如下：

系统是由若干元素组合而成的具有复杂结构和特定功能的组合体。

这个定义与传统定义含义基本相同，但也有一些不同之处，那么，新定义与传统定义有哪些不同呢？组合哲学为什么要这样定义系统呢？下面就对这些问题进行讨论。

（1）首先新定义揭示了系统的本质：系统就是若干元素组合而成的一种组合体。

我们研究系统，首先应该知道系统的本质，那么，系统的本质究竟是什么呢？或者说系统究竟是一个什么东西呢？新定义明确揭示了系统的本质：系统就是由若干元素组合而成的一种组合体。我们在前面探讨过物的多种组合体，例如对子、组、群、系列与序列，但系统与它们不同，因为系统具有复杂的结构和特定的功能，它是一种复杂的组合体。

（2）新定义明确指出，构成系统的基本材料是元素。

明确了系统的本质，我们就有可能回答关于系统的另外一个重要问题，这就是究竟是什么东西构成了系统？或者说构成系统的材料究竟是什么？不少传统定义都认为，构成系统的材料是"要素"，我们在本章第五节讨论过构成物的各种"要素"，我们认为"要素"与"元素"有一些不同，那么，"要素"与"元素"又有哪些不同呢？我们在本章第二节讨论"元素"时已经指出，物质是构成元素的基本材料，元素是物质的组合物，这就是说元素是由物质粒子构成的一种物质实体；但"要素"却不同，它可以是物质实体，也可以是非物质的因素。例如所有的物都具有能量，能量是构成物的一个要素，但能量并不是物质实体，所以我们不把它称为"元素"，而称之为"要素"，以示区别。通过"要素"与"元素"的比较可以看出，"要素"既可以包括物质实体——"元素"，也可以包括其他因素，所以"要素"的外延要大于"元素"，我们应该注意二者的区别。

那么，组合哲学在定义系统的时候为什么不用"要素"，而非要用"元素"一词呢？我们在前面已经进行过探讨，在组合的过程中，首先是物质粒子互相组合构成了元素，由于元素是物质粒子构成的实体，所以元素能够构成并支撑系统的结构，离开了元素，系统就无法形成，所以构成系统的基本材料是元素，而不是要素。

（3）新定义明确揭示了系统形成的机理：系统由元素组合而成。

系统的本质是元素的组合体，那么，元素又是如何形成这种组合体的呢？或者说系统形成的机理究竟是什么呢？新定义明确指出，系统由元素组合而成，也就是说形成系统的机理就是元素之间的组合，组合产生了系统。

（4）新定义还揭示了系统的两个特点：具有复杂的结构和特定的功能。

系统是元素的组合体，那么，这个组合体又具有哪些特点呢？新定义明确指出，系统具有两个特点：第一个特点是具有复杂的结构，我们在第六节探讨过结构的定义：所谓结构就是元素的组合方式或组织架构，所以系统的结构就是元素的组合方式或组织架构。与对子、组、群等组合体相比较，构成系统的元素的组合方式比较复杂，或者说结构比较复杂，所以系统不同于一般的组合体。系统的第二个特点是具有特定的功能，我们在第六节探讨过"结构功能统一律"，在特定的环境 E 下，一个系统的功能 B 既取决于系统的元素 C，更取决于系统的结构 S，结构是功能的基础，功能是结构的表现。由于系统具有复杂的结构，那么根据"结构功能统一律"，系统必然具有特定的功能，这也是系统的一大特点。

新定义揭示了系统的本质、构成材料、形成机理以及特点，对系统概念做出了更为准确的解释。

二、新定义与传统定义的不同

通过系统的新定义可以看出，新定义并非是传统定义的复制或重复，它对系统提出了一些新的观点与认识。那么，新定义究竟提出了哪些新的观点与认识呢？

第一，新定义对构成系统的材料提出了新的认识。长期以来，多数系统论者都认为，构成系统的材料是一般性的要素；而新定义却明确指出，构成系统的材料是元素，而不是一般性的"要素"。

第二，新定义对系统的本质提出了新的认识。长期以来，大多数系统论者都认为，系统的本质就是要素构成的"整体"；而新定义却认为，系统的本质是元素组合而成的一种"复杂组合体"，这种解释要比"整体"更准确一些。

第三，新定义明确揭示了系统形成的机理。虽然系统论最早把"系统"作为研究的对象，但是长期以来，系统论一直未能对系统形成的机理作出明确的解释。系统论认为系统是一个广泛的存在，然而，广泛存在的系统究竟是如何形成的？形成的机理究竟是什么呢？令人遗憾的是，系统论很少对这个重要问题做出深入的解释，往往是一笔带过、语焉不详。而新定义就对这个问题做出了比较深入的解释——

系统由元素组合而成，系统形成的机理就是元素之间的组合，组合产生了系统。

第四，长期以来，系统论认为系统是一种非常普遍的现象，有些人甚至认为世界上所有的存在物都是系统。然而组合哲学却认为，这种观点不够全面、不够准确，因为世界上不仅存在着系统，而且也存在着非系统，也存在着一些相对孤立、非系统的事物。例如遗留在饭桌上的一粒米，落在电脑屏幕上的一撮灰尘，遗落在大马路上的一颗孤零零的小石子，飘落在窗台上的一片黄叶等等，我们很难说它们也是系统。

新定义把系统定义为具有"复杂结构和特定功能的组合体"，这就对系统做出了更为准确、严谨的界定，只有具有"复杂结构和特定功能的组合体"才是系统，不仅那些相对孤立的事物不是系统，就连我们在前面所说的对子、组、系列等也不能完全列入系统的范畴，因为它们大多是事物简单的组合体。

三、如何区分元素与系统？

新定义明确指出系统是元素的复杂组合体，它不同于元素，然而需要指出的是，我们不能机械、死板地看待这个问题，如果从系统的角度看，元素是构成系统的材料，元素确实不同于系统。但是，如果从元素的角度看，元素自身也可能是一个系统，因为它也可能是由一些更小的元素所构成的复杂组合体。这就是说，在一个大的层次里，元素扮演着系统材料的角色；然而在一个小的层次里，元素也可能自己就是一个系统，元素既可以是材料，又可以是系统，所以元素与系统并没有绝对的分界线。例如一支军队由大量士兵所构成，如果从军队这个层次看，一个个士兵都是构成军队这个系统的材料；但是，如果从人个体这个层次看，那么，每一个士兵同样也是一个复杂的系统，例如士兵的身体就是由神经系统、循环系统、呼吸系统、消化系统、运动系统、内分泌系统以及生殖系统等诸多系统所构成的。这就是说，一个元素既可以是构成某一系统的材料，同时也可以是一个系统，元素与系统之间并没有绝对的界限。

如果元素和系统没有一个绝对的界限，那我们又如何区分元素与系统呢？区分的根据就是层次，在一个大的层次里，某一元素可能只是构成系统的材料；然而在一个小的层次里，该元素又可能是一个由更小元素所构成的系统。这就是说，元素既可能是构成系统的材料，又可能是独立的系统，在不同的层次里，它会扮演不同的角色，所以我们不能用固定的眼光去看元素。这就像一个原子，在分子这个系统里它是元素，但它自身同样也是一个系统。

四、系统是一个多维度、非线性的复杂组合体

新定义对系统做出了更为准确、严谨的界定，通过新定义就可以看出，系统并非是元素一般的组合体，而是一种复杂的组合体，这是系统比较特殊的地方。那么，为什么说系统是一种复杂的组合体呢？它究竟复杂在什么地方呢？我们在前面探讨过对子，对子是两个事物组成的组合体，这个组合体中的事物数量比较有限，关系也比较简单；而与对子相比，系统则是由多个元素组成的组合体，不仅组合体中的元素数量较多，而且关系也更为复杂，所以系统要比对子复杂。当然系统的复杂性不仅仅表现在元素的数量上，我们在前面还讨论过无限系列和无限序列，在这两种组合体中，事物的数量相当多，但它们并不是系统，因为它们都是一种单维度的线性结构，结构比较简单，元素间的关系也不是那么复杂；而系统则不然，它是一种多维度、非线性的组合体，结构比较复杂，元素之间的关系也比较复杂，所以系统要比系列、序列更为复杂。

之所以说系统是一个复杂的组合体，就是因为它不是简单的单维度线性结构，而是多维度的、非线性的组合体。那么，什么是多维度呢？维度是一个物理学概念，例如一维只有长度，是一条线；二维只有长和宽，是平面世界；三维有长宽高，是立体世界；如果在三维空间坐标上再加上时间，就构成了四维时空。

这里所说的多维度是指系统的结构是多方位、多角度和多层次的。

那么，什么又是非线性呢？要想搞清非线性，首先必须搞清什么是线性，所谓线性是指量与量之间按比例、成直线的关系，在空间和时间上代表规则和光滑的运动，通俗地说线性就像是一条单维、单向的直线，例如序列。而非线性则是指不按比例、不成直线的关系，代表不规则的运动和突变。如果线性是一条单维、单向的直线，那么非线性就是一种多维、多向的复杂的网状结构。正是由于非线性是复杂的网状结构，所以它会产生这样一种独特的属性：如果给它一个微小的输入，就有可能产生较大的输出，即整体不再是简单地等于部分之和，也就是人们常说的 1+1 > 2。那么，我们如何判断非线性呢？

如果一个系统的输出与输入不成正比，那么，这个系统就是非线性的。

五、系统的四大特征及整体性规律

正是由于系统是多维度、非线性的网状结构，所以系统是一种复杂的组合体。那么，这种复杂的组合体又具有哪些特征呢？美籍匈牙利哲学家拉兹洛(E.Laszlo,1932—)在《系统哲学引论》一书中提出了系统的四大特征，这四大特征是：有序整体、自稳定、自组织、等级层次。他认为系统不仅是一个有序的整体，不仅具有等级层次，而且还具有自稳定和自组织的功能。系统是多个元素组合而成的具有复杂结构的组合体，无序不可能形成结构，不可能构成系统，所以系统必然是一个有序的整体；又由于系统是一种多维度、非线性的网状复杂组合体，所以它必然具有等级层次。

系统的这两个特征比较容易理解，那么，什么又是系统的自稳定功能呢？系统科学对系统自稳定的解释是：当系统受到外界扰动作用时，其被控制量将偏离平衡状态；当这个扰动去除后，若系统在足够长的时间内能恢复到原来的平衡状态，则该系统是稳定的。反之，若系统对干扰的时间响应随时间的推移而不断扩大或发生持续震荡，则系统是不稳定的。通俗地说，所谓系统的自稳定功能是指，当系统受到外界扰动时，系统能够自行恢复到原来的平衡状态。就像一个不倒翁玩具，受到外力的作用后，它还能通过运动自行恢复到原来的稳定状态。

系统不仅具有自稳定功能，而且还具有自组织功能，那么，究竟什么是自组织功能呢？中山大学哲学系张华夏教授（1933—2019）的解释是，在与外界环境有物质与能量交换的条件下，在外界环境对系统有恒定的持续的"干扰"作用的条件下，在系统内部存在着随机起伏和多种发展可能性(多种潜在稳态)的条件下，系统能够自发地组织成为有序程度更高的系统 。[26] 通俗地说，所谓自组织功能就是系统能够自己组织自己，自己发展自己。

为了更好地说明系统的四大功能，拉兹洛还专门总结了一个公式：

$$R = f\ (\alpha,\ \beta,\ \gamma,\ \delta)$$

公式中独立变量 R 表示系统的状态性质，α 表示有序整体，β 表示自稳定，γ 表示自组织，δ 表示等级层次。这里 α、β、γ、δ 是具有联合函数 R（"自然系统"）的独立变量，独立变量 $R = f(\alpha)$（系统的状态性质）。[27]

上面我们介绍了系统的四大特征，那么，系统为什么会具有四大特征呢？我们在第六节探讨过"结构决定律"，结构是事物的决定性要素，事物的本质、外部形态、广延、功能以及信息等都决定于结构。结构不仅是事物的决定性要素，而且也是系统的决定性要素，系统之所以具有四大特征，根本原因就在于系统的结构。我们在前面说过，系统是一个多维度、非线性的组合体，所以系统的结构是非常复杂的。正是因为系统的结构非常复杂，所以复杂的结构就产生了复杂而又高级的功能，例如有序整体、等级层次、自稳定和自组织功能。

除了系统的四大特征，还需要介绍系统的整体性规律。什么是整体性规律？

任何系统的整体性都由其子系统即部分组成，在部分构成整体时，出现了组成部分所不具有的甚至对于组成部分来说是毫无意义的性质，同时又丧失了组成部分单独存在时所具有的某些性质。这个规律叫做整体不等于部分之和的规律或整体性规律，又称贝塔朗菲定律。

整体性规律也可以用数学的方式表达，一个事物性质的总和，构成了该事物的状态空间，在系统论中用符号 SL 表示。

设系统 Σ（K1，K2，……Kn）的组成部分为 K1，K2，……Kn，则贝塔朗菲定律可表示为：

SL（Σ（K1，K2，……Kn）$\neq$ SL（K1）$\cup$SL（K2）$\cup$……$\cup$ SL（Kn）[28]

六、组合哲学与系统论的关系

20 世纪中叶，系统论、信息论和控制论"三论"诞生，三论中包含着许多新思想、新观点，具有重要价值。但是，三论的创始人大都是自然科学家，他们创立三论的最初目的也是为了解决具体的科学或技术问题，视角也多局限于自然科学，未能成为完整的哲学理论，所以三论还需要进一步补充、深化与提高。世界哲学把三论吸纳到哲学中，并从哲学的高度对它们进行补充、深化与提高，使它们成为哲学的重要组成部分。

如何对三论进行补充、深化与提高呢？我们以系统论为例，系统论就是从自然科学的一个分支——生物学中发展起来的，贝塔朗菲等人把生物学中的系统思想推广到更多的领域，从而创立了具有较为普遍意义的系统学说。经过半个多世纪的研究与探索，系统论得到了较大发展，取得了许多重要成果，而系统论也逐步发展成为更为严谨的系统科学。系统论的出现也为哲学的发展提供了新的材料、契机与动力，世界哲学非常重视系统论，积极引进系统理论，并把它融入到世界哲学的体系之中。在前面的章节里，我们已经把系统论的一些成果如"结构功能统一律"、系统的四大特征以及整体性规律等引入世界哲学；在后面的章节中，我们将会引入更多的系统论成果。

世界哲学不仅把系统论的成果引入哲学，而且还从哲学的高度对其进行补充、深化与提高，使其成为哲学的重要组成部分。几十年来，由于系统论取得了较大成功，于是出现了这样一种观点或倾向，那就是把系统泛化和绝对化，认为世界上的一切存在物都是系统，认为世界上所有的问题都可以通过系统理论解释，都可以通过系统的方法解决。世界哲学对系统进行了深入研究后认为，这种观点有点绝对化，因为世界上不仅存在着系统，而且还存在着非系统，存在着一些相对孤立、非系统的事物。我们在第二小节曾列举过这些例子，遗留在饭桌上的一粒米，落在电脑屏幕上的一撮灰尘，遗落在城市大马路上的一颗孤零零的小石子，飘落在窗台上的一片黄叶等等，我们很难说它们也是系统。既然世界上还存在着非系统，我们就不能得出世界上的一切存在物都是系统的结论，就不能把系统绝对化。世界哲学认为，系统是多个元素组合而成的一种比较复杂的组合体，所以在这个世界上并非所有的存在物都是系统，系统只是一种存在方式，还有其他的存在方式；在整个世界图景中，系统只是一个部分，并非是全部。正是因为系统只是世界图景中的一部分，所以我们不能把它绝对化，不能认为世界上的一切都是系统，也不能认为世界上所有的问题都可以通过系统理论解释，都可以通过系统的方法解决。世界哲学对系统做出了更为准确的界定，这无疑是对系统论的深化与补充。

世界哲学不仅对系统做出了更为准确的界定，而且还把系统理论融入到哲学体系之中，使其成为哲学的重要组成部分。例如在前面的章节中，我们就把系统论的一些内容融入到组合哲学之中，使其成为组合哲学的一部分。在后面的章节里，我们将更多地引进系统论、信息论和控制论的内容，并把它们融入到世界哲学的体系之中。

半个多世纪以来，虽然系统论取得了巨大成功，但不可否认的是，它还存在着一些不完备之处。例如我们在前面所指出的系统形成的机理问题，系统论就未能做出令人满意的解释。那么，系统究竟是如何形成的？系统形成的机理是什么呢？组合哲学就做出了明确的解释，系统由若干元素互相组合而成，系统形成的机理就是元素之间的组合，组合产生了系统。世界哲学不仅弥补了系统论的不完备之处，更为重要的是，它还为系统论提供了哲学根据与理论基础。世界哲学从哲学的高度重新认识和研究系统，有可能推动系统论的深化与发展。

第十节 环境与场

本节探讨的核心问题：环境与场

本节内容脉络：

一、个体

二、环境与场

三、个体与环境关系规律

在前面的几节里，我们分别探讨了元素、事物、对子、组、群、系列、序列和系统，从根本的意义上讲，它们都是物质粒子的组合物。每一个物质粒子的组合物都有可能成为一个独立的个体，并以独立个体的方式存在于世界之中。那么，这些个体究竟存在于世界的什么地方呢？或者说它们的寓所究竟在哪里呢？组合哲学认为，这些个体存在于环境和场之中，环境和场就是它们的寓所。那么，究竟什么是环境？什么又是场呢？个体与环境、个体与场又有什么关系呢？本节就对这些问题进行探讨。

一、个体

在探讨环境和场之前，我们首先应该对"个体"这一概念有一个明确的认识。那么，究竟什么是个体呢？美国心理学家克拉克·赫尔（Clark L. Hull,1884—1952）曾经对个体进行过定义："个体是时空上受限制，理论上有明确的时间起点和终点的实体。"[29] 通过赫尔的定义可以看出，个体具有三个条件或特征：① 个体一定是实体，非实体不可能构成个体；② 个体一定具有广延。所谓在时空上受限制，主要是指个体具有一定的空间尺度，或者说具有广延；③ 个体具有时间周期，即在时间上具有明确的起点和终点。

通过赫尔的定义可以看出，个体具有三个基本特征：实体、广延和时间起终点。为了让朋友们对个体这一概念有更清楚的认识，组合哲学根据个体的三个基本特征对个体重新进行了定义：

所谓个体就是具有一定空间尺度和时间起终点的实体。

新定义其实是赫尔定义的改写，它与赫尔定义的含义是一致的，它的特点是更容易理解。我们在前面曾探讨过物质粒子、各种基本粒子、电子、中子、质子、原子、分子、元素等，由于它们都是实体，又具有一定的空间尺度和时间起终点，所以它们都可以列入个体的范畴。

二、环境与场

上一小节我们探讨了个体，世界上的个体种类繁多、不计其数，那么，这么多的个体究竟存在于什么地方呢？或者说它们的寓所在哪里呢？组合哲学认为，所有的个体都存在于环境之中，环境就是它们的存身之地，就是它们的寓所。

环境是个体的存身之地与寓所，那么，究竟什么是环境呢？或者说环境的定义究竟是什么呢？由于环境是一个常用词语，所以对它的解释或定义也不少，例如《现代汉语规范词典》就把环境定义为："人们所在的周围地方和有关事物"。[30] 《辞海》则把环境定义为："指围绕着人类的外部世界。是人类赖以生存和发展的社会和物质条件的综合体。可分为自然环境和社会环境"[31] 可以明显看出，这两个定义都是以人类为主体来定义环境的，然而环境并非人类所独有，如果不以人类为主体，那又该如何定义环境呢？或者说如何在更普遍的意义上定义环境呢？组合哲学把个体作为主体，从更普遍的意义上对环境进行了定义：

所谓环境就是个体存在的外部世界。

与传统定义不同的是，新定义并非是以人类为主体，而是以个体作为主体。与人类相比较，"个体"这一概念的外延更大，不仅人类是个体，世界上所有的事物都可以是个体，这样新定义就成了一个更具普遍性的定义。从根本的意义上讲，个体与环境原本是一体的，它们同属于世界，起初并没有个体与环境之分；但是，当人们把个体视为一个独立主体的时候，世界就分成了两个部分—— 一个是个体，而另一个就是个体所存在的环境。个体是主体，相对于环境而言，它的内部结构就成了"内部世界"；环境是个体的寓所，所以相对于个体而言，它又成了"外部世界"。应该强调的是，这个"外部世界"不仅仅是指个体所存在的空间与时间，而且还包括万事万物互相联系、互相组合而成的那个巨大的网络，而个体就存在于这样一个巨大的网络之中。

组合哲学认为，环境就是个体所在的外部世界，然而，外部世界浩瀚无垠、范围极其广泛，而一个个体存在的寓所不可能如此浩瀚、如此广泛，它们往往是存在于一个有限的环境之中。那么，个体存在的这个有限环境又是怎么样的呢？为了更深入、细致地研究个体存在的有限环境，组合哲学又引入了一个新的概念——"场"，并用"场"来表达个体所存在的那个有限的环境或寓所。那么，究竟什么是"场"呢？组合哲学也进行了定义：

所谓场就是个体直接存在的小环境。

我们所说的环境是指所有个体的存在地，它是一个统称；而场指的是一个或多个个体直接存在于其中的那个小环境。场是环境的局部或部分，而环境则是场的集合。例如对于整个人类而言，环境就是地球或整个外部世界；但是，一个山村老太太直接存在的环境可能就是一个小山村，她一辈子都生存在那里，那个小山村就是她的场。尽管外部世界浩瀚无垠，但这个山村老太太生存的环境却十分有限，所以我们应该深入研究这个有限的环境——场。组合哲学之所以把场和环境区分开来，目的就是更深入、更细致地研究个体的存在地或寓所。

组合哲学把个体存在的小环境称为"场"，那么，场究竟是一个什么东西呢？提到场，人们很容易联想到广场、操场、剧场和舞场等，很容易把它理解成一个空荡荡的场子或空旷的空间，然而需要指出的是，场并不是一个空荡荡的场地，也不是一个空旷的空间。既然是场，它必然有一定的空间，这个空间是一个四维的结构；但场又不仅仅是空间，其中还存在着大量事物以及事物组合而成的网络，场是时空结构与事物网络的统一体。场是环境的一个部分，是小环境，是环境的缩影。我们以地球为例，地球是宇宙中的一颗星球，地球也是一个个体，所以宇宙就是地球存在的环境；然而，地球直接的存在环境却是太阳系，所以太阳系就是地球的场。这个场不仅有着巨大的空间，而且还存在着太阳、水星、金星、火星、木星、土星、天王星、海王星、173 颗已知的卫星、5 颗已经辨认出来的矮行星以及数以亿计的小天体等，而地球就存在于这样一个场中。再如一个学生在某个学校上学，这个学校就是他的场；一个工人在某个工厂做工，这个工厂就是这个工人的场；一个农民生活在一个乡村中，这个乡村就是这个农民的场；一个职员在某个公司上班，这个公司就是这个职员的场；一个公务员在某机关工作，这个机关就是这个公务员的场。

此外，还需要注意把组合哲学所说的场与物理学所说的"场"区别开来。物理学所说的"场"是指那种不具有静止质量，而只具有运动质量的物质形态，例如电磁场、引力场、核力场等等。物理学所说的"场"是一种特殊的物质形态，由于某些物体就存在于这种"场"中，所以也可以把它看作是一种特殊的"场"；但需要注意的是，这种特殊的"场"并不具有普遍意义，所以我们不能把它等同于组合哲学的"场"，也不能把二者混为一谈。

外部世界浩瀚无垠，所以环境的范围广阔无边，我们很难确定它的边界；但是场却不同，由于它是个体所在的有限小环境，所以场大都具有一定的空间范围，具有自己的边界，组合哲学把场的空间范围称为"场围"，而把场的边界称之为"场界"。不同的场具有不同的场围，场界也各不相同。例如太阳系是地球的场，那么，太阳系所占据的浩瀚空间就是这个场的场界；原子是电子的场，那么，一个原子所占据的微小空间就是电子的场界，虽然同为场界，但这两个场界的大小却有天壤之别！一个独裁者统治着一个国家，整个国家都是他的场界；一个山村老太太一辈子都生存在一个小山村里，那个小山村就是她的场界；而一个蚂蚁生存于一个蚁穴之中，那个小小的蚁穴和四周就是它的场界。可以看出，不同的主体存在于不同的场中，而不同的场又有着不同的场界。

为了研究的方便，我们用"[ ]"表示场，而用大写英文字母来表示个体，例如个体 A 的场为[A]，个体 B 的场为[B]。场中的事物也可用小写英文字母表示，如[a、b、c、d]。

根据个体与场的关系，组合哲学又把场划分为"居在场"、"邻接场"、"同层场"与"异层场"。所谓"居在场"是指个体所在的场，例如一个农民生活在一个乡村之中，这个乡村就是这个农民的居在场。所谓"邻接场"是指与居在场相邻或接壤的场，例如一个乡村是一个农民的居在场，那么，与这个乡村相邻的村庄就是邻接场。那么，什么又是"同层场"呢？所谓"同层场"是指那些处于同一层次中的各个场。例如小学生在小学读书，小学就是他们的场，一个国家可能有千万所小学，这千万所小学就构成了千万个场。由于这千万个场处于同一层次即小学层次，所以这些场就构成了同层场，所谓"同层场"就是指它们是处于同一层次中的场。了解了"同层场"，"异层场"也就容易理解了，所谓"异层场"就是指那些处于不同层次的场。例如小学教育是一个层次，如果一个学生小学毕业之后考入初中，那么，初中就变成了他的新场；但由于初中与小学处于不同的教育层次，所以初中与小学就构成了异层场。

场是个体存在的寓所，但一个场不可能孤立地存在，场与场之间也会发生联系和相互作用，也会形成各种各样的关系。那么，场与场之间会形成什么样的关系呢？组合哲学认为，场与场之间的关系主要有四种：并列、包含、交织与混合。下面我们分别探讨：

（1）并列关系；所谓并列关系是指，不同的场并行存在，场界明晰，互不干扰。例如在一个工业园区里存在着多家工厂，这些工厂分别有自己的厂区，各自为政，互不干扰，它们的关系就是并列关系。一幢居民楼里居住着多家住户，每个住户占据着不同的房屋或者说场，他们各自生活在自己的场里，所以这些住户构成了并列关系。（图2）表达的就是并列关系。

并列关系的数学表达式是：

$$[A] \cup [B] \cup [C] \cup [D]$$

符号"$\cup$"表示并列

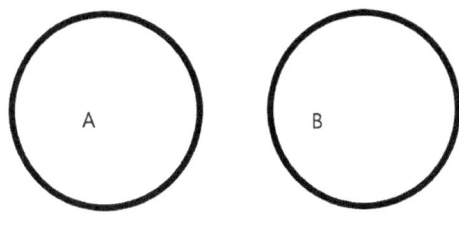

（图2）　并列关系

（2）包含关系：所谓包含关系是指，一个场包含在另一个场之中。例如一个农民生活在一个村庄之中，这个村庄就是他的场；然而，这个村庄只是某个乡镇的一部分，这个乡镇又构成了一个更大的场，于是乡镇这个场就把村庄这个场包含于其中，这样两个场就是包含关系。（图3）表示包含关系。

包含关系的数学表达式是：

$$[A] \subseteq [B]$$

符号"$\subseteq$"表示包含。

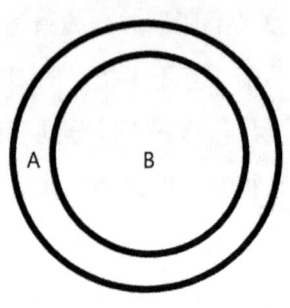

（图3）　包含关系

（3）交集关系：所谓交集关系是指，两个或多个场的场界存在着交集之处。

例如在一片森林里生存着多种动物，这片森林就是它们共同生存的地方，虽然不同的动物各自有自己的场，但这些场大都存在着交集，几乎没有一个场能够成为场界分明的独立王国。（图4）表示交集关系。

交集关系的数学表达式：

$$[A] \cap [B] \cap [C] \cap [D]$$

符号"$\cap$"表示交集，

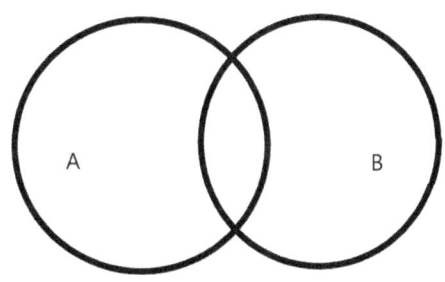

（图4）　交集关系

（4）混合关系：所谓混合关系是指在一组场中，场与场之间既有并列关系，也有包含和交集关系，各种关系混合在一起。

例如一个城市是由许多场构成的一个较大的场，在这个较大的场中，既存在若干并列的场，例如各个不同的区；也存在着一些互相包含的场，例如一个区中还包含着若干个街道和社区；还存在着一些互相交集的场，例如一个大的购物中心，一个大剧院，各个区的人都到这里购物、看戏，于是这里就成了他们互相交集的场。（图5）表示混合关系。

混合关系的数学表达式是：

$$[A] \cup [B] \subset [C] \cap [D]$$

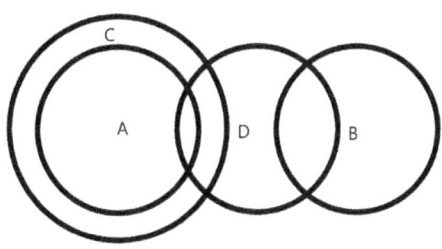

（图5）　混合关系

我们在上一节探讨了系统，系统是元素的复杂组合体，其实场与场也可以组合起来并构成系统，我们把这种系统称之为"场系"。例如一个人生存在一个场中，许多人生存在许多不同的场中，如果把这些场组合起来，就会构成一个场的系统，这个系统就是"场系"。组合哲学之所以特别引入场系的概念，目的就是说明场并不是一个孤立存在的东西，场与场也可以组合起来并构成场的系统。

三、个体与环境关系规律

我们在第一小节探讨了个体，第二小节又探讨了环境与场，那么，个体与环境究竟有什么关系呢？个体与环境之间存在着复杂的关系，为了更清楚地说明二者的关系，组合哲学通过"个体与环境关系规律"进行表达。

个体产生并存在于环境之中，它必须从环境中获得并与之交换物质、能量与信息，所以个体必然会受到环境的制约与影响；但是作为环境中的一个存在物，它又必然会与环境发生相互作用，反过来影响甚至改变环境。

最典型的例子就是人与环境的关系，外部世界是人生存的环境，而人就是存在于这个环境中的个体，所以人与外部世界的关系就是个体与环境的关系。起初世界上并没有人，人是环境或者说大自然进化的产物，人就诞生于外部世界这个环境之中，人就是环境之子。人诞生之后，为了自己的生存与发展，他首先必须从环境中获得物质、能量与信息，而后还要与其交换物质、能量与信息，一旦脱离了环境，人一刻也无法生存下去，环境就是人的生命之源，所以人必然会受到环境的制约与影响。但是，作为环境中的一个存在物，人又必然会与环境发生联系与相互作用，必然会反过来影响甚至改变环境。例如为了获得充足的食物，人把外部世界的大量土地改造成农田，并种植了各种农作物；为了获得清洁无害的饮用水，人又对外部世界的河流、湖泊等进行改造，并修建了大量的水库、水场及各种蓄水、净化设备；为了解决交通问题，人不仅制造了汽车、火车、飞机等交通工具，而且还修建了大量公路、铁路与机场；为了获得更好的居住条件，人又建造了各种各样的房子，城市中的房子更是栉次鳞比、多不胜数。作为一群个体，人不仅对他生存的环境——外部世界产生了较大的影响，而且极大地改变了环境的面貌。

本书作者在《破解大脑之谜——精神分子论》一书中曾讲过印度加尔各答的"狼孩"的故事。这个孩子从出生到 8 岁一直在狼群中生活，结果他失去了人的心理，形成了狼的习性。他用四肢行走，舔食扔在地上的肉，怕强光而夜视敏锐，害怕水而不愿洗澡，寒冷天也不愿穿衣服，深夜嚎叫。由于"狼孩"从出生到 8 岁一直生活在狼群及自然的环境之中，这种环境改变了他，所以他的智能也受到了极大的影响。明成祖朱棣夺取了建文帝的皇位后，把建文帝的小儿子朱文圭作为人质带到北京关起来。朱文圭过着与世隔绝的生活，由于从两岁一直关到 57 岁，到放出来的时候，这位血统高贵的王子竟变成了一个"出见牛马，亦不能认识"的白痴。[32] 朱文圭为什么会变成一个白痴？根本的原因就是环境，正是恶劣的环境把一个天资很高的王子变成了白痴。

上面的两个例子都是来自于文献，下面我再举一个我亲眼目睹的例子。我的学生时代正值"阶级斗争"风行的年代，在那个年代里，每一个人都被贴上了一个无形的政治等级标签，这个政治等级标签就是根据家庭出身所定的"成分"。千万不可小看"成分"的厉害，它可以决定一个人在社会中的政治地位，它可以决定一个人的命运。在我的同学当中，有不少天资聪明的学生，但由于他们出身于所谓的"地富反坏右"家庭，于是他们先天注定只能拥有一个坏"成分"。正是由于他们的坏"成分"，他们的政治地位很低，不仅在学校倍受歧视，而且每到升学的时候不论你的成绩有多么优秀也大都会被淘汰下来，他们根本无法进入初中或高中学习，进入大学的更是凤毛麟角！他们小小年纪就脱离了学习的环境，不得不回到农村去为生计而挣扎。由于环境的限制与制约，他们的天资很难得到充分发挥，自然他们也就很难成为出类拔萃的人才。几十年过去了，"成分"虽然被废除了，但是当年这些天资聪明、风华正茂的学生们都变成了满头白发、满脸皱纹的老农夫或老农妇！严峻的政治环境改变了许多人的命运，也埋没了不少人才。

不仅是人，通过蜜蜂的发育也可以看出环境对个体的影响。蜂群中有蜂皇、雄蜂和工蜂，雄蜂是由不受精的卵发育而成，为单倍体。而蜂皇和工蜂都是由受精的卵发育而成，为二倍。那么这些受精的卵为什么有的发育成蜂皇，而有的却发育成工蜂呢？这主要是由于环境——蜂皇浆的影响，如果在幼虫期只吃2—3 天的蜂皇浆，将来就发育成终日忙碌而不能生育的工蜂；如果吃 5 天蜂皇浆，将来就会发育成大而丰满、能正常生育的蜂皇。蜂皇和工蜂的染色体虽然都是 32 条，但由于环境的影响，发育成蜂皇的个体能够生育且丰满，而发育成工蜂的个体却不能生育且瘦小。[33]

通过以上探讨可以看出，个体与环境存在着十分密切的关系。

第十一节　层与层系

本节探讨的核心问题：层与层系

本节内容脉络：

一、层

二、层系

三、层系坐标系

四、层次关系规律

在前面的几节中，我们多是从平面的角度去观察世界，然而，真实的世界并不是一张薄薄的纸，从三维空间的尺度看，它是一个复杂的立体结构，所以我们应该从立体或三维的角度去观察世界。真实的世界是一个复杂的立体结构，这个结构由诸多不同的层次沿着垂直方向叠加组合而构成，就像那一层层岩石叠加而成的大山。为了研究这种复杂的结构，组合哲学把那些构成立体或三维结构的层次称之为"层"，而把层与层的组合称之为"层系"。从立体或三维的角度看，真实的世界就是一个由许多"层"组合而成的巨大的"层系"，只有了解"层"与"层系"，我们才有可能更加深入、全面地认识世界。所以在本节中，我们将专门探讨"层"与"层系"。

一、层

在现实世界中，我们经常可以见到云层、岩层、楼层和阶层等层次现象，这些现象使我们对"层"有了一个感性的认识。但是，当我们对这种现象进行研究的时候，感性认识就不够了，就需要对"层"的内涵进行明确的解释与界定，就需要对"层"这一概念进行准确的定义。那么，究竟什么是"层"呢？或者说"层"的定义是什么呢？经过反复思考与斟酌，组合哲学把"层"定义为：

层是构成事物立体结构的基本单元，层由同一等级的事物集合以及相应的时空构成。

世界上存在着不计其数的事物，然而，这些事物并不是杂乱无章地堆积在那里，事物的存在大都是有序的，它们不仅可以组成有序的对子、组、群、系列、序列以及系统等，而且还可以组成有序的等级或层次。不同的等级或层次有序地组合起来，就构成了事物的立体或三维结构，而层就是一个构成事物立体或三维结构的基本单元。需要指出的是，层并不是一种单纯的物质结构，它不仅包括大量的事物，而且还包括这些事物所在的时间与空间，所以层是一个综合结构。

层广泛地存在于世界之中，所以它是一种十分普遍的现象。例如许多人居住的楼房，就是由不同的"层"所构成。别墅常由 2~3 个层构成，多层楼房大都由 5~7 个层构成，而高层楼房则由多达几十个层构成。每一层楼房中大都有数个单元，每个单元又居住着数量不同的住户，这些楼房、住户以及辅助设施等就构成了一个层，而一座楼房就是由这一个个层组合而成。不仅楼房由层构成，就是学历也是由不同的层次所构成，从最初的幼儿院教育到博士，存在着 7 个不同的层：

幼儿园——小学——初中——高中——大学——硕士——博士

我们以小学为例，全世界有不计其数的小学，在这些小学中更是有不计其数的学生，这些学生和学校集合在一起，就构成了一个庞大的小学层次。初中、高中、大学、硕士、博士同样也是如此，同样构成了各种不同的层次。再如一支军队，同样也是由诸多不同的层构成：

士兵——班长——排长——连长——营长——团长——旅长——师长——军长——司令

从普通士兵到最高指挥官司令，一支军队竟然由10个层次所构成。

加拿大哲学家邦格先生也列举了一些层的例子：

基本粒子－原子核－原子－分子－物体

物理系统－化学系统－有机体－生态系统

物理过程－化学过程－生物过程－心理过程－社会过程（人类历史）

物质产品－社会生活－智力文化

物理学－化学－生物学－心理学－社会学－历史

美国社会学家米勒（Neal E.Miller,1909-）提出了一个从基本粒子到社会组织的层次图："原子由粒子组成；分子由原子组成；结晶体和生物大分子由分子组成……细胞由原子、分子和生物大分子组成；器官是由细胞集合体形成的组织组成的；有机体由器官组成，群体（如一群家畜、一群鸟、家庭、球队、部落）由有机体组成；社会组织由群体（有时是单个的有机体）组成；社会由社会组织、群体和个体组成；而跨国系统由社会和社会组织组成"。[34]

生物是一种比较高级的物质结构，由地球上的生物以及它们生存的环境所构成的生物圈，同样也是由诸多不同的层构成。生物学家们详细列出了生物界的多个层次：

细胞——组织——器官——系统——个体——种群 ——群落——生态系统——生物圈

细胞是生物体最基本的结构和功能单位，所以它是生物系统的最低层次；生物圈由地球上所有的生物以及这些生物生存的环境所组成，所以它是生物系统的最高层次。从最低的细胞层次到最高层次生物圈，同样也存在着多个层，可以看出，整个生物界同样也是由各种不同的层所构成。

不仅生物界存在着层，人类是世界上最高级的生物，由最高级的生物——人类构成的人类社会，同样也存在着诸多不同的层次，社会学家们大都把这些层次称为"阶层"，而一些政治家则把这些层次称之为"阶级"。那么，人类社会中究竟存在着哪些阶层呢？人类社会中阶层的划分与社会制度以及历史发展阶段等密切相关，不同的社会制度、不同的历史发展阶段会形成不同的社会阶层，所以人类社会的阶层也在不断的变化之中。我们以目前的中国为例，那么，目前的中国社会又存在着哪些阶层呢？中国社会学家陆学艺先生曾对中国的社会阶层进行过专门的调查

与研究,他认为目前的中国存在着 10 个不同的阶层,这 10 个阶层是:

国家与社会管理者阶层——经理人员阶层——私营企业主阶层——专业技术人员阶层——办事人员阶层——个体工商户阶层——商业服务业员工阶层——产业工人阶层——农业劳动者阶层——城乡无业失业半失业者阶层

当然,也有人不同意陆先生的分层,他们认为目前的中国存在着三个大的阶层,并把三个大的阶层细分为 9 个小阶层。他们还把这个分层绘制成了一个金字塔式的图表,该图表如下:

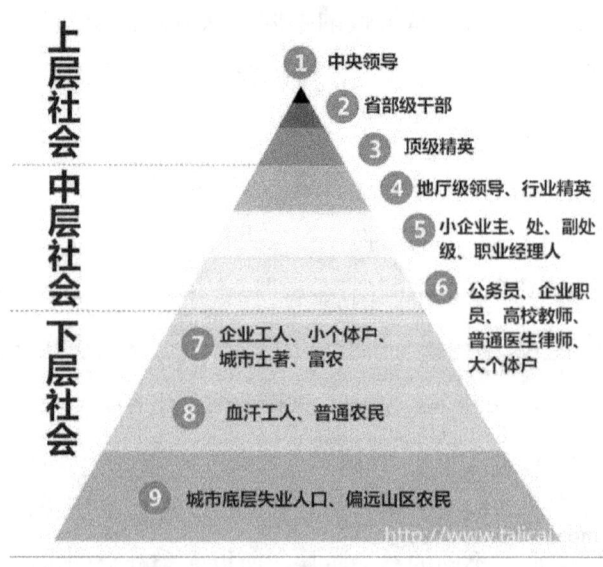

（图6）　中国阶层金字塔

图 6 把中国社会分为上、中、下三个大的阶层,并把这三个大的阶层细分为 9 个小的阶层。这个社会

分层简单、明了，真实地反映了中国社会的实际，所以这是一个很好的中国社会分层。这个图表来自百度，遗憾的是没有搜到这个图表的原创作者。

以上所说的这些层大都存在于一些具体的领域，那么，从整个宇宙的角度看，是否也存在着层呢？如果也存在着层，那又是如何分层的呢？科学家们曾绘制过一个图表，该图表就详细地对整个宇宙的物质结构进行了分层，[35] 图表如下：

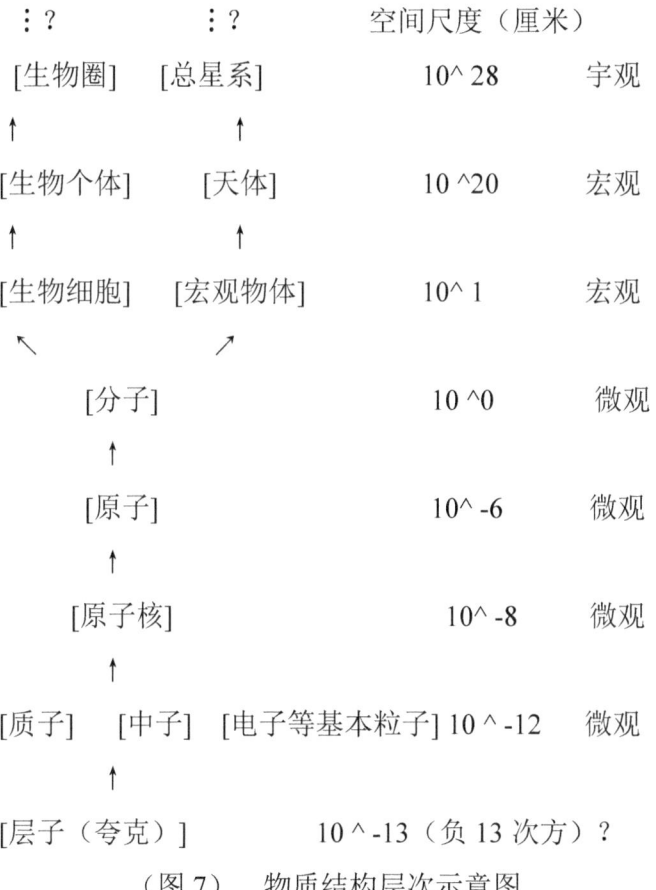

（图 7）　物质结构层次示意图

该图表按照空间尺度把世界上的物质结构分为微观、宏观和宇观三个大的层次，空间尺度在 $10^{\wedge}0$ 以下的物质结构属于微观层次，例如分子、原子、原子核、质子、中子以及基本粒子等；空间尺度在 $10^{\wedge}1\sim10^{\wedge}20$ 的物质结构属于宏观层次，例如生物细胞、宏观物体和宇宙天体；空间尺度在 $10^{\wedge}28$ 以上的是宇观层次，人们对宇观界限的看法不完全一致，一般认为在 200 亿光年内人类观测所及的范围为宇观，其中包括星系、星系团、总星系等物质层次。通过这个图表可以看出，宇宙中的物质结构从微小的物质粒子夸克开始到宏大的总星系，由小到大分成了各种不同的层。通过这个图表还可以看出，一个大的物质结构层次还可以分成若干更小的层次，层中有层，层中套层。例如物质的微观层次就可以再分为层子、质子、原子核、原子和分子等若干更小的层次。

通过以上探讨可以看出，无论是微小的粒子，也无论是浩瀚的宇宙，都存在着层次，于是我们就可以得出这样一个结论：

层次性是物质结构的一个重要属性，世界上所有的事物以及整个宇宙都是由不同的层组合而成。

世界上所有的事物以及整个宇宙都是由不同的层组合而成，那么，我们又该如何度量这些层呢？组合哲学用"级"来度量层，"级"的序数用字母 n 表示，例如"n 级层"、"n+1 级层"、"n+2 级层"等等。在一个具体的物质结构中，每一个层都有自己的"级"，我们以学历结构层次"幼儿园——小学——初中——高中——大学——硕士——博士"为例，假如把幼儿园层次设为 1 级，那么，小学、初中、高中、大学、硕士和博士，就可以分别设为 2 级、3 级、4 级、5 级、6 级和 7 级。如果把幼儿园层次设为 n 级，那么，小学、初中、高中、大学、硕士和博士就分别是 n+1 级、n+2 级、n+3 级、n+4 级、n+5 级和 n+6 级。通过"级"和它的序数，我们就可以准确地对层进行度量，即使一个物质结构有很多层次，我们也可以对其进行准确的度量与表达。

不仅如此，通过层的级和序数我们还可以发现层级结构的一些规律性，例如一个物质结构的层次序数连接起来，就可以构成一个序列。例如学历结构层次的序数就可以构成 1、2、3、4、5、6、7 这样一个序列，中国社会各个阶层（图 6）的序数也可以构成 1、2、3、4、5、6、7、8、9 这样一个序列。不仅是学历结构层次和社会阶层，许多物质结构层次都存在着一些规律性，研究这些规律性对我们更加深入地认识物质结构的层次性大有好处。

我们在定义层时已经指出，层由同一等级上的时空及事物集合所构成，所以在同一层中大都包含着诸多事物，我们把这些事物称为"同层事物"，而把不同层的事物称为"异层事物"。例如高中生 A 和高中生 B，由于他们属于同一个学历层次，所以他们是同层学生；再如高中生 A 与博士生 C，由于他们处在不同的学历层次，所以是异层学生。

每一个事物或物质结构都存在于一个具体的层中，所以它们都有自己的层级，但是，事物所处的层和层级并不是板上钉钉、固定不变的，它们能够通过运动和演化来改变自己所处的层以及层级，既有可能跃升到更高的层次中，也可能下降到较低的层次之中。世界哲学把这种变化称之为"层变"，关于"层变"，我们将在下一章"演化哲学"中探讨。

二、层系

上面探讨了层，下面再探讨"层系"。那么，究竟什么是"层系"呢？组合哲学也进行了定义：

层系是层的组合体，层系就是若干个层按照一定的次序或规律叠加组合而成的垂直系统。

定义明确指出了层系的结构特征，层系是由若干个层"叠加组合"而成的，如何理解"叠加组合"呢？是不是说层系就是把一个个层像摞砖头那样简单地摞在一起呢？答案是否定的，因为层系是若干个层通过有序组合所构成的有机整体，是一个个层逐步发展、逐步"成长"、逐步突现出来的，所以我们不能把层系理解为若干个层的简单叠加。定义之所以说层系是由若干个层"叠加组合"而成的，指的主要是层系的结构特征，而不是层系的形成过程。

在现实世界中，我们也可以经常见到层系，例如一座高楼由诸多层构成，这些层按照由低到高的次序组合起来，就构成了一个垂直的系统，这个垂直的系统就是层系。幼儿园——小学——初中——高中——大学——硕士——博士，这些层次按照由低到高的次序叠加组合起来，就构成了一个垂直的学历系统，这个垂直的学历系统就是层系。再如军队，可以分成士兵——班长——排长——连长——营长——团长——旅长——师长——军长——司令这样 10 个层次，这些层按照由低到高的次序叠加组合起来，就构成了一个垂直的军事系统，这个垂直的军事系统就是层系。另外，我们在前面讨论的物质结构层次、生物层次以及社会阶层，这些层次组合起来都可以构成层系。在本章，我们还探讨了物质组合之后所形成的各种组合体，假若从立体的角度看，这些物的组合体也可以构成一个个层次，例如物质——元素——物——对子——组——群——系列、序列——系统——层与层系——环境与场——世界。假如把这些层按照结构的复杂程度叠加组合起来，也可以构成一个宏大的物质组合层系。通过以上探讨可以看出，与层相同，层系也是一种非常普遍的现象。

层系是多个层叠加组合而成的一种组合体，由于它是一个组合体，所以层与层之间必然会发生一定的关系，否则层系不可能形成，也不可能牢固地存在。那么，在层系中，层与层之间究竟发生了什么关系呢？组合哲学认为，层与层之间主要发生了以下三种关系：

第一，形成了上层与下层、高层与低层的关系。

我们可以设想，一个个独立、分散的层，它们是不可能有上下、高低之分的，自然也不会出现上层与下层、高层与低层的关系。但是，一旦这些层互相组合起来构成了层系，就必然会有上下、高低之分，就必然会出现上层与下层、高层与低层的关系。这是因为层系是多个层"叠加组合"而成的一个垂直系统，在这个垂直系统中，必然会有上下、高低之分，必然会出现上层与下层、高层与低层的关系。例如在微观物质层系里，原子核是原子的下层、低层，而原子就是原子核的上层、高层，这样原子与原子核之间就形成了上层与下层、高层与低层的关系。在军事层系里，营长是团长的下层、低层，团长是营长的上层、高层，这样团长与营长之间就形成了上下层、高低层的关系。在社会阶层中也是如此，与领导干部相比较，普通公务员就是下层、低层，而领导干部就是上层、高层，这样领导干部与普通公务员之间就形成了上层与下层、高层与低层的关系。

上下、高低层次之间的关系可以用一个数学式表达：

…… n 级＜n+1 级＜n+2 级＜n+3 级＜n+4 级 ……

第二，在一个层系中，一个层既是上层，同时又是下层，它同时扮演着两个角色，与两个层直接发生关系。

层系是由多个层叠加组合而成的一个垂直系统，在这个系统中，每一个层都是中间层次，都要扮演上层和下层两个角色。对于它的下层来说，它是上层；而对于它的上层来说，它又成了下层。由于扮演着两个角色，所以它必须与两个层直接发生关系。例如营长这个层次，对于连长来说，营长是上层；但对于团长来说，营长又成了下层，他是一个中间层次，同时扮演着两个角色，要与两个层次直接发生关系。

在层系中，几乎所有的层都是中间层次，都需要扮演两个角色，所以层次的上下、高低之分往往是相对的。

第三，上层与下层、高层与低层之间的相互作用与影响。

在层系中，不仅出现了上层与下层、高层与低层之分，而且不同的层次之间还会发生相互作用与影响，这些相互作用与影响又促进了层系的发展与变化。那么，上层与下层、高层与低层之间究竟会发生哪些相互作用与影响呢？这个问题我们将在第四小节专门探讨。

层系是多个层叠加组合而成的一种组合体，作为一种组合体，层系也在不断地发展与变化之中。关于层系的发展与变化，我们将在下一章"演化哲学"中探讨。

三、层系坐标系

第一小节和第二小节，我们分别探讨了层与层系，本小节我们将探讨由层和层系构成的一种坐标系——"层系坐标系"。什么是"层系坐标系"？"层系坐标系"是组合哲学提出的一个新的坐标系统，我们在前面已经指出，层是一种水平方向的结构，而层系则是一种垂直方向的结构，当水平方向的层与垂直方向的层系互相交叉，就会形成一种三维或立体的坐标系统，这种三维或立体的坐标系统就是"层系坐标系"。为了对"层系坐标系"做出更准确的界定，组合哲学把其定义为：

所谓层系坐标系就是水平方向的层与垂直方向的层系互相交叉结合所形成的一种三维或立体的坐标系统。

为了更好地理解层系坐标系，我们首先回顾一下数学中的三维坐标系。

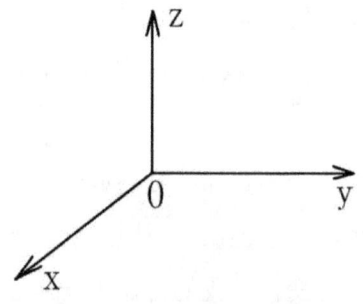

（图 8） 三维坐标图

图 8 是一个三维坐标图，三维分别是 X、Y 和 Z，

X 和 Y 是水平方向的两条轴线，二者可以构成一个平面；而 Z 是一条垂直方向的轴线，它代表这个坐标系的垂直高度，这样 X、Y 和 Z 三条轴线就构成了一个三维的或立体的坐标系统。如果 X、Y 和 Z 轴线向六个方向无限延伸，那空间就会无限大。

X、Y 和 Z 三条轴线构成了一个三维坐标系统，那么，层与层系又是如何构成坐标系统的呢？我们在前面讲过，层是一种水平方向的结构，它就像 X 和 Y 两条轴线所形成的平面，而层系则是垂直方向的，它就像 Z 轴线一样代表着坐标系的垂直高度。当水平方向的层与垂直方向的层系互相交叉的时候，就会形成一种三维的或立体的坐标系统，这就是"层系坐标系"。

层系坐标系与数学中的三维坐标很相象，但二者又有一些不同之处。这些不同之处是：

其一，构成层系坐标系的并不是 X、Y 和 Z 三条轴线，而是层与层系。

其二，在三维坐标系中，X 和 Y 两条轴线构成的是一个平面，这个平面是一个纯粹的平面，它自身并不存在厚度；而层却不同，它并不是一个纯粹的平面，而是一个由诸多事物以及时空构成的结构，这个结构是有"厚度"的。

其三，三维坐标系刻画的仅仅是三维空间，如果不出现质点，那么，这个空间就是"空"的；然而，层系坐标系刻画的却是三维空间以及空间中的事物，由于空间中存在着大量的物，所以这个空间是"实"

的。

其四，三维坐标系中的 Z 轴线的起点是 0，但在层系坐标系中，Z 轴线的起点不是 0，而是极其微小的层次，因为物质世界最小的层次是物质粒子，并不是 0。

上面我们探讨了层系坐标系的定义与模型，那么，组合哲学为什么要提出这个新的坐标系统呢？目的有两个：

其一，通过这个坐标系统，能够更准确、清晰地刻画立体的世界，层系坐标系就是物质世界的三维地图。

其二，通过层系坐标系，有可能确定事物在世界中的位置，有可能对事物进行准确的定位。

事物存在于世界之中，所有的事物在世界中都有自己的位置，然而世界是浩瀚复杂的，如何在浩瀚复杂的世界中确定一个事物的位置呢？或者说如何对一事物进行准确的定位呢？组合哲学认为，通过层系坐标系就有可能确定事物在世界中的位置，就有可能对事物进行准确的定位。如果能够确定一事物在世界中的准确位置，那无疑会对它有更全面、深入的认识。

层系坐标系能够形象、清晰地刻画立体世界，能够准确地确定事物在世界中的位置，所以层系坐标系具有重要的哲学价值。

层系坐标系能够准确地确定一事物在世界中的位置，那么，它又是如何确定的呢？所有的事物都处于一定的层中，所以该事物在这个层中必然有自己的存在地，这个存在地就是该事物的"层位"（"层位"就是一事物在层中的位置）。由于层系是诸多层组合而成的一个垂直系统，所以每一个层都有自己的层级，由于该事物就存在于这个层中，所以这个层的层级也是该事物的层级。知道了一事物的具体"层位"和"层级"，我们就能通过层系坐标系准确地确定它的位置，就能对事物进行准确的定位。由于层系坐标系是世界的三维地图，所以确定了该事物在层系坐标系中的位置，就等于确定了它在世界中的位置。

不仅如此，通过层系坐标系，还可以对一事物的具体位置进行精确的度量与描述。例如事物 A，假如它所在的"层级"是 n，"层位"是 m，那么，事物 A 在层系坐标系中的准确位置就是 A（m / n），即 n 级 m 位。例如我家现居住在郑州市的一座楼房里，这是一座 7 层楼房，共 3 个单元。在同一层中，每个单元住着 2 户人家，这样每一层中有 6 户人家，这 6 户人家在层中的位置分别是 1 号、2 号、3 号、4 号、5 号和 6 号。我家住在 3 楼 4 号，那么，我家在这座楼中的具体位置就是（4/3），即 3 层 4 号，或者说 3 级 4 位。虽然这是一个非常简单的例子，但是，通过这个例子就可以清楚地看出，只要知道了一个事物的"层级"与"层位"，那么，我们就有可能确定它在层系坐标中的准确位置，同时也有可能确定它在世界中的准确位置。

四、层次关系规律

在第二小节，我们探讨过上下、高低层次之间的关系，指出层次之间会发生相互作用与影响。那么，高低层次之间会发生哪些相互作用与影响呢？组合哲学通过"层次关系规律"揭示这些作用与影响：

在一个层系中，低层次是高层次的基础与元素，高层次是低层次的突现与发展，高低层次之间互相制约、互相影响。

"层次关系规律"比较全面地揭示了层次之间的相互作用与影响，规律首先揭示了低层次与高层次的关系："低层次是高层次的基础与元素"，这句话有两层意思：第一层意思是，低层次是高层次的基础，高层次就是在低层次的基础上发展起来的；如果没有低层次，那么，高层次就不可能形成。例如分子是高层次，原子是低层次，但如果没有原子这个低层次作为基础，那么，高层次的分子就不可能形成。第二层意思是，当高层次在低层次的基础上发展起来后，这时低层次又变成了构成高层次的元素，变成了高层次的一部分。例如分子是在原子的基础上发展起来的，但是，当分子形成之后，原子又变成了分子的一部分，变成了分子的元素。"层次关系规律"又揭示了高层次与低层次的关系："高层次是低层次的突现与发展"，这句话是说，虽然高层次是在低层次的基础上发展起来的，但是，高层次并不等同于低层次，它是低层次的突现与发展。所谓"突现与发展"，就是说高层次在结构上要比低层次更复杂，在功能上要比低层次更为高级。我们还以分子与原子的关系为例，虽然分子是在原子的基础上发展起来的，但分子并不等于原子，分子在结构上要比原子更复杂，在功能上也比原子更为高级，所以分子是原子的突现与发展。

"层次关系规律"进一步指出，高低层次之间的关系是"互相制约、互相影响"，这就是说，高低层次之间的制约与影响是相互的，低层次能够制约、影响高层次，高层次也能够制约、影响低层次。例如人有男女之分，男性和女性在生理结构上存在着显著的不同，假如与细胞核中的基因相比较，人的生理结构无疑属于高层次。那么，男女的生理结构为什么会显著不同呢？这种不同又是被什么东西决定的呢？遗传学的研究证明，男女的生理结构由基因决定，基因决定男女，与 Y 染色体的结构有关。在 Y 染色体短臂的末端存在一个睾丸决定基因，它的产物是一种含有 162 个氨基酸的 H—Y 抗原，存在于 XY 型胚胎性腺的细胞膜上。受精卵在分化发育形成早期胚胎时，原始的性腺具有分化成女性和男性的两种可能性。如果存在 H—Y 抗原，在它的刺激下，原始胚胎细胞性腺就形成睾丸，将来发育成男性；如果不存在 H—Y 抗原，原始胚胎细胞性腺就形成卵巢，将来分化发育成女性。[36] 人的生理结构属于高层次，而细胞核中的基因无疑属于低层次，但是，低层次的基因却决定了高层次的生理结构，这个事实充分说明，低层次确实能够制约、影响高层次。

同样也有许多事实证明，高层次也能够制约、影响低层次。例如在人体结构中，大脑最为复杂、高级，它是人体结构中的最高层次；与大脑相比较，人体的运动系统例如四肢就属于低层次。医学研究证明，人体四肢的活动受到大脑的制约与支配，当大脑出现某些病变的时候，四肢的活动就会受到影响。例如当出现脑梗塞、脑出血等病变的时候，四肢的活动就会受到显著影响，造成偏瘫等一系列症状。当大脑受到严重损伤的时候，甚至会影响到肢体的大部功能，人会失去意识，会完全丧失活动的能力，成为一个植物人。通过大脑对人体其他层次的制约与影响就可以清楚地看出，高层次确实能够制约、影响低层次。

"层次关系规律"原本是系统论中的一个定律，1985 年，中国系统哲学家张华夏先生(1933 -2019) 曾把这个定律表述为：高层从低层中产生并以低层为基础与载体，层次之间出现上向因果律；同时，高层与低层又有本质差别以及高层制约、影响和支配着它们所包含的低层，层次之间又出现下向因果律。该规律不但揭示了世界上任何事物都具有垂直结构，而且揭示了整个宇宙由物理层次、化学层次、生命层次、社会层次和技术层次组成宇宙垂直结构和宇宙演化的图景。[37] 为了更清晰、明白地说明"层次关系规律"，组合哲学对张先生的表述进行了一些修改，但基本含义仍然是一致的。

第十二节 组合哲学的总结

第三章"组合哲学"即将结束，本小节对"组合哲学"作以总结。在本章的开头，我们提出了这样一些问题：世界上为什么会有千姿百态、纷繁复杂的万物？万物究竟是从那里来的？又是如何形成的？世界上为什么会有某物？某物为什么会成为某物而非他物？某物为什么是这样而非他样？某物成为某物的根本原因是什么？究竟是什么巨大的力量创造了纷繁复杂、不计其数的万物呢？

人类生活于世界之中，与万物相伴，所以万物的产生和存在问题无疑是人类最大的困惑，也是人类面临的最大问题。既然世界万物的产生和存在问题是人类所面临的最大问题，那么，哲学就应该把这些问题列为最根本、最重要的研究课题，哲学家们就应该对这些问题做出解释与回答。然而十分遗憾的是，千百年来不少哲学家都忽视、回避这些最根本、最重要的哲学问题，不思考、不研究、不探讨，自然也无法做出令人满意的解释与回答。组合哲学非常重视万物的产生和存在问题，把它们列为最根本、最重要的研究课题之一，专门通过组合哲学分支对这些问题进行深入、细致的研究与探讨。通过研究与探讨，组合哲学对这些问题做出了详细、明确的解释与回答。

世界上为什么会有千姿百态、纷繁复杂的万物？万物究竟是从那里来的？又是如何形成的呢？世界上之所以会有千姿百态、纷繁复杂的万物，根本原因就是物质粒子的组合，物质粒子通过反复不断地组合产生了万物，万物都来自物质粒子的组合。由于组合不同，形成了不同的结构与形态，所以世界上的万物纷繁复杂、千姿百态。

世界上为什么会有某物？某物为什么会成为某物而非他物？某物为什么是这样而非他样？某物成为某物的根本原因是什么？世界上之所以会有某物，是物质粒子反复组合的结果，正是物质粒子的组合产生了某物。某物之所以会成为某物而非他物，是因为某物与他物的组合结构不同，结构决定它成为某物而非他物，所以某物成为某物的根本原因就是物质粒子的组合方式。

究竟是什么巨大的力量创造了千姿百态、纷繁复杂的万物呢？由于万物都产生于物质粒子的相互作用与组合，所以创造万物的巨大力量就是物质粒子的相互作用与组合。

宇宙演化之初，诞生了最基本的粒子——物质粒子，物质粒子之间发生联系和相互作用，并逐步组合在一起。经过长期、反复地组合，微小的物质粒子变成了千姿百态、纷繁复杂的万物，并创造了一个宏大的世界。世界万物都来自物质粒子的组合，物质粒子的组合创造了世界与万物，这就是世界万物产生和存在的根本原因，就是问题的最终答案。

两千多年以来，西方哲学一直在追问这个最深奥的问题："为什么是有，而不是无？（Why is there something rather than nothing ？）"世界哲学对这个问题做出回答：因为有物质粒子，因为有物质粒子的组合，所以才会"有"；如果没有物质粒子，没有物质粒子的组合，那只能是"无"。

第三章即将结束，我们对二、三两章进行回顾和总结。第二章是"材料哲学"，"材料哲学"的主题是"材料"，核心内容是研究构成世界万物的最基本材料，这个最基本的材料就是物质粒子。第三章是"组合哲学"，"组合哲学"的主题是"组合"，核心内容是研究微小的物质粒子如何通过反复不断地组合变成了千姿百态、纷繁复杂的万物。

注释：

[1] 孙美堂等：《哲学新论》，北京理工大学出版社 2004 年版，第 69 页。

[2] 李行健主编：《现代汉语规范词典》，外语教学与研究出版社、语文出版社 2004 年版，第 814、815、1397 页。

[3] 夏征农主编：《辞海》，上海辞书出版社 2000

年版，第 2197 页。

[4] 肖前、黄楠森、陈晏清主编：《马克思主义哲学原理》上册，中国人民大学出版社 1994 年版，第137 页。

[5] 夏征农主编：《辞海》，上海辞书出版社 2000 年版，第 1400 页。

[6] 夏征农主编：《辞海》，上海辞书出版社 2000 年版，第 388 页。

[7] 夏征农主编：《辞海》，上海辞书出版社 2000 年版，第 1400 页。

[8] 林锦湖、刘瑞林：《生物学》，高等教育出版社 1993 年版，第 11 页。

[9] 卢浩泉：《生命科学的奥秘——生物学》，中国华侨出版社 1995 年版，第 40 页。

[10] 《张子正蒙注》卷一，转引自杨荣国：《简明中国思想史》，第 166 页。

[11] 吕大吉：《宗教学通论》，中国社会科学出版社 1998 年版，第 496 页。

[12] [法]霍尔巴赫：《自然的体系》，管士滨译，商务印书馆 1977 年版，第 12 页。

[13] 孙美堂等：《哲学新论》，北京理工大学出版社 2004 年版，第 105 页。

[14] 高清海：《马克思主义哲学基础》，人民出版社 1987 年版，第 235 页。

[15] 袁亚愚、詹一之主编：《社会学—历史 理论 方法》，四川大学出版社，1989 年版，第 80 页。

[16] 苏联科学院社会学研究所：《社会学与社会发展问题》，浙江人民出版社 1982 年版，第 226 页。

[17] 夏征农主编：《辞海》，上海辞书出版社 2000 年版，第 1412 页。

[18] 冯契、徐孝通主编：《外国哲学大辞典》，上海辞书出版社 2000 年版，第 668 页。

[19] 苗东升：《系统科学大学讲稿》，中国人民大学出版社 2007 年版，第 28-29 页。

[20] 刘建明主编：《宣传舆论学大辞典》，经济日报出版社 1993 年版，第 554 页。

[21] 张华夏：《论唯物辩证法与一般系统论的关系》，《哲学研究》，1985 年第 4 期。

[22] 贝塔朗菲：《一般系统论的历史和现状》。

[23] 夏征农主编：《辞海》，上海辞书出版社 2000 年版，第 1383 页。

[24] 麻福武：《系统与控制》，《哲学研究》，1980 年第 10 期。

[25]《健康报》，1984 年 3 月 11 日第 2 版。

[26] 张华夏：《论唯物辩证法与一般系统论的关系》，《哲学研究》，1985 年第 4 期。

[27]［美］欧文·拉兹洛：《系统哲学引论：一种当代思想的新范式》，商务印书馆 1988 版。

[28] 张华夏：《论唯物辩证法与一般系统论的关

系》，《哲学研究》，1985 年第 4 期。

[29] Hull，D.1978.A matter of indiuiduality. Pbil.sci.45：335.

[30] 李行健主编：《现代汉语规范词典》，外语教学与研究出版社、语文出版社 2004 年版，第 568 页。

[31] 夏征农主编：《辞海》，上海辞书出版社 2000 年版，第 1455 页。

[32] 朱欣芳：《人怎样才能更聪明？》，河北人民出版社 1983 年版，第 14 页。

[33] 卢浩泉：《生命科学的奥秘——生物学》，中国华侨出版社 1995 年版，第 87、110 页。

[34] [美]欧文·拉兹洛：《系统哲学引论：一种当代思想的新范式》，商务印书馆 1988 版。

[35] 刘路沙等：《十大科学之谜》，广西科学技术出版社 1997 年版，第 152 页。

[36] 卢浩泉：《生命科学的奥秘——生物学》，中国华侨出版社 1995 年版，第 100 页。

[37] 张华夏：《论唯物辩证法与一般系统论的关系》，《哲学研究》，1985 年第 4 期。

第四章　　演化哲学

本章探讨的核心问题：万物如何演化？

本章内容脉络：

一、什么是演化

二、演化的主体

三、万物皆在演化

四、万物如何演化

五、演化的方向

六、演化的动力

七、演化的周期

八、演化的轨道

九、演化的规律

十、演化哲学的总结

在第三章"组合哲学"中，我们探讨了物质粒子如何通过不断组合产生了千姿百态、纷繁复杂的万物。但当万物产生和形成之后，又出现了一个新的问题：万物形成之后会怎么样？它们是从此固定下来、永不改变，还是不断地发生着改变与变化呢？它们是生命永驻、永世长存，还是存在着一定的生命周期、有生有灭呢？如果万物是不断改变与变化的，那么，它们又是如何改变与变化的呢？如果万物都有自己的生命周期，那它们的周期究竟是什么呢？如果万物都是有生有灭的，那它们又是如何生与灭的呢？万物为什么会不断地改变与变化？为什么会有生有灭呢？推动它们不断变化和生灭的动力究竟是什么呢？万物的变化和生灭是杂乱无章、混乱无序的，还是有一定规律的呢？如果是有规律的，那这些规律又是什么呢？这些问题无疑是关于世界万物的重大问题，也是古往今来的哲学家们苦苦思索和探讨的问题，"演化哲学"将对这些问题进行专门探讨，并做出明确、系统的解释与回答。

第一节 什么是演化？

"演化哲学"探讨的核心问题就是世界万物的演化，在探讨万物的演化之前，我们首先必须搞清"演化"这一概念的含义。数千年来，虽然有不少哲学家都曾对运动和变化问题进行过研究，但使用"演化"这一概念的却比较少，把"演化"作为主要问题进行研究的人也很少，将"演化"列为哲学重要分支的更少。世界哲学非常重视演化问题，专门创立了"演化哲学"分支，对世界万物的演化问题进行系统、深入和细致的研究，这是世界哲学的一个创新。

"演化"是"演化哲学"的核心概念，那么，究竟什么是"演化"？或者说"演化"概念的定义是什么呢？长期以来，由于哲学家们很少研究演化问题，所以也很少有人对"演化"进行明确的定义。为了对"演化"概念有一个准确、清晰的界定，"演化哲学"将其定义为：

所谓演化就是事物的演变与变化。

根据定义，演化这一概念包含两层含义，一是演变，二是变化。我们先讨论"变化"，什么是"变化"呢？《现代汉语规范词典》的解释是：变化就是"变"，就是性质、状态或情况跟原来有了不同。[1] 通过词典的解释可以看出，所谓"变化"就是事物的性质、状态或情况发生了改变，与原来有了不同；这就是说，事物所发生的所有不同与改变都可以称为"变"或"变化"。搞清了"变化"的含义，我们再讨论"演变"，那么，究竟什么是"演变"呢？《现代汉语词典》的解释是：发展变化（指历时较久的）。[2] 按照词典的解释，演化就是"发展"和"变化"，"变化"已经进行过讨论，那么，什么又是"发展"呢？《现代汉语规范词典》的解释是：① 事物由小到大、由简单到复杂、由低级到高级的不断演变；② 吸纳新成员，使组织的规模扩充。[3] 通过解释可以看出，发展也是一种变化，但这种变化与普通的变化有所不同，这种变化不仅历时较久，而且还具有一定的方向性，例如由小到大、由简单到复杂、由低级到高级。

以上讨论的是"演化"一词的词义，如果从哲学的角度看，"演化"概念又有哪些含义呢？"演化哲学"从哲学的角度对"演化"概念进行了分析，认为"演化"概念包括四层含义：

① 泛指世界上的一切变化。也就是说，世界上所有的变化都可以用"演化"概念进行表达。

② 指事物一个比较完整的变化过程。"变化"的时间可长可短，不一定构成一个完整的过程，然而"演化"却不同，它不仅能构成一个比较完整的过程，并且还要持续一定的时间，否则就不能称为"演化"。例如一个婴儿突然哭了一声，从不哭到哭这是一个状态的改变，但这个改变持续的时间比较短，也构不成一个完整的过程，这种改变就是"变化"。而一个婴儿成长为成人，从婴儿到成人构成了一个完整的过程，而且这个过程持续的时间也比较长，这样的变化过程就是"演化"。

③ 指一事物向另一事物的变化。演化不仅指事物比较完整的演变过程，而且还指一事物向另一事物的变化，即一事物变成另一事物的过程。

④ 指那些具有方向的变化。这种方向既可以是由小到大、由简单到复杂、由低级到高级的正方向，也可以是由大到小、由复杂到简单、由高级到低级的负方向，还可以是正负交错、起伏不定的复杂方向。

通过分析可以看出，哲学中的"演化"概念具有多重含义，它可以从多个方面、多个角度更为细致地描绘事物的改变与变化，所以演化哲学用它来表达事物的所有演变与变化。

厘清了"演化"概念，还需要搞清另一个概念——"衍化"。从字面上看，似乎"衍化"与"演化"没有多大区别，但二者的含义却不尽相同。虽然"衍化"也是一种"演化"，但"衍化"指的主要是事物外部形式的变化，或者说表面的变化；而"演化"不仅指事物外部形式的变化，而且还包括事物内部性质的变化，所以"衍化"与"演化"的含义是不同的。由于"衍化"、"演化"含义不同，所以我们在使用的时候要注意区别。

"演化哲学"认为演化就是事物的演变与变化，但是，有许多概念同样也表达了事物的演变与变化，例如运动、变易、易、进化、飞跃、发展、退化、突变、突现等。那么，这些概念与演化又有什么关系呢？

我们首先讨论"运动"与"演化"的关系。长期以来，有不少哲学家在表达事物的活动与变化时，常常使用运动这一概念。例如辩证唯物主义就对物质的运动进行了专门探讨，认为运动是物质所固有的根本属性，是一切物质形态的存在形式。[4] 那么，什么是运动呢？辩证唯物主义创始人之一的恩格斯把运动解释为："宇宙中发生的一切变化和过程"[5] 然而，从运动一词的本义看，它主要是指物体空间位置的改变与变化，例如原子的运动、自由落体的运动以及宇宙天体的运动都是如此。由于运动主要是指物体空间位置的改变与变化，所以它很难表达宇宙中的一切变化和过程。例如人们把达尔文的生物进化学说称为"生物进化论"，但不能把它称为"生物运动论"，因为"进化"不同于一般的"运动"，所以"运动"概念难以涵盖"进化"。除了进化，宇宙中还发生着各种更为复杂的演变过程，把这些演变过程统统称为"运动"似乎不那么准确、贴切。由于"演化"概念具有丰富的内涵，它能够准确地表达各种复杂的演变过程，所以"演化"概念完全可以包括、涵盖"运动"概念。

我们再讨论"演化"与"变易"、"易"的关系。中国有一部著名的古代典籍——《易经》，其中的"易"就是"变"的意思，而"变易"也就是"变化"的意思。由于"演化"概念可以泛指世界上的一切变化，所以演化概念完全可以涵盖"变易"和"易"二概念。不仅如此，由于演化概念还可以准确地表达各种复杂的演变过程，所以用"演化"来表达事物的"变易"更好。

我们再讨论"演化"与"进化"的关系。什么是"进化"？《现代汉语规范词典》的解释是：① 生物由简单到复杂，由低级到高级，逐渐发展演化；② 泛指事物逐渐向好的方向发展变化。[6] 通过词典的解释可以看出，进化一词的基本含义也是变化，但与一般变化不同的是，这种变化是有方向的，这个方向就是由简单到复杂、由低级到高级，或者说向好的方向变化。由于"演化"概念中就包含着那些有方向的演变，所以"演化"概念完全可以涵盖"进化"概念。

"进化"是有方向的演变，而且这个方向是一定的，即总是向好的方向演变。然而在现实世界中，事物演变的方向并非是固定的，也不一定总是向好的方向演变。例如"退化"也是一种有方向的演变，但它的方向就与"进化"相反，"进化"的方向是由小到大、由简单到复杂、由低级到高级，而"退化"的方向却是由大到小、由复杂到简单（有些由复杂到简单并不是退化）、由高级到低级。由于"演化"概念中就包含着各种方向的演变，所以"演化"概念也可以涵盖"退化"。

我们再讨论"演化"与"发展"的关系。我们在前面已经分析过"发展"一词的含义，发展的第一个含义是指事物有方向的演变，这种演变与进化类似；发展的第二个含义是指事物规模的变化，而规模的变化就是事物演变的一种方式。由于"演化"概念中已经包含了这两种含义，所以"演化"概念完全可以涵盖"发展"。

我们再讨论"演化"与"飞跃"、"突变"的关系。根据《现代汉语规范词典》的解释，"飞跃"是指迅速的发展或进展，哲学上指事物完成由旧质向新质的转化。[7] 而"突变"的含义是：① 突然发生急剧的变化；② 质变。[8] 可以看出，"飞跃"与"突变"的含义有一定相似之处，二者都表达了事物迅速、急剧的变化，表达了事物所发生的从旧质到新质的转化，或者说一事物向另一事物的演变。在一事物演变成另一事物的过程中，会出现质变，会出现迅速、急剧的变化，这就是"飞跃"与"突变"。尽管"飞跃"和"突变"是一种迅速、急剧的变化，但由于它们都属于事物演变过程中的一个特殊阶段，所以它们同样也可以用"演化"概念来进行表达。

我们再讨论"演化"与"突现"的关系。"突现"一词的字面意思是"突然出现"，而系统论却赋予了它新的含义，系统论认为，当较低层次的事物组成较高层次的事物时，产生了不能用较低层次事物的性质解释的新特性，这种新特性就是突现。突现的本质就是高层次事物产生出了新属性与新功能，高层次事物为什么会产生新属性与新功能？演化哲学认为，这些新属性与新功能产生于事物新的组合和新的结构，是事物演化的结果。由于突现是事物演化的结果，所以"演化"也可以包括、涵盖"突现"概念。

通过以上探讨可以看出，"演化"是一个内涵丰富的概念，它不仅能够全面、准确地表达、刻画世界万物的演变与变化，而且还能够涵盖诸多同类概念，所以在表达、刻画世界万物的演变与变化时，"演化"无疑是一个更好的概念。这个问题也被一些科学家和学者所认识，例如中国科学院院士、古生物学家周忠和就认为，在表达生物的演变时，"演化"是一个更好的概念。他在一次演讲中说：长期以来，不少中国人把 evolution 翻译成"进化",并把达尔文的学说称为"进化论",这种表达不够准确,引起了不少误解。与"进化"一词比较,"演化"是一个更为准确的概念,所以用"演化"来表达生物的演变应该更好。[9]

第二节 演化的主体

上一节我们探讨了"演化"的定义,演化就是事物的演变与变化。那么,究竟是什么东西在进行演化呢?或者说演化的主体究竟是什么呢?演化就像一场戏剧,必须有演员进行表演;如果没有演员,戏剧肯定无法演出。同样的道理,演化也必须有主体,如果没有主体,那演化就不可能发生和进行。演化就是主体的演化,所以主体十分重要,那么,什么是演化的主体呢?演化哲学把其定义为:

所谓演化的主体就是演化的实施者或承担者,就是演化的"主角"。

演化必须有主体,没有主体演化就不可能发生与进行,这个道理似乎是不言自明的。然而,事情并非如此简单,因为有一些哲学家就提出了所谓"纯粹的变"、"纯粹的运动",他们认为在这些变化和运动中,并没有明确的主体。例如法国生命哲学家柏格森(Henri Bergson,1859-1941)也很重视运动与变化,他的哲学就被称为"变的哲学"。但是，他所说的运动变化就是纯粹的"动作"、"活动性"和"倾向"，而不是事物的运动变化。他声称："事物和状态不过是我们的心灵所采取的一种观点，事物是不存在的，存在的只有动作。"柏格森认为，世界上确实存在着运动与变化，但这些运动与变化并没有主体，它们是"纯粹的运动"或"纯粹的变"。英国唯心主义哲学家、数学家怀特海(Alfred North Whitehead，1861-1947)的"过程哲学"也持类似的观点，他认为事物和"能"没有什么区别，由于"能"是"纯粹"的运动与活动，所以世界的本质就是"纯粹"的活动，就是没有物质实体的"活动过程本身"。[10] 柏格森和怀特海的说法难以成立，他们所说的"纯粹的运动"、"纯粹的变"并非是纯粹的，因为这些运动和变化同样存在着主体，例如他们所说的"心灵"和"能"。

世界上所有的演化都存在着主体，没有主体的所谓"纯粹变化"、"纯粹运动"不可能存在。那么，演化的主体究竟是什么呢？演化哲学认为，演化的主体可以分为四个大的类型：

（1）物质客体

所谓物质客体是指人的心灵之外的所有物质及其组合物，由于这些物质组合物存在于人的心灵之外，并独立于心灵，所以我们把它们称之为"物质客体"。在这个世界上，物质客体无疑是一种最广泛的存在，它们广泛地存在于微观、宏观和宇观领域，小如物质粒子，大如宇宙天体，统统都是物质客体。正是由于物质客体是一种最广泛的存在，所以它们也是最重要的演化主体。例如在物理、化学、地质、天文以及生物等诸多领域中，演化的主体大都是物质客体。

（2）人类及人类社会

从最根本的意义上讲，人其实也是一种物质组合物，但由于人类已经进化成世界上最高级的智慧生物，已经不是普通的物质组合物，所以很有必要把人类列为一种特殊主体。从人类诞生到 21 世纪的今天，地球上大约存在过 1150 亿人，目前生活在地球上的人大约有 80 亿。为了更好地生存，人与人互相组合起来构成了一个庞大、复杂的组合体——人类社会。千万年来，人类及人类社会一直在不断地演化之中，所以人类及人类社会也是演化的主体。

（3）心灵主体

在人的心灵之外存在着一种演化主体——物质客体，那么，在人的心灵之内是否也存在演化的主体呢？答案是肯定的，因为心灵同样也在演化之中，所以在人的心灵中同样也存在着演化主体。那么，心灵的演化主体究竟是什么呢？演化哲学认为，心灵的演化主体可以分为两大部分：第一部分是大脑神经结构与组织。例如脑区、系统、神经网络、神经回路、神经元、突触、分子和离子等，它们是心灵的物质基础，人的心灵正是由它们所产生。由于大脑中的神经结构与组织也在不停地活动与变化，所以它们也是演化的主体。第二部分是大脑中的精神或意识，例如感觉、知觉、思维、观念、感情、梦、智慧、知识、文化等等。大脑中的精神或意识也在不停地演化之中，所以它们同样也是演化的主体。

（4）事物的属性或关系

除了物质客体、人类与人类社会以及心灵主体之外，还存在着另外一种演化主体，这就是事物的属性或关系，例如物质的能量、信息、时间、空间及其他属性或关系。演化哲学之所以把事物的属性或关系单独列为演化主体，目的是为了更准确、细致地研究事物属性或关系的变化；但需要指出的是，由于所有的属性或关系都是事物的属性或关系，所以属性或关系并非是独立的主体，真正的主体仍然是事物。英国哲学家怀特海把"能"作为演化的主体，并认为这种演化是没有物质实体的演化，他的观点其实是难以成立的，因为"能"或者说能量产生于物质的运动，它是物质运动的度量，是物质的一个属性，所以"能"的演化其实就是物质的演化。世界上并不存在脱离物质的纯粹能量，所以真正的演化主体仍然是物质及其组合体。

演化哲学认为演化的主体有四种，然而一些唯心主义哲学家却认为，世界演化的主体只有一种，那就是精神或意识。例如中国著名"心"学家王阳明的弟子钱绪山就认为：主观意识的"知"是世界演化的主体，他说："充塞天地间只有此知，天只此知之虚明，地只此知之凝聚，鬼神只此知之妙用，四时日月只此知之流行，人与万物之此知之合散，而人只此知之精粹也。"中国著名理学家朱熹（1130-1200）也认为，万物的运动都是由精神性的"太极"所推动和产生的，他说："总天地万物之理"的"太极"，"动而生阳，静而生阴"，"动极而静，静极复动"，从而产生出自然界来。马赫主义者毕尔生(Karl Pearson，1857-1936)也认为："万物都在运动，但只是在概念中运动。"。[11] 钱绪山、朱熹和毕尔生都认为，世界演化的主体只有精神或意识，其他主体并不存在。演化哲学认为，这种观点是偏颇的，演化的主体不仅有心灵主体——精神或意识，而且还有物质客体、人类和人类社会以及事物的属性与关系。

通过以上探讨可以看出，不仅世界上所有的存在物都在演化之中，而且世界这个整体也在不断地演化之中，所以我们完全可以得出这样的结论：世界万物都是演化的主体。

第三节 万物皆在演化

在组合哲学中，我们探讨了物质粒子如何通过不断组合产生了千姿百态、纷繁复杂的万物。但是，世界万物产生之后又会怎么样呢？它们是从此固定下来、永不再变，还是在不断地改变与变化呢？演化哲学认为，世界万物产生之后并不会固定下来、永不再变，而是在不断地改变与变化，在不断地演化之中。

为什么说世界万物在不断地演化之中？上一节我们探讨了演化的四类主体，这四类主体基本上能够涵盖世界上所有的存在，我们就通过这四类主体来说明这个问题。

在这个世界上，物质客体的存在无疑最为广泛，那么，这些物质客体是在不断地演化吗？物质客体分布在微观、宏观和宇观三大领域，我们首先看微观领域，微观领域的主角是各类粒子，例如强子、轻子、电子、质子、中子、原子等等，物理学证明这些粒子全都在不停地运动和演化之中。我们以电子为例，电子在电场的作用下进行定向运动（导体材料中的自由电子在电源产生的电场的作用下作定向运动），就会产生出电流；如果没有电子的运动和演化，那电流就无法产生，这就是说，电流其实就是电子的运动和演化。现代人类在生活中离不开电灯、电话、电视、电脑、电冰箱、电磁灶、电风扇、洗衣机、微波炉和空调等各种电器，而所有的电器都需要电流的推动，假若没有电子的运动和演化，那么所有的电器都无法运转，人类的生活也会受到严重影响。电子的演化能够产生电流，而原子核的演化则会产生可怕的后果，当铀 235 或钚 239 等重原子核以特定的方式——"裂变链式反应"进行演化的时候，就会释放出巨大的能量，产生光热辐射、冲击波和感生放射性，从而造成大规模的杀伤和破坏，这就是人们常说的原子弹与核武器，威力巨大的核爆炸其实就是原子核演化的结果。电子的运动与演化能够产生用途广泛的电流，原子核的演化能够产生出威力巨大的核爆炸，这些事实说明微观粒子确实在不断地演化之中。不仅是电子和原子核，微观领域中的所有粒子及物质形态都在不停的演化之中，那种永恒不动、永远不变的粒子或物质形态是不存在的。

在宏观领域，物质客体的演化更为普遍，也更加常见。例如人类生存于天空之下，这个"天"并不像汉代大儒董仲舒（公元前 179 - 前 104）所说的那样是永恒不动、永远不变的，即"天不变道亦不变"。"天"既可以是晴空万里、白云飘飘，也可以是乌云弥布、电闪雷鸣，还可以是北风呼啸、大雪纷飞，这说明"天"也在不断地发生着变化，也在不断地演化之中。人类不仅生存于天空之下，而且还生存于大地之上，那么，大地是永恒不动、永远不变的吗？从表面看，大地似乎稳如泰山、很少变化，但是，如果深入到大地内部就会发现，大地其实也在不断地运动和演化之中。最典型的例子就是地震，人类所说的"大地"其实就是地球的表层，构成地球表层的是岩石圈，地质学家把它称为"地壳"。由于地球在不停地进行着自转和公转，它内部的物质也在不停地进行着分异，所以地球表层的地壳也在不断地运动和演变之中，这就是地壳的构造运动。当地壳进行构造运动时，构成地壳的不同板块之间就会相互挤压、碰撞，造成板块边沿及板块内部的错动与破裂，于是引起了地震。这就是说，地震其实就是大地或地壳的运动与演化，但是，这种运动与演化会给人类带来巨大灾难，当地震发生的时候，房倒屋塌、人员被埋、家园被破坏。作者经历过1976年的唐山大地震和2008年的汶川大地震，两次大地震均导致数十万人伤亡，确实是人类的大灾难！

天地都在演化之中，天地之间还存在着大量的物质客体，那么，这些物质客体也在演化吗？我们以大地上最为常见的一种植物——"草"为例，唐代大诗人白居易（772 - 846）曾经写过一首著名的诗"赋得古原草送别"，其中前四句是："离离原上草，一岁一枯荣。野火烧不尽，春风吹又生。"这四句诗的意思是：草原上的野草长得很十分茂盛，每年都会经历枯萎和繁荣的过程。野火也无法将它们烧尽，当春风吹起的时候，它们又生长了出来。白居易的诗形象地描述了野草的演化过程：从"荣"到"枯"，又从"枯"

到"荣","荣""枯"交替，生生不息。野草只是一种普通的植物，这种普通的植物在进行着演化，那么，世界上其他的植物是否也在演化呢？

光合作用的创始人季米里亚捷夫（1843 - 1920）用优美的词语写道："绿叶，或者确切地说，叶绿素的绿色微观颗粒，是宇宙空间的一个焦点，从它的一端射进太阳能，而从它另一端开始地球上生命的一切表现。植物是天地之间的中介，它是真正从天上盗取火的普罗米修斯。在闪烁的松明中，在夺目的电花中，都燃烧着它盗来的阳光。无论是大蒸汽机的庞大飞轮，也无论是画家或诗人手下的笔，无不是由太阳推动起来的。"光合作用发生两个演化过程：其一，光反应过程。叶绿素吸收光能，并将光能转变成不稳定的化学能，同时将水分解为氧和氢，氧以分子态释放出来。其二，暗反应过程。利用第一步合成的富能物质，把 $CO2$ 转变成碳水化合物，不需阳光，所以称暗反应。[12]

光合作用的反应过程如下：

太阳光

水+二氧化碳 ——→ 糖、淀粉 +氧气

绿色植物

（叶绿粒内的叶绿素）

$$6\,CO_2 + 12\,H_2O \xrightarrow[\text{叶绿体}]{\text{光能}} C_6H_{12}O_6 + 6H_2O + 6O_2$$

在太阳光的作用下，绿叶中的叶绿素把水和二氧化碳转化为糖、淀粉和氧气，为地球上的生命提供宝贵的淀粉、糖和氧气，这是一个十分重要的演化过程。

植物在演化之中，那么，世界上的动物会发生演化吗？答案是肯定的，1859 年，英国著名科学家达尔文在《物种起源》一书中提出"生物进化论"，他认为生物通过与环境的相互作用，不断发生变化，并沿着从简单到复杂、从低级到高级的方向进化。"生物进化论"通过大量的事实证明，世界上所有的生物都在不断地演化之中。地球上已被发现的生物多达 200 万种，这些生物都在不断地演化之中，那种永恒不动、永远不变的生物是不存在的。生物在不断地演化之中，其他的物质客体同样也在演化之中。

观察了微观和宏观领域，我们再观察宇观领域。在浩瀚的宇宙中，存在着不计其数的天体、星系以及其他物质形态，那么，它们是永恒不动、永远不变的，还是在不停地运动与演化之中呢？地球是人类的家园，我们就以地球为例，首先，地球在不停地进行着自转，形成了昼夜；同时地球还在不停地进行着公转，形成春夏秋冬四季。地球只是太阳系中的一颗行星，那么，太阳系中的其他行星也在转动吗？答案是肯定的，地球和水星、金星、火星、木星、土星、天王星、海王星共同构成了太阳系中的八大行星，这八大行星都在围绕着太阳旋转，它们都在不停地运动与演化之中。八大行星都在围绕着太阳旋转，那么，太阳是永恒不动、永远不变的吗？答案同样也是否定的，虽然太阳是太阳系的中心，但它也在不停地进行着运动与演化。热核反应是太阳演化的一种重要方式，亿万年来，太阳一直在进行着热核反应；由于热核反应，太阳的表面温度平均达到 6000 摄氏度，而中心温度竟然高达 1500 万度！不仅地球、太阳在演化之中，宇宙中其他的天体同样也在进行着演化。我们以恒星为例，现代科学认为，恒星是由漂浮在宇宙中的稀薄气体和尘埃物质演化而成的，这些星际气体和尘埃物质相互吸引、聚集成团，逐渐演化成为红外星。演化继续进行，当红外星的内部温度升高到摄氏 700 万度时，就会发生氢聚变为氦的热核反应，这时红外星演化为主序星。主序星继续演化，它的外壳会发生急剧膨胀，星体变得很大而表面温度下降，这时主序星演化为红巨星。红巨星继续演化，当它的内部温度升高到 60 亿度时，红巨星就会发生大爆发，大量向外界抛射物质，光度也会突然成万倍甚至成亿倍地增加，这时红巨星就演变成新星和超新星。恒星大爆发后，剩余的中心部分在引力的作用下剧烈塌缩，形成了体积较小而密度极高的白矮星、中子星、黑洞以及星际物质。为了更清楚地了解恒星的演化，我们把恒星的演化流程概括如下：

星际气体与尘埃物质 → 红外星 → 主序星 → 红巨星 → 新星爆发和超新星爆发 → 白矮星、中子星、星际物质与黑洞[13]

通过地球、太阳、太阳系以及恒星的演化可以看出，与微观和宏观领域一样，宇观领域中的物质客体也在不停地演化之中。

物质客体在不断演化之中，那么，人类与人类社会是否也在不断演化之中呢？人是人类社会的主体，我们首先观察人，从呱呱坠地的那一刻起，人就开始了自己的演化历程，婴儿成长为幼儿，幼儿成长为儿童，儿童再成长为青年，青年又成长为壮年和中年，中年之后进入老年，直到生命的结束。我们可以把一个人的生命历程概括如下：

婴儿→ 幼儿→儿童→ 青年→ 壮年→ 中年→ 老年→ 死亡

通过一个人的生命历程可以看出，在几十或百年的生命历程中，一个人从婴儿变成幼儿、儿童、青年、壮年、中年和老人，从有生命的人到最后失去生命，人一直在不停地变化和演化之中，一个人的生命史其实就是他的演化史。

人类互相组合构成了人类社会，人类社会就是人类的组合体，这个组合体也在不断地演化之中。那么，人类社会又是如何演化的呢？不少社会学家、哲学家和政治学家都认为，人类社会是分阶段进行演化的，例如马克思主义就认为，人类社会的演化分五个阶段：原始社会、奴隶社会、封建社会、资本主义社会、社会主义或共产主义社会。美国著名社会学家塔尔科特·帕森斯（Talcott Parsons，1902—1979）则认为，人类社会的演化分四个阶段：原始社会、古代社会、高等中间社会与近代社会；而美国著名学者丹尼尔·贝尔（Daniel Bell, 1919—2011）却认为，人类社会演化的四个阶段是：渔猎采集时代、农业社会、工业社会、后工业社会或信息社会。[14] 尽管人们对演化的具体阶段看法不一，但对"人类社会在不断地演化"这一点并无疑义。通过人类社会演化的不同阶段可以看出，从最初的原始社会到 21 世纪的现代社会，人类社会发生了巨大的变化，这些变化有力地证明了人类社会确实是在不断地演化之中。

每个国家和民族都有自己的历史，这些历史也能证明人类社会是在不断地演化之中。我们以中国历史为例，从数十万年前的旧石器时代到 21 世纪的今天，中国已经经历了旧石器时代、新石器时代、夏、商、周、秦、汉、东汉、三国、晋、南北朝、隋、唐、五代、宋、元、明、清、中华民国及中华人民共和国共 20 个朝代或历史时期。在这些不同的朝代或历史时期中，中国社会发生了一次又一次的变化，这些变化正是中国社会演化的结果。在数十万年前的原始社会，中国的先人们躲藏在黑暗潮湿的山洞中，茹毛饮血、钻木取火，过着野兽一般的生活；而在 21 世纪的今天，不少中国人都住进了明亮、舒适的高层楼房，穿着漂亮的衣服，吃着丰盛的食物，用着彩电、手机、电脑、空调、冰箱、洗衣机等各种电器，他们过的是现代化的生活。将原始社会与现代社会进行比较，可以说是发生了翻天覆地的变化，中国社会之所以会发生翻天覆地的变化，根本原因就是它在不断地演化。

人类与人类社会在不断地演化之中，那么，心灵主体也在演化之中吗？"演化哲学"认为，心灵主体同样也在不断地演化之中。我们在上一节进行过探讨，心灵主体可以分为两大部分：第一部分是大脑神经结构与组织，例如脑区、系统、神经网络、神经回路、神经元、突触、分子和离子等，它们是心灵的物质基础，人的心灵正是由它们所产生。第二部分是大脑中的精神或意识，例如感觉、知觉、思维、观念、感情、梦、智慧、知识、文化等等。我们首先探讨第一部分，即大脑神经结构与组织。大脑是世界上最复杂、最高级的物质结构，它之所以能够成为最复杂、最高级的物质结构，根本原因就是它在不断地演化。我们以脑容量为例，类人猿的脑容量是 415 毫升，早期猿人的脑容量是 600 ~700 毫升，晚期猿人的脑容量是 1000 毫升，智人的脑容量已达 1400 毫升，现代人的脑容量是 1400 毫升。通过脑容量的变化就可以看出，大脑神经结构确实在不断地演化之中。脑容量只是大脑的一个方面，更重要的演化是神经结构，通过不断地演化，大脑的神经结构变得越来越复杂，功能也越来越高级。

我们以大脑皮层的前额叶为例，前额叶是位于大脑皮层最前方的一块联合皮层，人类前额叶由布劳德曼（Brodmann）的 9~14 区及 45~47 区组成。前额叶是一个"多重感觉皮层"，视觉、听觉、触觉、嗅觉及味觉信息都向前额叶皮层传递，在那里进行整合；更为重要的是，前额叶还具有高级认知功能。前额叶是一个重要的神经结构，它也在不断地演化之中，科学家们发现，在哺乳动物的进化过程中，猫的前额叶增加了 3%，黑猩猩增加了 17%，而人则增加了 29%。这个事实说明，大脑的重要神经结构——前额叶也在不断地演化之中。

大脑神经结构在不断地演化之中，那么，大脑中的精神或意识是否也在演化之中呢？精神或意识是大脑的功能与产物，这些功能与产物同样也在不断地演化之中。我们以知识为例，知识是大脑思维的产物，通过记忆存储在大脑之中。在一个人的婴幼儿时期，大脑中存储的知识十分贫乏，随着年龄的增长，特别是接受了系统的教育后，通过不断地读书、学习和实践，人脑中的知识会变得越来越多，在人生的某一个时期，脑中存储的知识会达到一个顶峰。但是，当人进入老年之后，随着大脑神经结构的老化，或脑疾病的发生（例如阿尔茨海默症即老年痴呆），人脑中存储的知识会被遗忘，这样脑中的知识就会变得越来越少，甚至有可能返回到婴幼儿的水平。知识由少到多，再由多到少，通过这些变化就可以清楚地看出，人脑中的知识也在不断地演化之中。

心灵主体在不断地演化之中，那么，事物的属性或关系也在不断演化吗？我们在上一节已经指出，属性或关系并非是独立的主体，真正的主体仍然是事物，既然事物——物质客体、人类及人类社会和心灵主体都在不断地演化之中，那么，附属于主体的属性或关系也必然在不断地演化。我们以时间为例，时间是物质的一个重要属性，它同样在不断地演化之中。中国古代著名教育家孔子（公元前 551 – 公元前 479）曾经望着汹涌向前的河水说："逝者如斯夫，不舍昼夜"，（《论语子罕篇》）这句话的意思是，时间就像这奔流的河水一样，不论白天黑夜不停地流逝，一去而不复返。确如孔老夫子所言，如果从 137 亿年前的宇宙大爆炸开始，时间已经演化了 137 亿年之久，而且还将继续演化下去。

能量也是物质的一个重要属性，它同样也在不断地演化之中。最典型的例子就是能量的转化，例如与现代人类关系最为密切的电能就在不断地演化之中。首先，电能可以从其他的能量转化而来，例如通过发电机，机械能就可以转化为电能；通过电池，化学能也可以转化为电能；通过光伏电池，太阳光能同样也可以转化为电能。不仅其他能量可以转化为电能，电能同样也可以转化为其他能量。例如通过电扇，电能可以转化为机械能；通过电灯，电能又可以转化为光能；而通过电炉，电能还可以转化为热能。转化也是演化的一种方式，通过电能与机械能、化学能、光能及热能之间的转化，就可以看出能量也在不断地演化之中。

不仅事物的属性在演化之中，事物之间的关系同样也在不断地演化之中。东德与西德的关系就是一个典型的例子，二次世界大战后，由于被苏联和美国分别占领，德国分裂成为两个国家——东德与西德。当时的东德属于社会主义阵营，而西德则属资本主义阵营，二者构成了一对矛盾，它们的关系是对立关系；但是，在分裂了 45 年后的 1990 年的 10 月，随着苏联解体和东欧的剧变，东德加入西德，东德从社会主义的一方转化到资本主义的一方，二者由对立关系演变成为同一关系。通过东、西德的例子就可以看出，事物之间的关系也在不断地演化之中。

对于世界万物的演化，哲学家们也多有论述，古希腊哲学家赫拉克利特就曾说过，一切都在流动，都在不断地变化、不断地产生和消灭。中国的古老典籍《易经》也说过："易……之为道也屡迁，变动不居，周流无虚，上下无常，刚柔相易，不可为典要，唯变所适。"法国哲学家狄德罗说："一切都在变，一切都在过渡，只有全体是不变的。世界生灭不已，每一刹那都在生都在灭，从来没有例外，也永远不会有例外。"[15] 马克思主义创始人之一的恩格斯在《自然辩证法》一书中曾对世界万物的演化或变化进行过精彩的论述："整个自然界，从最小的东西到最大的东西，从沙粒到太阳，从原生生物到人，都处于永久的产生和消灭之中，处于不间断的流动之中，处于不休止的运动和变化中"。[16] "当我们深思熟虑地考察自然、人类历史或我们自身的精神活动时，在我们面前首先呈现的是种种联系和交互作用的无限错综之图画，其中没有任何东西是不动的和不灭的，万物皆动、皆变、皆生、皆灭。"[17]

通过以上探讨，我们就可以回答本节开头所提出的问题：当世界万物产生和形成之后，世界万物又会怎么样？它们是从此固定下来、永不改变，还是在不断地改变与变化？世界万物产生和形成之后，它们不会从此固定下来、永不改变，而是在不断地改变与变化，在不断地演化之中，"万物皆动、皆变、皆生、皆灭"。

演化是世界万物的存在方式，存在就必然演化，不演化就无法存在。

第四节 万物如何演化？

本节探讨的核心问题：万物如何演化？

第四节内容脉络：

一、空间位置的演化

二、外部形态的演化

三、量的演化

四、阶段性演化

五、质的演化

六、结构的演化

七、对子的演化

八、组的演化

九、群的演化

十、系列的演化

十一、序列的演化

十二、系统的演化

十三、场的演化

十四、环境的演化

十五、层的演化

　　第三节我们探讨了演化的普遍性，世界万物产生和形成之后，它们不会从此固定下来、永不改变，而是在不断地改变与变化，在不断地演化之中，"万物皆动、皆变、皆生、皆灭"。世界万物在不断地演化之中，那么，它们又是如何演化的呢？本节就对这个问题进行专门探讨。

　　世界上的事物纷繁复杂、千姿百态，它们的演化自然也是纷繁复杂、千姿百态的，那么，我们又如何描述、揭示这些纷繁复杂、千姿百态的演化呢？为了深入、系统地描述、揭示万物的演化，演化哲学将从不同的角度、分门别类地对万物的演化进行探讨，试图揭示万物的演化过程与规律。

一、事物空间位置的演化

在万物的演化中，事物空间位置的演化无疑是一种最基本、最常见的演化。**所谓"空间位置的演化"是指，事物所在的空间位置发生了移动或变化，例如一事物从原来所在的位置A移动、变化到新的位置B。** 人们常常把这种空间位置的演化称之为运动、移动、活动、位移等。由于是事物所在空间位置的移动与变化，所以可以把这种演化简称为"位变"。

位变是一种最为多见的演化，例如人在行走、跑步、登山或旅游的时候，他所在的空间位置就会不断地发生着变化。汽车在公路上飞驰，它所在的空间位置也在不断地发生着变化。飞机在天空飞行，从一个城市到另一个城市，从一个国家到另一个国家，它所在的空间位置发生着巨大的变化。兔子在田野中奔跑，鱼在水中游动，鸟在天空翱翔，它们所在的空间位置也在不断地发生着变化。月亮围绕着地球、地球围绕着太阳不停地旋转，它们的空间位置也在不断地发生着变化。

这样的例子不胜枚举，空间位置的演化是一种最基本的演化方式，正是通过这种演化，世界上的事物才"动"起来、"活"起来，整个世界才变成一个"活"与"动"的世界，变成一个有生气的世界。

事物在发生着空间位置的演化，那么，我们如何描述和计量事物的位变呢？在现实生活中，在各门具体学科中，人们常常采用各种不同的方法对位变进行精确的描述与计量。那么，哲学又如何描述和计量事物的位变呢？我们在第三章第十一节探讨过"层系坐标系"，通过"层系坐标系"，哲学就有可能对事物的位变进行描述和计量。

那么，如何通过层系坐标系对位变进行描述和计量呢？所有的事物都处于一定的层中，所以该事物在这个层中必然有自己的存在地，这个存在地就是该事物的"层位"（"层位"就是一事物在层中的位置）。由于层系是诸多层组合而成的一个垂直系统，所以每一个层又都有自己的层级；由于该事物就存在于这个层中，所以这个层的层级也是该事物的层级。知道了一事物具体的"层位"和"层级"，那么，我们通过层系坐标系就能够对该事物的位置进行描述和计量，就能够对事物进行比较准确的定位。我们可以把层系坐标系看作是世界的三维地图，所以确定了该事物在层系坐标系中的位置，那就等于确定了它在世界中的位置。不仅如此，通过层系坐标系，我们还有可能对事物的具体位置做出比较精确的描述与计量。例如事物 A，假如它的"层位"是 m，所在的"层级"是 n，那么，事物 A 在层系坐标系中的准确位置就是 A（m／n），即 n 级 m 位。

通过层系坐标系，我们对事物的位置做出了精确的描述和计量，那么，又如何对事物的位变进行描述和计量呢？我们还以事物 A 为例，例如它原来的位置是（m1 / n1），如果它变化到（m2 / n2），那么，它的位变就是：

$$A（m1 / n1）\rightarrow A（m2 / n2）$$

由于所有的事物在层系坐标系中都有自己的位置，所以通过层系坐标系就能够对事物的位变做出比较精确的描述和计量。

事物的位变也可以通过数学的方式进行表达：

$$A（m1 / n1）\rightarrow A（m2 / n2）$$

对量子力学比较熟悉的朋友们可能会提出疑义，量子力学有一个著名的原理叫"测不准原理"，既然微观粒子的位置是测不准的，那么，通过层系坐标系也不可能对事物的位变做出精确的描述和计量。"测不准原理"又叫"不确定性原理"，由海森堡提出，那么，不确定性原理说的究竟是什么呢？不确定性原理主要是指，微观粒子的动量和位置不能同时测量到，我们越是要精确地观察粒子的位置，那粒子的动量就越观察不精确，反之亦然；由于无法同时精确地测量微观粒子的动量和位置，所以叫测不准。但是，演化哲学所探讨的事物位变与量子力学的粒子测量并不完全相同，因为演化哲学所探讨的仅仅是事物位置的变化，并不涉及"动量"，所以量子力学的不确定性原理在这里是无效的。微观粒子也在发生着位变，虽然这种位变与宏观事物和宇观事物有所不同，但是从演化哲学的角度看，微观粒子的位变同样也可以通过层系坐标系进行描述和计量。

二、事物外部形态的演化

探讨了位变，我们再探讨另一种演化，这就是事物外部形态的演化。

在探讨外部形态的演化之前，我们首先应该知道什么是"外部形态"？在第三章"组合哲学"的第五节，我们在探讨构成"物"的要素时已经指出，构成物的第四个要素是外部形态。由于物是一个独立的整体，这个独立的整体必然会形成一定的外部形态，如形状、体积、颜色、温度、气味等等。假若用流行的语言来表述，那外部形态就是物的"面子"。人类在感知事物时首先感知的就是它的外部形态，所以外部形态是人类感知、识别事物的首要环节。

事物的外部形态并不是一成不变的，它们也在不断地演化之中，演化哲学把这种演化简称为"形变"。如果不了解事物的"形变"，那就很难正确地感知、识别事物。那么，事物的外部形态又是如何演化的呢？我们首先以月亮为例，人们把月亮的外部形态称之为"月相"，那么，月相又是如何演化的呢？在农历的一个月里，月相的演化表现为八种不同的形式，它们分别是：新月（朔月），出现在农历的初一，月相为一弯细线；蛾眉月，出现在农历的初二～ 初六，这时的月相如眉似弓；上弦月，出现在农历的初七、初八，月相呈半圆；渐盈凸月，出现在农历的初九～ 十四，月相呈椭圆；满月（望月），出现在农历的十五、十六，这时月相如同圆盘；渐亏凸月，出现在农历的十七～ 二十三，月相呈椭圆；下弦月，出现在农历的二十三左右，月相呈半圆；残月，出现在农历的二十四～月末，月相如眉似弓；在农历月的最后一天又变回新月，月相又变成一弯细线。在农历的一个月里，月亮的外部形态演化为八种不同的形式，如下图所示。

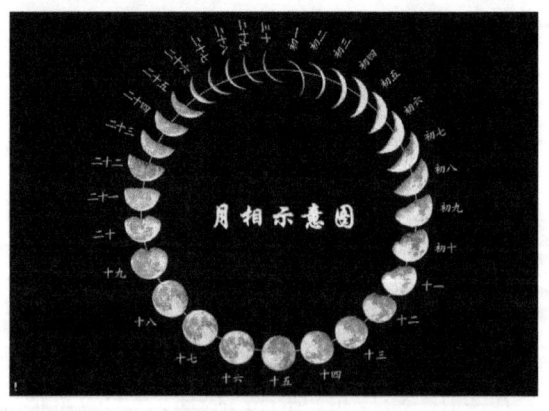

（图9）　　月相演化示意图（来自百度）

通过月相的变化可以清楚地看出，月亮的外部形态在不断地发生着变化。天上的月亮在发生着形变，那么，地上的事物会发生形变吗？答案是肯定的，我们以花为例进行探讨。地球的大地上生长着各种各样的花，这些美丽的花朵为地球增添了许多色彩。花的种类繁多，我们以牡丹花为例，当牡丹花开放的时候，它们的花朵姹紫嫣红、色彩艳丽、美不胜收。然而好花能有几时红，当牡丹花凋谢的时候，这些花朵纷纷枯萎凋零，艳丽的色彩也不复存在；而等到寒冬到来的时候，牡丹又变成了一棵光秃秃的枝桠，不仅没有了艳丽的花朵，而且连花叶也脱落了。盛开的牡丹、凋谢的牡丹、寒冬中的牡丹，牡丹花的外部形态发生着显著的变化。通过牡丹花的形变就可以看出，花的外部形态并非是一成不变的，它们也在不断地发生着演化。花只是一个例子，其实世界上所有的植物、动物以及生命体都在不断地发生着"形变"。

人是最高级的动物，人被称为万物之灵长，那么，人的外部形态会发生演化吗？我们在上一节讨论过人的生命历程：婴儿→ 幼儿→儿童→ 青年→ 壮年→ 中年→ 老年→ 死亡。在生命的不同阶段，人的外部形态也在不断地发生着变化。例如在婴儿时期，一个人的个子只有几十厘米，小手、小脚、小小的脸庞，皮肤细嫩，头上长着稀疏的头发，躺在摇篮里十分可爱。婴儿在慢慢地长大，经过幼儿和儿童时期，昔日的婴儿已经成长为一个青年，这时他的个子已经由昔日的几十厘米长到 $100 \sim 200$ 多厘米，昔日的小手小脚也变成了粗壮有力的大手和大脚，小小的脸庞也变成了成人的脸，头上长着浓密的头发，他不再躺在摇篮里，而是稳稳地站立在大地上，四处活动、奔走。再经过壮年和中年时期，青年又变成了一个老人，他的个子逐渐变矮，手脚僵硬，弯腰躬背，一脸皱纹，满头白发，战战兢兢，步履艰难，老态龙钟。通过婴儿、青年和老年三个不同的阶段可以看出，人的外部形态也在不断地发生着演化。

月亮、牡丹和人只是几个例子，其实世界上所有事物的外部形态都不是一成不变的，它们都在不断地演化之中。有的事物形变比较显著，有的事物形变不那么显著，但是，所有的事物都在以不同的方式、不同的速度在进行着形变。那么，事物的外部形态为什么会不断地演化呢？演化的原因主要有两个方面，一是内部原因，最多见的是内部结构的改变导致了外部形态的变化。例如人的外部形态之所以发生那么大的变化，根本原因就是人体结构的改变。二是外部原因，外部环境、外部事物的作用导致了外部形态的变化。例如牡丹花，它的外部形态之所以发生那么大的变化，根本原因就是因为外部环境的温度。当温度适宜的时候，牡丹花就盛开；当温度不适宜的时候，牡丹花就凋零。

事物的外部形态在不断地演化之中，万物之所以千姿百态、丰富多彩、变化多端，其中一个重要原因就是事物外部形态的演化。研究事物外部形态的演化，对我们感知、识别和认识事物大有裨益。

三、事物量的演化

上一小节探讨了事物外部形态的演化，这一小节探讨事物量的演化。

在探讨量的演化之前，我们首先讨论"量"这一概念。究竟什么是"量"？或者说"量"这一概念的定义是什么呢？中国哲学界对"量"一直是这样定义的：量是事物存在和发展的规模、程度、速度，以及事物构成因素在空间上的排列等可以用数量表示的规定性。[18] 半个多世纪以来，不仅哲学界，中国的其他学科在讲到"量"时采用的大都是这个定义，这个定义代表了中国主流学术界对"量"这一概念的认识。虽然该定义代表了中国主流学术界的认识，但是，当我们认真审视该定义时就会发现，这个定义只是对量的各种类型进行罗列，并没有真正揭示出"量"这一概念的内涵，通过该定义人们仍然无法明白究竟什么是"量"，所以这个定义并不能让人满意。

传统定义不能让人满意，那又该如何定义"量"呢？经过反复思考与探索，演化哲学对"量"这一概念进行了新的定义：

量是对事物的数量、规模以及演化程度等属性的度量。

新定义揭示了量这一概念的内涵，对量做出了更为深入、准确的解释。首先，新定义明确揭示了量的本质：量是对事物的一种度量。世界上所有的事物都具有数量、规模、演化程度等属性，那么，人如何认识这些属性呢？人正是通过"量"对事物的数量、规模、演化程度等属性进行度量，从而对事物形成比较细致和精确的认识。例如一个农民收获了一堆麦子，但他不知道这堆麦子的数量是多少，他只有通过磅秤对麦子度量后，才能够精确地知道这堆麦子的数量或者说量。人在认识事物的时候正是如此，只有对事物的某些属性进行度量之后，才有可能对事物的量有一个比较细致和精确的认识，所以量其实就是人类对事物的一种度量。与传统定义相比较，新定义最大的特点就是明确揭示了量的本质，这样通过新定义，人们就有可能清楚地知道"量"究竟是一个什么东西。

新定义不仅揭示了量的本质，而且还揭示了"量"所度量的内容：事物的数量、规模及演化程度等。一个具体事物，总是有许许多多的性质与关系，或者说有许多属性，然而"量"度量的并非是事物的所有属性，它所度量的只是事物的数量、规模以及演化程度等属性，这些属性就是"量"度量的内容。

那么，什么是"事物的数量"呢？所谓"事物的数量"就是指事物或者构成事物的元素的多少。我们以人口为例，根据 2018 年的统计，中国的人口数量是 13.9 亿，美国的人口数量是 3.27 亿，英国的人口数量是 6657.5 万，而世界上人口最少的国家比尔泰维勒，则只有 2 个人。通过对这些国家人口数量的统计或者说度量，我们就能够准确地知道这些国家人口的量。中国的人口数量达到 13.9 亿，这说明中国人口的量大；比尔泰维勒只有 2 个人，这说明比尔泰维勒人口的量很小。

通过量不仅能够度量事物数量的多少，还能度量事物规模的大小，规模是指事物的体积、重量以及所占据的空间等。例如渔缸中的一条小金鱼与大海中的一条大鲸鱼相比较，二者的规模就存在着巨大差异，小金鱼的体积、重量以及占据的空间都很小，所以它的"规模"就比较小；而鲸鱼的体积、重量以及占据的空间都很大，所以鲸鱼的"规模"就大。再如一所乡村小学与一所著名大学相比较，虽然它们在数量上是相等的——都是"一"所，然而二者的规模、二者所占据的空间却存在着巨大差异。通过对事物规模的度量，人们就能够对事物的量有一个比较细致和精确的认识。

通过量不仅能够度量事物的数量和规模，而且还能够对事物的演化程度进行度量。所谓事物的"演化程度"是指，事物运动的速度、变化的程度以及演化水平的高低等等。我们以运动速度为例，人类正常行走的平均速度大约为 5～7 公里/每小时，汽车在高速公路上行驶的速度大约为 100 公里/每小时，高速动车的平均运行速度大约为 300 公里/每小时，而一般民用客机的飞行速度大约为 800 公里/每小时。通过对人、汽车、高速动车和飞机的运动速度的度量，人们就能对他（它）们运动的量有一个比较精确的认识。

我们再讨论"演化水平"，目前世界上有 195 个国家，195 个国家的发展水平存在着巨大差异，那么，如何度量一个国家的发展水平呢？度量的主要标准是经济发展水平、科学技术发展水平和国民生活水平，根据这三条标准，人们把 195 个国家大致分为三种类型：发达国家、发展中国家和不发达国家。全面度量一个国家的经济发展水平、科学技术发展水平以及国民的生活水平，操作十分复杂，于是学者们提出了一个更简便的标准来度量国家的发展水平，这就是人均 GDP 达到 10000 美元左右。如果一个国家的人均 GDP 达到或超过了 10000 美元，经济发展水平、科学技术发展水平以及国民生活水平都比较高，那么，这个国家就是发达国家；如果一个国家的人均 GDP 尚没有达到 10000 美元，经济发展水平、科学技术发展水平以及国民生活水平也不够高，那么，这个国家就是发展中国家；如果一个国家的人均 GDP 远远低于 10000 美元，经济发展水平、科学技术发展水平以及国民生活水平都比较低，那么，这个国家就是不发达国家。通过人均 GDP 及三条标准，就能够对一个国家的发展水平或者说演化程度做出度量。

搞清了什么是"量"，那么，事物的量又是如何演化的呢？我们以人的年龄为例，从一个人呱呱坠地那时起，他的年龄的量就开始了演化，每当他在这个世界上生存一年，他的年龄的量就会增加 1 岁。1 岁、2 岁、3 岁、4 岁、5 岁……，假如这个人活了 90 年，那么，他的年龄的量就会增加到 90。于是这个人年龄之量的演化就构成了一个序列：1 岁——2 岁——3 岁——4 岁——5 岁……——90 岁；由于这个人在 90 岁时生命结束了，那么，他年龄之量的演化自然也就终止了。一个人从呱呱坠地开始，年龄之量在逐年增加，但当他生命结束的时候，年龄之量又突然降为零，这又构成了一个演化序列：1 岁——90 岁——0。通过这两个序列就可以看出，人的年龄之量也在不断地演化之中。

生活在现代社会，人很难离开钱，而一个人拥有的钱的量也在不断地演化之中。我们以炒股为例，随着股市的上下波动，炒股者手中钱的量也在不断地演化之中。当股市行情上升的时候，如果操作得当，那么，炒股者手中钱的量就会增加，有的人甚至一夜暴福，成为富翁；但是，当股市行情下降的时候，再加上操作失当，那么，炒股者手中钱的量就会迅速下降，有的甚至会降为零，恨不得跳楼自杀！从进入股市开始，炒股者手中钱的量就像大海中的波浪一样，高高低低、多多少少，始终在不断地演化之中。

2000 年左右，在中国行政当局的主导下，出现了一次大规模的高校合并潮，把多所大学合并为一所更大的大学。例如原来的浙江大学与杭州大学、浙江医科大学、浙江农业大学合并成为一所更大的浙江大学，原来的武汉大学与武汉水利电力大学、武汉测绘科技大学、湖北医科大学合并为一所更大的武汉大学，原来的郑州大学与郑州工业大学、河南医科大学合并成为一所更大的郑州大学。原来是一所大学，规模较为有限，但几所大学合并之后其规模就大大增加了，这也是一种量的演化。

通过以上探讨可以看出，事物的量并非是固定的，它们也在不断地演化之中，演化哲学把事物量的演化简称为"量变"。什么是量变？

所谓量变就是事物的数量、规模以及演化程度等属性的变化。

量变是事物演化的一种方式，那么，如何通过数学的方式对量变进行表达呢？由于数学就是专门表达事物量的关系的学科，所以通过数学就能很好地对事物的量变做出表达。我们在上面讲过一个人年龄之量演化的例子，如果用数学的方式表达，那么，这个演化就可以表达为：

$$\Sigma i = 1 + 1 + 1 + \cdots + n$$
$$其中\ i = 1, 2, \cdots, n$$

我们还举过炒股的例子，假如这个炒股者开始进入股市的钱数为 100 万人民币，股市行情上升时他赚了 30 万，这时他手中的钱数就增加到 130 万；但当股市行情下降的时候，他却赔了 120 万，这时他手中的钱数又减少到 10 万。如果用数学的方式来表达这个炒股者手中钱数的演化，那就可以表达为：

100 万＋30 万－120 万＝10 万

量变的普遍表达式是：

$$\sum i = q1 + q2 + q3 + \cdots + qn$$

其中 $1 \leqslant i < n$，式中 q 表示量变，$\sum$ 表示量变之和。

四、阶段性演化

上一小节探讨了事物量的演化，这一小节探讨事物的阶段性演化。

什么是阶段性演化？事物一个完整的演化过程大都要经历若干不同的阶段，在不同的阶段中，事物发生着不同的演变，这种演变就是阶段性演化。演化哲学把事物的阶段性演化简称为"段变"。

事物的演化很少有一蹴而就的，绝大多数演化都有一个完整的过程，而这个过程又可以分为若干不同的阶段，在不同的阶段中，事物又发生着不同的演变，所以段变也是一种十分普遍的现象。我们以人为例，一个人从出生到死亡，大都要经历一个完整的过程，而这个完整的过程又可以分成八个不同的阶段：

婴幼儿阶段——儿童阶段——少年阶段——青年阶段——中年阶段——老年阶段——暮年阶段——死亡阶段

在这八个阶段中，人发生着各不相同的演变，每个阶段的演变内容和方式都各不相同。例如一个人在婴幼儿阶段和儿童阶段的演变内容主要是长身体、接受学前教育，少年阶段的演变内容主要是长身体、学习基础知识和做人的规范，青年阶段的演变内容主要是学习更多的知识或者开始职业生涯，中年阶段的演变内容主要是干事业、养育儿女和奉养老人，老年阶段的演变内容主要是保护身体健康、防止疾病，暮年阶段的演变内容主要是同疾病作斗争、延长寿命，而死亡阶段的演变内容主要是生命过程结束、重归大自然。当然，不同的人有着不同的人生，人生的道路和各个阶段的演变也各不相同，但相同的是，绝大多数人都会经历这八个阶段，也都要经历这些演变过程。

人的一生要经历八个演变阶段，那么，由人构成的人类社会又怎么样呢？人类社会的演化也会经历不同的阶段吗？回答是肯定的，人类社会的演化同样也要经历若干不同的阶段。我们以中国的演化为例，中国是世界上的文明古国之一，有着悠久的历史，中国也经历了一个漫长的演化过程，这个过程大致可以分为 20 个不同的阶段：

旧石器时代——新石器时代——夏——商——周——秦——汉——东汉——三国——晋——南北朝——隋——唐——五代——宋——元——明——清——中华民国——中华人民共和国——

在这 20 个阶段中，中国每个阶段都在发生着迥然不同的演变，历史学家、社会学家、政治学家、经济学家和文学家们，分别从各个不同的角度记录了中国的历史，记录了中国在各个不同历史阶段所发生的演变。当然不仅是中国，世界各个国家都有自己的演化史，都经历了各自不同的段变。

不仅人和国家存在着段变，宇宙中的星体同样也存在着段变。我们以恒星为例，恒星大都经历这样一些演化阶段：

星际气体与尘埃物质——红外星——主序星——红巨星——新星爆发和超新星爆发——白矮星、中子星、星际物质与黑洞—— [19]

从星际气体、尘埃物质到黑洞，在恒星的演化过程中，它也要经历一个又一个演化阶段。不仅是恒星，宇宙中几乎所有的天体都存在着段变。

上面我们列举了人、人类社会和恒星的例子，其实世界上所有事物的演化都不是一蹴而就的，在事物的演化过程中，都存在着阶段性演变即段变。

那么，事物的演化为什么会有阶段？为什么不能一下子就完成呢？这是因为事物的演化是一个复杂的过程，会受到各种因素的制约与影响，所以事物的演化不可能一蹴而就，不可能一下子就完成，必然要经历一个过程，必然要经历不同的阶段。我们在上面讨论过人的演化过程，一个刚刚出生的婴儿不可能一下子就长成彪形大汉，从婴儿到彪形大汉必须要经历一个较长的演化过程，必须要经历若干演变阶段。

那么，我们为什么要研究段变？研究段变的意义何在呢？在哲学史中，对段变进行专门研究的哲学家比较少，演化哲学之所以对段变进行专门的研究，目的就是探究事物演化的过程与轨迹，对事物的演化做出更精细的描述，并揭示事物演化的规律。在本章的第九节，我们将专门探讨演化的十个重要规律，其中量变质变规律、对立同一规律、否定之否定规律、二期规律以及周期规律等规律，都是揭示事物阶段性演变的规律。例如量变质变规律就是揭示事物演化过程中量变阶段与质变阶段关系的规律，对立同一规律就是揭示事物演化过程中对立阶段与同一阶段关系的规律，否定之否定规律就是揭示事物演化过程中肯定阶段、否定阶段、否定之否定三阶段之间关系的规律，二期规律就是揭示事物演化过程中合成阶段与分解阶段关系的规律，而周期规律则是揭示事物演化过程中不同周期之间关系的规律。这些问题在第九节还要详细探讨，这里就不赘述了。

段变的数学公式：

P = S1 + S2 + S3 + ⋯⋯ Sn

式中 P（即英文 Process）表示演化过程，S（即英文 stage）表示阶段。

该公式说明，事物的演化过程由各个不同的阶段构成。

五、质的演化

在前面的四个小节中，我们分别探讨了事物的空间位置、外部形态、量以及阶段的演化，这些演化的主体基本上都是同一事物，也就是说尽管经历了许多演化，但演化的主体并没有改变，事物仍然是同一个事物。但是，本小节所探讨的演化与前面的演化有所不同，这种演化能够导致事物的改变，这种演化就是"质"的演化。

在探讨"质"的演化之前，我们首先应该知道什么是"质"。那么，究竟什么是质呢？黑格尔的解释是："某物之所以是某物，乃由于其质，如失掉其质，便会停止其为某物"[20] 中国主流哲学界的解释是："质是使事物成为它自身并使该事物同其他事物区别开来的内部规定性。"[21] 可以看出这种解释与黑格尔的解释基本上是一致的，这是因为中国主流哲学界的解释来自原苏联哲学界，而苏联哲学界的解释仍然是来自黑格尔。也就是说，长期以来中国主流哲学界对"质"这一概念的解释仍然是以黑格尔的解释为准绳。

按照黑格尔的解释，所谓质就是使某物成为某物而非他物的东西，那么，这种"东西"究竟是什么呢？黑格尔并没有做出明确的解释，中国主流哲学界则把这种"东西"解释为"规定性"。那么，"规定性"又是什么呢？有人说"规定性"是"事物自身的限定"，有人说是"一事物区别于他事物的特性"，也有人说是"事物本身所固有的特性"。通过这些解释可以看出，中国主流哲学界对"规定性"的解释比较含糊，所以人们通过这种解释仍很难对"质"有一个清晰、透彻的认识。

那么，究竟什么是质呢？如何对"质"这一概念做出明确而又清晰的解释呢？演化哲学对"质"做出了新的解释：

所谓质就是事物的本质，就是事物的本质属性，本质属性决定一事物成为该事物而非他事物。

质就是事物的本质属性，那么，什么又是本质属性呢？我们在第三章第六节探讨"结构决定律"时，曾对本质属性进行过定义：所谓本质就是决定一事物成为该事物而非他事物的属性，由于这种属性对事物具有决定性作用，所以称为本质属性。我们还以水为例，水的本质属性就是其化学结构——H_2O，正是其化学结构 H_2O 决定它是水而不可能是其他东西。究竟什么是质？"质"就是事物的本质，就是事物的本质属性，通过新的解释，人们就有可能对"质"这一概念有一个明确而又清晰的认识。

搞清了"质"的含义，我们再探讨"质"的演化。那么，什么是质的演化呢？

所谓质的演化就是事物本质属性的演变，就是由一种质变成另一种质、由一事物变成另一事物的过程。

我们前面探讨了事物的空间位置、外部形态、量以及阶段的演化，这些演化基本上不改变事物的本质属性，所以尽管发生了诸多演化，但事物的本质属性并没有改变。但是，与空间位置、外部形态等演化不同的是，质的演化会导致事物本质属性的改变，自然事物也会发生改变，例如由一事物变成他事物。我们还以水为例，水的本质属性就是其化学结构 H_2O，假若其化学结构 H_2O 发生了改变，例如 H_2O 变成了 H_2O_2，那水的质就发生了改变，水也变成了双氧水，而双氧水就不再是水了。当然不仅仅是水，世界上所有的事物都有可能发生质变，所以质变也是一种非常普遍的现象。

我们为什么要研究质变？研究质变有什么意义呢？与事物的空间位置、外部形态、量以及阶段性演化不同，质的演化是一种根本性的演化，通过质的演化，事物发生了根本性的改变，一事物变成了另一种事物，一种质变成了另一种质。正是由于质的演化，才会出现新旧事物的更替，万物才会更新，世界才会生机勃勃、充满活力。

英国哲学家、社会学家、教育家赫伯特·斯宾塞（Herbert Spencer，1820 年 - 1903 年）认为，自然界现有的秩序是一种渐进过程的产物，事物发展的渐进性乃是宇宙的根本规律。既然渐进性是宇宙的根本规律，于是他只承认事物的量变，而否认质变，后来人们把这种演化观称之为"庸俗进化论"。"庸俗进化论"是片面的，在事物的演化过程中，不仅存在着量变，而且还存在着质变，研究事物的质变就能对这个问题形成比较正确的认识。

质变的数学表达式是：

$$A \Rightarrow B \Rightarrow C \Rightarrow D \Rightarrow \cdots\cdots$$

式中 A 、B 、C、D 表示不同质的事物，"⇒"表示事物发生了质变。例如 A ⇒ B 表示事物 A 发生了质变，变成了事物 B 。

六、结构的演化

上一小节我们探讨了事物的质变，那么，事物为什么会发生质变呢？质变的原因究竟是什么呢？演化哲学认为，事物之所以会发生质变，根本原因就在结构，正是结构的改变导致了事物的质变。那么，事物的结构为什么会改变呢？原因就是结构的演化，演化导致了结构的改变，那么，事物的结构又是如何演化的呢？本小节就对这个问题进行探讨。

在探讨结构演化之前，我们首先需要搞清"结构"概念的含义，那么，究竟什么是结构呢？我们在第三章"组合哲学"的第六节"结构"中，曾对"结构"这一概念进行过定义：所谓结构就是构成事物的元素互相组合而形成的组织架构，就是元素的组合方式。通过定义，我们就会对结构有一个清晰的认识，结构其实就是元素组合而成的组织架构或组合方式。

搞清了"结构"的含义，我们再探讨结构的演化。那么，什么是结构的演化呢？演化哲学认为：

所谓结构的演化就是事物的组织架构或组合方式的演变与变化。

我们在上一节举过水的例子，水分子的化学结构

是 H_2O，如果水分子结构中的 H 和 O 的组合方式发生了改变，例如由 H_2O 变成了 H_2O_2，那么我们就可以说，水分子的结构发生了改变或演化。当然不仅是水，世界上所有事物的结构都在不断地演化之中，结构的演化是一种普遍现象。

结构的演化是一种普遍现象，那么，事物的结构又是如何演化的呢？演化哲学对结构的演化进行了归纳，**事物结构的演化主要有三种方式：结构的调整、分解与重组，**下面我们分别进行探讨。

首先探讨结构的调整，**所谓结构的调整是指，事物的基本结构不发生大的改变，仅是某些局部发生改变与调整。**我们以人类的基因为例，基因存储着人类的种族、血型、孕育、生长、凋亡等信息，人体的生、长、衰、病、老、死等生命现象都与基因有关，基因是决定生命健康的内在因素。人类的基因组由 23 对染色体组成，其中包括 22 对体染色体、1 条 X 染色体和 1 条 Y 染色体。人类基因组含有约 31.6 亿个 DNA 碱基对，碱基对是以氢键相结合的两个含氮碱基，以胸腺嘧啶（T）、腺嘌呤（A）、胞嘧啶（C）和鸟嘌呤（G）四种碱基排列成碱基序列，其中 A 与 T 之间由两个氢键连接，G 与 C 之间由三个氢键连接，碱基对的排列在 DNA 中也只能是 A 对 T，G 对 C。简言之，人类的基因组其实就是由胸腺嘧啶（T）、腺嘌呤（A）、胞嘧啶（C）和鸟嘌呤（G）四种碱基组合而成的结构，或者说就是由 T、A、C 和 G 四种碱基组合而成的组织架构或组合方式。基因有两个特点，一是能够忠实地复制自己，以保持生物的基本特征；二是能够"突变"和变异。基因变异是指基因组 DNA 分子发生可遗传的变异，从分子水平上看，基因变异是指基因在结构上发生碱基对组成或排列顺序的改变。基因虽然十分稳定，能在细胞分裂时精确地复制自己，但这种稳定性是相对的，在一定的条件下，基因也可以从原来的组合方式突然改变成另一种新的组合方式，就是在一个位点上，突然出现了一个新基因代替了原有基因，这个基因就是变异基因。例如英国女王的维多利亚家族，在她以前没有发现过血友病的病人，但她的一个儿子患了血友病，成了她家族中第一个患血友病的成员。后来，又在她的外孙中出现了几个血友病病人。这是因为她的父亲或母亲中，有人发生了一个血友病基因的突变，这个突变基因传给了她，由于她是杂合子，所以表现型仍是正常的，但却通过遗传传给了她的儿子。在人类的演化过程中，受内外因素的影响，基因也会发生变异，但这种变异大都属于局部的改变或调整，基本的基因结构并没有发生大的改变。假如人类基本的基因结构发生了大的改变，人类就有可能发生彻底的改变，那人就不是人了，人会变成新的生物。

人的基因会发生局部的改变与调整，那么，由人构成的人类社会的经济、政治等结构也会发生局部的改变与调整吗？答案是肯定的，人类社会的经济、政治等结构也会发生局部的改变与调整。例如在中国历史中，曾经多次出现过变法、改良与改革，例如商鞅变法、王安石变法、戊戌变法以及邓小平改革等。这些变法、改良和改革的特点就是在经济或政治领域进行一些局部的改变与调整，但政权和社会的基本结构并没有发生大的改变。由于政权和社会的基本结构没有发生大的改变，所以这些变法、改良和改革无法从根本上改变政权和社会的性质，很难持续下去，多以失败告终。

其次，我们探讨结构的分解。所谓结构的分解是指，**在事物的演化过程中，事物的结构发生了根本性的改变，结构中的诸元素组合破裂，元素互相分离，导致结构完全解体。**结构的分解是事物结构的解体，是结构根本性的改变，属于结构演化中的极端情况。

我们以青石即 $CaCO_3$ 的分解为例，其化学方程式为：

$$\overset{\text{加热}}{CaCO_3 = CaO + CO_2}$$

该化学方程式说明，$CaCO_3$ 被高温加热，温度达到一定程度时，$CaCO_3$ 的结构就会发生分解，结构中的元素组合破裂，元素的组合架构或组合方式发生了根本改变，结果 $CaCO_3$ 分解成为石灰（CaO）和 CO_2 气体。

我们再以家庭为例，一个男人和一个女人互相组合成为一个家庭，如果二人和睦相处，那么，这个家庭的结构就比较稳定，家庭也有可能长期存在下去；

但是，如果二人组成家庭之后，矛盾重重、争吵不断、关系恶化，最后不得不走上离婚的道路，这时二人的组合就会破裂，这个家庭的结构也会解体或分解。

20世纪90年代，朱镕基担任中国国务院总理，大刀阔斧推行国有企业改革，大批经营不善的国有企业纷纷破产倒闭。企业破产倒闭之后，房屋、土地和设备等被拍卖，企业的管理人员、技术人员以及工人纷纷脱离工作岗位，企业的整个组织架构完全解体，企业也不复存在了。从演化哲学的角度看，这些国有企业的破产倒闭其实就是一个结构分解的过程。

企业的结构会分解，一个国家的政权结构同样也会发生分解。在中国历史的进程中，曾经出现过不少王朝的灭亡，当这些王朝灭亡的时候，它们的政权结构也会发生分解，那些曾经显赫一时的王朝也土崩瓦解、不复存在了。在20世纪现代史中，苏联曾经是社会主义阵营的首领，与美国为首的资本主义阵营相对抗，成为冷战中的一极，在世界有重要影响。但是在1991年9月6日，这个庞然大国竟突然解体，分裂成为15个独立的国家，原苏联的政权结构也完全分解。随着苏联的解体，那个以苏联为首的社会主义阵营也随之崩溃，持续数十年的冷战终于结束了，所以苏联的解体是20世纪的一个重大历史事件。苏联的解体、社会主义阵营的瓦解，其实就是结构分解的过程，在这个过程中，结构中的诸元素组合破裂，元素互相分离，事物的结构也发生了根本性的改变。伊拉克的萨达姆独裁政权也曾经发生过政权结构分解的过程，2003 年 4 月 9 日，美军占领伊拉克首都巴格达，萨达姆独裁政权垮台，其政权结构也完全分解，这位中东强人也被判处绞刑。萨达姆独裁政权垮台后，它的政权结构彻底分解，结构中的诸元素组合破裂，元素互相分离，伊拉克的政权结构也发生了根本性的改变。

最后，我们探讨结构的重组。什么是结构的重组？**所谓结构的重组是指，当事物原结构分解之后，元素又进行新的组合，形成新的结构，这样一个过程就是"结构的重组"。**

我们在上面举过家庭的例子，一对夫妻离婚之后，二人的组合破裂，家庭结构分解，后来他们又各自找到新的伴侣，组成新的家庭。在这个过程中，男女之间又进行了新的组合，形成了新的家庭结构，这个过程就是结构的重组。我们在上面还举过企业破产的例子，当原企业破产倒闭之后，一些管理人员、技术人员和工人重新组合起来组建新的企业，形成新的企业结构，这就是结构的重组。我们在上面还举过王朝灭亡的例子，当旧王朝灭亡之后，新的王朝就会诞生，新的统治者会组成新的政权结构，这就是结构的重组。苏联解体之后，分离出来的 15 个国家各自组成了新的政权，形成了新的政权结构。伊拉克同样也是如此，当萨达姆独裁政权垮台之后，伊拉克人民通过选举建立了新的民主政权，这个过程就是结构的重组。

上面探讨了事物结构的演化，那么，为什么要研究事物结构的演化呢？研究结构的演化又有什么意义呢？我们在第三章"组合哲学"的第六节"结构"中曾提出"结构决定律"：结构是事物的决定性要素，事物的本质、外部形态、广延、功能以及信息等都决定于结构。**结构是事物的根基、核心与命脉，一事物之所以成为该事物而非他事物，之所以是这样而非他样，根本原因就在于结构。**结构一旦发生大的改变，事物也会随之发生大的改变；结构一旦解体，事物也会随之灭亡。一事物之所以会变成另一事物，一种质之所以会变成另一种质，根本原因就在于结构的彻底改变，就在于元素的组织架构和组合方式的彻底改变，所以最根本、最本质的演化都必然会涉及到结构，这就是我们研究结构演化的意义所在。

结构的演化也可以通过数学的方式表达，演化哲学尝试通过结构演化方程来进行表达：

结构调整方程：

$$\{a \cdot b \cdot c \cdot d\} \rightarrow \{a \cdot b \cdot c \cdot e\}$$

结构分解方程：

$$\{a \cdot b \cdot c\} \Rightarrow \{a\} \cup \{b\} \cup \{c\}$$

（此方程适用于紧密结构）

$$\{a, \ b, \ c\} \Rightarrow \{a\} \cup \{b\} \cup \{c\}$$

（此方程适用于松散结构）

结构重组方程：

$$\{a\} \cup \{b\} \cup \{c\} \cup \{d\} \Rightarrow \{a \cdot b \cdot c \cdot d\}$$

（此方程适用于紧密结构）

$$\{a\} \cup \{b\} \cup \{c\} \cup \{d\} \Rightarrow \{a, b, c, d\}$$

（此方程适用于松散结构）

方程中的∪是并集符号，表示分解后的元素独立存在。

七、对子的演化

在上面的六个小节中，我们探讨的主要是单个事物的演化，从本小节开始，我们将对一些事物组合体的演化进行探讨。本小节首先探讨对子的演化，什么是对子？我们在第三章"组合哲学"的第七节对对子进行过定义：当一事物与另一事物互相联系、互相作用、互相组合时，会构成一种新的组合体，这种组合体就是对子。例如一个男人与一个女人谈恋爱、结婚并组成家庭，他们二人就构成了一个对子。两个拳击运动员在赛场上互相搏击、一决高下，这两个拳击运动员也构成了对子。黑格尔哲学中经常讲矛盾，矛盾的双方互相对立、互相作用，二者也构成了对子。此外，父子、母女、兄弟、姐妹、师徒、警察与小偷、医生与病人等都是对子。

对子就是两个事物组合而成的组合体，那么，什么又是对子的演化呢？演化哲学认为，**所谓对子的演化就是两事物组合体的演变与变化，我们可以把这种演化简称为"对变"。**当一事物与另一事物结成对子之后，对子并非是固定不变的，它也在不断地演化之中。那么，对子又是如何演化的呢？演化哲学认为，对子的演化主要有四种方式：合作、对立、分裂与重组。

我们首先探讨对子的合作，所谓对子的合作是指，组成对子的两事物关系融洽，二者互相配合、互相协作，共同维护对子的存在，促进对子的发展。我们还以夫妻为例，夫妻二人结成了一个对子，如果他们相亲相爱、关系融洽，在生活中互相配合、互相协作，家庭长期存在，生活幸福美满，这就是对子的合作。乒乓球比赛中有一种混合双打比赛，一个男运动员与一个女运动员结成对子共同参与比赛。在比赛中，男女运动员必须互相配合、互相协作，方能赢得比赛，这也是对子的合作。此外，父子、母女、兄弟、姐妹、师徒、医生与病人等对子的演化中都存在着合作。

探讨了对子的合作，我们再探讨对子的对立。所谓对子的对立是指，组成对子的两事物互相对立，二者相互制约、对抗或争斗，结果阻碍了对子的发展，甚至造成对子的分裂与解体。

例如一对不和睦的夫妻，二者经常生气、吵闹，甚至大打出手，这样的家庭一定不会幸福，甚至有可能解体。我们在第三章"组合哲学"的第十一节"层与层系"中曾讨论过人类社会中的阶层或阶级，如果从大的角度看，其实人类社会中的阶级可以分为两个，一个是统治阶级，另一个则是被统治阶级。统治阶级与被统治阶级也构成了一个对子，如果统治阶级压迫、剥削被统治阶级，那么两个阶级的关系就是严重对立的。由于两个阶级关系严重对立，所以二者常常会发生对抗或斗争，例如造反、起义与革命等。由于统治阶级与被统治阶级之间的对抗与斗争，制约、阻碍了人类社会的发展，造成了人类社会的分裂、混乱与动荡。

探讨了对子的对立，我们再探讨对子的分裂。**所谓对子的分裂是指，构成对子的两事物组合破裂，两事物互相分离，导致对子解体。**我们在上面所说的那对不和睦的夫妻，如果二者的矛盾发展到极点，那他们就会离婚，结果夫妻分离，这个对子自然也解体了。统治阶级与被统治阶级之间的演化也是如此，如果二者的对抗和斗争达到极点，统治阶级被推翻，那么，二者的组合就会分离，这个对子自然也就解体了。但在相当长的历史时期里，人类的历史一直无法走出专制的怪圈，当旧的统治阶级被推翻之后，新的统治阶级又登上舞台，于是新的统治阶级与被统治阶级又组合成新的对子。

最后，我们探讨对子的重组。所谓对子的重组是指，**当原对子分裂之后，两事物又各自进行新的组合，组成新的对子，这个过程就是对子的重组。**例如夫妻离婚之后，各自找到新的伴侣，组成新的对子。徒弟出师，师傅又收了新徒弟，新徒弟与师傅又组成了新的对子。病人痊愈出院了，又来了新的病人，于是医生与新病人又组成了新的对子，这些都是对子的重组。

上面我们探讨的是单个对子的演化，然而在现实世界中，对子并不是孤立存在的，对子与对子之间也会发生联系和相互作用，也会互相组合形成"对组"。在对组内，对子与对子之间也发生着合作、对立、分裂与重组等各种演化。

对子演化的数学表达：

对子的结构式：$Su = \{ A\text{-}B \}$

Su 表示对子，$\{ A\text{-}B \}$ 表示该对子由 A、B 两事物组合而成。

对子的合作：$\{A+B\}$

"+"表示 A、B 两事物的合作。

对子的对立：$\{A \leftrightarrow B\}$

"$\leftrightarrow$"表示 A、B 两事物的对立。

对子的分裂：$\{A\text{-}B\} \Rightarrow \{A\} \cup \{B\}$

上式表示对子 $\{ A\text{-}B \}$ 分裂成为两个独立的事物 A、B。

对子的重组：$\{A\} \cup \{D\} \Rightarrow \{A\text{-}D\}$

上式表示两个独立的事物 A、D 重新组合成新的对子 $\{ A\text{-}D \}$。

八、组的演化

上一节探讨了对子的演化，这一小节探讨组的演化。什么是组？我们在第三章"组合哲学"的第七节对"组"进行过定义：顾名思义，所谓组就是由多个事物组合而成的较小组合体。组也是一种很常见的现象，例如几个学生互相结合组成一个学习小组，十几个士兵组合成一个班组；此外，读书小组、科研小组、艺术小组、一个办公室的同事、一个商店的营业员以及几户农民组成的互助组等等，都是组。夜空中北斗七星星光闪烁，由天枢、天璇、天玑、天权、玉衡、开阳、瑶光七星组成的北斗七星，也构成了一个组，我们可以把这个组称为"北斗七星组"。围绕太阳旋转的八大行星——水星、金星、地球、火星、木星、土星、天王星、海王星，同样也构成了一个组，我们可以把这个组称为"太阳系行星组"。

组就是多个事物组合而成的较小组合体，那么，什么是组的演化呢？

所谓组的演化就是多个事物组合体的演变与变化，演化哲学把这种演化简称为"组变"。

那么，组又是如何演化的呢？演化哲学认为，

组的演化主要有六种方式：团结协作、矛盾争斗、扩大、缩小、分裂与重组。

下面我们分别探讨。

第一种演化方式是团结协作，所谓团结协作是指，构成组的各个事物互相团结、互相协作，共同促进组的演化，演化的结果是组的稳定与发展壮大。

例如军队中的一个班组，如果这个班组中的士兵互相团结、互相协作，那么，不仅这个班组比较稳定，而且战斗力也比较强。再如一个科研小组，如果小组

中的各个成员互相团结、互相协作，共同做好科研工作，那么，这个科研小组不仅比较稳定，而且还有可能取得更多的科研成果。

第二种演化方式是矛盾争斗，所谓矛盾争斗是指，构成组的各个事物之间矛盾重重，互相制约、互相对抗、互相争斗，这种组不仅很难得到发展，而且还有可能走向分裂。

我们通过一个例子加以说明，为了容纳更多的学生，多数大学都是安排几个学生同住一间宿舍，于是这同住一间宿舍的几个学生就构成了一个组。组一旦形成，就开始了它的演化，这些演化既有团结协作式的，也有矛盾争斗式的，还有团结与矛盾相伴的。云南大学生化学院生物技术专业 2000 级学生马加爵，与几个同学同住一个宿舍，他们一起生活、学习，构成了一个组。因为一些生活琐事和口角之争，马加爵与同宿舍的同学产生了矛盾，矛盾使得他的心理发生严重扭曲，他竟然用铁锤将这几个同学一一杀害，制造了一起震惊全国的校园大案！宿舍中的矛盾与争斗不仅发生在云南大学，北京清华大学、上海复旦大学等都曾发生过大学生投毒杀害同宿舍同学的案件。通过这些案件可以看出，当一个组的内部出现矛盾与争斗的时候，这个组就会动荡不安，就会走向分裂，甚至会造成十分可怕的后果。

第三种演化方式是组的扩大，所谓组的扩大是指，构成组的事物数量增加，组的规模增大。

在演化过程中，一个组之所以会扩大，主要原因有二：一是内部原因，组内产生了新事物，这样组中事物的数量就会增加，组的规模也随之扩大。例如一个三代同堂的家庭，祖孙三代人共同生活在一起，这些人构成了一个组。由于儿子结婚生子，家中人口不断增加，于是这个组就会逐渐扩大。二是外部原因，组外的事物加入组，使得组中事物数量增加，规模扩大。例如一个读书小组，又增添了几名新成员，组中的人数增多，组也就扩大了。随着组的不断扩大，组有可能变成群。

第四种演化方式是组的缩小，所谓组的缩小是指，构成组的事物数量减少，规模也随之变小。

例如一个三代同堂的大家庭，女儿出嫁，男孩分家另过，这个大家庭中的人口逐渐减少，规模变小，这就是组的缩小。

第五种演化方式是组的分裂，所谓组的分裂是指，构成组的事物组合破裂，事物互相分离，导致组的解体。

组为什么会分裂呢？主要有两方面的原因：

一是内部原因，由于组内事物之间的矛盾与争斗，导致了组的分裂。例如我们在上面所说的云南大学的学生马加爵，同宿舍的几个同学被他杀害了，他也被处决了，这个组自然也就分裂了。而分裂的原因正是由于组内的矛盾与争斗，根据报道，该宿舍的几名学生大多出身于农家，考上大学实属不易，如果不是由于他们之间的矛盾与争斗（虽然主要责任在马加爵，但同宿舍的某些同学对马也有不当言辞和行为，导致了马的怨恨），这些学生的结局不可能如此悲惨。列宁、毛泽东曾经大肆宣扬"斗争哲学"，断言对立面之间的斗争是推动事物发展的动力，通过马加爵事件就可以清楚地看出，对立面之间的斗争不仅不能推动事物的发展，反而有可能造成对立面的两败俱伤，这充分说明"斗争哲学"是何等的荒谬！

二是外部原因，由于各种外部因素的作用，造成组的分裂与解体。例如军队中的一个班组，由于战争结束或士兵复员，这个班组被解散，士兵们互相分离，造成了组的分裂与解体。组分裂之后有可能变成更小的组，或者分裂成若干个对子，也有可能彻底分裂成为一个个独立的事物。

第六种演化方式是组的重组，所谓组的重组是指，当原来的组分裂之后，事物又进行新的组合，组成新的组，这个过程就是组的重组。

组的重组又分三种情况：

一是原事物重新组合成一个新的组，虽然构成组的事物没有改变，但组却变成了新的组。例如一个学习乐器的小组，后来改成合唱小组，虽然组进行了重组，但组中的成员并没有改变。

第二种情况是，当原来的组分裂之后，组中的事物又与其他事物结合，组成新的组。例如工厂中的某个班组，由于工厂破产倒闭，这个班组解体，班组中的工人也互相分离；后来他们各自找到新的工作岗位，与新工友结合成新的组。

第三种情况是，当原来的组分裂之后，新的事物重新组合成新的组。例如马加爵所在的宿舍，由于这个宿舍的学生或被杀、或被处决，构成这个组的学生不存在了。学校又安排新的学生入住这个宿舍，于是这些新的学生又组成了新的组。

上面我们探讨的是单个组的演化，然而在现实世界中，组并不是孤立存在的，组与组之间也会发生联系和相互作用，也会互相组合成为"组群"。在组群内，组与组之间也发生着团结协作、矛盾争斗、扩大、缩小、分裂与重组等各种方式的演化。

组的演化也可以通过数学的方式进行表达，具体表达如下：

组的结构式：$Gr = \{A-B-C-D-E\}$

式中 Gr 表示组，$\{A-B-C-D-E\}$ 表示事物 A、B、C、D、E 组合成组 Gr。

组的团结协作：$\{A + B + C + D + E\}$

上式表示构成组的事物 A、B、C、D、E 之间的团结协作关系。

组的矛盾争斗：$\{A \leftrightarrow B \leftrightarrow C \leftrightarrow D \leftrightarrow E\}$

上式表示构成组的事物 A、B、C、D、E 之间的矛盾争斗关系。

组的扩大：$\{A-B-C-D-E\} + \{F\} + \{G\} = \{A-B-C-D-E-F-G\}$

上式表示事物 F 和 G 加入组{A-B-C-D-E}，使得原组扩大。

组的缩小：{A-B-C-D-E}-{D}-{E}={A-B-C}

上式表示事物 D、F 从组{A-B-C-D-E}中脱离，导致原组缩小。

组的分裂：{A-B-C-D-E} ⇒ {A}∪{B}∪{C}∪{D}∪{E}

上式表示组{A-B-C-D-E}分裂，组中的事物各自独立。

组的重组：{A}∪{B}∪{C}∪{D}∪{E} ⇒ {A-B-C-D-E}

上式表示独立的事物 A、B、C、D、E，重新组合成新的组{A-B-C-D-E}。

九、群的演化

第八小节探讨了组的演化，这一小节探讨群的演化。什么是群？我们在第三章"组合哲学"的第七节对"群"进行过定义：**顾名思义，所谓群就是由众多事物组合而成的较大组合体。**由于组成群的事物数量众多，所以群的规模比较大，大于对子和组。组成群的事物可以是独立的事物，也可以以对子和组的方式加入群，所以群的结构要比对子和组复杂。

群也是一种很普遍的现象，例如大量蚂蚁组合而成的蚁群，大量蜜蜂组合而成的蜂群，大量飞鸟组合而成的鸟群，大量猴子组合而成的猴群，大量鲸鱼组合而成的鲸鱼群，大量树木组合而成的森林，大量建筑物组合而成的建筑群，大量商品组合而成的商品群，大量学生组合而成的学生群，大量工人组合而成的工人群，大量士兵组合而成的士兵群，等等。

群是众多事物组成的较大组合体，那么，什么又是群的演化呢？**演化哲学认为，所谓群的演化就是众多事物组合体的演变与变化，我们可以把这种演化简称为"群变"。**那么，群又是如何演化的呢？演化哲学认为，**群的演化主要有八种方式：团结协作、矛盾争斗、分化、失序、扩大、缩小、分裂与重组。**下面我们分别探讨。

第一种演化方式是团结协作，所谓团结协作是指，构成群的事物互相团结、互相协作，共同促进群的演化，演化的结果是群的稳定与发展壮大。

我们以蜂群为例，蜜蜂是一种非常神奇的生物，它们互相组合成为一个分工明确、组织严密的群——"蜜蜂王国"。组成这个王国的成员有三种——蜂王、工蜂和雄蜂，每个蜂群中通常只有一个蜂王，它是这个蜜蜂王国的国王；蜂群中数量最多是工蜂，每个群的数量多达数千到数万只；蜂群的第三种成员是雄蜂，而雄蜂仅在群体需要的季节里才会存在。蜂群的分工非常明确，蜂王的职责是生育和"管理"，蜂王会产出大量的卵，另外它分泌的物质激素能够抑制工蜂的卵巢发育，并能影响或控制蜂群内工蜂的行为。雄蜂的职责主要是和蜂王交配以繁殖后代，雄蜂一生只能与蜂王交配一次，交配结束后几分钟内就会死亡，雄蜂就是蜂王的交配工具。工蜂是蜜蜂王国中的劳苦大众，它们的职责是采集食物、哺育幼虫、建造蜂巢、泌浆清巢、保卫蜂巢并攻击敌人，蜂巢内的各种劳动基本上都是工蜂们干的，它们是蜜蜂王国中最辛苦、最勤劳的成员。在蜂群中，不同的蜜蜂分工明确、各司其责，互相团结、互相协作，共同促进蜂群的演化。如果没有蜜蜂们的互相团结和协作，一个蜂群就很难存在和发展，也不可能酿出那么多香甜的蜂蜜，蜂群是团结协作的典型。由众多士兵、指挥员以及后勤人员组合而成的一支军队同样也构成了一个群，一个军队要想打胜仗，那么，军队中的各个成员就必须互相团结、互相协作，共同完成战斗任务。只有这样，一支军队才有战斗力，才能够战胜敌人、取得胜利。由于组成群的事物众多，能够像蜜蜂和军队那样互相团结、互相协作确实不易，这是一种比较理想的演化方式。

第二种演化方式是矛盾争斗，所谓矛盾争斗是指，构成群的事物之间发生矛盾，事物互相制约、互相对抗、互相争斗，结果造成群的动荡与不稳定，严重阻碍群的发展与壮大。

我们以太平天国为例，1850 年末至 1851 年初，洪秀全、杨秀清、萧朝贵、冯云山、韦昌辉、石达开等人，发动众多农民在广西金田村发动反抗满清朝廷的武装起义，号称"太平天国"。太平天国发展迅猛，势力范围扩展到广西、湖南、湖北、江西、安徽、江苏、河南、山西、直隶、山东、福建、浙江、贵州、四川、云南、陕西、甘肃等十余省，攻克城池 600 余座。1853 年 3 月，太平军攻下江宁（今南京），并定都于此，改称"天京"。短短十数年间，太平天国就攻陷了满清的半壁江山，对清政府造成了巨大打击，如果按照这种势头发展下去，满清王朝很有可能被推翻，中国也有可能再一次改朝换代。但是，为了争夺最高领导权，太平天国的副首领杨秀清与正首领洪秀全之间发生矛盾，为了消灭对立面，太平天国内部发生内讧，互相争斗、互相屠杀，造成了太平天国内部的动荡与不稳定，极大地削弱了他们的力量，使得太平天国逐渐走向颓势。1864 年 8 月，天京被湘军攻陷，洪秀全之子、幼天王洪天贵福被俘。1872 年，最后一支太平军部队，翼王石达开的余部李文彩在贵州败亡，一场轰轰烈烈的太平天国起义彻底失败。通过太平天国这个例子就可以看出，当一个群的内部出现矛盾的时候，如果矛盾得不到及时化解，群中的事物就有可能互相制约、互相对抗、互相争斗，结果造成群的动荡和不稳定，并且严重阻碍群的发展与壮大。

　　第三种演化方式是群的分化，所谓群的分化是指，一个大的群分成若干个小群，小群各自按照自己的方式演化，导致整个群的演化极不平衡。

　　需要指出的是，尽管一个大的群分成了若干个小群，但这个大群仍然存在。我们以周朝为例，周朝（前1046年—前256年）是中国历史上继商朝之后的第三个王朝，周朝共传30代37王，持续时间约791年。周朝分为"西周"（前11世纪中期—前771年）与"东周"（前770年—前256年）两个时期。周朝施行分封制（封邦建国），建国之初就分封71个诸侯国，而周王则为"天下共主"。公元前770年（周平王元年），平王东迁，定都雒邑（成周）（今河南洛阳），此后周朝的这段时期称为东周。东周时期又称"春秋战国"，为了争夺霸权，诸侯国长期混战、兼并，到战国时期，形成了齐、楚、燕、韩、赵、魏、秦七国，历史上称为"战国七雄"。如果把一个国家看成一个大的群，那么周王朝就是一个大群，由于采取分封制，于是这个大群分成了几十个小群，每个小群各自按照自己的方式演化。特别是到了战国时期，周王朝内部形成了齐、楚、燕、韩、赵、魏、秦七个国家，这些国家各自按照自己的方式进行演化，只是名义上尊周王为首。由于各个小群各自为政，所以整个大群的演化极不平衡，周朝是一个不均衡演化的典型。

第四种演化方式是群的失序，所谓群的失序是指，群中事物之间的组合被削弱、破坏，使得一个有序的群变得杂乱无序，一个有组织的群变成一盘散沙，而群的演化也是混乱无序的。

我们以中国历史中的"乱世"为例，在中国数千年的历史进程中，存在着一个"治""乱"交替、"治"
"乱"循环的周期律：

——乱——治——乱——新的治——新的乱——
——……

当一个新的王朝建立之后，国家就会趋于统一、
稳定或者说"治"，然而这种统一、稳定或者说"治"
的局面却难以长久，长则数百年，短则数十年之后，
就会出现分裂、战乱或者说"乱世"，而这种"乱世"
往往会持续数十年甚至数百年之久。如果我们把中国
看成一个大的群，那么，当这个群进入分裂、战乱或
者说"乱世"的时候，国家的秩序就会被破坏，整个
国家会进入一种无序状态。由于国家进入无序状态，
于是国家的组织结构也会被破坏，整个国家变成了一
盘散沙。由于国家变成了一盘散沙，那么，这个国家
的演化也必然是混乱无序的。

我们在上面举过军队的例子，当一支军队被组织
起来的时候，军队中的各个成员互相团结、互相协作，
共同去完成战斗任务，这时这支军队是一个有组织、
有战斗力的群体。但是，当这支军队战斗失利、被敌
军打散的时候，它就会变成一群无组织的散兵游勇。
这群散兵游勇也会构成一个群，但是，这个群缺乏组
织性，是一个杂乱无序的群，这样的群的演化也必然
是混乱无序的。

第五种演化方式是群的扩大，所谓群的扩大是指，
构成群的事物数量增加，群的规模增大。

群为什么会扩大呢？主要有内外两方面的原因：

首先是内部原因，群内产生了新事物，群中事物的数量增加，群的规模也随之扩大。例如中国春秋战国时期，越国被吴国打败，屈辱求和，越王勾践为了战胜吴国，采取了"十年生聚，十年教训"的国策，大力鼓励生育，增加人口和国力；越王勾践更是卧薪尝胆、亲自耕作，礼贤下士、赈济穷人，与百姓同甘共苦。经过"十年生聚"，越国国力大增，于前482年大败吴国，并最终灭掉吴国，成为春秋时期的最后一位霸主。如果把越国看成一个群，这个群之所以能够在短短的"十年"之内规模增大、国力增强，其中一个重要原因就是群中事物即人口数量的增加，人口多了，兵源增加，军队的规模就会增大；人口多了，生产力就会增加，国力也随之增强。

其次是外部原因，群外的事物加入群，使得群中事物数量增加，规模扩大。例如美国于1776年7月4日建国，当时全国人口只有280万，然而经过二百多年的发展，美国已经成为世界上最发达、最富强的国家，已经成为自由和民主的灯塔，所以世界上很多人都希望能够成为美国公民，都希望加入美国这个群。由于世界各国的人不断进入美国，所以美国的人口不断增加，1990年美国人口已增加到2.48亿，到2017年1月美国人口又增加到3.24亿。由于人口数量的增加，于是美国这个群就不断地扩大。

第六种演化方式是群的缩小，所谓群的缩小是指，

构成群的事物数量减少，规模也随之变小。

例如一个工厂经营不善，经常克扣工人工资，工人们纷纷离开工厂，厂中工人数量减少，于是这个工厂的规模也会缩小。

第七种演化方式是群的分裂，所谓群的分裂是指，构成群的事物组合破裂，事物互相分离，导致群的解体。

例如原苏联共产党是一个人数众多的群体，并且是世界上第一个执政的共产党，但在 20 世纪的 90 年代，随着苏联的解体，这个人数众多的政党也发生了分裂，党的组合破裂，党员们互相分离，最后苏共黯然解体。再如一支部队被打垮，部队中军官和士兵们的组合破裂，成员互相分离，这支部队也随之分裂、解体。

第八种演化方式是群的重组，所谓群的重组是指，当原来的群分裂之后，事物又进行新的组合，组成新的群，这个过程就是群的重组。

例如苏联共产党分裂、解体之后，部分党员又重新组合起来，组成了新的苏共。这时的苏共不仅人数大大减少，而且也由执政党变成了在野党。再如一支部队解体后，剩余的军官和士兵们重新组合起来，组成一支新的部队，这些都是群的重组。

上面我们探讨的是单个群的演化，然而在现实世界中，群并不是孤立存在的，群与群之间也会发生联系和相互作用，也会互相组合成为"群组"。在群组内，群与群之间也发生着团结协作、矛盾争斗、分化、失序、扩大、缩小、分裂与重组等各种方式的演化。

群演化的数学表达：

群的结构式：$G = \{A-B-C-D-E-\cdots\cdots -Xn\}$

结构式中的 G 表示群，事物 A、B、C、D、E—……-Xn 共同组合构成了群。

群的团结协作：$\{A+B+C+D+E+\cdots\cdots Xn\}$

群的矛盾争斗：$\{A \leftrightarrow B \leftrightarrow C \leftrightarrow D \leftrightarrow E \leftrightarrow \cdots\cdots \leftrightarrow Xn\}$

群的分化：$\{A-B-C, D-E-G, \cdots\cdots -Xn\}$

上式表示一个大的群发生分化，形成 A-B-C、D-E-G 等若干个群中群。

群的失序：$\{B, C, A, E, D, E, \cdots\cdots, Xn\}$

上式表示群中事物之间的组合被削弱、破坏，使得一个有序的群变得杂乱无序。

群的扩大：

$\{A-B-C-D-E-\cdots\cdots Xn\} + \{F\} + \{G\} = \{A-B-C-D-E-F-G-\cdots\cdots Xn\}$

上式表示，由于事物 $\{F\}$ 、$\{G\}$ 的加入，群的规模扩大。

群的缩小：$\{A-B-C-D-E-\cdots\cdots -Xn\} - \{D\} - \{E\} = \{A-B-C-\cdots\cdots Xn\}$

上式表示，由于事物 $\{D\}$ 、$\{F\}$ 的脱离，群的规模缩小。

群的分裂：

$\{A-B-C-D-E-\cdots\cdots Xn\} \Rightarrow \{A\}\cup\{B\}\cup\{C\}\cup\{D\}\cup\{E\}\cup\cdots\cdots\{Xn\}$

上式表示，群$\{A-B-C-D-E-\cdots\cdots Xn\}$发生了分裂，群中的事物$\{A\}$、$\{B\}$、$\{C\}$、$\{D\}$、$\{E\}\cdots\cdots\{Xn\}$各自独立存在。

组的重组：

$\{A\}\cup\{B\}\cup\{C\}\cup\{D\}\cup\{E\}\cup\cdots\cdots\{Xn\} \Rightarrow \{A-B-C-D-E-\cdots\cdots Xn\}$

上式表示，独立的事物$\{A\}$、$\{B\}$、$\{C\}$、$\{D\}$、$\{E\}\cdots\cdots\{Xn\}$重新组合，构成了一个新的群。

十、系列的演化

第九小节探讨了群的演化，这一小节探讨系列的演化。什么是系列？我们在第三章"组合哲学"的第八节对"系列"进行过定义：**组合哲学所说的系列是指，若干事物排列组合而形成的行列，我们把这种行列称之为"系列"，而把构成系列的一个个事物称之为"项"。**

通过系列的定义可以看出，所谓系列其实就是事物排列组合而成的行列。那么，什么是系列的演化呢？演化哲学认为，所谓系列的演化是指，**系列中事物的排列组合以及相互关系的变化。**那么，系列又是如何演化的呢？演化哲学认为，**系列的演化主要有七种方**

式：团结协作、矛盾争斗、项变、扩大、缩小、分裂与重组。下面我们分别探讨。

第一种演化方式是团结协作，所谓团结协作是指，构成系列的各个事物互相团结、互相协作，共同促进系列的稳定与发展。

在 2005 年中国中央电视台春节文艺晚会上，曾经播出过一个舞蹈节目《千手观音》，给人们留下深刻印象。数个女舞蹈演员穿着统一的金色服装，按前后顺序整齐地排成一排，从正面看就像一个人一样，演员们通过优美的舞蹈动作演绎了千手观音的形象。在这个节目中，舞蹈演员排列组合成一个整齐的系列，在这个系列中，各个演员团结协作、密切配合，出色地完成了《千手观音》舞蹈；假若没有这些演员们的团结协作和密切配合，这个舞蹈不可能演绎得如此出色，这是一个系列团结协作的典型。

第二种演化方式是矛盾争斗，所谓矛盾争斗是指，构成系列的事物之间发生矛盾，事物互相制约、互相对抗、互相争斗，结果造成系列的不稳定，阻碍系列的发展与壮大。

我们还以《千手观音》舞蹈为例，假如这个系列中的舞蹈演员为了争夺领舞而发生矛盾，并且在演出中互相制约、互相对抗、互相争斗，那么，这个舞蹈一定很难完成，节目也会受到观众的差评。如果长此以往，那么，这个舞蹈系列不仅无法发展壮大，甚至有可能被解散。

第三种演化方式是项变，所谓项变是指，构成系列的某些事物发生了变化，或者某事物在系列中的位置发生了改变。

例如城市道路边的绿化树，一棵棵排列起来就可以构成一个系列；假如某棵树死了，工人们把死树刨掉，然后栽上新树，新树替代了死树，这就是项变。再如在《千手观音》舞蹈系列中，如果领舞的演员身体不适无法担任领舞，导演让另一位女演员顶替领舞，而把原领舞者调整到后面，这也是一种项变。

第四种演化方式是系列的扩大，所谓系列的扩大是指，构成系列的事物数量增加，系列的规模扩大。

例如天空中的一排大雁构成了一个系列，后来其他大雁不断加入，于是这个系列的大雁数量增加，规模也随之增大。再如摆放在书架上的一排书构成了一个系列，后来书架的主人又陆续购买了一些新书，也摆放到这个书架上，这时书架上书的数量增加，这个系列的规模也随之变大。

第五种演化方式是系列的缩小，所谓系列的缩小是指，构成系列的事物数量减少，规模也随之变小。

例如一队大雁在长途飞行的过程中，一些大雁因病脱队，大雁数量减少，雁队的规模也随之变小，这就是系列的缩小。一个人开工资领到一沓钱，我们也可以把这沓钱看作一个系列，由于购买生活物资和消费，钱数逐渐减少，这沓钱也变得越来越薄，这也是系列的缩小。

第六种演化方式是系列的分裂，所谓系列的分裂是指，构成系列的事物组合破裂，事物互相分离，导致系列的解体。

我们在上面举过舞蹈《千手观音》的例子，在舞台表演的时候，演员们排列组合起来构成一个系列，但当表演结束之后，演员们的排列组合破裂，她们又变成一个个独立的人，这就是系列的分裂。

第七种演化方式是系列的重组，所谓系列的重组是指，当原系列分裂之后，事物又进行新的组合，组成新的系列，这个过程就是系列的重组。

例如电话号码就是由多个阿拉伯数字排列组合而成的系列，如果旧的电话号码不再使用，这个数字系列就会分裂解体；当启用新电话号码的时候，一组新的阿拉伯数字就会排列组合起来构成一个新的系列，这样的过程就是系列的重组。

上面探讨的都是单个系列的演化，然而在现实世界中，系列并非是孤立的，系列与系列之间也会发生联系和相互作用，也会互相组合构成"系列组"。例如在进行龙舟比赛时，一条龙舟上的几个人就构成了一个系列，而多条龙舟互相组合就构成了一个系列组。在系列组内，系列与系列之间也发生着团结协作、矛盾争斗、扩大、缩小、分裂与重组等各种方式的演化。

系列的演化也可以用数学的方式进行表达，具体如下：

系列的结构式：

同项系列：$S1 = \{A—A—A—A—A—\cdots\cdots An\}$

异项系列：$S1 = \{A—B—C—D—E—F—\cdots\cdots Xn\}$

（n 是一个常数）

无限同项系列：$S1 = \{A—A—A—A—A—\cdots\cdots\infty\}$

无限异项系列：$S1 = \{A—B—C—D—E—F—\cdots\cdots\infty\}$

S 即英文 series,

系列的团结协作：$\{A+A+A+A+A+\cdots\cdots An\}$

$\{A+B+C+D+E+F+\cdots\cdots Xn\}$

系列的矛盾争斗：$\{A\leftrightarrow A\leftrightarrow A\leftrightarrow A\leftrightarrow A\leftrightarrow \cdots\cdots An\}$

$\{A\leftrightarrow B\leftrightarrow C\leftrightarrow D\leftrightarrow E\leftrightarrow F\leftrightarrow \cdots\cdots Xn\}$

系列的项变：

$\{A—B—C—D—E—F—\cdots\cdots Xn\}\rightarrow\{A—B—C—E—D—F—\cdots\cdots Xn\}$

前一个系列中的第 4 项 D 发生了项变，在后一个系列中排第 5 项。

系列的扩大：

$\{A—B—C—D—E—F—\cdots\cdots Xn\}+\{R\} + \{G\}=\{A—B—C—D—E—F—R—G—\cdots\cdots Xn\}$

系列的缩小：

$\{A—B—C—D—E—F—\cdots\cdots Xn\}-\{E\} + \{F\}=\{A—B—C—D—\cdots\cdots Xn\}$

系列的分裂：

$$\{A—B—C—D—E—F—\cdots\cdots Xn\} \Rightarrow \{A\}\cup\{B\}\cup\{C\}\cup\{D\}\cup\{E\}\cup\{F\}\cup\cdots\cdots\{Xn\}$$

系列的重组：

$$\{A\}\cup\{B\}\cup\{C\}\cup\{D\}\cup\{E\}\cup\{F\}\cup\cdots\cdots\{Xn\} \Rightarrow \{A—B—C—D—E—F—\cdots\cdots Xn\}$$

十一、序列的演化

第十小节探讨了系列的演化，这一小节探讨序列的演化。什么是序列？我们在第三章"组合哲学"的第八节对"序列"进行过定义：**组合哲学所说的序列是指，若干事物按照一定的次序或规律组合而成的有序行列，我们把这种有序的行列称之为序列。**

通过序列的定义可以看出，所谓序列其实就是事物排列组合而成的有序行列。那么，什么是序列的演化呢？演化哲学认为，所谓序列的演化是指，**序列中的事物排列组合以及相互关系的变化**。那么，序列又是如何演化的呢？演化哲学认为，**序列的演化主要有八种方式：团结协作、矛盾争斗、项变、序变、扩大、缩小、分裂与重组**。下面我们分别探讨。

第一种演化方式是团结协作，所谓团结协作是指，构成序列的各个事物互相团结、互相协作，共同促进序列的稳定与发展。

例如在一个医院中，不同等级的医生互相组合起来构成一个序列：主任医师、副主任医师、主治医师、医师、医士，当序列中的各个成员互相团结、互相协作的时候，医疗工作就会顺利开展，这个序列也能够稳定并发展。当然在现实生活中，一个序列中的事物不可能达到绝对的团结与协作，事物之间往往会出现矛盾与争斗，于是序列就进入第二种演化方式。

第二种演化方式是矛盾争斗，所谓矛盾争斗是指，构成序列的事物之间发生矛盾，互相制约、互相对抗、互相争斗，结果造成序列的不稳定，阻碍序列的发展与壮大。

例如在一个行政机关里，不同等级的公务员构成了一个序列：局长、副局长、科长、副科长、科员。由于权力和利益的分配、政见以及人际关系等原因，该序列中的成员之间会发生各种各样的矛盾，于是成员之间勾心斗角、明争暗斗，甚至互相制约、互相对抗、互相陷害，结果造成该序列的不稳定，阻碍它的发展与壮大。俗话说"官场如战场"，权力序列中的矛盾与争斗已经持续了数千年之久，而且还要继续争斗下去，这个问题成了无法解决的顽疾。

第三种演化方式是项变，所谓项变是指，构成序列的某个项发生了变化，例如一事物代替了另一事物。

例如在一个行政机关里，序列中的首项——局长退休，上级从其他机关调来一个新局长顶替老局长，这就是序列的项变。

第四种演化方式是序变，所谓序变是指，序列中

的某项在序列中的位置发生了改变。

"序变"中的"序"是指，事物在序列中的序数，或者说在序列中的位置。序数用阿拉伯数字表示，例如1、2、3、4、5、6。例如在一个行政机关里，序列中的第1位——局长年满退休，副局长被提拔成为正局长，副局长在序列中的位置发生了改变，由序列中的第2位变成了第1位，这种改变就是序变。再如中共领导人的排名，这个排名有严格的规定，按照职务和权力的大小依次排成一个序列，每个人在这个序列中的位置不能轻易更改。文革之前，刘少奇担任中共中央副主席和国家主席，所以刘仅次于毛泽东在这个序列中排第2位，但文革开始不久，他的位置就持续下降，最后被打成"叛徒、内奸、走资派"，被逐出中共领导人序列，凄惨死去。林彪在这个序列中的位置原本比较靠后，但文革开始后，他被毛泽东提拔为"副统帅"，地位迅速上升，代替刘少奇成为序列中的第2位。然而好景不长，林彪仓皇出逃、客死异国，也被逐出中共领导人的序列。这个小小的序列，简直成了当代中国政治的晴雨表。

第五种演化方式是序列的扩大，所谓序列的扩大是指，构成序列的事物数量增加，规模扩大。

例如门捷列夫元素周期表中的化学元素，按照其化学性质排列成一个序列。最初的元素周期表只有63种元素，也就是说这个序列只有63项，但随着科学的发展，科学家们发现的元素达到118个，由于元素数量增加，所以元素周期序列的规模也随之扩大。

第六种演化方式是序列的缩小，所谓序列的缩小是指，构成序列的事物数量减少，规模也随之变小。

例如朱镕基担任国务院总理期间，曾经大力精简行政机构，粮食部、纺织部、煤炭部、机械部、化工部、冶金部等部委被撤销，变成了规模较小的行业协会。由于被撤销，这些部门人员减少，公务员序列自然也随之变小。

第七种演化方式是序列的分裂，所谓序列的分裂是指，构成序列的事物组合破裂，事物互相分离，导致序列的解体。

例如在 2003 年 3 月之前，伊拉克由萨达姆和复兴社会党统治，该国的行政、经济、党务、军队等各个领域都存在着序列；但是在 2003 年的 3 月，英美等国的联合部队对伊拉克发动军事行动，迅速摧毁了萨达姆政权，于是伊拉克的行政、经济、党务、军队等各种序列纷纷分裂、解体，而这些序列中的成员也都变成了一个个独立的人。

第八种演化方式是序列的重组，所谓序列的重组是指，当原序列分裂之后，事物又进行新的组合，组成新的序列，这个过程就是序列的重组。

我们还以伊拉克为例，随着萨达姆政权的垮台，伊拉克的行政、经济、党务、军队等各种序列纷纷分裂、解体，但随着国家的重建，这些序列还要重新建立起来，于是新的成员再次组合起来，组成新的行政、经济、党务、军队等序列，这就是序列的重组。

上面探讨的都是单个序列的演化，然而在现实世界中，序列并不是孤立存在的，序列与序列之间也会发生联系和相互作用，也会互相组合成为"序列组"或"序列群"。例如一个国家，在行政、经济、党务、军队、文化、教育等各个不同的领域里都存在着不同的序列，这些序列互相组合起来就构成了"序列组"或"序列群"。在这些"序列组"或"序列群"中，序列之间也会进行团结协作、矛盾争斗、扩大、缩小、分裂与重组等各种演化。

序列的演化也可以用数学方式表达，具体如下：

序列的结构式：

按序数大小排列的有限序列：

$$Se = \{A1—A2—A3—A4—A5—A6—\cdots\cdots An\}$$

有规律排列的有限序列：

$$Se = \{A—B—C—A—B—C—A—B—C—\cdots\cdots A—B—C \}$$

按序数大小排列的无限序列：

$$Se = \{A1—A2—A3—A4—A5—A6—\cdots\cdots \infty\}$$

有规律排列的无限序列：

$$Se = \{A—B—C—A—B—C—A—B—C—\cdots\cdots \infty\}$$

以上各式中 Se 表示序列，系英文 sequence 的简称。式中 n 是一个常数。

系列的团结协作：（以下以有限序列为例）

$\{A1+A2+A3+A4+A5+A6+\cdots\cdots An\}$

$\{A+B+C+A+B+C+A+B+C+\cdots\cdots+A+B+C\}$

序列的矛盾争斗：

$\{A1\leftrightarrow A2\leftrightarrow A3\leftrightarrow A4\leftrightarrow A5\leftrightarrow A6\leftrightarrow\cdots\cdots An\}$

$\{A\leftrightarrow B\leftrightarrow C\leftrightarrow A\leftrightarrow B\leftrightarrow C\leftrightarrow A\leftrightarrow B\leftrightarrow C\leftrightarrow\cdots\cdots Xn\}$

序列的项变：

$\{A1-A2-A3-A4-A5-A6-\cdots\cdots An\}$ →
$\{A2-A3-A4-A5-A6-\cdots\cdots An\}$

序列中的第 1 项发生了项变，**A2** 替代了 **A1**。

序列的序变：

$\{A-B-C-A-B-C-A-B-C-\cdots\cdots A-B-C)\}\rightarrow\{B-C-A-B-C-A-B-C-A\cdots\cdots B-C-A\}$

规律性序列中的 "A—B—C"，**B** 的序数由 2 变为 1，而 A 的序数则由 1 变为 3。

序列的扩大：

$\{A1-A2-A3-A4-A5-A6-\cdots\cdots An\}+\{An+1\}+\{An+2\}=\{A1-A2-A3-A4-A5-A6-\cdots\cdots An-An+1-An+2\}$

序列的缩小：

$\{A1-A2-A3-A4-A5-A6-\cdots\cdots An\}-\{A5\}-\{A6\}=\{A1-A2-A3-A4-\cdots\cdots An\}$

序列的分裂：

$$\{A1—A2—A3—A4—A5—A6——\cdots\cdots An\} \Rightarrow \{A\}$$
$$\cup\{A\}\cup\{A\}\cup\{A\}\cup\{A\}\cup\{A\}\cup\cdots\cdots\{An\}$$

序列的重组：

$$\{A\}\cup\{A\}\cup\{A\}\cup\{A\}\cup\{A\}\cup\{A\}\cup\cdots\cdots\{An\}$$
$$\Rightarrow\{A1—A2—A3—A4—A5—A6——\cdots\cdots An\}$$

十二、系统的演化

第十一小节探讨了序列的演化，这一小节探讨系统的演化。什么是系统？我们在第三章"组合哲学"的第九节对"系统"进行过定义：**系统是由若干元素组合而成的具有复杂结构和特定功能的组合体。**系统就是元素复杂的组合体，那么，什么是系统的演化呢？演化哲学认为，所谓系统的演化就是**系统中的元素排列组合以及相互关系的变化。**那么，系统又是如何演化的呢？演化哲学认为，**系统的演化主要有八种方式：团结协作、矛盾争斗、扩大、缩小、组合、分化、分裂与重组。**下面我们分别探讨。

第一种演化方式是团结协作，所谓团结协作是指，构成系统的各个元素互相团结、互相协作，共同促进系统的稳定与发展。

例如人体有八个系统，运动系统、神经系统、内分泌系统、循环系统、呼吸系统、消化系统、泌尿系统和生殖系统。我们以血液循环系统为例，血液循环系统主要由心脏、血管和血液构成，在血液循环过程中，心脏、血管和血液三部分互相配合、互相协作，共同把血液输送到人体的各个部分。如果没有心脏、血管和血液的互相配合和协作，血液循环系统就无法正常运作，人体也无法得到血液的供应，人的健康就会受到影响。血液循环系统内部诸元素的团结协作不仅促进了自身的稳定与发展，而且也促进了人体这个大系统的稳定与发展，所以对于一个系统而言，元素之间的团结与协作至关重要。

第二种演化方式是矛盾争斗，所谓矛盾争斗是指，构成系统的元素之间发生矛盾，互相制约、互相对抗、互相争斗，结果造成系统的不稳定，阻碍系统的发展与壮大。

例如国民党执政时期，军队系统内部分成各种派系，例如由中央政府管辖的中央军，由地方军阀管辖的地方军等。由于各个派系之间矛盾重重，所以不同派系的军队之间常常是互相制约、互相对抗、互相争斗，结果造成军队系统的不稳定，严重削弱其战斗力，最后败于共产党的军队，导致国民党失去政权，不得不逃到台湾岛。例如西安事变就是一个典型的例子，1936 年 12 月 12 日，东北军首领张学良和西北军首领杨虎城联合发动西安事变，武装扣留国民党军队最高首领蒋介石以及陈诚、邵力子、蒋鼎文、陈调元、卫立煌、朱绍良等军政要员，逼迫蒋介石答应他们的条件。一个系统的内部成员之间竟然互相对抗、兵戎相见，这样的系统怎么可能稳定？怎么可能发展、壮大？

第三种演化方式是系统的扩大，所谓系统的扩大是指，构成系统的元素数量增加，规模扩大。

例如近年来，随着网上购物人数的增加，中国的快递行业迅速发展，快递网点遍布全国各地，从事快递业务的人员数量大大增加，规模也空前扩大，中国快递行业的迅速发展是系统扩大的一个典型。

在系统的演化过程中，由于内外因素的影响，一个系统有可能逐步发展、壮大，小系统有可能变成大系统，大系统也有可能变成巨系统。

第四种演化方式是系统的缩小，所谓系统的缩小是指，构成系统的元素数量减少，规模也随之变小。

我们在上面举了快递业的例子，由于快递方便、快捷，现在已经很少有人到邮局去寄包裹了，于是邮政从事包裹投递的人员大大减少，这个系统的规模也随之变小了。不仅是包裹，信函也是如此，在互联网普及之前，人与人交流信息的一个重要方式就是纸质信函，人们把写好的信贴上邮票送到邮局，邮局再把这些信函送到指定的地点，那时邮局从事信函收发、投递的人很多，这个系统的规模也很大。但是，随着互联网的普及，网上通信以及微信等信息交流方式越来越方便、快捷，写纸质信函的人越来越少，于是邮局的信函投递业务逐渐萎缩，从事此项业务的人员大大减少，该系统的规模也随之变小。

在系统的演化过程中，由于内外因素的影响，一个系统也有可能逐步缩小，主系统变成子系统，大系统变成小系统或微系统。

第五种演化方式是系统的组合，所谓系统的组合是指，两个或多个系统组合成一个更大的系统。

我们在上面讲过人体，人体中存在着八个系统：运动系统、神经系统、内分泌系统、循环系统、呼吸系统、消化系统、泌尿系统、生殖系统，而人体就是这八个系统互相组合而成的一个更大的系统。欧洲联盟简称欧盟（EU），是由 28 个成员国组合而成的联盟，假如把一个国家看作是一个系统，那么，欧盟就是由 28 个系统组合而成的一个更大的系统。

我们在上面讲过系统的扩大，虽然系统的扩大和系统的组合都能形成更大的系统，但是二者有不同之处，系统的扩大是指一个系统的发展与壮大，而系统的组合则是由两个或多个系统组合而成的大系统。

第六种演化方式是系统的分化，所谓系统的分化是指，一个系统分裂成为两个或多个系统。

例如一个妇女怀孕，她与腹中的胎儿构成了一个系统；但当孕妇生下婴儿之后，婴儿脱离母体自成一个系统，于是原来的一个系统就分化成了两个系统。如果把一个家庭看作是一个系统，那么，当家中的孩子们长大成人并分家另过时，这时一个大的家庭系统就会分化成为两个或多个家庭系统。

第七种演化方式是系统的分裂，所谓系统的分裂是指，构成系统的元素组合破裂，元素互相分离，导致系统解体。

例如一幢办公大楼构成一个系统，但由于年久失修需要拆除，通过拆除，大楼的各个部分互相分离，组合破裂，大楼变成了一堆瓦砾与垃圾，整个大楼系统完全解体。

我们在上面探讨过系统的分化，需要指出的是，系统的分化不同于分裂。系统的分化是由一个系统分为两个或多个系统，系统依然存在；而系统的分裂则是系统的各个部分互相分离，组合破裂，系统不存在了。

第八种演化方式是系统的重组，所谓系统的重组是指，原系统分裂之后，元素又进行新的组合，组成新的系统，这个过程就是系统的重组。

例如上面说的办公大楼，旧楼拆除之后再盖新楼，在盖楼的过程中，建筑工人以及其他施工人员将各种材料重新组合起来，盖成一幢新的大楼，形成一个新的系统，这样的过程就是系统重组。

上面所探讨的大都是单个系统的演化，然而在现实世界中，系统并不是孤立存在的，系统与系统之间也会发生联系和相互作用，也会互相组合成为"系统组"或"系统群"。在"系统组"或"系统群"中，系统之间也会进行团结协作、矛盾争斗、扩大、缩小、组合、分化、分裂与重组等各种演化。

系统的演化也可以用数学方式表达，具体如下：

系统的结构式：$Sy = \{A\text{-}B\text{-}C\text{-}D\text{-}E\text{---}\cdots\cdots \text{-}Xn\}$

上式中的 Sy 表示系统（英文 system），A、B、C、D、E …… Xn 表示构成系统的元素。

系统的团结协作：$\{A +B+ C+ D+ E+\cdots\cdots Xn \}$

系统的矛盾争斗：$\{A\leftrightarrow B \leftrightarrow C\leftrightarrow D \leftrightarrow E \leftrightarrow \cdots\cdots \leftrightarrow Xn \}$

系统的扩大：

$\{A-B-C-D-E-\cdots\cdots Xn \}+ \{F\} + \{G\} = \{ A-B-C-D-E-F-G-\cdots\cdots Xn \}$

系统的缩小：

$\{A-B-C-D-E-\cdots\cdots -Xn \}- \{D\}- \{E\} = \{A-B-C-\cdots\cdots Xn \}$

系统的组合：

$\{A-B-C-D-E-\cdots\cdots -Xn \}+ \{F-G-H-\cdots\cdots -Xn \} + \{R-U-T\cdots\cdots -Xn \}=$

$\{A-B-C-D-E- F-G-H- R-U-T\cdots\cdots -Xn \}$

系统的分化：

$\{A-B-C-D-E- F-G-H- R-U-T\cdots\cdots -Xn \} - \{F-G-H-\cdots\}$

$- \{R-U-T\cdots\} = \{A-B-C-D-E-\cdots\cdots -Xn \}$

系统的分裂：

$\{A-B-C-D-E-\cdots\cdots Xn\} \Rightarrow \{A\}\cup \{B\}\cup \{C\}\cup \{D\}\cup \{E\}\cup \cdots\cdots \{Xn\}$

系统的重组：

$\{A\}\cup \{B\}\cup \{C\}\cup \{D\}\cup \{E\}\cup \cdots\cdots \{Xn\} \Rightarrow \{A-B-C-D-E -\cdots\cdots Xn \}$

十三、场的演化

第十二小节探讨了系统的演化，这一小节探讨场的演化。什么是场？我们在第三章"组合哲学"的第十节对"场"进行过定义：**所谓场就是个体直接存在的小环境**。那么，什么是场的演化呢？演化哲学认为，所谓场的演化是指，**个体存在的小环境的演变与变化**。那么，场又是如何演化的呢？演化哲学认为，**场的演化主要有六种方式："场围"与"场界"的变化，变场，场变，场的扩大与缩小，场的合与分，场的解体与重组**。下面我们分别探讨。

第一种演化方式是"场围"和"场界"的变化，所谓"场围"的变化是指，场的空间范围的变化，而"场界"的变化则是指场的边界的变化。

我们在第三章"组合哲学"的第十节对"场围"和"场界"进行过解释，场大都具有一定的空间范围，具有自己的边界，组合哲学把场的空间范围称为"场围"，而把场的边界称之为"场界"。场在不断地变化之中，所以"场围"和"场界"也在不断地发生着变化。例如一个农村学生，一直在乡村、乡镇或县城读书，乡村、乡镇或县城就是他所在的场，这些场的"场围"和"场界"都比较有限；但当他考上大学进入大城市之后，他所在的场发生了巨大变化，"场围"

和"场界"也自然大大扩大。假如这个学生大学毕业后又到国外留学，那么，他所在场的"场围"和"场界"会进一步扩大。

第二种演化方式是"变场"，所谓"变场"是指，随着个体空间位置的改变，其居在的场也随之发生变化，这种变化就叫变场。

我们在第三章"组合哲学"的第十节对"居在场"进行过定义，所谓"居在场"就是个体所在的场。如果我们把场比作酒店的客房，那么"居在场"就是客人居住的具体房间。场是个体存在的小环境，它随着个体的改变而改变，当个体的空间位置发生变化的时候，个体所在的居在场也会随之发生改变。例如 1801年左右，黑格尔曾在纽伦堡文科中学当校长，那么，这个中学就是他的居在场；1816—1831 年，黑格尔先后任海德尔堡大学和柏林大学教授，于是黑格尔的居在场就由纽伦堡文科中学变为海德尔堡大学和柏林大学。

随着个体的运动，其居在场也在不断地变化之中。例如一个人住在家里，家就是他的居在场；然而当他离开家乘上公交车，那么，公交车就变成了他暂时的居在场；当他下了公交车坐上了火车，这时火车又变成了他新的居在场；当他到达了一个新的城市，于是这个城市又变成了他新的居在场。人在不停地运动，他的居在场也在不断地发生着变化。

第三种演化方式是"场变"，所谓"场变"是指，

个体所在的场自身发生了改变与变化。

我们在上面讨论了"变场"，所谓"变场"是指，从一个场变为另一个场；而"场变"则是指，一个场自身的改变与变化。例如一个人原本住在美国加利福尼亚天堂镇，那么，美丽的天堂镇就是他所在的场；但是 2018 年 11 月，天堂镇发生了大火，那里的树木、房屋都被烧成了一片废墟，那个美丽的场发生了巨大的变化。再如一个人居住在一个风光秀丽的小村庄，那个小村庄就是他所在的场；但是突然地震发生了，房倒屋塌、山体滑坡，这个风光秀丽的小村庄变成了一堆瓦砾，他所在的场发生了巨大的变化。

上面所说的"场变"，变化原因多在外部；但是，不仅外部原因能够引起场变，内部原因同样也能引起场变。场的决定性因素是事物之间的相互作用，当场中的事物发生变化的时候，也有可能引起整个场的变化。例如在第二次世界大战之前，由于各国的关系得到暂时平衡，所以那时的世界处在和平之中；但在 1939 年 9 月之后，德意日法西斯发动侵略战争，导致整个世界局势发生重大改变，第二次世界大战爆发，和平的世界变成了战争的世界，人类生存的场发生了剧变。

第四种演化方式是场的扩大与缩小，所谓场的扩大不仅是指其空间的扩大，而且包括场中事物网络的增大；所谓场的缩小是指，场的空间和事物网络的减少。

我们在第三章"组合哲学"第十节探讨场时曾指出，既然是场，它必然有一定的空间，这个空间是一个四维的结构；但场又不仅仅是空间，其中还存在着大量事物以及事物组合而成的网络，场是时空结构与事物网络的统一体，所以场的扩大就是其空间结构和事物网络的增大。例如在毛泽东时代，住房紧张，一家几口人住在一间面积很小的房子里，居住场十分狭小。改革开放后，盖了大量商品房，人们的住房条件得到了很大改善，住房面积大大扩大，有的人家甚至住上了别墅，人们的居住场明显扩大。近些年，中国的城市大发展，不少城市的空间增加了数倍，人口增加，高楼林立，所以城市这个场也在扩大。

在演化过程中，场不仅会扩大，而且也会缩小。场的缩小不仅是其空间的减小，而且其中的事物网络也随之变小。例如中国的末代皇帝爱新觉罗·溥仪，清朝灭亡后仍住在故宫里，故宫就是他的场；1924年，军阀冯玉祥逼迫溥仪离宫，1925年被日本人护送至天津，住在静园；1950年，溥仪又到抚顺战犯管理所进行改造，住在狭小的牢房里。从故宫到静园，再从静园到牢房，溥仪的居在场不断地缩小。

第五种演化方式是场的合与分，所谓场的合是指，若干个场组合成一个较大的场；所谓场的分是指，一个场分化为若干个更小的场。

例如欧洲 28 个国家组合成欧盟，假如把一个国家看作是一个场，那么，欧盟就是由 28 个场组合而成的一个更大的场。1991 年 12 月 25 日，苏联正式解体，分裂成为 15 个国家；假如把一个国家看作是一个场，那么，苏联的解体就是一个大场分裂成为 15 个小场。

第六种演化方式是场的解体与重组，所谓场的解体是指，构成场的事物网络组合破裂，事物互相分离，导致场的解体。所谓场的重组是指，原来的场解体之后，事物又组合成新的网络，并形成新的场，这就是场的重组。

我们在上面讲过苏联的解体，苏联解体后，15 个加盟共和国的组合破裂，各自独立，于是苏联这个场完全解体。苏联解体后，独立的国家内部又进行新的组合，形成新的国家场，而各个国家的人民就生活于这些新的场中。在中国数千年的历史中，曾反复发生朝代的更替，旧的王朝灭亡之后，旧的组合破裂，国破家亡，该王朝所构建的场也随之解体。当新王朝建立之后，又会组合成新的网络，形成新的场。

上面所探讨的大多是单个场的演化，然而在现实世界中，场并不是孤立存在的，场与场之间也会发生联系和相互作用，也会互相组合成为"场组"或"场群"。在"场组"或"场群"中，场与场之间也会进行各种方式的演化。

场的演化也可以用数学方式表达，具体如下：

场的结构式：

$$Si = [(a\text{-}b\text{-}c\text{-}d\text{-}e\text{-}\cdots\cdots \text{-}xn)\, t \cdot sp]$$

结构式中 Si 表示场（英文 site），sp（英文 space）表示场的空间，t 表示时间。为了研究的方便，我们用"[ ]"表示场，而用大写英文字母来表示个体，例如个体 A 的场为[A]，个体 B 的场为[B]。场中的事物可用小写英文字母表示，如[a、b、c、d]。

"场围"的变化：

$$[Si\ sp1\ ] \rightarrow [Si\ sp2\ ]$$

"场界"的变化：

$$[Si\odot1\ ] \rightarrow [Si\odot2\ ]$$

上式中圆的符号⊙表示场界

变场：

$$[Si1] \rightarrow [Si2] \rightarrow [Si3]$$

场变：

$$[(a\text{-}b\text{-}c\text{-}d\text{-}e\text{-}\cdots\cdots\ -xn)\,t1\cdot sp1] \Rightarrow [(f\text{-}r\text{-}h\text{-}g\text{-}p\text{-}\cdots\cdots -xn)\,t2\cdot sp2]$$

场的扩大：

$$[(a\text{-}b\text{-}c\text{-}d\text{-}e\text{-}\cdots\cdots\ -xn)\,t1\cdot sp1]+[f]+[r]=[(a\text{-}b\text{-}c\text{-}d\text{-}e\text{-}f\text{-}r\cdots\cdots\ -xn)\,t2\cdot sp2]$$

场的缩小：

$$[(a\text{-}b\text{-}c\text{-}d\text{-}e\text{-}f\text{-}r\cdots\cdots\ -xn)\,t\cdot sp]-[f]-[r]=[(a\text{-}b\text{-}c\text{-}d\text{-}e\text{-}\cdots\cdots\ -xn)\,t\cdot sp]$$

场的合：

$$[Si1]+[Si2]+[Si3]=[Sin]$$

场的分：

$$[Sin]-[Si2]-[Si3]=[Si1]$$

场的解体：

$$[(a\text{-}b\text{-}c\text{-}d\text{-}e\text{-}\cdots\cdots -xn)\, t \cdot sp] \Rightarrow [a]\cup[b]\cup[c]\cup[d]\cup[e]$$

场的重组：

$$[f]\cup[r]\cup[h]\cup[g]\cup[p] \Rightarrow [(f\text{-}r\text{-}h\text{-}g\text{-}p\text{-}\cdots\cdots -xn)\, t \cdot sp]$$

十四、环境的演化

第十二小节探讨了场的演化，这一小节探讨环境的演化。什么是环境？我们在第三章"组合哲学"的第十节对"环境"进行过定义：

所谓环境就是个体所存在的外部世界。

环境就是外部世界，那么，环境的演化就是外部世界的演化。同场一样，外部世界也在不断地演化之中，那么，外部世界又是如何演化的呢？这个问题将在第五章进行专门探讨，这里就不赘述了。

十五、层的演化

在第十四小节，我们简单讲了环境的演化问题，这一小节探讨层的演化。什么是层？我们在第三章"组合哲学"的第十一节对"层"进行过定义：

层是构成事物立体结构的基本单元，层由同一等级上的事物集合以及相应的时空构成。

那么，什么是层的演化？层的演化包括两个方面：一是层自身的演化，二是层中事物与层的关系的演化。

演化哲学把层的演化简称为"层变"。

我们首先探讨层自身的演化，层自身的演化有以下三种方式：

第一种演化方式是层的扩大与缩小，所谓层的扩大是指，层的空间增大，层中的事物增多；所谓层的缩小是指，层的空间变小，层中的事物减少。

例如在中国的 20 世纪 90 年代，大学扩招，大学规模急剧扩张，招生人数大幅度增加，在中国的教育结构中，大学这个层明显扩大。改革开放以来，为了挣到更多的钱，大批农民到城市打工，许多孩子跟随父母到城市就学，所以农村中的小学生数量大为减少，很多农村小学无生可招，只得关门，结果农村小学这个层显著缩小。同样也是 20 世纪的 90 年代，当时的国务院总理朱镕基大力推行国有企业改革，大批国有企业破产倒闭，结果中国国有企业这个层大大缩小。与之相反，改革开放促进了民营企业和外资企业的大发展，民营企业和外资企业这个层迅速扩大，有力地促进了中国经济的发展。今天中国之所以能够成为世界第二大经济体，民营企业和外资企业的贡献功不可没。

第二种演化方式是层的升与降，所谓层的升是指一个层在层系中的等级上升，所谓层的降是指一个层在层系中的等级下降。

我们在第三章"组合哲学"的第十一节对"层系"进行过探讨，**层系是层的组合体，层系就是若干个层**

按照一定的次序或规律叠加组合而成的垂直系统。

层系是多个层组合而成的垂直系统，所以每一个层在这个垂直系统中都有自己的等级，这个等级用"级"来表示。"级"用字母 n 表示，例如"n 级层"、"n+1 级层"、" n+2 级层"等等。例如一个层的级数是 n，说明它在层系中的等级是 n 级；如果它由 n 级变为 n+1 级，那就是说这个层的等级上升了 1 级，这就是层的升。如果这个层由 n 级变为 n-1 级，那就是说它在层系中的等级下降了 1 级，这就是层的降。

例如在毛泽东时代，工人阶级名誉上是领导阶级，文革中还曾提出过"工人阶级领导一切"的口号，"工宣队"（工人毛泽东思想宣传队）被派驻到机关、学校等单位掌权，那时工人阶层在中国社会结构中的等级比较高。然而改革开放后，大批国有企业破产倒闭，数千万工人失业，变成下岗职工，生活困难，昔日的风光不再，工人阶级也由所谓的"领导阶级"变成了社会的低层或最低层，在中国社会结构中的等级大幅度下降，这就是层的降。与工人阶级相反，资本家阶层在毛泽东时代是被专政的对象，他们的财产被没收，政治上被打击，人身失去自由，许多人被迫害致死，在当时的中国社会结构中，资本家阶层处在最低层。然而在改革开放后，大力发展民营经济，资本家拥有丰厚的财产，政治地位提升，这个阶层已经跃升为中国社会结构中的上层，这就是层的升。

第三种演化方式是层的分解与重组，所谓层的分

解是指，构成层的事物组合破裂，事物互相分离，导致层的分解。所谓层的重组是指，原来的层分解之后，事物又进行新的组合，形成新的层，这就是层的重组。

例如在中国历史中，每个朝代都存在着统治阶层，统治阶层占据社会的上层，掌握着政治、经济、军事大权，过着穷奢极欲的生活；但是，当这个朝代灭亡的时候，统治阶层随之土崩瓦解、分崩离析，这个过程就是层的分解。旧的朝代灭亡了，新的朝代又会建立起来，新的统治者又重新组合起来，形成新的统治阶层，这个过程就是层的重组。

探讨了层自身的演化，我们再探讨层中事物与层的关系的演化。从层的角度看，所有的事物都存在于一定的层次中，于是所有的事物都具有一定的等级。但是，事物的等级并不是固定不变的，随着事物的运动，事物有可能改变所在的层次，有可能改变自己的等级。那么，事物是如何改变层次与等级的呢？事物改变层次与等级的方式主要有以下三种：

第一种方式是升层，所谓升层是指，事物从较低的层次上升到较高的层次。

例如一事物原在 n 级层，通过运动，它变动到 n+1 级层；它由低层变化到更高的层次，这个过程就是升层。例如一个高中生考上了大学，从高中到更高层次的大学，这就是升层。讲师晋升为教授，副主任医师晋升为主任医师，营长晋升为团长，中将晋升为上将，这些都是升层。

第二种方式是跃层，所谓跃层是指，事物在升层的时候不是循序渐进的，而是跳跃性地上升到更高的层。

我们在上面讨论了升层，这种上升是按照级数，一级一级、循序渐进地上升；但是跃层则不同，它不是一级一级、循序渐进地上升，而是跳跃式地上升。例如一事物原在 n 级层，它通过运动，一下子跑到 n+5 级层，这就是跃层。

在现实生活中，这种情况也常有发生，例如一个穷苦书生，在科举考试中成为状元，加官进爵，一下子进入社会的上层，"朝为田舍郎，暮登天子堂"，这就是跃层。朱元璋原本是一个穷苦的小和尚，后来当上了明朝的开国皇帝，从社会最低层一下子跳到社会的最高层，这也是跃层。

第三种方式是降层，所谓降层是指，事物从较高的层次下降到低的层次。

事物的层次和等级的变化并不都是上升的，事物也有可能从较高的层次下降到低的层次。例如戈尔巴乔夫曾经是苏联共产党的总书记，处在社会的最高层；但是苏联解体之后，他变成了一个普通公民，从总书记到普通公民，这就是降层。刘少奇曾经是中国共产党的副主席、国家主席，处于社会的最高层；但在文革中，他被打成"叛徒、内奸、走资派"，成为亿万人批判的阶级敌人，从国家主席到阶级敌人，从最高层到最低层，这也是典型的降层。

　　上面所探讨的是单个层的演化，然而在现实世界中，层并不是孤立存在的，层与层之间也会发生联系和相互作用，也会互相组合成为"层组"或"层系"。在"层组"或"层系"中，层与层之间也会进行各种演化。层的演化也可以用数学方式表达，具体如下：

　　层的结构式：

　　L= [(a,b,c,d,e,…… -xn)t · sp]n

　　结构式中 L 表示层（英文 layer），n 表示层级。

　　层的扩大：

　　[(a,b,c,d,e, ……　-xn)t · sp]n+ （f） +(h)= [(a,b,c,d,e,f,h,…… -xn)t · sp]n

　　层的缩小：

　　[(a,b,c,d,e,f,h,……　-xn)t · sp]n- （f） -(h)= [(a,b,c,d,e,…… -xn)t · sp]n

　　层的升：

　　Ln→Ln+1

　　层的降：

　　Ln→Ln-1

　　层的分解：

　　[(a,b,c,d,e,,…… -xn)t · sp]n ⇒ [a]∪[b]∪[c]∪[d]∪[e]

　　层的重组：

　　[a]∪[b]∪[c]∪[d]∪[e] ⇒ [(a,b,c,d,e,,…… -xn)t · sp]n

　　升层：

Aln →Aln+1

式中 A 表示某事物，下同。

跃层：

Aln →Aln+4

降层：

Aln →Aln-1

第四节结束了，在这一节中，我们分别从空间位置、外部形态、量、阶段、质、结构、对子、组、群、系列、序列、系统、场、环境、层等角度，分门别类地对万物的演化进行了探讨。通过这些探讨，朋友们有可能对万物的演化有一个比较系统的了解，但世界上的事物是纷繁复杂的，它们的演化更是纷繁复杂、变化多端，演化哲学只是从哲学的角度对事物主要的演化方式做出概括性的解释与总结，不可能对所有的演化方式一一做出解释，更不可能把所有的演化都包括无遗。演化哲学是一个内容丰富的哲学分支，预计还有不少新大陆和处女地需要开拓。哲学研究的是事物普遍的演化方式，至于具体事物的具体演化，将由各具体学科——物理学、化学、生物学、数学、宇宙学、社会学、经济学、政治学、历史学、心理学等等，进行专门的研究。

第五节 演化的方向

我们在第四节探讨了万物的演化，那么，万物是如何演化的呢？是杂乱无绪的，还是有趋势、有方向的？如果演化是有方向的，那演化的方向又是什么呢？本节将对这些问题进行探讨。

一、发展与前进

演化的第一种方向是发展与前进，所谓发展与前进是指，事物的演化是从小到大、从无序到有序、从简单到复杂、从低级到高级。

发展与前进有三层含义：①事物向目标或目的方向的演化；②事物广延或规模的增加；③事物向有序、组织或复杂方向的演化。

我们先讨论第一层含义，什么是"事物向目标或目的方向的演化"？根据《现代汉语规范辞典》的解释，"目标"的含义是，希望达到的地方或标准；而"目的"的含义是，人在行动之前根据需要而设想的要达到的目标或结果。"目标"侧重指努力的方向，而"目的"则侧重指行为的意图。[22]

从演化哲学的角度看，目标是演化的方向，而目的则是演化所要实现的意图。

许多事物的演化都是有"目标"或"目的"的，例如人类以及具有意识的高级生物，他们或它们所进行的演化大都具有一定的目的和目标。例如一架民航客机搭载数百名乘客从中国飞往美国，飞行的目标就是美国，飞行的目的是把乘客安全送到美国，以便赚取相应的利润。这架飞机向着目标和目的方向运动，所以这种运动就是前进。再如一个登山运动员计划攀登珠穆朗玛峰，登上峰顶就是他的目标，而战胜世界第一高峰、取得登山好成绩就是他的目的。运动员向着目标和目的的方向攀登，所以这种攀登就是前进。

但是，那些不具备意识的存在物是不可能产生目的的，因为目的产生于意识。虽然它们无法具有目的，但它们的演化却是有一定"目标"的，尽管这种"目标"与人类的"目标"不尽相同。例如一粒玉米种子埋到土壤里，只要条件适宜，它一定会长成一株玉米；一枚鸡蛋，只要条件适宜，它一定会长成一只鸡；一枚恐龙蛋，只要条件适宜，它一定会长成一条恐龙。种子、鸡蛋和恐龙蛋都没有意识，不可能具有目的，但它们的演化却具有一种必然的趋势，这种必然的趋势就是它们演化的方向，或者说就是它们演化的"目标"。无意识的存在物向着一定的方向或"目标"演化，这种演化也是发展与前进。

我们再讨论发展与前进的第二层含义，在事物的演化中，不仅向着目标或目的方向的演化是发展与前进，事物的广延或规模的增加同样也是发展与前进。

例如一粒小小的种子，经过演化变成了一株金黄的麦子，并且结出更多的种子；在演化的过程中，种子的广延和规模都大大增加，这种演化也是发展与前进。一个呱呱坠地的小婴儿，身体弱小，但经过二十余年的演化，这个小婴儿变成了一个彪形大汉；在演化的过程中，这个小婴儿的身体发生了显著的变化，这种演化也是发展与前进。中国的深圳原是一个偏僻荒凉的小渔村，经过几十年的发展，竟然变成了一个现代化的大城市；从小渔村到大城市，深圳的规模发生了翻天覆地的变化，这种变化也是发展与前进。

我们再讨论发展与前进的第三层含义，事物向有序、组织或复杂方向的演化。事物本来是无序、无组织或简单的，通过演化变成了有序、有组织和复杂的事物，这样的演化也是发展与前进。例如一堆杂乱的竹条，工人们把它们编制成竹篮，从无序的竹条到有序的竹篮，这样一个演化过程就是发展与前进。再如一堆杂乱的零件，工人师傅们把它们组装成手机、电视机、汽车等产品，从无序的零件到有序的产品，这样一个演化过程也是发展与前进。一群无组织的老百姓，经过组织、培训之后变成了一支军队，从无组织的老百姓到有组织的军队，这样一个演化过程也是发展与前进。

此外，事物从低级向高级演化也是发展与前进。我们以手机为例，最早的手机被称为"大哥大"，活像一块砖头，又大又笨，结构简单，功能单一；现在的手机小巧玲珑，具有打电话、发微信、拍照片、上网、购物、办公等多种功能，手机的结构越来越复杂，功能越来越多，越来越高级。从低级的"大哥大"到高级的手机，这样的演化过程也是发展与前进。从整体的趋势看，生物的进化、人类社会的发展以及科学的进步等，都是一个从低级到高级的发展与前进的过程。

二、倒退与退化

我们在上面探讨了事物演化的第一种方向——发展与前进，但是，演化并不仅仅是一种方向，事物的演化还有可能朝着相反的方向进行，这种方向就是倒退与退化。什么是倒退与退化？**所谓倒退与退化是指，事物的演化是从大到小、从有序到无序、从复杂到简单、从高级到低级。**

上面我们讨论过那架从中国飞往美国的民航客机，它的目的地是美国，如果它在中途突然转向又飞回中国，那么，我们就可以说这架飞机的飞行是倒退。那位登山运动员的目标是登上珠穆朗玛峰，可是他只登了一半就返回了，我们可以说这是倒退。

我们在上面讨论过，事物的广延或规模的增加也是发展与前进，例如一个呱呱坠地的小婴儿，身体弱小，但经过二十余年的演化，这个小婴儿变成了一个彪形大汉。但是，再经过几十年，这个彪形大汉就会走向衰老，满头白发、一脸皱纹、弯腰驼背、老态龙钟，与前几十年的演化相比，这种演化无疑是倒退。人的智力的演化也是如此，从幼儿开始一直到中年，通过不断地学习、思考和实践，人积累的知识越来越多，智力也在不断地发展和增强；但是，进入老年之后，大多数人的智力都在减退，记忆力、认知能力大不如前，有的老人甚至变成了痴呆。与年轻时相比较，老年人的智力演化无疑在倒退。

我们在上面还进行过探讨，无序、无组织或简单的事物，通过演化变成有序、有组织和复杂的事物，这样的演化也是发展与前进。例如工人师傅把杂乱的零件组装成电视机，从无序到有序，这种演化是发展与前进；但是，当一台老旧的电视机失去功能并报废之后，它又会被拆成杂乱无序的零部件，从有序到无序，这样的演化过程就是倒退。

但需要指出的是，并不是所有的从大到小、从复杂到简单都是倒退。例如在手机的演化过程中，体积变得越来越小，但这并不是倒退，而是进步。一般而言，事物从简单到复杂是发展与前进，但也不尽然，例如美国生物学家龙漫远曾指出："观察自然界其他的生物如细菌，就可以看到，持续不断地演化以适应变化的环境，并不一定会变得越来越复杂，可能会保持在一定状态，甚至可能会越来越简单。"有的时候，从复杂到简单的演化也有可能是发展与前进，我们应该具体分析，不能一概而论。

我们在上面进行过探讨，从整体的趋势看，生物的进化、人类社会的发展以及科学的进步等，都是一个从低级到高级的发展与前进的过程。但也不尽然，我们以人类社会的发展为例，20 世纪 30 年代，魏玛共和国实行的是议会民主制，但是希特勒上台之后，德国却变成了法西斯主义政党的一党独裁制，从民主到独裁，这是一个严重的倒退。

三、停滞与停顿

上面我们探讨了演化的两种方向，现在探讨第三种方向，这就是停滞与停顿。什么是停滞与停顿？**所谓停滞与停顿是指，事物的演化停留在某一位置或状态，既不前进，也不倒退，原地踏步。**

首先应该指出，停滞与停顿并不是静止，在停滞和停顿的状态下仍然有演化，只不过这种演化是原地踏步、原地打转，没有方向，既不前进，也不倒退。这种状态很像不倒翁或陀螺，仅仅在原地打转转，既不前进，也不后退。

在现实世界中这种情况并不少见，例如一间无人居住的老屋，风吹雨打，荒草丛生，无人修缮，但也没有倒塌。再如路边低洼处由雨水形成的一个小池塘，一潭死水，蚊蝇丛生，一直停滞在那里。再如一个混日子的小公务员，每天上班、下班，职位既不升、也不降，原地踏步。

停滞和停顿不仅发生在日常生活中，人类社会的演化也会出现停滞和停顿。例如在毛泽东时代，农村大搞"人民公社"，农民参加集体劳动，由生产队分配口粮。在这种制度束缚下，中国农民吃不饱、穿不暖，生活十分困苦。由于生活困苦，农民缺乏生产积极性，所以那时农村的粮食产量极低，农业生产多年没有大的发展，中国的农业基本上处于停滞状态。一直到1978年，农村实行"包产到户"，农民的生产积极性才被调动起来，中国的农业才得到了迅猛发展，才摆脱了长期停滞的状态。毛泽东时代经常搞大批判，批判封建主义、资本主义落后的生产关系束缚了生产力的发展，但是，他们为什么不想一想，你们的生产力、你们的农业为什么长期得不到发展？究竟是谁束缚了它们的发展？

我们在上面讨论了人类社会演化的停滞问题，不仅人类社会的演化会停滞，人类的知识同样也有可能出现停滞。例如中国的传统医学——中医，已经有了数千年的历史，但是长期以来，中医一直把老祖宗的经验捧为经典，因循守旧、墨守陈规，缺乏大的发展和创新，基本上处于停滞状态。例如用青蒿治疗疟疾，老中医采用水煮的方法，但由于治疗疟疾的有效成分——青蒿素不溶于水，所以疗效极低；后来中国医学家和科学家采用现代科学的方法，终于从青蒿中提炼出了青蒿素，用青蒿素治疗疟疾，疗效大幅度提高，最后还获得了诺贝尔医学奖。通过青蒿素的发现可以看出，如果不进行大的发展与创新，中医会一直处于停滞状态。

四、复杂方向

上面探讨了演化的三种方向，现在探讨第四种方向，这就是复杂方向。什么是复杂方向？

所谓复杂方向是指，在一个演化过程中，演化方向是多种的，既有发展与前进，也有停滞与停顿，甚至还有退化与倒退，所以我们把这种方向称为复杂方向。

例如在中国现代史中，中国从专制向民主的演化过程就是如此。中国经历了两千多年君主专制的历史，一直到 1911 年辛亥革命爆发，君主专制的清政府垮台，中国才开始出现民主的曙光，两千多年的君主专制有望结束。但是，不久就发生了袁世凯复辟，中国历史出现倒退；袁世凯皇帝梦破灭，中国又陷入军阀混战，民主的进程处于停顿状态。20 世纪 30 年代，国民党统一中国，名义上实行三民主义，但暗地里蒋介石仍在搞独裁，民主进程基本上处于停顿状态。1949 年，共产党战胜国民党夺取大陆政权，这本是一次走向民主的契机，但是，毛泽东变本加厉，实行更加极端的一党专政和个人独裁，中国几乎倒退到辛亥革命之前的皇帝独裁王朝。1978 年，文革结束后，中共中的改革派痛定思痛，反对个人崇拜，中央领导层实行集体领导，并规定了领导人的任期制；虽然仍是一党专政，但同毛泽东的个人独裁比起来，总算有了进步。

百余年来，中国由独裁向民主的演化进程步履维艰、困难重重，基本上是走一步，退三步，倒退大于前进，停滞多于发展。中国向民主的演化之所以如此艰难，根本原因是君主专制的阴魂不散，加上民众愚昧无知，所以民主一直被独裁专制踩在脚下，这是中国这个文明古国的最大悲哀。通过中国由独裁向民主的演化过程就可以看出，事物的演化方向不一定是单一的，也存在着多种方向互相交织的复杂方向。

通过以上探讨，我们可以得出这样的结论：万物的演化并不是杂乱无绪的，而是有方向的，演化的主要方向有四种：发展与前进、退化与倒退、停滞与停顿以及复杂方向。

第六节 演化的动力

上面五节我们对万物的演化问题进行了探讨，通过探讨我们得出一个结论：万物都在不断地演化之中。既然万物都在演化，那么，随之又出现了这样一个问题：究竟是什么力量推动了万物的演化？万物演化的动力究竟来自哪里呢？这个问题就是演化的动力问题，本节就对这个问题进行专门探讨。

古希腊大哲学家亚里士多德在《形而上学》一书中就提出过这样一个问题："就算万物真由一元素或

几元素（物质）演变生灭而成宇宙万有，可是试问生灭何由而起，其故何在？这物质'底层'本身不能使自己演变；木材与青铜都不能自变，木材不能自成床，青铜不能自造像，这演变的原因只能求之于另一事物，找寻这个，就是找寻我们所说的第二原因——动因。"[23] 亚里士多德认为，必定会有"一个不被任何别的事物推动的第一推动者"。

那么，推动万物演化的"动因"究竟是什么？推动万物演化的"第一推动者"又是什么呢？宗教信仰者认为，推动万物演化的"第一推动者"和"动因"就是神，例如基督教信仰的上帝、伊斯兰教信仰的安拉以及中国人信仰的天神等。这些宗教信仰者认为，万物之所以能够运动，之所以能够演变生灭全靠神的推动，神就是万物演化的"第一推动者"和"动因"。著名科学家牛顿创立了力学三大定律，揭示了物体运动的规律，他能够对物体的运动做出清晰的解释，但是，这些物体以及整个世界究竟是如何"动"起来的？这"最初的一击"究竟是从哪里来的？牛顿无法做出解释，于是他把这个"最初的一击"归结为上帝。对这个问题，著名科学家爱因斯坦也十分困惑："小如咖啡杯等物体，尚且需要一种力量来安排；那么您想一想，宇宙拥有多少星球，而每一星球均按一定轨道运行无间，这种安排运行力量的即是神。"

究竟是什么力量推动了万物的演化？万物演化的动力究竟来自哪里？宗教信仰者的答案是：推动万

物演化的动力来自神，神是万物演化的"第一推动者"和"动因"，"最初的一击"正是来自神。宗教信仰者用一个十分简单的答案解释了一个极其重大的问题，这种解释确实很有吸引力；但令人遗憾的是，宗教信仰者无法为自己的答案提供有力的证据，更无法对神推动万物演化的过程与机理做出令人信服的解释，所以这种解释不过是一个美丽的神话。

万物演化的动力问题也是哲学需要回答的一个重大问题，不少哲学家也对这个问题做出了解释。例如某些唯心主义哲学家通过理念、目的和善解释了物质运动的原因，他们认为物质是惰性的，由于理念的驱动，使得物质向着善的目标运动。原动者的目的是善，善是原动者的属性，所以善是推动万物演化的第一动因。善是一个伦理学概念，西方哲学指人的最后目的，或内在的善，有时与终极的价值同义。[24] 善产生于人的理性，它是人对终极价值的一种追求，的确能对人的思想和行为产生一定的影响；但是，对于那些没有思想、没有理性、没有终极价值追求的存在物，例如岩石、土壤、高山以及星球等等，它们根本就没有善的追求，那么，善又如何能够推动它们运动和演化呢？我们很难设想，是善推动了地球和月亮的运动，是善促使太阳发出光芒，是善导致了地震与海啸！

另外一些哲学家如赫拉克利特、黑格尔，极端的矛盾论者列宁、毛泽东等人，他们认为"战争是万有之父和万有之王"（赫拉克利特），是对立面或矛盾的斗争推动了万物的演化，万物演化的动力就来自对立面的斗争。在某些情况下，矛盾或对立面之间的斗争对事物的演化能起到一定的推动作用；但是，矛盾或对立是事物之间一种比较极端的关系，是一种比较特殊的现象，更多的事物之间是不存在矛盾和对立的，更不可能发生对立面之间的斗争，所以对立面之间的斗争不可能推动所有事物的演化。况且在不少时候，矛盾或对立面之间的斗争不仅不能推动事物的发展与前进，反而有可能导致事物向退化和倒退的方向演化，所以这种解释是片面的。

上面介绍了宗教和哲学的答案，这些答案都无法对演化的动力问题做出令人信服的回答。那么，推动万物演化的动力究竟是什么呢？我们在第二章的第五节"物质的基本规律"中介绍过"物质运动规律"：**物质的相互作用推动了物质的运动，相互作用是物质运动的原因和动力。**物质运动规律揭示了物质运动的根本原因，是物质的相互作用推动了物质的运动。物质运动规律不仅揭示了物质运动的原因，而且进一步揭示了物质的另一种存在状态，物质的存在不是僵死的，而是处在不停的运动之中，物质是一切变化的主体。正是由于物质的运动，所以那些由物质材料构成的万事万物也在不断地运动、变化或演化之中，整个世界也在不断地运动、变化或演化之中。物质运动规律揭示了物质的运动性以及运动的根本原因。正是由于物质运动规律揭示了物质运动的根本原因，所以根据该规律就能够对演化的动力问题做出回答：

推动万物演化的动力究竟是什么呢？就是物质的相互作用，或者说就是事物之间的相互作用，正是事物之间的相互作用推动了万物的演化，推动万物演化的动力就来自事物的相互作用。

"相互作用动力说"认为，推动万物演化的动力是事物的相互作用，那么，什么是相互作用呢？所谓"相互作用"包含两层含义，第一层含义是：两事物之间的作用，例如当 A 事物作用于 B 事物的时候，B 事物就会反作用于 A 事物，于是 A、B 两事物之间的相互作用推动了它们的演化。例如两个拳击运动员在赛场比赛，正是两人的互相搏击或者说相互作用推动了拳击赛；假若没有二人的相互作用，那拳击赛就无法进行。相互作用的第二层含义是，当两事物相互作用的时候，这种作用还有可能传递、扩散到其他事物。例如当 A 作用于 B 的时候，B 还有可能把这种作用传递给 C，C 再传递给 D，这就是相互作用的传递与扩散。我们还以拳击赛为例，拳击赛是两个运动员的相互作用，但是，这种作用并不仅仅局限于两个运动员，首先激烈的拳击赛会影响现场的观众；当拳击赛在电视播出之后，还会影响更多的观众，甚至会对拳击运动史产生一定的影响。

两事物之间的相互作用，为什么会传递、扩散到其他事物？我们在第三章"组合哲学"的第三节介绍过**普遍联系规律：世界就是亿万个事物互相联系、互**

相编织而成的巨大网络，每一个事物都存在于这个大网之中，所以每一个事物都必然要与其他事物发生联系，没有任何联系、绝对孤立的事物是不存在的。正是由于事物存在于这样一个巨大的联系之网中，所以当一事物作用于另一事物的时候，这种作用有可能通过联系之网传递、扩散到其他事物，从而产生连锁反应和蝴蝶效应。

说到事物的相互作用，有的朋友可能会产生误解，认为只有实体之间的直接接触才算相互作用。实体之间的直接接触确实是相互作用，但非实体之间同样也会发生相互作用。例如引力场是非实体的，但一个物体就可以与引力场发生相互作用。再如信息并不是实体，但是信息却能与各种事物发生联系并相互作用。

通过上面的探讨，我们得出了这样一个结论：推动万物演化的动力就是事物的相互作用。我们为什么说推动万物演化的动力就是事物的相互作用？我们的理由是什么呢？我们的理由有三：

第一，力的本质就是事物的相互作用。我们所说的推动万物演化的"动力"指的其实就是"力"，那么，究竟什么是力呢？或者说力的本质是什么呢？物理学早就做出了回答："力就是物体的相互作用"，力并不是什么神秘的东西，力的本质就是物体之间的相互作用，正是物体之间的相互作用产生了"力"，并通过"力"推动了物体的运动。物体是事物的一种，我们可以把这句话改为：力就是事物的相互作用，这样我们就从更普遍的意义上揭示了力的本质。

究竟什么是力？演化哲学从哲学的高度对"力"重新进行了定义：

力是事物相互作用的度量。

这个定义不仅适用物理学，而且适用所有的领域，任何元素、物体、事物、事物的组合体只要发生相互作用，就会产生力，就会推动它们的运动或演化。我们所说的"力"、"动力"，其实就是事物之间的相互作用，就是对这种相互作用的度量。既然力的本质就是事物的相互作用，那么，推动万物演化的动力自然就是事物的相互作用了。

宇宙中存在着不计其数的元素、物体、事物、系统，它们之间的相互作用就可以产生出巨大的、无穷无尽的动力，这些动力能够推动元素、物体、事物、系统的运动、变化与发展，能够推动宇宙的演化。

第二，组合哲学认为，正是物质元素的组合构成了万物，物质元素之间要组合就必然发生联系和相互作用，相互作用不仅能够促使物质的组合，而且也能够推动物质以及物质组合物的运动与发展，推动了万物的分合聚散，推动万物的演化。

第三，这是科学家以及某些哲学家们的共识。我们在上面已经指出，物理学认为力就是物体的相互作用，这个定义是从物理学的一个重要领域——力学做出的。不仅是力学，在粒子物理学这个特殊的物理学领域里，"相互作用"同样也是其基础与核心。"[25]

粒子的运动和演化，同样也是由它们的相互作用推动的。其实不仅是粒子，物理学领域中的所有运动与演化都是由相互作用推动的。

虽然黑格尔曾提出，矛盾是一切运动和生命力的根源；但是，黑格尔还提出过这样一个命题："相互作用是一切事物的真正的终极原因"[26]黑格尔正确地指出，相互作用才是一切事物演化的真正的终极原因，所以黑格尔是最早提出这一观点的哲学家。尽管黑格尔构建的是一个虚幻的哲学神话，但他的哲学中也包含不少闪光的思想，这是一个不争的事实。

本节开头我们介绍过亚里士多德关于"第一推动者"的问题，他认为，必定会有"一个不被任何别的事物推动的第一推动者"。那么，万物演化的"第一推动者"究竟是谁呢？"最初的一击"究竟来自哪里呢？演化哲学认为，万物演化的"第一推动者"不是上帝、神或某种神秘的力量，"最初的一击"也不是来自物质世界的外部，"第一推动者"就是事物自身，而"最初的一击"也是来自事物的相互作用，事物你推动我，我推动你，大家互相推动，自己推动自己。根据宇宙大爆炸学说，宇宙的演化开始于 137 亿年前的一次大爆炸，可以说这次大爆炸就是"最初的一击"，那么，为什么会发生大爆炸呢？导致大爆炸的"第一推动者"又是谁呢？演化哲学认为，导致大爆炸的"第一推动者"不是别人，正是被严重挤压在一起的物质粒子，正是物质粒子之间的相互作用释放出巨大的能量，导致了这次大爆炸，而大爆炸又变成了"最初的一击"，推动宇宙进入漫长的演化历程。

由于宇宙万物演化的"第一推动者"就是自己，"最初的一击"也是来自自己，所以世界万物的演化根本不需要外部力量，更不需要神或上帝。宇宙万物的演化是一个自然的过程，是自己推动自己进行演化，是物质元素自我联系、自我作用、自我组合、自我演化的过程。宇宙万物的演化就像是一部自编、自导、自演的长篇电视连续剧，在宇宙万物的演化之外，不存在上帝和神，也不存在神秘的力量，所谓上帝、神或神秘力量都不过是人类无知的想象。

亚里士多德还提出这样的问题："这物质'底层'本身不能使自己演变；木材与青铜都不能自变，木材不能自成床，青铜不能自造像，这演变的原因只能求之于另一事物，找寻这个，就是找寻我们所说的第二原因——动因。"正如亚里士多德所说，"木材与青铜都不能自变，木材不能自成床，青铜不能自造像"，但是，人可以把木材做成床、把青铜造成像，由于人也是由物质组合而成的事物，所以把木材做成床、把青铜造成像的过程同样也是事物之间的相互作用过程，正是人与木材、青铜的相互作用把它们转化为床和像。也就是说，木材成床、青铜成像的原因不是别的，就是事物之间的相互作用。

演化哲学把事物演化的原因归结于事物自身，在这一点上，组合哲学与自组织理论是一致的。自组织理论认为，在没有外部指令的条件下，系统内部各子系统之间能自行按照某种规则形成一定的结构或功能。演化哲学也认为，不需要借助外部力量，宇宙万物通过相互作用就能够推动自己进行不断地组合与演化，宇宙的演化过程就是一个自组织的过程，

究竟是什么力量推动了万物的演化？万物演化的动力究竟来自哪里呢？通过以上探讨我们就可以得出这样的结论：

正是事物之间的相互作用推动了万物的演化，推动万物演化的动力就来自事物的相互作用。

我们把这个结论称之为"演化动力规律"，在本章的第九节"演化的规律"中，我们还要进一步讨论。

武汉大学哲学院赵林教授在讲授《西方哲学史》时曾提出这样一个问题，唯心主义通过理念、目的和善解释了物质运动的原因，虽然物质是惰性的，但由于理念的驱动，使得物质向着善的目标运动，所以物质能够运动。但是，唯物主义却无法对物质运动的动力问题做出解释，这个问题成为唯物主义面临的一大难题。演化哲学通过"演化动力规律"对这个问题做出了解释，正是物质或物质组合体之间的相互作用推动了物质以及物质组合体的运动，推动它们不断地演化。演化哲学揭示了物质运动的奥秘，回答了物质为

什么会运动这个难题，解决了传统唯物主义面临的难题。

第七节 演化的周期

第六节探讨了演化的动力，本节探讨演化的周期。在探讨之前，我们首先要厘清"周期"概念的含义。"周期"这一概念来自物理学，物理学将其定义为：物体作一次完全震动所用的时间叫周期，用 T 表示。演化哲学将这一概念引入哲学，但含义与物理学有所不同，那么，演化哲学所说的周期是什么含义？或者说周期的定义是什么呢？演化哲学所说的周期有两层含义：第一层含义是指，**一个完整的演化过程从开始到结束的时间**；第二层含义是指，**相似演化过程重复出现的时间间隔**。通过周期的两层含义可以看出，周期是从时间角度研究事物演化的。

这就是说，演化哲学所说的周期有两种不同的类型，一种是相似周期，而另一种是不相似周期。所谓"相似周期"是指，当一个演化过程结束之后，类似的过程会重复出现；所谓"不相似周期"是指，当一个演化过程结束之后，另一个新的演化过程又开始了，但后一个过程不一定是前一个过程的重复。无论是相似演化过程的重复出现，或者是不相似演化过程的重复出现，都属于演化的周期性。从长远的角度看，事物的演化其实是一个周期的序列，所以周期性也是演化哲学研究的重要课题。

在事物的演化中，周期性是一个普遍的现象，它广泛地存在于万物的演化过程中。我们首先讨论相似周期，我们在本章第四节的第二小节讨论过月亮外部形态的演化，通过月相演化图就可以清楚地看出，月亮的外部形态不仅发生着变化，而且这种变化还是周期性的。在农历的一个月里，月相的演化表现为八种不同的形式，它们分别是：新月（朔月），出现在农历的初一，月相为一弯细线；蛾眉月，出现在农历的初二～初六，这时的月相如眉似弓；上弦月，出现在农历的初七、初八，月相呈半圆；渐盈凸月，出现在农历的初九～十四，月相呈椭圆；满月（望月），出现在农历的十五、十六，这时月相如同圆盘；渐亏凸月，出现在农历的十七～二十三，月相呈椭圆；下弦月，出现在农历的二十三左右，月相呈半圆；残月，出现在农历的二十四～月末，月相如眉似弓；在农历月的最后一天又变回新月，月相又变成一弯细线。在农历的初一，月相为新月（一弯细线），经过近一个月的演化，到农历月的最后一天，又变回了新月，月相又变成一弯细线。从农历的初一到农历月的最后一天，月相的演化完成了一个周期。从下一个月的初一到月底，一个相似的周期又会重复出现，这种周期就是相似周期。这样的相似周期还有很多，例如昼夜周期、地球绕日运动周期、化学元素变化周期、农作物生长周期、月经周期、性周期、生产周期、经济危机周期等等。

然后我们再讨论不相似周期，当一个演化周期结束之后，一个新的周期接着开始，虽然后一周期与前一周期存在着关系，但二者并不相似，这样的周期就是不相似周期。人的一生可以分成若干不同的演化阶段，例如婴幼儿——儿童——少年——青年——中年——老年——暮年——死亡，我们可以把每一个演化阶段视为一个周期；在这八个周期中，虽然前后周期之间存在着关系，但是，后一周期并不是前一周期的重复，所以它们是不相似周期。再如人的学习过程可以分成这样一些阶段，学前教育——小学——中学——大学——研究生——博士——工作中学习——退休后学习，如果我们把每一个阶段视为一个周期，那么，每一个周期的学习内容和方法均不相同，后一周期并不是前一周期的重复，所以它们是不相似周期。再如人类社会的演化，原始社会——农业社会——工业社会——信息社会——，如果我们把每一种社会形态视为一个周期，那么，后一个周期均不同于前一个周期，所以这些周期也是不相似周期。

上面我们探讨了周期的定义以及两种不同的周期，那么，我们为什么要研究周期现象呢？演化哲学之所以对周期进行专门研究，目的就是从时间的角度对事物的演化进行更为精确的刻画与描述。

周期也可以用数学的方式表达，例如周期的序列：

T1——T2——T3——T4——T5——……

T 表示演化的周期，T1、T2、T3、T4 分别代表不同的演化周期。

第八节 演化的轨道

本节探讨的核心问题：事物演化的轨道

第八节内容脉络：

一、传统演化轨道模式

二、环式演化轨道

三、演化方程

第七节探讨了演化的周期，本节探讨演化的轨道。在探讨演化轨道之前，我们首先探讨"轨道"这一概念的含义。长期以来，哲学家们很少有人明确提出"演化轨道"这一概念，所以大家对这一概念比较生疏，那么，究竟什么是演化的"轨道"呢？或者说"轨道"的定义是什么呢？演化哲学把轨道定义为：

所谓轨道是指事物演化的道路或轨迹。

例如一头大象在森林中行走，一条鲸鱼在海洋中游泳，一队大雁在天空飞行，一颗星球在宇空中旋转，它们的运动都会留下一定的轨迹，这些轨迹就是它们演化的轨道。任何事物在演化时都会有自己的道路或轨道，没有轨道的演化是不存在的。不同事物有着不同的演化轨道，同一事物在不同的演化阶段也会有不同的轨道。但需要注意的是，演化哲学所说的"演化轨道"并不是指一个事物演化所走过的具体道路或轨迹，而是指众多事物演化时都要走的共同或普遍的"道路"，所以"演化轨道"是一个具有普遍意义的哲学概念。

一、传统演化轨道模式

传统哲学很少明确提出"演化轨道"这一概念，对轨道的专门研究也比较少。虽然没有明确提出"轨道"这一概念，但一些哲学家对事物运动的"道路"问题还是有所思考和探索的，但这些探索大多是通过简单类比的方式进行的，比较肤浅，也不够细致。演化哲学认为，研究事物演化的轨道对于刻画、描述事物的演化过程、揭示演化的规律都大有好处，所以"轨道"问题也是事物演化的一个重要问题，应列为专题进行专门的研究。由于轨道问题的重要性，所以在今后的哲学研究中，"演化轨道"问题有可能成为一个重要的哲学分支。由于演化轨道涉及到大量数学问题，如果数学家们能够参与其中，那么，轨道研究一定会有更大的发展。

为了对轨道问题进行更深入的研究，我们首先需要回顾一下哲学家们既往对"道路"或"轨道"问题的思考与探索。演化哲学对这些思考与探索进行了总结，初步归纳为以下六种模式：

第一种，直线轨道

所谓直线轨道是指，事物演化的轨迹如同一条直线。例如运动员百米赛跑，他们的运动轨道就是一条直线；射箭运动员射出一只箭，这只箭的运动轨道也是一条直线。直线轨道具有不同的方向，最常见的方向有四种：其一，向前。如百米赛跑、射箭、射击等。其二，向后。如人退步走、汽车倒车等。其三，向上。如火箭发射、放"二踢脚"炮仗等。其四，向下。如雨滴、蹦极、自由落体等。

直线轨道多见于物体空间位置的演化，这是一种最简单的轨道。

第二种，曲线轨道

所谓曲线轨道是指，事物演化的轨迹形成一条弯弯曲曲的曲线。例如黄河流动的轨道就是一条弯弯曲曲的曲线，人称"九曲十八弯"。医生记录的心电图、脑电图、血压、呼吸等都是弯弯曲曲的曲线，这些曲线就是心电、脑电、血压及呼吸演化的轨道。

第三种，循环轨道

所谓循环轨道是指，事物的演化轨迹像走马灯那样循环往复。例如钟表的运动就是沿着循环轨道进行的，此外，活塞运动、俯卧撑运动以及拉风箱都是沿着循环轨道进行的。

中国战国时期的阴阳家邹衍（公元前 324 – 公元前 250）曾提出"五德始终说"，所谓"五德"是指五行木、火、土、金、水所代表的五种德行；"始终"是指"五德"周而复始的循环运转。邹衍认为，王朝的兴衰、历史的变迁就是土德、木德、金德、火德、水德循环往复的过程。按照邹衍的观点，人类历史的演化就是沿着循环轨道进行的。

第四种，波浪式轨道

所谓波浪式轨道是指，事物的演化轨迹像波浪一样有高有低、起伏不定。例如股票行情有涨有跌，就像波浪一样起伏不定，它的演化轨道就是波浪式的。再如一个国家的经济发展，有高潮有低潮，如同波浪一样起伏不定，它的演化轨道也是波浪式的。中国哲学家李达在《唯物辩证法大纲》中就认为，事物的发展道路是"波浪式的前进运动"。

第五种，螺旋式轨道

所谓螺旋式轨道是指，事物的演化轨迹像螺旋一样一圈圈地向上发展。例如汽车沿着盘山公路上山，它的运动轨道就是螺旋式轨道。再如辩证唯物主义所说的否定之否定规律：肯定——否定——否定之否定，该规律揭示的事物演化轨道就是螺旋式的。此外，人类社会的发展、科学技术的进步以及人类知识的积累也是沿着螺旋式轨道演化的。中国哲学家艾思奇认为，事物的发展道路是"螺旋式的、波浪式的前进上升运动" [27]

第六种，圆圈式轨道。

所谓圆圈式轨道是指，事物的演化轨迹如同圆圈一样。最早提出这一模式的是黑格尔，他在论及科学的进展时写道："科学的进展路线自成一个圆圈"[28]"科学是一种自身封闭的圆圈，这个圆圈的末端通过中介而同这个圆圈的开端，即简单的根据连接在一起；同时这个圆圈是圆圈的圆圈 …… 这一链条的各个环节便是各门科学"[29]在《哲学史讲演录》中，黑格尔又把哲学史比作圆圈，而"这个圆圈的边缘又是许多圆圈"。[30]黑格尔认为，科学的发展、哲学的发展以及概念的发展都是沿着一种特殊的圆圈式轨道进行的。黑格尔的圆圈式轨道确有新意，然而这种圆圈式轨道的形状究竟是什么样？那些圆圈又是如何排列组合的？它们是如何结合在一起的？科学和哲学又是如何沿着圆圈式轨道发展的？对于这些问题，黑格尔一直没有做出进一步的解释，所以圆圈式轨道一直是一个谜。

上面我们简单介绍了六种轨道模式，这些模式对事物的演化轨道进行了思考与总结，用简单、直观的方式描述了事物的演化轨道，开启了轨道研究的先河，所以这些思考与探索是有价值的。但是，这些轨道模式也存在一些缺陷与不足，这些模式大都是简单的类比，普遍性有限，很难适用于所有事物的演化过程。由于这些模式比较简单，所以通过这些模式很难揭示出演化轨道的具体形态与结构，很难揭示出轨道的规律性；更为重要的是，这些简单的模式无法进行准确的计量与计算，严重制约了轨道研究的深入与发展。

二、环式演化轨道

传统模式存在诸多缺陷与不足，所以这些模式还不是最好的轨道模式。那么，究竟什么轨道模式才是比较好的模式呢？经过数十年思考与探索，演化哲学提出了一个更为理想的轨道模式，这就是"环式轨道"。那么，究竟什么是"环式轨道"呢？

环式轨道是从哲学角度揭示事物演化道路的一种轨道模式，该模式由诸多不同序数、不同层级的演化环组合而成。

环式轨道是由诸多不同序数、不同层级的演化环构成的，那么，"演化环"就是环式轨道的基本单位，所以在探讨环式轨道之前，首先必须搞清什么是"演化环"。那么，究竟什么是演化环呢？上一节探讨过演化的周期，我们把事物一个完整的演化过程看作一个周期，那么，如何揭示、刻画事物一个完整演化过程或周期的运行轨道呢？

演化哲学用环形曲线来刻画事物的一个完整演化过程或周期，这个环形曲线就是演化环。

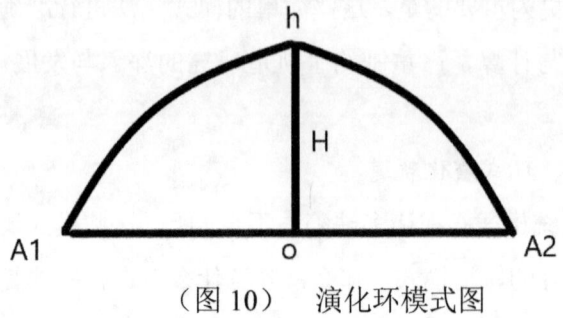

（图 10）　演化环模式图

图 10 中的环形曲线 A1hA2，演化哲学把它称为"演化环"或"演化曲线"，这个环形曲线表示事物在演化时所走过的"道路"或"轨道"。对应于曲线 A1hA2 的弦 A1A2，我们称为"演化基线"，它表示演化的基线与绝对值，用大写字母 S 表示。所谓"演化基线"是指，演化环起点与终点之间的连线，它是演化环的水平基础线。所谓"演化绝对值"是指事物演化所取得的实际值。h 点位于演化曲线的最高点，我们称之为"环峰"，而 h 与基线的垂直连线 ho，我们称之为"峰标"，"峰标"用大写字母 H 表示，H 表示演化所达到的最高值。以"环峰"h 为界，演化曲线 A1hA2 分为两个部分，其中曲线 A1h 是一个方向上升的弧线，我们称之为演化环的"升支"；曲线 hA2 是一个方向下降的弧线，我们称之为演化环的"降支"。

上面介绍了演化环的基本情况，然而需要指出的是，虽然图 10 中的演化曲线类似数学中的正弦曲线，但需要指出的是，实际的演化曲线并不一定是正弦曲线。根据事物不同的演化过程，演化曲线会呈现出多种多样的结构与形态，例如长升支环、长降支环、高峰环、低峰环等。所以演化环并非是一种机械、固定的模式，它的模式是多种多样、丰富多彩的，如下图。

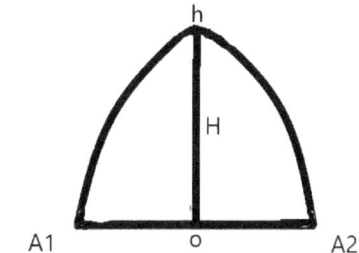

（图 11）等腰形演化环

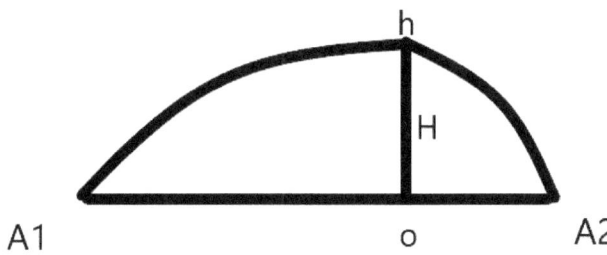

（图 12）　　长升支演化环

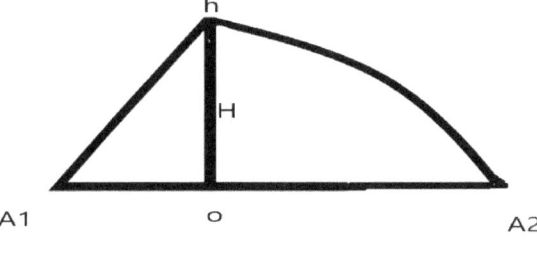

（图 13）　　长降支演化环

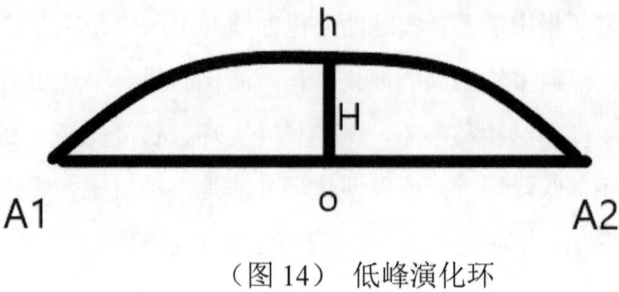

（图 14）　低峰演化环

　　通过以上解释，朋友们可能对演化环有了初步的认识，那么，一条普普通通的环形曲线又是如何表达、刻画事物演化的轨道的呢？我们首先通过演化环模式图来加以说明，在图 10 中，A1 是演化环的起始点，它表示一个演化过程的开始。演化环把演化过程分为两个不同的阶段，在第一阶段，演化从起点 A1 开始，沿着升支曲线逐步向上，最后到达环峰 h，此时演化达到高峰。从环的最低点 A1 到环的最高点 h，第一阶段是演化的上升阶段，然而物极必反，当演化达到顶峰之后，演化又从环峰 h 开始，沿着降支曲线 hA2 一路下降，最后又落到环的另一个最低点 A2。A2 不仅是环的另一个最低点，而且还是演化环的终点，它表示演化的第二阶段结束。在第二阶段，演化从最高点 h 下降到最低点 A2，所以第二阶段是演化的下降或衰落阶段。通过演化环可以看出，事物的演化从起始点 A1 开始，沿着升支曲线逐步达到高峰 h；然后又从高峰 h 开始，沿着降支曲线逐步达到终点 A2，这样一个完整的演化过程就结束了。

　　事物的一个完整演化过程不仅分为上升、下降两个大的阶段，而且每一个大的阶段又分为若干小的阶段。例如在图 15 中，上升阶段分为 aI、aII、aIII 三个小的阶段，下降阶段又分为 aIV、aV、aVI 三个小的阶段。也就是说在演化过程中，事物是沿着 aI、aII、aIII、aIV、aV 和 aVI 这些小的环形曲线进行的，一个环节结束了，又进入另一个环节，直至最后一个环节——aVI。aVI 环节从 a6 开始，到 a7 结束，由于 aVI 是大环 A1hA2 中的最后一个环，所以当 aVI 结束时，大环 A1hA2 也随之结束了。大环 A1hA2 的结束标志事物的一个完整演化过程结束了，那么一个新的演化过程又会接着开始，于是从 A2 点开始，事物又沿着新的演化环开始演化。

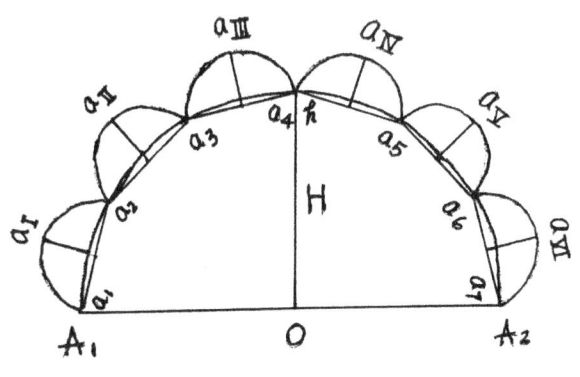

（图 15）　演化环的分期

　　那么，事物又是如何沿着新的演化环进行演化的呢？在整个环式轨道中，上面所讨论的那个 A1hA2 环不过是其中的一个小环，在这个环的前后还存在着多个环。为了把这些不同的环区别开来，我们用大写字母 N 表示某个环，用阿拉伯数字表示这个环的序数，例如我们把上面所讨论的那个 A1hA2 环称为 N1 环。当 N1 环结束之后，事物的演化并不会停止，事物会开始一个新的演化过程，那么，事物的演化又会沿着什么样的轨道进行呢？事物的演化会沿着复杂的环式轨道进行，下面我们就通过环式轨道的模式图进行探讨。

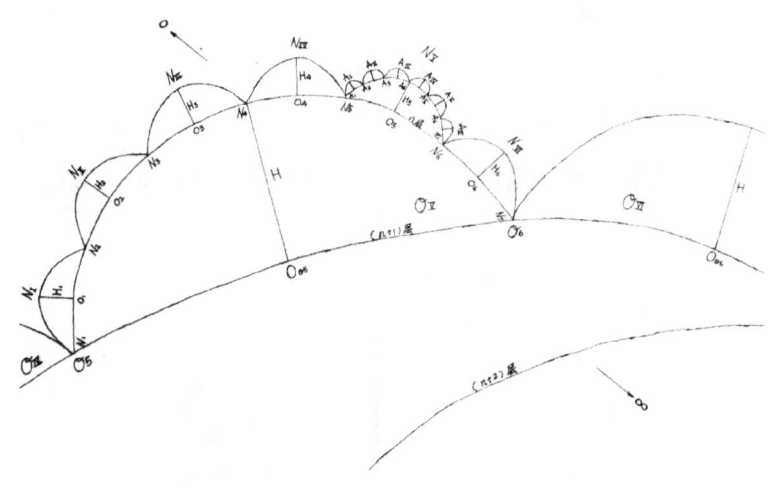

（图 16）　环式轨道模式图

图 16 就是环式轨道的模式图，从图中可以看出，NI 环只不过是更大的演化环 QV 中的一个小环，QV 由 6 个小环——NI、NII、NIII、NIV、NV、NVI 构成。在 QV 环中，NI 属于第 1 个环节，当 NI 环的演化结束之后，事物的演化会以 NI 环的终点 A2 为起

点，沿着第二个环节 NII 进行。在第一阶段，演化沿着升支曲线向上发展、前进，最后到达环峰 h，演化达到高峰。物极必反，当演化达到高峰之后，演化又沿着降支曲线 hA3 逐步下降，最后到 NII 环的终点。当演化到达终点后，NII 环结束，从 A3 点开始，事物的演化又进入一个新的环节——NIII 环。NIII 环的演化结束之后，演化又进入新的一环 NIV 环、NV 环。当 NV 环结束之后，演化又进入新的一环——NVI 环。如果说 NI、NII、 NIII、 NIV、NV 前 5 个环是量变的过程，那么，NVI 环就是一个质变的过程。从起点 N6 开始，演化沿着升支逐渐到达环峰，然后又从环峰开始沿着降支逐步下降，最后到达终点 N7。经过前 5 个环的量变，在 NVI 环演化达到了质变和飞跃，随着 NVI 的质变，由 NI、NII、 NIII、 NIV、 NV、 NVI 构成的大环——QV 也随之发生质变与飞跃。经过质变与飞跃，QV 结束，演化又进入一个新的环节——QVI。QV 和 QVI 都是更高一级的环——GVI 中的两个环节，GVI 由 QI、QII、 QIII、QIV、QV 和 QVI 构成。当 QVI 结束后，更高一级的环——GVI 也会发生质变和飞跃，事物的演化将会进入一个更大的环节中。

　　这些大小不同的环节又构成了不同的等级或层次，如果 AI、AII、 AIII、 AIV、 AV、 AVI 所在的 NV 环是 n 级，那么，NI、NII、 NIII、 NIV、 NV、 NVI 所在的 QV 就是（n+1）级，而 QI、QII、 QIII、QIV、QV、QVI 所在的 G 环则是（n+2）级。（n+2）

级仅仅是演化中的一个层次或层级，事物的演化会依次进入一个个更高的层次——（n+3）级环、（n+4）级环、（n+5）级环、（n+6）级环、（n+7）级环……，以至无穷。

环式轨道由一个个、一层层大小不同的环有规律地组合而成，而事物的演化正是沿着这些不同序数、不同层级的环节曲折地进行。一个环节结束了，一个新的环节又接着开始；一个层次结束了，接着演化又进入一个更高的层次。一个个环节，一环接一环，环环相扣，群环交织。小环构成了大环，大环又构成更大的环，环中套环；一个个层次，层层相扣，群层交织，构成了一个波浪起伏、迂回曲折、层层递进的演化轨道。

上面我们介绍了环式轨道，那么，环式轨道是如何刻画事物的演化的呢？

首先，环式轨道通过演化环来刻画事物一个完整的演化过程。由于内外各种因素的制约与影响，事物演化所走过的道路不可能是一条笔直的直线，只能是一条有高有低、波浪起伏、曲折迂回的曲线，所以环式轨道就用环形曲线来刻画、表示事物的一个完整演化过程。那么，环形曲线又是如何刻画、表示事物的一个完整演化过程的呢？事物的演化必然会有一个开始或起点，环形曲线用"起点"来表示演化过程的开始，当演化从起点开始之后，事物的演化会沿着环形曲线的升支一步步发展到演化环的最高点——环峰，这时事物的演化达到顶峰；由于物极必反，所以当演化达到顶峰后，事物的演化就开始走下坡路，这时演化会沿着环形曲线的降支逐步下降，最后到达环的终点。在演化过程的最后环节，事物会发生质变与飞跃，而整个演化过程也随之结束。从起点到环峰，再从环峰到终点，事物的演化走过了一条有低有高、波浪起伏、曲折迂回的环形曲线。通过演化环，环式轨道清晰而又形象地刻画、描述了事物的一个完整演化过程。

其次，环式轨道通过一系列的环来刻画和描述事物连续不断的演化过程。环式轨道通过演化环来刻画和描述事物的一个完整演化过程，那么，当一个演化环结束之后演化又沿着什么样的轨道运行呢？环式轨道是由大大小小诸多环组合而成的一个复杂、有序的系统，在环式轨道中，每一个环都是更大的环中的一个小环，而一个大环又是由若干个小环所构成，这些小环按照演化的次序组合起来，一环接一环，构成了一个环的序列，而事物的演化就沿着这个环的序列进行。当一个演化环结束之后，事物的演化并不会停止，它又会进入下一个环节。在下一个环节中，事物的演化同样也走过一条波浪起伏、曲折迂回的环形曲线，然后又进入下下一个环节。一个个环组合起来构成了环的序列，而环式轨道正是通过环的序列来刻画事物连续不断的演化过程。

再次，环式轨道不仅通过环的序列来刻画、描述事物连续不断的演化过程，而且还通过不同层级的环来刻画和描述事物演化的不同层次和高度。一个连续不断的演化过程结束了，那么，事物的演化又会沿着什么样的轨道运行呢？当事物的演化走过一组环的序列后，一个比较大的环就结束了，然而事物的演化并不会在一个层次上循环重复，而是会进入一个更高的层次。那么，环式轨道又是如何刻画和描述事物演化的不同层次的呢？环式轨道是通过不同层级的环来刻画和描述事物演化的不同层次和高度，在环式轨道中，每一个环不仅有自己的序位（一个环在序列中的位置），而且还有自己的层级即这个环所处的层次。当序列中最后一个质变环节结束之后，演化就会进入一个更高层级的环，这表示事物的演化进入了一个更高的层次。在更高的层次中，事物的演化沿着更大的环形曲线进行，先从环的起点开始，沿着升支曲线上升到环峰，然后再沿着降支曲线下降，最后到达环的终点。在环的终点，事物发生质变，一环结束，再进入新的一环。经过环的序列，这个更高层次的大环也会结束，同样也会发生质变，这时事物的演化就会进入更高一级的层次。在漫长的演化过程中，事物的演化就是这样从一个层次进入一个更高的层次，从一个层级进入一个更高的层级，一层一层，一级一级，以至无穷。

环式轨道并不是毫无根据的想象与杜撰，它是对事物演化普遍轨道的概括与总结，符合事物演化的实际。有大量事实证明，事物确实是沿着环式轨道进行演化的，环式轨道是事物演化的普遍性轨道。我们首先以恒星的演化为例，图 17 是恒星的演化环：

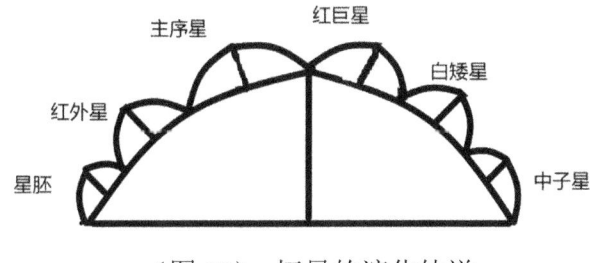

主序星 红巨星 白矮星 红外星 星胚 中子星

（图 17） 恒星的演化轨道

恒星的演化从星际弥漫物质开始，星际弥漫物质互相组合逐渐演变成恒星，恒星经过漫长的演化过程，最后灭亡，重新变成星际弥漫物质。从星际弥漫物质到恒星，再从恒星到星际弥漫物质，恒星的演化轨迹是一条环形曲线，也就是一个演化环。这个演化环又分成 6 个小的环节：①星胚形成环节；②幼年期红外星环节；③壮年期主序星环节；④中年期红巨星环节；⑤老年期白矮星环节；⑥中子星环节。在恒星形成之初，星际弥漫物质互相组合、集结成星云，星云又形成星胚，星胚经过大约一千万年到一亿年的演化，形成恒星，这就是恒星的诞生。恒星形成之后，经过幼年期红外星环节，发展到一生中最长的主序星环节，恒星的演化达到高峰。经过主序星环节后，恒星的演化沿着降支走向衰亡，这时恒星开始收缩，外壳急剧膨胀成为红巨星。到老年期时，恒星的核接近枯竭，内部温度极高，发生大爆炸，大量向外抛射物质，于是恒星收缩成体积很小，光度也很小，但密度极大的白矮星。白矮星继续收缩演变成中子星，中子星只能维持几千年时间，最后能源完全枯竭，崩溃而转化为星际弥漫物质，至此恒星灭亡，它走完了一个演化环，但是，恒星的演化并不停止，它又进入一个新的演化环节。在宇空中，千千万万颗恒星就是这样沿着环式轨道在不断地演化之中，不仅是恒星，所有的宇宙天体都是沿着环式轨道进行演化。

宇宙天体是沿着环式轨道进行演化的，人类的历史同样也是沿着环式轨道进行演化的。我们以中国历史演化为例，中国是世界文明古国之一，有着悠久的历史，也经历了漫长的演化过程。从旧石器时代到 21 世纪的今天，中国历史的演化大致可以分为 20 个阶段：

旧石器时代——新石器时代——夏——商——周——秦——汉——东汉——三国——晋——南北朝——隋——唐——五代——宋——元——明——清——中华民国——中华人民共和国——

在每一个阶段，中国历史都是在沿着环式轨道进行演化，每一个阶段就是一个环节。例如周朝，从前 1046 年到前 256 年，周朝经历了 30 代 37 王，共计约 791 年。公元前 1046 年，武王伐纣，商朝灭亡，周朝建立，新生的周朝从演化环的起点开始，沿着升支曲线逐步发展，到公元前 **1042** 年至公元前 **996** 年成王、康王时，周朝的演化达到顶峰。之后周朝由盛变衰，到公元前 771 年，犬戎攻周，杀周幽王于骊山之下，西周亡。后周平王迁都洛邑，东周开始。经历春秋战国，东周的演化沿着降支曲线逐步下降，到公元前 256 年，秦破洛邑，杀周赧王，东周灭亡。公元前 221 年，秦灭齐并统一六国，周朝彻底结束。从前 1046 年周朝建立，到前 1042 年至公元前 996 年的强盛，周朝沿着升支曲线达到演化的高峰；但是，达到高峰之后的周朝又沿着降支曲线逐步衰落，到公元前 256 年东周灭亡。从起点到高峰，再从高峰到终点，周朝的演化走过了一条典型的环式轨道。

周朝灭亡，中国历史演化进入了新的一环，这就是秦朝。公元前 221 年，秦统一六国，秦朝建立。秦朝结束了自春秋战国以来五百余年诸侯分裂割据的局面，建立了大一统的中央集权国家，对中国历史产生了深远的影响。秦朝建立了大一统的中央集权国家，演化迅速达到高峰。前 210 年，秦始皇巡游途中病死于沙丘（今河北省广宗县西北），其子胡亥即位，为秦二世。前 209 年，陈胜、吴广斩木为兵，揭竿而起，天下响应，刘邦、项羽起兵江淮共同抗秦，这个新生的王朝又从高峰迅速地沿着降支曲线衰落，到前 207 年，秦朝灭亡。前 221 年新王朝建立，秦朝的演化迅速达到高峰；但从前 209 年开始，秦朝又迅速衰亡，历时仅 15 年，这个短命王朝的演化也走过了一个极其短暂的环式轨道。

秦朝灭亡后，中国历史的演化又走过了西汉、东汉、西晋、东晋十六国、南北朝与隋朝等多个环节，公元618年，唐朝建立，由于唐太宗李世民实施"贞观之治"，唐朝沿着升支曲线走向强盛，到唐玄宗前期达到高峰，史称"开元盛世"。但是物极必反，在唐玄宗的后期，"安史之乱"爆发，唐朝开始沿着降支曲线逐步衰落，到公元907年，朱温逼唐哀帝李祝禅位，唐朝灭亡。唐朝是继隋朝之后的大一统王朝，历21帝，享国289年，是后世公认的中国强盛王朝之一。公元681年唐朝建立，沿着升支曲线逐步走向强盛，到"开元盛世"演化达到高峰；但从"安史之乱"开始，唐朝又沿着降支曲线逐步衰落，直到907年灭亡，唐朝的演化也走过了一条环式轨道。

清朝是中国最后一个君主专制王朝，1644年明朝灭亡，驻守山海关的明将吴三桂降清，摄政王多尔衮率领清军入关，同年顺治皇帝迁都北京，从此清朝取代明朝。清王朝建立之后，沿着升支曲线逐步上升，到康雍乾三朝演化达到高峰；但从鸦片战争开始，清王朝又沿着降支曲线逐步衰落，1911年辛亥革命爆发，1912年清朝灭亡。从建国到高峰，再从高峰到灭亡，清朝的演化也走过了一条环式轨道。

从秦朝到清朝，中国历史的演化经历了13个环节，这13个环节又构成了一个更大的环，我们把这个大环称之为君主专制环节。秦朝是这个大环的起点，之后中国历史沿着升支曲线逐步向上演化，到唐朝达到高峰；唐之后中国历史又沿着降支曲线逐步衰落，到清朝灭亡，中国君主专制环节结束。持续了漫长的两千余年，中国才完成了这个环节的演化，这是中华民族的悲剧与不幸！经历了漫长的演化过程，野蛮、落后的君主专制环节终于结束了，中国历史的演化又进入了一个新的环节。尽管演化的道路仍然曲折坎坷，但应该相信，中国一定会沿着环式轨道向更高的层次演化，演化的规律不可抗拒。

通过恒星的演化和中国历史的演化可以看出，事物的演化确实是沿着环式轨道进行的。不仅是恒星和中国历史是沿着环式轨道演化的，世界上所有的事物都是沿着这样的轨道演化的，例子有许多，这里我们就不一一列举了。

上面我们对环式轨道进行了比较详细的介绍，由于环式轨道是演化哲学提出的一种崭新的轨道模型，比较新颖，有的朋友可能会产生一些疑问：事物演化的轨道真有这么复杂吗？是不是故弄玄虚呢？演化哲学认为，事物短暂、单一的演化过程可能不那么复杂，但如果从整体和全局的角度看，那事物的演化就不是一个短暂和单一的过程，而是一个又一个环节环环相接、连续不断的过程，每一事物的演化都有一部漫长而又曲折的演化史。环式轨道刻画的并不是事物演化的一时一事或某个片段，而是事物连续不断的演化过程，是事物演化的整体与全局，是事物漫长的演化史。由于环式轨道刻画了事物漫长而又曲折的演化史，所以要比传统轨道复杂。其次，环式轨道不仅刻画了事物演化的环节，而且刻画了事物演化的不同层次，揭示了演化的方向性和规律性，所以要比传统轨道模式复杂。再次，环式轨道刻画的并不是某一事物演化时所走过的具体轨道，而是所有事物在演化时都要走过的共同的、普遍的轨道，所以环式轨道自然要比传统轨道模式复杂一些。

有的朋友还可能提出这样的疑问：事物的演化过程都是用环来刻画，大环套小环，一环又一环，这岂不是循环和重复吗？环式轨道确实是用不同的环来刻画事物演化过程的，但是，这些环各不相同，轨道中的每一个环都有自己的序位，每一个环的序位与其他环的序位均不相同，所以不可能形成循环与重复。此外，环式轨道中的环都具有不同的层级，在事物的演化过程中，是从一个层次进入另一个更高的层次，从一个层级进入另一个更高的层级。由于层级不同，所以同样是环，也不会形成循环和重复。

有的朋友可能还会提出这样的疑问，量子力学认为，微观物质运动具有特殊性，例如不确定性与互补性。既然微观物质的运动是不确定的，或者说是测不准的，那么，它们的运动有轨道吗？环式轨道也适合它们吗？演化哲学认为，虽然微观物质的运动比较复杂，但同样具有一定的轨道，同样也需要用轨道模式进行刻画。由于环式轨道刻画的是事物演化的普遍性轨道，所以环式轨道也能够适合微观物质的运动。

我们在前面曾经介绍过传统轨道模式，那么，环式轨道与传统轨道模式有什么不同呢？演化哲学认为，环式轨道与传统轨道有三个方面的不同。首先，传统轨道模式大都是简单的类比，普遍性有限，很难适用于所有事物的演化过程。环式轨道对事物的演化路径进行了总结、概括与升华，它能够适用于所有事物的演化过程，具有更大的普遍性。环式轨道吸纳了传统轨道模式的长处，扬长避短，是传统轨道模式的综合与升华。其次，由于传统轨道模式过于简单，所以通过它们很难清晰地表现演化轨道的形态与结构，很难揭示演化的方向性与规律性。环式轨道对事物的演化路径进行了概括与总结，清晰地刻画了演化轨道的形态与结构，揭示了演化的方向性与规律性，所以环式轨道要优于传统轨道。再次，由于传统轨道模式过于简单，所以通过这些模式很难对事物的演化过程进行准确的计量与计算，严重制约了轨道研究的深入与发展。由于环式轨道清晰地刻画了演化轨道的形态与结构，并用几何图形进行了形象、直观的表达，所以通过环式轨道就能够对事物的演化过程进行准确的计量与计算，为轨道研究的深入与发展奠定了基础。把演化轨道数学化、几何化，这不仅对研究事物的演化大有好处，而且对哲学的科学化也大有好处。

本节用大量笔墨对事物的演化轨道进行了研究，那么，研究事物的演化轨道有什么用处呢？演化轨道对事物的演化过程进行了全面、直观和准确的刻画与描述，这样通过演化轨道，不仅能够揭示事物的演化过程与规律，而且还能够追溯事物演化的过去、把握其现在并预知未来。如果我们能够对事物演化的过去、现在和未来有清晰的认识，那么，我们就有可能对世界万物的演化有一个清晰的认识。长期以来，许多人，包括一些哲学家都认为，哲学无用，那些脱离实际、专门编造虚幻神话的哲学确实是无用的，但是通过演化轨道研究就可以看出，那些研究现实世界并为人类提供世界根本知识的哲学则是有大用的，我们应该自豪地说，哲学有大用！

三、演化方程

环式轨道用几何的方式刻画了事物演化的轨道与路径，在本小节，我们将通过数学的方式进一步揭示演化的规律性，这种方式就是"演化方程"。下面我们对"演化方程"进行探讨，该方程如下：

$$Dq = S \cdot H \cdot N / T \cdot L$$

方程中 D 是演化指数，它表示事物演化的进度、高度和速度；q 表示演化的主体，如事物、元素、系统等；S 是演化基线，表示主体 q 演化的实际值；H 是演化的峰值，它表示演化所达到的高度；N 表示一个环所在的层级；T 是演化用去的时间，L 是从起点到终点的那段环形曲线的长度。

演化方程表示，主体 q 的演化指数 D 与它所在环的演化基线 S、峰值 H、级数 N 的乘积成正比，与演化所用去的时间 T 以及环形曲线的长度 L 成反比。演化指数高说明演化的进度大、峰值高、速度快；演化指数低说明演化的进度小、峰值低、速度慢。这样通过演化方程，我们就能够对事物演化的进度、高度与速度做出比较准确的计量与判断。

那么，演化方程又是如何对演化的进度、高度与速度做出计量和判断的呢？我们以中国历史中的两个朝代——秦朝和梁朝的演化为例，我们在前面讲过秦朝，秦朝只存在了短暂的 15 年，而五代十国时的梁朝也仅存在了 17 年，二者存在的时间相差无几。虽然两个朝代演化的时间相差无几，但是它们的演化进度、高度和速度却是天壤之别。秦朝结束了中国五百余年分裂割据的局面，建立了大一统的中央集权国家，对中国历史产生了深远的影响。秦建国后，大刀阔斧推行改革，定疆域、书同文、车同轨、行同伦，在很短的时间里取得了巨大的进展，演化基线数值大，演化也达到了很高的高度与速度。但与秦朝相比较，梁朝在国家发展的各个方面都成效平平，演化基线数值小，演化的高度与速度也比秦朝低很多。其次，秦朝结束了周朝所代表的封建主义环节，并开创了君主专制主义的新环节，所以秦朝是一个除旧布新的重要环节，层级比较高。而梁朝则是唐之后的一个短暂朝代，是中国君主专制环节从高峰到衰落的开始，也是中国进入五代十国混乱局面的开始，所以它的层级也远远低于秦朝。由于秦朝的演化基线、峰高和层级都高于梁朝，所以秦朝的演化指数 D 就远远高于梁朝，这说明秦朝的演化进度、高度和速度都大于梁朝。

我们在前面还讲过中国的君主专制环节，这个环节的演化时间长达两千余年，而与中国相比较，英国的君主专制环节持续的时间仅有 150 余年。[31] 由于中国君主专制环节演化的时间远远大于英国，所以中国君主专制环节的演化指数自然小于英国，也说明中国君主专制环节的演化极其缓慢，演化的进度、高度和速度都远不如英国。

需要说明的是，该方程目前尚处于定性阶段，如果进行精确的计量与计算，还有一些细节需要完善。希望有兴趣的朋友，特别是那些精通数学的朋友们，进一步研究该方程的定量问题，使它成为一个能够进行精确计量和计算的方程。

第九节　演化的规律

本节探讨的核心问题：演化的规律

本节内容脉络：

一、演化动力规律

二、结构平衡规律

三、元素演化规律

四、自组织规律

五、因果规律

六、量变质变规律

七、对立同一规律

八、否定之否定规律

九、二期规律

十、周期规律

　　第八节探讨了演化的轨道，第九节探讨演化的规律。本节共探讨十条演化规律，它们分别是：演化动力规律、结构平衡规律、元素演化规律、自组织规律、因果规律、量变质变规律、对立同一规律、否定之否定规律、二期规律和周期规律。在这十条规律中，演化动力规律、结构平衡规律和二期律是三条新规律，为演化哲学首创；元素演化规律和自组织规律的原型来自系统论，但演化哲学又进行了较大的补充与修改。量变质变规律、对立同一规律及否定之否定规律来自辩证唯物主义，演化哲学纠正了其中的缺陷与错误，对三规律做出了更为合理的解释。因果律和周期律长期散在于文献中，一直没有成为哲学的正式规律，演化哲学对其进行了整理与加工，并把它们正式纳入哲学规律体系之中。下面分别探讨这十条规律。

一、演化动力规律

我们在本章的第三节进行过探讨，世界万物都在不断地演化，那么，世界万物为什么会不断地演化呢？究竟是什么东西推动它们进行演化的呢？或者说推动世界万物演化的动力究竟是什么呢？这个问题无疑是哲学需要回答的一个重要问题，演化哲学通过"演化动力规律"对这个问题做出了明确的回答：

推动世界万物演化的根本动力就是事物之间的相互作用。

在本章的第六节，我们对演化的动力问题进行过专门探讨，通过探讨，我们得出了这样的结论：

推动万物演化的动力究竟是什么呢？就是物质的相互作用，或者说就是事物之间的相互作用，正是事物之间的相互作用推动了万物的演化，所以推动万物演化的动力就来自事物的相互作用。

"演化动力规律"就来自这个结论，它是该结论的浓缩与升华。

"演化动力规律"明确指出，相互作用是推动"世界万物"演化的动力，所谓"世界万物"就是说，这条规律适用世界上所有的事物、所有的领域和所有的过程，具有普遍性。在自然界，推动各种物体或物质形态不断演化的动力是相互作用；在人类社会，推动人类进行不断演化的动力也是相互作用；在心灵领域，推动各种心灵事物不断演化的动力同样也是相互作用。

在不同的领域，存在着各种具体的力，例如机械力、电磁力、离心力、向心力、万有引力、化合力、分解力、肢体活动的力、肺呼吸的力、心脏搏动的力，等等。如果我们对各种力进行深入地思考就会发现，这些力无一例外都是产生于相互作用，只不过相互作用的主体不同而已。这就是说，尽管世界上有那么多的力，但实质其实是一种力，这就是相互作用所产生的力。

相互作用力是最终极的力，也是最根本的力，从哲学的角度看，世界上所有的力其实都是相互作用力。

有的朋友可能会提出质疑，"演化动力规律"说，推动世界万物演化的根本动力就是"事物之间"的相互作用，那么，事物内部有没有力？事物内部的演化又是由什么推动的呢？演化哲学认为，事物的内部肯定存在着演化的动力，这个动力同样也是来自相互作用，只不过这种相互作用的主体是构成事物的元素或要素。事物是一个含义丰富的称谓，这些元素或要素其实就是更小的事物，这就是说，事物之间的相互作用能够产生动力，事物内部的元素或要素之间的相互作用同样也能产生动力。

"演化动力规律"明确地回答了世界万物演化的动力问题，揭示了世界万物不断演化的根本原因。世界万物之所以能够不断地演化，推动它们的动力就是事物之间的相互作用，或者说正是事物之间的相互作用推动了世界万物的演化。如果事物孤立地存在，事物与事物之间没有联系，没有相互作用，那么，事物就很难发生变化，甚至连最简单的位变也无法完成。这是"演化动力规律"的价值与意义。

演化哲学通过"动力公式"来表达"演化动力规律"，公式如下：

$$F = E(T1-T2-\cdots Tn)$$

其中 F 表示演化的动力，T 表示事物(Thing)，E 表示作用(Effect)，E(T1 -T2-⋯Tn) 表示事物之间发生相互作用。该公式说明，演化的动力来自事物之间的相互作用。

二、结构平衡规律

演化哲学的第二条规律是"结构平衡规律"，内容如下：

事物的稳定决定于结构的平衡，结构平衡事物就会稳定并发展；结构不平衡又得不到及时反馈与调整，事物就会失去稳定性，就会衰落甚至灭亡。

对于一个事物而言，稳定至关重要，因为只有稳定才能保持自身，而只有保持自身才能够存在；如果不能保持自身，不能稳定地存在，那事物就有可能衰落甚至死亡，就有可能从这个世界上消失。

稳定如此重要，那么，事物如何才能保持稳定呢？"结构平衡规律"明确指出，事物的稳定决定于结构的平衡，只有结构平衡，事物才能稳定；如果结构不平衡，那事物就很难稳定，所以结构平衡是事物稳定的决定性因素。例如一个杂技演员表演高空走钢丝，最关键的就是保持身体的平衡；如果不能保持身体的平衡，那他就有可能从钢丝上掉下去，甚至会危及生命。再如一座数百米高的大楼，结构也必须平衡，如果头重脚轻、结构失衡，那这座高楼就有可能倒塌。我们在第三章第六节讨论结构时举过一个例子，1907年，在加拿大的圣劳伦斯河上修建过一座钢悬臂桥，但在这座桥即将竣工之际，大桥杆件发生失稳，突然倒塌，19000吨钢材和86名建桥工人落入水中，只有11人生还，酿成了一场悲剧。这座大桥还没有竣工，为什么就倒塌了呢？根本原因是设计师Theodore Cooper盲目地将大桥的主跨由490米延伸至550米，大桥的结构不平衡，造成大桥的倒塌。一个社会也是如此，如果贫富差距过大，社会阶层结构不平衡，这个社会就不会稳定，甚至有可能发生动乱、革命与战争。一个政权也是如此，如果权力结构不平衡，统治者垄断权力，搞独裁专制，必然会导致权力的争夺与斗争，甚至会发生政变和战争，这样的政权极不稳定。

事物的稳定决定于结构的平衡，那么，什么样的结构是平衡结构呢？演化哲学认为，所谓平衡结构是指，事物的结构组合比较合理，结构运行有序，各部分能够协调一致，功能能够得到正常发挥，事物能够稳定地存在。例如我们上面所说的高楼，如果这座高楼结构合理，各部分协调一致、运行有序，功能得到正常发挥，那么，这座高楼就能够稳定地存在。河南省开封市北门大街铁塔公园有一座铁塔，高 55.88 米，八角十三层，因为遍体通彻褐色琉璃砖，混似铁铸，所以民间称其为"铁塔"。该塔始建于公元 1049 年（北宋皇祐元年），距今已 900 多年，历经 37 次地震，18 次大风，15 次水患，但仍巍然屹立。开封铁塔为什么能够稳定地存在 900 多年？最根本的原因就是铁塔的结构非常平衡，例如铁塔的结构成等边八角形，共十三层，底层每面阔为 4.16 米，向上逐层递减，内外壁紧密衔接，结构十分坚固。正是由于铁塔结构平衡、坚固，所以它才能稳定地存在 900 多年。

我们在第三章第六节探讨过优化结构，需要指出的是，平衡结构是正常的结构，不一定达到优化的程度，平衡结构不一定是优化结构，但优化结构一定是平衡的。

事物的稳定决定于结构的平衡，那么，如何才能保持结构的平衡呢？"结构平衡规律"指出，当结构出现不平衡的时候，需要及时反馈不平衡的信息，及时、有效地进行调整。世界上所有的事物都存在于普遍联系和相互作用的网络之中，所以每一个事物都会受到其他事物的影响、作用或冲击，这些影响、作用或冲击有可能打破事物结构的平衡，造成结构失衡。结构失衡会影响事物的稳定，所以必须及时纠正失衡，恢复平衡。为了纠正失衡，首先必须及时反馈不平衡的信息，并进行及时、有效的调整。如果反馈和调整及时、得当，事物的结构就会恢复平衡，就会保持稳定，就会进一步发展和前进；如果反馈和调整不及时、不得当，那事物结构的平衡就无法保持，事物的稳定性就会受到破坏，甚至会逐渐衰落与灭亡。例如人生存于世界之中，各种内外因素时时刻刻都在影响、作用于人，这些影响和作用都有可能造成身体结构的失衡，导致人患上疾病。如果这个人能够及时发现疾病并有效地治疗，那么，疾病就有可能被治愈，身体结构就会恢复平衡，这个人也会健康地活着。假如这个人患了病但不重视，没有及时检查和治疗，那他的身体结构就很难恢复平衡，健康会受到影响，甚至有可能失去生命。

我们在前面讨论过秦朝，秦朝结束了中国五百余年分裂割据的局面，建立了大一统的中央集权国家，对中国历史产生了深远的影响。作为一个具有转折意义的新王朝，秦朝本应该是一个大有作为、存在时间较长的王朝，但是，它仅仅存在了短暂的 15 年就灭亡了。一个十分重要的王朝为什么仅存在 15 年就迅速灭亡了？当然原因很多，但其中一个重要原因就是秦王朝的社会结构、政权结构和军事结构都出现了严重的不平衡，而王朝的统治者对这些不平衡的信息毫无觉察，也没有采取有效的措施进行纠正，结果反抗的烈火很快就将它埋葬！假若秦二世是唐太宗李世民那样明智的统治者，如果能及时发现国家存在的问题，并采取有效的措施进行纠正，那么，秦朝决不可能 15

年就灭亡。但是，即使明智如李世民，也不可能让一个君主专制王朝永恒存在，因为君主专制王朝的政治结构先天就是不平衡的，它的灭亡只是时间的长短问题。

"结构平衡规律"揭示了事物的稳定性与结构平衡的关系，结构平衡事物才能稳定地存在；但是，事物结构的平衡并不是一劳永逸的，而是一个动态的演化过程，受内外因素的影响，事物的结构常常会出现不平衡，如果及时调整，不平衡就会变为平衡。但平衡总是短暂的，很快又会出现新的不平衡，于是再进行调整，达到新的平衡。在事物的存在过程中，它的结构也在不断地演化之中，而平衡就是演化的中心。

平衡——不平衡——新的平衡——新的不平衡——……

在结构的演化过程中，事物的结构不断地从不平衡达到平衡；正是由于结构不断地从不平衡到平衡，所以事物才能够稳定地存在与发展。如果事物的结构出现了不平衡，又得不到及时调整，事物的稳定性就会受到影响；如果不平衡持续加剧，那事物就有可能走向衰落，甚至是死亡。于是就形成了两种不同的演化模式：

平衡——不平衡——新的平衡——事物的稳定与发展

平衡——不平衡——无法建立新的平衡——事物的衰落或灭亡

当事物灭亡之后，原来的结构分解，新事物产生；当新事物产生之后，又会形成新的结构和新的平衡，事物的结构又开始新的演化。

在演化哲学中，"结构平衡规律"是一条重要规律，这是因为结构的演化是一种最根本的演化。

三、元素演化规律

路德维希·冯·贝塔朗菲（Ludwig Von Bertalanffy，1901-1972）是美籍奥地利理论生物学家和哲学家，他从生物学领域出发，涉猎医学、心理学、行为科学、历史学、哲学等诸多学科，以其渊博的知识、浓厚的人文科学修养，创立了 20 世纪具有深远意义的一般系统论。而贝塔朗菲方程就是系统论中的一个方程，该方程揭示了元素与其他元素以及结构的关系，方程如下：

$$dQ_i/dt = f_i(Q_1, Q_2, \cdots\cdots Q_n)$$
$$1 \leqslant i \leqslant n$$

贝塔朗菲方程表示，在一个结构中，任何一个元素的度量 Q_i 的改变，是所有元素（从 Q_1 到 Q_n）变化的函数；而任何一个元素的改变又引起所有元素以及整个结构的变化。[32]

从演化哲学的角度看，贝塔朗菲方程主要揭示了元素演化对其他元素和结构的影响，揭示了元素演化的规律性。但是，该方程也存在一些不足之处，例如该方程认为，任何一个元素的改变能够引起所有元素以及整个结构的变化。这个论断有些绝对，虽然某些元素的改变有可能引起所有元素以及整个结构的变化，但也存在着这种可能性，一些元素的改变并不能引起"所有元素以及整个结构的变化"。例如偏僻山村中一个贫困的孤寡老人，他孤独地活着，孤独地死去，他的变化不可能引起全村所有人的改变，更不可能引起整个村庄的改变。再如现代社会信息爆炸，全世界通过各种渠道发布的论文、文章、微博、帖子、照片以及图片等多如牛毛，但是，并非是每一篇论文、文章、微博、帖子、照片及图片都能影响世界上所有的人，能够改变世界的更是少如凤毛麟角。有些元素改变所造成的影响十分有限，甚至没有多少影响，根本不可能引起"所有元素以及整个结构的变化"。所以从这个角度看，贝塔朗菲方程的论断确实有些绝对，也不够严谨。

为了更全面、更严谨地揭示元素演化的规律，演化哲学把贝塔朗菲方程修改为"元素演化规律"，其内容如下：

在一个结构中，某一元素的演化有可能引起其他元素的改变；在一定的条件下，有可能引起所有元素以及整个结构的改变，甚至还有可能引起其他结构及元素的改变。

"元素演化规律"揭示了个别元素的演化对其他元素以及整个结构的影响，这个规律包含三层含义：

第一层含义是，某一元素的演化能够引起同一结构中其他元素的改变。例如在一个班级中，有一个学生爱好文学，在报刊上发表了一篇小文章，受到老师的表扬。他的这种爱好会对其他学生造成影响，使得一些学生也爱上文学。

可以用方程 1 进行表达：

$$f\ (Qi_1)\ =\ (Q1,\ Q2,\ Q3)$$

该方程表示，元素 Qi 的演化有可能引起结构中某些元素（Q1，Q2，Q3）的改变。

第二层含义是，在一定的条件下，某一元素的演化能够引起同一结构中所有元素以及整个结构的改变。所谓"在一定的条件下"是指，只有在一定的条件下，某些元素的演化才能够引起所有元素以及整个结构的改变，并非是所有元素的演化都有如此大的影响。例如一个家庭，其中的一个人患了重病，他不仅需要其他家庭成员护理、照顾，而且还要为他支付高昂的医疗费用。一个人患病，不仅会影响所有的家庭成员，而且还会改变整个家庭。

可以用方程 2 进行表达：

$$f\ (Qi_2)\ =\ (Q1,\ Q2,\ \cdots\cdots\ Qn)$$

$$1 \leqslant i \leqslant n$$

该方程表示，某一元素 Qi 的演化有可能引起结构中所有元素（Q1，Q2，…… Qn）以及整个结构的改变。

第三层含义是，某一元素的演化不仅能够影响同一结构，而且其影响还能波及到其他结构，引起其他结构中的元素发生改变，甚至导致其他结构在整体上也发生改变。例如 2019 年末出现在中国武汉的新型冠状病毒肺炎(COVID-19)，发病原因就是感染了一种极其微小的病毒，最初的感染者只是极个别人，但该病毒传染性极强，短短的一个多月里就传遍武汉全城，导致数万人患病，3000 余人死亡。2020 年 1 月 23 日，武汉宣布封城，但病毒却迅速地传播到中国的 31 个省市，有更多的人患病、死亡。为了杜绝病毒的传播，全国各地相继封城，居民宅家，工厂停工，商场关门，学校放假，情况十分严峻。之后病毒又进一步传播到世界上许多国家和地区，有更多的人患病、死亡，到 2021 年 7 月 19 日，全球感染人数已达 1 亿 9 千万，死亡 410 万，而且疫情还在继续发展之中，已经成为一场世界性灾难。不仅如此，病毒还导致各国股市暴跌，对世界经济和发展都造成了严重影响。在人类的整个生存结构中，新型冠状病毒极其微小，看不见，摸不着，只是一个微不足道的元素，然而这个微不足道的元素不仅严重影响了武汉这个有着一千多万人口的大城市，而且其影响还波及到整个中国及全世界，导致中国和世界在整体上都发生了巨大的改变。通过这个例子就可以清楚地看出，某一元素的演化不仅能够影响同一结构，而且其影响还能波及到其他结构，引起其他结构中的元素发生改变，甚至导致其他结构在整体上也发生改变。

可以用方程 3 进行表达：

$$f(Qi_3) = (Q1, Q2, \ldots\ldots Qn)(R1, R2, \ldots\ldots Rn)$$

$$1 \leqslant i \leqslant n$$

该方程表示，某一元素 Qi 的演化不仅有可能引起本结构中所有元素（Q1, Q2, …… Qn）以及整个结构的改变，而且还有可能影响其他结构及元素（R1, R2, ……Rn）发生改变。

根据以上三层含义，"元素演化规律"可以通过一个方程组进行表达：

（1）$f(Qi_1) = (Q1, Q2, Q3)$

（2）$f(Qi_2) = (Q1, Q2, \ldots\ldots Qn)$

（3）$f(Qi_3) = (Q1, Q2, \ldots\ldots Qn)(R1, R2, \ldots\ldots Rn)$

$$1 \leqslant i \leqslant n$$

与贝塔朗菲方程比较，该方程组有可能更准确、全面地揭示元素的演化对其他元素以及结构的影响。

那么，一个元素的演化为什么会形成三种截然不同的状况呢？原因主要有四个方面：一是元素 Qi 在演化过程中所形成的作用力的大小，作用力小会形成第一种状况，作用力较大会形成第二种状况，作用力极大会形成第三种状况。二是结构中其他元素的反作用力，在同一结构中，其他元素会对元素 Qi 产生一种反作用力，这些反作用力的大小也会对元素 Qi 的作用力产生影响。三是结构的影响，所有的结构都存在着一种维持本结构的力量，我们可以把这种力量称为组合力，结构组合力的大小也会对元素 Qi 产生影响。四是外部因素，外部因素也会对元素 Qi 的作用力产生影响。

四、自组织规律

自组织理论是 20 世纪 60 年代末期开始建立并发展起来的一种系统理论，是贝塔朗菲的一般系统论的新发展。它的研究对象主要是复杂自组织系统（生命系统、社会系统）的形成和发展机制问题，即在一定条件下，系统是如何自动地由无序走向有序，由低级有序走向高级有序的。自组织理论由耗散结构理论（Dissipative Structure）、协同学（Synergetics）、突变论（Catastrophe Theory）和超循环理论（Super circle）组成，自组织理论的内容如下：

在与外界环境有物质与能量交换的条件下，在外界环境对系统有稳定的持续的"干扰"作用条件下，在系统内部存在着随机起伏和多种发展的可能性（多种潜在稳态）的条件下，系统能够自发地组织成为有序程度更高的系统。

自组织理论不太充分的定量表达式是：

设 ds 表示系统熵的改变量，dis 表示系统不可逆过程引起的熵值，des 表示系统与环境交换物质与能量所引起的熵流，则依据普利高津方程 ds = des+dis，则系统自组织的必要条件为：

$$\Psi < 0 \text{ 或 } dinfo / dt > 0$$

这里 Ψ 为耗散函数 ds/dt。dinfo / dt 表示信息对时间的增量。系统自组织原理揭示了世界为什么能由简单到复杂，由低级到高级的发展过程。[33]

系统为什么会自组织？其机制尚不清楚，但存在着各种自组织理论，如"艾什必自组织理论"、"普利高津自组织理论"、"哈肯自组织原理"等，这些理论从不同的角度对自组织的机制做出了解释。

在探讨自组织规律之前，我们首先需要搞清"自组织"这一概念，那么，什么是自组织呢？德国理论物理学家 H. Haken 认为，从组织的进化形式来看，可以把它分为两类：他组织和自组织。如果一个系统靠外部指令而形成组织，就是他组织；如果不存在外部指令，系统按照相互默契的某种规则，各尽其责而又协调地自动地形成有序结构，就是自组织。简言之，所谓自组织就是系统能够自动地形成有序程度更高的系统。如果用更通俗的话说，所谓自组织就是自己组织自己，就是自己推动自己向组织程度更高的方向演化，或者说自己推动自己向更高级的方向发展。

那么，系统为什么能够自己推动自己向更高级的方向发展呢？系统论的解释比较复杂，为了更清楚明白地对该问题做出解释，演化哲学尝试把自组织理论改为"自组织规律"，内容如下：

在一定条件下，复杂系统的内部能够产生自组织功能，系统能够自发地向组织程度更高的方向演化。

"自组织规律"对自组织现象从理论上进行了总结，下面我们对该规律做出解释。首先需要解释的是，什么是"复杂系统"？系统论对复杂系统进行过定义：**复杂系统（complex system）是具有中等数目基于局部信息做出行动的智能性、自适应性主体的系统。**

复杂系统具有如下特征：

①不是简单系统，也不是随机系统。

②是一个复合的系统，而不是纷繁的系统（It's complex system, not complicated.）

③复杂系统是一个非线性系统。

④复杂系统内部有很多子系统（subsystem），这些子系统之间又是相互依赖的（interdependence），子系统之间有协同作用，可以共同进化（coevolving）。在复杂系统中，子系统会分为很多层次，大小也各不相同（multi-level & multi-scale）。

复杂系统最大的特点是元素数目众多，并且相互之间存在着强烈的耦合作用。例如生物系统就是由许多种群、大量生物组合而成的复杂系统，这个系统的特点就是元素数目众多，而且相互之间存在着强烈的耦合作用。

那么，什么又是"组织程度"呢？所谓组织程度是指，构成系统的事物或元素组合的有序程度，组合越有序，组织程度就越高，所以"组织程度"与"有序程度"同义。

"自组织规律"指出，只有在"一定条件下"，复杂系统才能形成自组织功能，那么，这些条件究竟是什么呢？系统论对这个问题做出了回答：① 产生自组织的系统必须是一个开放系统，系统只有通过与外界进行物质、能量和信息的交换，才有产生和维持稳定有序结构的可能。 ② 系统从无序向有序发展，必须处于远离热平衡的状态，非平衡是有序之源，开放系统必然处于非平衡状态。 ③ 系统内部各子系统间存在着非线性的相互作用。这种相互作用使得各子系统之间能够产生协同动作，从而可以使系统由杂乱无章变成井然有序。④系统只有通过离开原来状态或轨道的涨落才能使有序成为现实，从而完成有序新结构的自组织过程。

在复杂系统的演化中，自组织现象并不少见。例如在原始森林里，一粒种子埋到土壤里，就能自动长成一棵参天大树。在海洋中，一粒鱼卵就能自动长成一条大鱼。在母亲的子宫里，一颗受精卵能够自动发育成胎儿。在数百万年前的森林中，一群古猿自动地进化成世界上最高级的智慧生命——人类。137 亿年前宇宙发生大爆炸后，宇宙自动地从混沌状态逐步向组织程度更高的方向演化。宇宙天体的演化、生物的进化、人类社会的演变等，其实都是一个自组织的过程。

自组织规律揭示了复杂系统具有自组织的能力，

那么，复杂系统为什么会具有自组织的能力呢？或者说复杂系统形成自组织能力的机理究竟是什么呢？

自组织的形成机理是一个复杂的问题，系统论尚无定论，我们尝试从演化哲学的角度对该问题做出解释。我们在前面说过，复杂系统最大的特点是元素或子系统数目众多，系统内部的元素或各子系统之间存在着非线性的相互作用。我们在前面探讨过"演化动力规律"：推动世界万物演化的根本动力就是事物之间的相互作用。相互作用就是推动事物演化的根本动力，所以当复杂系统内部的元素或子系统之间发生相互作用的时候，就会产生一种动力，推动系统向组织程度更高的方向演化。由于这种动力来自系统内部，所以我们把这种动力称之为"自组织"能力。元素或子系统之间的相互作用之所以能够推动系统向组织程度更高的方向演化，主要是因为相互作用促使元素或子系统之间形成协同动作，这种协同动作产生了一种合力，而这种合力能够推动系统向组织程度更高的方向演化。

在自组织的形成过程中，元素或子系统之间的协同一致非常重要，这是产生合力的关键。假如元素或子系统之间不能协同一致，而是互相矛盾、互相斗争，那就不可能产生合力，反而会产生一种反组合的力，削弱、破坏系统的组织程度，甚至导致系统的衰落与解体。例如人类社会的经济系统也是一个复杂系统，这个系统就存在着自组织能力，能够推动经济向更高级的方向发展。但是在毛泽东时代，宣扬"政治挂帅"，政治干预经济，人与人之间大搞"阶级斗争"，人为地打击、压制经济自组织能力，所以在毛统治的 27 年里中国经济发展十分缓慢。改革开放后，政治不那么干预经济了，人与人之间也不太"斗争"了，于是中国社会的经济自组织能力蓬勃发展，短短 40 年就成为全球第二大经济体。

自组织规律揭示了复杂系统具有自组织的能力，能够推动系统向组织程度更高的方向演化。这是演化哲学的一条重要规律，具有重要意义。其实不仅是复杂系统，其他的物质组合体，例如对子、组、群、系列、序列、一般系统等，都具有一定的自组织能力，正是这种能力保证了它们的存在和发展，只不过这种能力没有复杂系统显著而已。所有的物质组合体都具有一定的自组织能力，只不过这种能力有大有小、有强有弱，这也是我们之所以把自组织理论改为自组织规律的一个重要原因。

五、因果律

因果关系是演化的一个重要问题，需要深入探讨。有的哲学如辩证唯物主义，仅仅把因果划为范畴，并没有把因果关系列为规律。然而演化哲学却认为，在演化过程中，不同的现象、事件或过程之间存在着一种十分重要的关系，这就是因果关系。因果关系对于人们认识演化、揭示演化规律都具有非常重要的意义，所以很有必要将其上升为规律，这就是因果律。

在探讨因果律之前，我们首先需要搞清因、果两个概念。那么，究竟什么是因？什么又是果呢？辩证唯物主义对两概念进行了定义，原因与结果是两个范畴，任何一个或一些现象，能够引起另一个或另一些现象的产生，那么引起一定现象的现象就是"原因"，而被引起的现象就叫"结果"。这个定义从现象的角度对因果进行了定义，指出了不同现象之间的关系。

演化哲学认为，因果关系是发生于事物演化过程的关系，所以也可以从演化的角度进行定义：

在事物的演化过程中，如果之前的过程、事件引起或产生了之后的过程、事件，那么，之前的过程、事件就是"因"，而之后的过程、事件就是"果"。

例如 A 产生了 B，那么，A 就是原因，而 B 就是结果。

在事物的演化中，存在着大量的过程或事件，通过长期的观察与认识，人们发现一些过程或事件之间存在着密切的关系，一些过程或事件能够引起、产生另一些过程或事件。为了把这两种过程或事件区分开来，于是把前者称为"原因"或"因"，而把后者称为"结果"或"果"。"因"、"果"这两个概念确实是人命名的，但这些演化过程却是实在的，我们不能因为"因""果"两概念是人命名的就否认这些演化过程的实在性。

上面我们对因、果概念进行了定义，但需要指出的是，因和果并不是固定不变的，在不同的演化阶段，因可以变成果，果也可以变成因，因、果其实是相对的。因引起、产生了果，而果也可以反过来对因产生影响，因、果是相互作用的。

搞清了因、果两概念，我们再探讨"因果律"，演化哲学阐述的"因果律"内容如下：

一定的原因必然引起、产生相应的结果，有因必有果，有果必有因。世界上既不存在无因之果，也不存在无果之因。

因果律揭示了两种不同演化过程、事件之间的关系，揭示了其中的规律性。有大量的过程、事件都符合因果律，这样的例子俯首皆是、举不胜举。例如中国有句俗语叫作"种瓜得瓜，种豆得豆"，就十分生动地说明了因果律。"种瓜"是前一个过程、事件，而"得瓜"则是后一个过程、事件，假若没有"种瓜"，那就不会有"得瓜"，所以"种瓜"与"得瓜"之间存在着因果关系，存在着规律性。这样的情况广泛存在，所以因果律是一个普遍规律。正如伽利略（Galileo Galilei,1564 - 1642）所说，一切在空间中占有位置的东西都服从因果律。[34]

"种瓜得瓜，种豆得豆"，这是一个原因引起了一个结果，或者说是单因单果。但是，因果关系并非如此简单，除了一因一果外，还存在其他一些类型：例如一因多果、多因一果、多因多果等。

因果律是一条重要规律，它不仅适用于哲学，而且适用于所有领域，所以学习、应用因果律，对于人类认识世界、改造世界，对于人类的生存都具有极其重要的意义。因果律如此重要，但有少数哲学家却对它提出了各种质疑，企图否定因果律，这些观点产生了一定的消极影响。为了消除这些消极影响，我们很有必要回答这些质疑。

第一，否认因果关系和因果律的实在性。例如休谟（David Hume，1711-1776）就认为，因果联系只不过是一种心理习惯，是由于我们看到感觉和观念按一定的顺序出现，而且不断地重复而造成的。他认为这种感觉现象之间的先后顺序的关系不等于因果关系。奥地利物理学家、唯心主义哲学家、经验批判主义的创始人之一马赫(Ernst Mach，1838-1916)也认为，"原因和结果是我们的思维创造物"，"在自然界中，既没有原因，也没有结果"。[35] 维特根斯坦（Ludwig Wittgenstein，1889-1951）也说："相信因果关系是迷信"。

休谟、马赫和维特根斯坦都是有影响的哲学家，他们的观点造成了一些人的思想混乱，影响消极。我们在前面已经明确指出，"因"、"果"这两个概念确实是人命名的，确实是"我们的思维创造物"，但是，这些"思维创造物"所表达的演化过程或事件却是实实在在的，我们不能因为"因""果"两概念是人命名的就否认这些演化过程或事件的实在性。因果律是人类对因果现象的总结与表达，因果律确实是人通过思维发现和总结出来的，但是不同演化过程和事件之间的因果关系却是客观的、实在的，并非是人凭空捏造出来的，所以因果律是客观的和实在的，不能随便否认。因果律表达的是演化过程或事件之间的客观、实在的关系，它是有现实根据的，所以因果律决不是没有根据的"心理习惯"，更不是"迷信"。长期以来，由于哲学缺乏科学的方法和规范，一些哲学家常常随心所欲，发表一些奇谈怪论，我们应该对这些奇谈怪论有一个正确的认识。

第二，非决定论对因果律的质疑。世界是如何存在的？它是有秩序的，还是混乱无序的？对这个问题存在着两种截然不同的认识，一种是决定论，另一种是非决定论。决定论认为，事物的演化存在着因果性、必然性和规律性，世界是有组织、有秩序的。决定论又分为两种不同的类型：其一是"物理决定论"，即以拉普拉斯为代表的严格决定论，其特点是将世界的一切因果关系力学化、连续化和线形化，否定结果多样化的可能性；其二是"哲学决定论"，这是一种承认因果关系的普遍性和客观性的理论，它同时又承认原因对结果的"决定"方式是多种多样的，即因果关系多样化（并认为存在统计因果律）。

与决定论相反，非决定论认为，事物的演化根本不存在因果性、必然性和规律性，事物的变化是随机的，被"自由意志"决定，所以世界是混乱无序的。非决定论也有两种类型：一种主张宇宙非前定的理论，完全否定事物的因果性和规律性；另一种非决定论则承认因果性与随机性并存。

演化哲学认为，从137亿年前的大爆炸开始，宇宙就从混乱无序的混沌状态逐步向组织和有序的方向演化，原来的那个混沌的世界已经被一个有组织的世界所代替，所以世界应该是一个有秩序的世界。正因为世界是有秩序的，是有组织的和有序的，所以事物的演化确实存在着因果性、必然性和规律性。演化哲学认为，决定论正确地反映了世界的本来面目，所以决定论是有道理的。但是，世界并不是一个按部就班的大钟，它的演化是极其复杂的，绝不可能像拉普拉斯所说的那样，世界的一切因果关系都能够力学化、连续化和线形化。我们既承认世界存在着因果性、必然性和规律性，但又承认演化的多样性与复杂性。

事物的演化确实存在着因果性，因果律具有普遍性和客观性；但是，"因"对"果"的决定方式并非是单一的、固定的或有定数的，而是多种多样的；"因""果"关系也不是机械固定的，而是多样化的，例如统计因果律。

非决定论认为，事物的演化被"自由意志"决定，是随机的，所以不存在因果律。演化哲学认为，即使事物的演化是随机的，那也存在着随机之"因"和随机之"果"；即使事物的演化是"自由意志"决定的，那自由意志就是"因"，而自由意志所引发的行为就是"果"，所以即使是非决定论，也无法否认因果律。

第三，或然性与偶然性的质疑。演化哲学认为，事物的演化存在着必然性，但是，并非所有的演化都是必然的，世界上也存在着或然性与偶然性。既然存在着或然性与偶然性，那是不是说因果律就不存在？演化哲学认为，即使是或然、偶然事件也存在着因果关系，只不过这种因是或然、偶然之因，这种果是或然、偶然之果，所以它们也符合因果律。例如一粒西瓜种子偶然落到农家院子里，就会长出一棵西瓜秧苗，并结出一个个西瓜，这就是偶然之因产生的结果。虽然原因是偶然的，但因果关系依然存在，所以或然性与偶然性并无法否认因果律。

六、量变质变规律

最早提出量变质变规律的哲学家是黑格尔，他在《逻辑学》的"存在论"中，讲到"量转化为质和质转化为量的规律"。后来恩格斯在《自然辩证法》一书的"计划草案"中，把"量和质的转化"列为辩证法的三个规律之一。在"计划草案"中，所谓"量变质变规律"只不过是一句简单的话，并没有详细的阐述。大约在 20 世纪 30 年代，苏联哲学家为了构建"辩证唯物主义"体系，对所谓的"辩证法三大规律"进行了阐释与补充，其中就包括量变质变规律。我们今天所看到的量变质变规律，其实是苏联哲学家加工、改造后的版本。长期以来，在苏联、中国等社会主义国家中，量变质变规律一直被尊为辩证法领域中的一个经典规律。苏联垮台后，该规律的经典地位不再，有人对其提出不少质疑。那么，量变质变规律是否正确？有无哲学价值呢？演化哲学重新进行了审视与反思，认为该规律揭示了事物演化过程中量变与质变的关系，有一定的哲学价值，应予肯定。在本小节中，我们将从演化哲学的角度对量变质变规律进行新的探讨。

在探讨量变质变规律之前，我们应该首先搞清量与质、量变与质变这些概念。我们在本章第四节对这些问题进行过探讨，量是对事物的数量、规模以及演化程度等属性的度量，而量变就是事物的数量、规模以及演化程度等属性的变化。所谓质就是事物的本质，就是事物的本质属性，本质属性决定一事物成为该事物而非他事物。而所谓质的演化就是事物本质属性的演变，就是由一种质变成另一种质、由一事物变成另一事物的过程。

搞清了量与质、量变与质变，我们还需要搞清"度"这一概念，那么，什么是度呢？所谓"度"，就是一定事物保持自己质的量的限度，是和事物的质相统一的限量。[36] 任何度的两端都存在着极限或界限，叫做关节点或临界点。度就是关节点范围内的幅度。在这个范围内，事物的质保持不变，而超出这个范围，事物的质就发生变化。例如，在一个标准大气压下，液态水的度就是 $0℃—100℃$，$0℃$ 和 $100℃$ 就是它的两个关节点，突破这两个关节点即超过这两个度，水就变成冰或水蒸气了。[37]

搞清量、质、量变、质变以及度这些概念，那么，究竟什么是量变质变规律呢？虽然黑格尔、恩格斯早就提出了量变质变规律，虽然苏联哲学家对该规律多有论述，虽然日后的马克思主义哲学教科书对该规律进行了长篇累牍的叙述，但十分遗憾的是，他们都未能对该规律做出准确而又严谨的表述。演化哲学对量变质变规律进行了新的探讨，并进行了新的表述：

在事物的演化过程中，量变能够引起质的改变，质变又能引起新的量变，量变与质变互相转化、互相交替、互相推动，事物的演化就是在量与质的互变中进行。

在事物的演化过程中，量变和质变是两种不同的演化方式，量变质变规律揭示了两种不同演化方式之间的关系，并从量变和质变的角度揭示了演化的规律性。通过量变质变规律可以看出，事物的演化总是先从量的变化开始，经过一定的积累，然后才有可能引起质变。但并非是所有的量变都能够引起质变，量变引起质变的关键在"度"，如果量变没有达到一定的度，那就不会引起质变；如果达到了一定的限度，那就会引起事物质的改变。量变引起了质变，质变不仅是量变的终结，同时又是新量变的开始。在新质的基础上，又开始了新的量变，新的量变又会引起更新的质变，以至无穷。量变与质变互相转化、互相交替、互相推动，而事物的演化就是在量与质的互变中进行的。

量变质变规律指出，当量变达到一定的度时就会引起质的改变，那么，量变达到一定的度时为什么会引起质变呢？

我们在本章第四节探讨过质变，所谓质变就是事物本质属性的改变，就是由一种质变成另一种质、由一事物变成另一事物的过程。那么，事物的本质属性或者说质又是由什么决定的呢？我们在第三章第六节探讨过"结构决定律"：

结构是事物的决定性要素，事物的本质、外部形态、广延、功能以及信息等都决定于结构。

"结构决定律"明确指出，事物的本质决定于结构，所以质变其实就是结构的改变。那么，结构的改变与量变又有什么关系呢？结构由元素组合而成，每一个结构都由一定量的元素所构成，或者说其架构需要一定量的元素来支撑，所以结构与量存在着十分密切的关系。当量变在一定的限度内，当量变不引起结构发生大的改变时，事物就不会发生质变；但是，当量变达到一定的度，当量变导致结构发生大的改变时，由于事物的本质决定于结构，所以事物就会发生质的改变。

为什么量变达到一定的度就会导致结构的改变呢？我们在讨论"度"时就说过，所谓度就是事物保持自己质的量的限度，或者说是保持结构架构的最低限度，当量变超过这个限量——度的时候，就会影响到元素的架构，就会引起结构的改变，而结构的改变自然会导致事物质的改变，即质变。所以量变之所以会引起质变，根本原因就是因为量变造成了结构的改变，这是量变质变规律的本质与核心。

这个规律被称为量变质变规律，意思是说量变引起了质变，那么，为什么先发生量变然后才会质变？为什么不会先质变呢？

我们在第三章"组合哲学"进行过探讨，所有的事物都是由元素组合而成，一旦组合完成之后，由于元素之间的互相联系和互相作用，事物的内部都会产生一种维护自身的力，我们可以把这种力称为"组合力"或"凝聚力"。正是由于事物的内部存在着这种"组合力"或"凝聚力"，所以所有的事物都具有一定的稳定性，具有维护自身存在、对抗改变与变化的能力。要想改变事物的结构，改变元素的组合，就必须克服事物内部的"组合力"或"凝聚力"，所以事物结构的改变、事物的质变，并不是一件轻而易举、一蹴而就的事情。与质变相比较，量变就更容易一些，所以事物的演变大都是从量变开始，逐渐积累，然后达到度，最后引起质变。例如唐朝建立于公元618年，灭亡于公元907年，存在了289年之久。如果说唐朝的灭亡是质变，那就是说，经过289年漫长的量变，唐朝最后才彻底发生了质变。通过唐朝的例子就可以看出，在事物的演化过程中，首先必须通过量变才有可能改变事物的结构，才有可能引起事物的质变。

量变能够引起质变，那么，量变又是如何引起质变的呢？量变引起质变的方式复杂多样，大致可以归纳为三种类型：

第一，渐变。所谓渐变就是缓慢的量变逐渐积累，最后引起了质变。这种方式比较多见，例如一个君主专制王朝，常常经历数百年量变，最后才发生质变。我们在前面讲过周朝、唐朝、清朝等王朝，都是经过数百年量变，最后才发生质变。再如一个星球的演化，也要经过多少亿年的漫长量变，最后才发生质变。

第二，段变。所谓段变就是阶段性的量变引起部分质变，各个阶段相加，最后引起全部质变。例如人的一生可以分成八个阶段：婴幼儿阶段——儿童阶段——少年阶段——青年阶段——中年阶段——老年阶段——暮年阶段——死亡阶段。在每个阶段中，都发生着量变，这些量变引起了部分质变。例如在婴幼儿阶段，量变造成了部分质变——婴幼儿变成了儿童。在儿童阶段也是如此，量变造成了部分质变——儿童变成了少年。此后的每一个阶段都是如此，少年变成青年，青年变成中年，中年变成老年，老年变成暮年，每一个阶段都在发生着部分质变。几个阶段的质变相叠加，最后发生整体质变——人的死亡。

第三，突变。所谓突变就是短暂的量变迅速引起事物的质变。例如供应心脏血液的冠状动脉内部突然有一个斑块破裂，形成血栓，阻塞血流，造成心肌梗塞，危及人的生命。从一个健康的心脏到心梗，这是一个迅速的质变，而引起这个质变的就是一个短暂的量变——斑块突然破裂所导致的血管严重狭窄。再如1976年毛泽东去世后，华国锋、叶剑英等人突然采取行动，逮捕"四人帮"——江青、张春桥、王洪文、姚文元等人。短暂的量变迅速引起整个中国的质变，结束了极左的旧时代，开始了改革开放的新时代。

短暂的量变之所以能够迅速地引起事物的质变，主要是因为量变引起了结构中关键元素的质变，结果导致整个结构发生质变。例如人体中的心脏、国家的权力中枢等，都是结构中的关键元素，如果短暂的量变引起这些关键元素的质变，就有可能导致整个结构的改变，而整个结构的改变就是事物的质变。与渐变和段变相比，突变发生的机率较低。

我们在本章第八节探讨过环式轨道，通过环式轨道可以看出，在一个完整的演化环中，既有量变环节，也有质变环节，量变环节中包含着部分质变，质变环节中也包含着量变，量变与质变互相交织、互相推动，构成一个序列：

量变——质变——新的量变——新的质变——……

量变质变规律揭示了事物演化过程中量变与质变的关系，揭示了量变如何引起事物质的改变。该规律从量变和质变的角度研究事物的演化，具有重要意义和价值。但是近年来，也有人对该规律提出质疑与批评，这些质疑与批评大约有以下三个方面：

第一，有学者认为，在现代系统科学的发展中，已经出现了数学家托姆所创立的 " 突变论 "。"突变论"认为，事物可以突然发生质变，不一定非要经过缓慢的量变。既然不经过缓慢的量变就能够引起事物的突变，那就说明量变质变规律不具有普遍意义。我们在上面已经进行过探讨，量变引起质变的方式有多种，既有缓慢的渐变和段变，也有短暂的突变。突变之前也发生了量变，只不过这种量变是短暂而急剧的量变，正是这种短暂而急剧的量变引起了"突然"的质变，所以突变也是一种特殊的量变质变，仍然符合量变质变规律。"突变论"并不能否定量变质变规律，它是量变质变规律的一个补充。

第二，有一些热爱哲学的朋友曾在网络上发布帖子，对量变质变规律提出质疑。他们举例说，从水龙头中不停地流出水，由一碗水增加到一盆水，再增加到一桶水、一缸水，虽然水发生了量变，但是，量变并没有引起质变，水仍然是水，水分子并没有变成其他分子。

演化哲学认为，这些朋友对质变的理解有些狭隘，我们还以水为例，水的质变可以是水分子的改变，例如 H_2O 变成 H_2O_2；也可以是水分子组合方式的改变，例如一碗水变成了一缸水。从一碗水到一缸水，不仅水的量发生了变化，而且水的组合方式也发生了大的改变，这其实也是一种质变。再如一碗水与大海相比，虽然二者都是由水分子构成，但它们在本质上却大不相同，二者已经是两个完全不同的事物。再如中国的长城，万里长城是由一块块砖头垒砌而成，从一块块砖头到长城，这是一个量变的过程，但当长城建成之后，就发生了质变——一块块分散的砖头变成了长城。虽然砖头仍然是砖头，砖头的分子结构并没有改变，但是砖头的组合方式（结构）却发生了根本的改变，这就是质变。

第三，有一位独立学者在网上发布批判马克思主义哲学的长篇文章，其中对量变质变规律也提出了质疑，他说：但反题"量变不能引起质变"同样可以举出无数的例子。"太阳底下无新事"，日月山川天天量变，何来的质变？而且何为"质变"也是主观任意的。最经典的例子，液态水在一个大气压下 0 到 100 摄氏度的域值，超出这个"尺度"就会引出"质变"。可是无论冰、水或水蒸汽，在化学上并无质的区别。

这位独立学者认为，量变不一定能够引起质变，他举例说"日月山川天天量变，何来的质变"？演化哲学认为，日月山川的量变，同样会引起质变，只不过这是一种渐变方式，经过极其漫长的量变，日月山川才有可能发生质变。例如地震就是"山川"经过长期量变之后发生的质变，中国有句成语叫做"沧海桑田"，意思是说大海能够变成农田，农田也会变成大海，如果"山川"只会量变而不会质变，那怎么有沧海桑田般的剧烈变化呢？日月等宇宙天体不仅发生着量变，而且也发生质变。我们在前面讨论过恒星的演化，在恒星漫长的演化过程中，不仅发生着量变，而且还发生着剧烈的质变，这些事实已经被宇宙科学所证明。

这位独立学者又举例说，量变质变规律认为，液态水在一个大气压下 0 到 100 摄氏度的域值，超出这个"尺度"就会引出"质变"，可是无论冰、水或水蒸汽，在化学上并无质的区别。我们在前面已经进行过讨论，冰、水或水蒸汽都是水分子，它们在化学上确实没有质的区别；但是，冰、水或水蒸汽是水分子的不同组合方式，其形态也发生了巨大的改变，它们是三种不同的事物，这同样也是一种质变。例如明朝第一任皇帝朱元璋，原来是一个小和尚，后来变成了皇帝；虽然朱元璋仍然是朱元璋，但当了皇帝的朱元璋与小和尚朱元璋相比较，一定是一个巨大的质变。

量变质变规律也可以用公式表达：

$$Q = \sum_{i}^{n} q$$

i=1, n ⩾ °。

公式中 q 表示量变（quantitative change），Q 表示质变（qualitative change），" ° "表示度，"⩾"表示达到或超过度。该公式表示，当量变达到或超过度时就会发生质变。

七、对立同一规律

最早提出对立同一规律的哲学家仍然是黑格尔，

恩格斯在《自然辩证法》一书的"计划草案"中，把该规律表述为"两极对立物的相互渗透和它们达到极端时的相互转化"。[38]大约在 1915 年，列宁在"谈谈辩证法问题"一文中提出极端的"斗争绝对论"和"发展斗争论"，严重曲解了对立同一规律。后来苏联哲学家对列宁的曲解进行了系统的阐释和补充，形成了苏版"对立统一规律"。苏版"对立统一规律"违反形式逻辑，宣扬斗争哲学，对该规律做出了错误的解释，存在严重问题。后来苏版"对立统一规律"传入中国，被中国大陆主流哲学界尊为经典，一直流传至今。演化哲学对苏版"对立统一规律"进行了审视与反思，拨乱反正，去其糟粕，留其精华，对该规律做出了全新的解释。本小节对对立同一规律进行专门探讨。

在探讨规律之前，我们首先讨论该规律的称谓问题，即规律的名称问题。长期以来，原苏联和中国的哲学家们大都按照列宁的说法把该规律称之为"对立统一规律"，这个称谓广为流传，几乎成了该规律的固定名称。但演化哲学却认为，这个称谓其实并不准确，准确的称谓应该是"对立同一规律"。为什么这样说呢？理由有三：

其一，"对立同一规律"和"对立统一规律"的区别在"同一"和"统一"两词，不少人可能都会认为，这两个词并没有多大差别（列宁在《哲学笔记》中也是这样认为的）。其实并非如此，因为二者的词义是有区别的，所谓"同一"是指"相同或一致"，而"统一"则是指："① 部分合为整体；分散变为集中；分歧归于一致。② 集中的；一致的。"[39] 通过比较可以看出，两词的含义不尽相同，"统一"主要是指部分结合成整体，而"同一"则是指相同或一致，所以"同一"和"统一"是不同的。由于"同一"和"统一"两词存在着明显的差异，所以"对立同一规律"和"对立统一规律"的含义也明显不同。

其二，长期以来，绝大多数哲学家都认为，矛盾存在着"同一性"，他们为什么要把矛盾的这种属性称为"同一性"，而不称"统一性"呢？这充分说明，只有"同一"一词才能更准确、恰当地表达矛盾的这个属性。由于"对立同一规律"揭示的正是矛盾的"对立性"和"同一性"的关系，所以，用"对立同一规律"这个称谓更为恰当。

其三，在西方哲学史上，最早明确提出对立和同一问题的是文艺复兴时期德意志库萨的尼古拉（Nicolaus Cusanus，1401-1464)，而他提出的命题就是"对立面一致"；矛盾学说的集大成者黑格尔也是从思维和存在的"同一"这个基本观点出发，阐释对立同一规律的。从哲学史的角度看，哲学家们探讨的主要是对立面的"同一"，并不是对立面的"统一"，所以把这个规律称为"对立同一规律"完全符合该规律的本义。为了更准确地称呼这个定律，我们应该为它正名，应该称它"对立同一规律"，而不是"对立统一规律"。

搞清了对立同一规律的称谓，我们再探讨"对立"和"同一"这两个概念的含义。那么，究竟什么是对立？什么又是同一呢？为了更准确地理解这两个概念，演化哲学分别对其进行了定义。对立概念的定义如下：

所谓"对立"是指事物之间那种截然相反、互相"抵触"、互相"冲突"的关系，这种关系是事物关系中的一个极端。"对立"就是最大的差异，就是差异之极。

通过定义可以看出，对立其实是事物之间的一种关系，对立的本质是关系。从哲学的角度看，事物之间存在着三种具有普遍性的关系：同一、差异和对立，当两个同一的事物出现不同的时候，同一关系就会变成差异关系；而当两事物的差异达到最大的时候，差异就变成了对立，所以对立是最大的差异，是差异之极。由于对立是差异之极，所以对立是事物关系中的一个极端。

对立的本质是关系，对立最显著的特征就是差异之极。由于对立是差异之极，所以对立关系是一种截然相反、互相"抵触"、互相"冲突"的关系。例如黑色和白色就是对立关系，这是因为它们是两种截然相反的颜色，一个完全吸收可见光，而另一个却完全不吸收可见光。二者不仅在光学性质上是截然相反的，而且它们的差异也达到了颜色系列中的两个极端，所以它们是对立关系。

那么，什么又是同一呢？根据《现代汉语规范辞典》的解释，"同一"一词的含义就是"相同和一致"。根据同一一词的词义，演化哲学将其定义为：

同一是事物之间的一种关系，当两事物相同或一致时，那么它们的关系就是同一关系。

例如黑色和黑色、白色和白色，二者在颜色上是相同或一致的，所以它们是同一关系；男人和男人、女人和女人，他们在性别上是相同和一致的，所以他们是同一关系；再如地主和地主、佃农和佃农，他们在土地占有、生产劳动以及劳动成果的分配方面是相同或一致的，所以它们也是同一关系。

通过定义可以看出，同一的本质也是关系，由于同一的事物没有差异，所以它也是事物关系中的一个极端。只不过这个极端与对立这个极端的方向恰恰相反，而对立同一规律揭示的正是这两个极端之间的关系，揭示的正是这两个极端的关系如何转化。

那么，对立和同一这两个极端关系又是如何转化的呢？演化哲学通过新的对立同一规律对这个问题做出了新的解释：

两个互相对立的事物，在内外因素的共同作用下，通过一定的方式，由对立关系转化为同一关系，最后成为相同或一致的事物，关系的转化推动了事物的发展。

新的对立同一规律揭示了两个互相对立的事物

如何转化成为同一的事物，规律指出，两个互相对立（差异之极）的事物，在内外因素的共同作用下，二者的关系发生了转化，最后变成两个同一（没有差异）的事物。由对立变同一，转化推动了事物的演变。

那么，两个互相对立的事物是如何转化成两个同一的事物的呢？演化哲学认为，转化的方式主要有以下五种：

第一种：一方压倒、战胜甚至消灭另一方，从而达到对立面的同一。

例如猫吃老鼠、狼吃羊，对立的一方——老鼠和羊，被对立的另一方——猫和狼战胜并吃掉，老鼠和羊变成猫和狼的一部分，于是两个对立面就达到了同一。中国历史上的战国时期，齐、楚、燕、韩、赵、魏等国与秦国是对立关系，它们势同水火、战争不断，公元前 221 年，秦灭六国，建立了统一的秦帝国。矛盾的一方——齐、楚、燕、韩、赵、魏等国，被矛盾的另一方——秦国消灭、兼并，于是矛盾的双方就从对立达到了同一。此外，地心说战胜日心说，氧化说战胜燃素说，科学战胜迷信，真理战胜错误，皆是如此。

第二种：一方向另一方转化，从而达到同一。

东德与西德的统一就是如此，二次世界大战后，由于被苏联和美国等国分别占领，所以德国分裂成为两个国家——东德与西德。当时的东德属于社会主义阵营，而西德则属资本主义阵营，二者构成了一对矛盾，它们的关系是对立关系。但在 1990 年 10 月 3 日，随着苏联解体和东欧剧变，东德加入了西德，分裂长达 45 年之久的德国重新统一。通过德国的统一我们可以看出，东德从社会主义的一方转化到资本主义的一方，从而与资本主义达到了同一。

第三种：对立面互相"融合"、"合而为一"，从而达到同一。

最典型的例子就是酸和碱的化合反应，酸和碱是性质截然不同的两种化合物，当二者发生化学反应时，二者互相融合、合而为一，形成了一种新的化合物——盐，酸和碱通过互相融合，从而达到了同一。

第四种：双方各自发生改变，从而达到同一。

劳资双方最常见的矛盾就是工资纠纷，劳动者一方大都希望增加工资，而资本所有者一方却希望减少工资，这样劳资双方就形成了一对矛盾，这时他们的关系也成了对立关系。为了解决双方的矛盾，劳资双方大都会坐下来进行谈判和协商，在谈判和协商的过程中，劳资双方往往会各自做出一些让步，使矛盾得到解决。劳资双方原本是对立关系，但由于对立的双方各自发生一些改变，最后达到了一定的同一。当然这种同一并非是固定不变的，还有可能发生新的矛盾，然而通过这种方式，新的矛盾仍然可以得到解决，而新的同一也有可能形成。中国历史上流传过"六尺巷"的故事，张家和吴家各自把自家的院墙后退三尺，从而化解了两家的矛盾，使两家的关系从对立转化为同一。

第五种：为了解决共同的矛盾，对立的双方暂时走向同一。

1927 年，共产党和国民党发生了尖锐矛盾，二者的关系势若水火、严重对立。但是，1931 年"九一八事变"后，由于日本侵略中国，为了团结起来抵抗外敌侵略，国共两党停止内战，共同合作，一致抗日。为了解决共同的矛盾，国共两党由对立关系转化为统一战线的关系，这样对立的双方就暂时走向了同一。当然这种同一并不是长久的和稳固的，当 1945 年日本战败投降后，为了争夺政权，内战爆发，而国共之间的合作或同一也宣告破裂。再如，不少家庭内部都存在着这种那样的矛盾，但是，一旦这个家庭受到了外人欺负的时候，这个家庭的成员大都会暂时放弃矛盾，团结一致，共同对外。

两个互相对立的事物最后变成了两个同一的事物，那么，对立为什么会同一？两个对立面为什么会走向一致或同一？两个截然相反的事物为什么会变成相同的事物呢？演化哲学对这个问题做出了解释：

在事物的演化过程中，由于内部和外部各种因素的作用与影响，当演化达到极点的时候，就会出现物极必反，事物就会向相反的方向转化，就会与自己的对立面趋于一致，甚至达到同一。

发生转化的关键就是"物极必反"，也就是说，当对立发展到极点的时候，它就会向自己的对立面—

—同一转化，由"对立关系"转化为"同一关系"，从而与自己的对立面趋于同一。例如中国古语云，"月满则亏，水满则溢"，当月亮最圆的时候，就会向"圆"的相反方向——"亏"转化；当容器中的水"满"了的时候，就会向"满"的相反方向——"不满"转化。白天和黑夜也是如此，当白天达到极点的时候，就会向自己的相反方向——黑夜转化；而当黑夜达到极点的时候，同样也会向自己的相反方向——白天转化，白天和黑夜就是这样从对立到同一，又从同一到对立，循环往复。一年四季的气候变化也是如此，当寒冷达到极点的时候，就会向自己的相反方向——温暖转化；当温暖达到极点的时候，同样也会向自己的相反方向——寒冷转化。经常炒股的人都知道，股市涨涨跌跌，起伏不定，当股指涨到极点的时候，就会向自己的相反方向——"跌"转化；同样，当股指跌到极点的时候，也会向自己的相反方向——"涨"转化。通过以上探讨我们就可以看出，当对立发展到极点的时候，就会向相反的方向转化，就会与自己的对立面趋于一致，甚至达到同一。

上面对新的对立同一规律作了阐述，那么，新对立同一规律与原"对立统一规律"又有哪些不同呢？半个多世纪以来，中国主流哲学界对对立统一规律的标准表述是："任何事物都包含着内在矛盾性，矛盾双方既统一又斗争，推动事物的发展和转化。"[40] "互相矛盾着的对立面又统一又斗争，由此推动事物的运动、变化和发展。这就是对立统一规律。"[41] 可以看出，这种表述完全是来自苏版"对立统一规律"。如果将新的"对立同一规律"与原"对立统一规律"进行比较就可以看出，二者存在着较大的不同，这些不同是：

第一，二者对对立和同一的关系做出了完全不同的解释。"对立统一规律"认为矛盾是"既对立又同一"，认为"对立"和"同一"是同时存在的；而新"对立同一规律"却认为，"对立"和"同一"并不是同时存在的，而是先有"对立"，然后才有"同一"，矛盾的演化是一个由"对立"达到"同一"的过程，即由"对立"到"同一"，所以根本不可能存在"既对立又同一"。

第二，对矛盾发展的动力做出了完全不同的解释。矛盾为什么会由"对立"到"同一"？或者说矛盾发展的动力来自哪里呢？"对立统一规律"认为，矛盾发展的动力来自对立面之间的斗争，斗争是推动矛盾发展的唯一动力；而新"对立同一规律"却认为，矛盾发展的动力来自事物内外各种因素的共同作用，对立面之间的斗争只是其中的一种因素，所以它不可能是矛盾发展的唯一动力。

第三，对矛盾的转化方式做出了完全不同的解释。"对立统一规律"认为，对立面之间只有通过斗争才能转化，所以斗争是矛盾转化的唯一方式；而新"对立同一规律"却认为，对立面之间的斗争只是矛盾转化的一种方式，许多非斗争方式同样也能很好地促进矛盾的转化，矛盾的转化方式是丰富多样的。

第四，对对立同一规律也做出了完全不同的解释。"对立统一规律"认为，所谓"对立统一规律"就是矛盾双方既统一又斗争的规律；而新"对立同一规律"却认为，所谓"对立同一规律"就是矛盾从"对立"到"同一"的规律，就是事物从对立关系转化为同一关系的规律。

通过新的对立同一规律与原对立统一规律的比较可以看出，二者存在着极大的不同，那么，二者为什么会有如此大的不同呢？这是因为前者拨乱反正，祛除并纠正了后者所存在的一些严重缺陷和错误，那么，前者究竟祛除并纠正了后者哪些严重缺陷和错误呢？

首先，去除并纠正了对立统一规律违背形式逻辑的严重错误。对立统一规律对矛盾进行了定义，所谓矛盾就是"既对立又同一"或"既对立又统一"；然而从逻辑学的角度看，"既对立又同一"明显是一个互相矛盾的命题，对立和同一不可能同真，逻辑上也无法自洽，所以这个定义明显违背形式逻辑。由于违背了形式逻辑的基本规律，结果做出了自相矛盾的判断，出现了荒谬与不真。矛盾是对立统一规律和辩证法的核心概念，一个核心概念竟然违背了逻辑，出现了荒谬与不真，这不能不说是一个极其严重的错误。

新的对立同一规律对矛盾概念进行了新的定义：

矛盾就是事物之间的对立关系，新定义完全祛除了"既对立又同一"这个错误命题。规律中也祛除了"既统一又斗争"这样的表述，而改为"由对立到同一"。通过对矛盾定义和规律的修改，新的对立同一规律就避免了违背形式逻辑的严重错误，避免了自相矛盾的判断，彻底纠正了对立统一规律中的荒谬与不真。

其次，彻底摈弃了错误的辩证法。流行于原苏联和中国的辩证唯物主义认为，"对立统一规律是辩证法的实质与核心"，[42] 这就是说，辩证法的实质与核心就是矛盾双方的"既对立又同一"，对立面之间互相斗争，推动了事物的发展与转化，对立面之间的斗争是事物发展的动力。可以看出，辩证唯物主义所谓的"辩证法"其实是建立在一个错误的命题——矛盾双方"既对立又同一"之上的，由于它的核心命题是错误的，所以建立在这个核心命题之上的辩证法也必然是错误的。

新的对立同一规律完全祛除了"既对立又同一"这个错误命题，把矛盾定义为事物之间的对立关系，并对对立同一规律做出了新的解释：两个互相对立的事物，在内外因素的共同作用下，通过一定的方式，由对立关系转化为同一关系，最后成为相同或一致的事物，关系的转化推动了事物的发展。新的对立同一规律明确指出，推动事物演化的根本动力并不是对立面之间的斗争，而是内外因素的相互作用。可以看出，新的对立同一规律已经彻底摈弃了错误的辩证法。

再次，彻底纠正了错误的斗争哲学。对立统一规律认为，对立面之间互相斗争，一方战胜另一方，推动了事物的发展与转化，所以对立面之间的斗争是事物发展的唯一动力，人们把这种哲学称为"斗争哲学"。而新的对立同一规律则指出，对立的双方在内外因素的共同作用下，由对立转化为同一，对立消除，事物得到发展。对立之所以会转化为同一，除了对立面之间的相互作用外，内外因素的共同作用也很重要。在对立转化为同一的过程中，对立面之间的斗争并非是主要动力，内外因素的共同作用才是最根本的动力。对立同一规律对对立面之间转化的动力做出了新的解释，彻底地纠正了对立统一规律所宣扬的斗争哲学。

新的对立同一规律祛除并纠正了对立统一规律中的严重缺陷与错误，拨乱反正，对该规律做出了更为合理，也更切合实际的解释。

对立同一规律是一个演化规律，它揭示了事物之间的关系从对立到同一方向的演化。与此相反，还存在着一种反方向的演化：同一——差异——对立。此外，还存在着其他方式的演化，例如由差异到同一，由同一到差异，由差异到对立等等。这些演化都存在着规律性，由于篇幅所限，这里就不一一探讨了。

虽然对立同一规律是一个著名的规律，但也有人对其提出质疑。例如美国实用主义哲学家胡克就说过："'矛盾'这个词是用得很古怪的，因为从亚里士多德的时代起，逻辑理论就认为，只有判断、论断、证明才可能有矛盾，事物和现象决不可能有矛盾。"有人甚至认为，矛盾是思维混乱的产物，与对象无关。

演化哲学认为，判断、论断、证明等确实有可能出现矛盾，同一主体（个人或集体）作出互相否定、相互抵触的判断，这就是矛盾。在这里，"矛盾"是指"不真"或者"荒谬"，但是，现实世界中的事物和现象之间同样也会出现矛盾。例如大与小、高与低、黑与白、冷与热、好与坏、福与祸，善与恶，生与死，等等。这些现象说明，不仅思维领域中存在着矛盾，在现实世界中同样也存在着矛盾。思维领域中的矛盾是荒谬、不真的，然而，现实世界中的矛盾却是真实的，客观存在的，它们并不是荒谬的或不真实的。

思维领域中的"矛盾"属于认识论层次，而现实世界中的"矛盾"却属于本体论层次，我们应该把这两种不同的矛盾区别开来。虽然思维领域中的"矛盾"是荒谬的和不真实的，但现实世界中的"矛盾"却是真实的和客观存在的，我们决不能因为思维领域中的矛盾是荒谬的和不真实的，就否认现实世界中"矛盾"的真实性。由于现实世界中的"矛盾"是真实的和客观存在的，所以人们发现矛盾、认识矛盾并不是"思维混乱的产物"。

八、否定之否定规律

上面我们探讨了量变质变规律与对立同一规律，量变质变规律揭示了演化过程中两个不同阶段之间的关系，对立同一规律揭示了演化过程中对立与同一之间的关系，而否定之否定规律揭示的则是一个大的演化周期中三个不同阶段之间的关系，这三个阶段就是肯定、否定与否定之否定。本小节就专门探讨否定之否定规律。

最早提出否定之否定规律的哲学家仍然是黑格尔，他在《逻辑学》的"概念论"中，总结全书方法时提出了"否定之否定"这一概念。恩格斯在《自然辩证法》一书的"计划草案"中，把"否定之否定"列为辩证法的规律之一。后来经苏联哲学家的诠释、补充与加工，形成了比较完整的否定之否定规律，马克思主义哲学或辩证唯物主义中的否定之否定规律就是来自苏联哲学家。中国马克思主义哲学所说的否定之否定规律，基本上仍是苏联版本。与对立同一规律一样，苏版否定之否定规律同样也充斥着错误的辩证法，存在不少错误。演化哲学剔除并纠正了其中的错误，对否定之否定规律做出了更为深入、合理的解释。

在探讨否定之否定规律之前，我们首先需要搞清"肯定"、"否定"以及"否定之否定"这三个概念。那么，什么是"肯定"呢？《现代汉语规范词典》的解释是："承认事物的正确性或价值"，[43]《马克思主义哲学原理》一书的解释是："肯定的方面是事物中维持其存在的方面，即肯定这一事物为它自身的方面。"[44]演化哲学认为，所谓肯定就是肯定事物自身，就是确立、维持一事物的存在，用逻辑的语言说就是，A 是 A。例如肯定黑格尔，就是确立、维持黑格尔的存在，黑格尔就是黑格尔，而不是康德或其他哲学家。

那么，什么是"否定"呢？《马克思主义哲学原理》一书的解释是："否定的方面是事物中促使它灭亡的方面，促使它转化为其他事物的方面。"[45] 演化哲学认为，所谓否定就是否定一事物的存在，就是改变一事物，使其由一种质态转化为另一种质态，由一事物变成他事物。用逻辑的语言说就是，当 A 变为 B，就是 B 否定了 A。例如德国唯物主义哲学家费尔巴哈 (Ludwig Andreas Feuerbach，1804-1872) 用人本学唯物主义批判黑格尔的唯心主义，结束了黑格尔哲学在德国的统治地位，如果用哲学的语言说就是，黑格尔哲学被否定了。

那么，什么又是否定之否定呢？《马克思主义哲学原理》一书的解释是："事物的辩证否定不是一次就完成的。它不只是对肯定的否定，更重要的还在于对否定的否定即否定之否定。只有达到了否定之否定，才能展现它的全部内涵。"[46] 演化哲学认为，所谓否定之否定就是对否定的否定，由于否定是对肯定的否定，所以对否定的否定也就是对事物自身的再次肯定。用逻辑的语言说就是，B 否定了 A，AB 又否定了 B，这就是否定之否定。例如黑格尔的唯心主义被费尔巴哈否定，而马克思主义哲学则继承并综合了费尔巴哈的唯物主义与黑格尔的辩证法，形成了一个新的哲学体系——辩证唯物主义，辩证唯物主义替代或否定了费尔巴哈的唯物主义，这就是否定之否定。

搞清了肯定、否定、否定之否定三概念，那么，究竟什么是否定之否定规律呢？如果从20世纪30年代苏联哲学家构建辩证唯物主义体系算起，近百年过去了，在原苏联、中国等社会主义国家，马克思主义哲学之类的书籍多如牛毛，而且一本书大都是洋洋数十万言，但是，这些书籍对否定之否定规律的解释大多含糊其词、语焉不详，通过这些解释，人们很难准确地知道究竟什么是否定之否定规律，这不能不说是否定之否定规律研究中的一大缺憾。为了弥补缺憾，演化哲学对否定之否定规律进行了新的探讨，并做出了更为准确、系统的解释：

一个大的演化周期大都包括曲折反复的三个阶段，第一个阶段是事物的形成与存在阶段，即事物的肯定阶段；第二个阶段是该事物被否定并转变为他事物的阶段，即否定阶段；第三个阶段是对否定的再否定阶段，这个阶段是前两个阶段的扬弃与综合，通过否定之否定，不仅肯定阶段的某些特征会回复，而且事物也会进一步得到发展与壮大。

否定之否定定律的数学表达：

$$A \rightarrow B \rightarrow AB$$

否定之否定规律揭示了一个大的演化周期中肯定、否定、否定之否定三个阶段之间的关系，揭示了事物演化的连续性与曲折性。在事物演化的第一阶段，新的事物由元素组合而成，事物形成并稳定地存在，这个阶段就是该事物的肯定阶段。但是，所有的事物都有一个生、长、亡的过程，我们在本章的第八节讲过演化环，每一事物的演化都要走过一个环形轨道，这个环形轨道有起点，有高峰，也有终点。当事物的演化达到终点的时候，该事物就会灭亡，就会被新的事物替代。这个事物灭亡了，肯定阶段也结束了，这时演化进入第二阶段。由于原事物已经灭亡并被新事物所替代，所以原事物就被新事物所否定，或者说肯定被否定，这个阶段就是否定阶段。既然所有的事物都有一个生、长、亡的过程，那么，这个新事物也会变老，也会灭亡，也会被更新的事物所替代，于是演化又进入第三阶段。在演化的第三阶段，否定者也被否定，原来的新事物被更新的事物所否定、所替代，这个过程就是否定之否定。第三阶段是在前两个阶段的基础上形成的，它不仅否定、摈弃了前两个阶段的某些特征，而且也继承、保留了前两个阶段的一些特征，所以第三个阶段是前两个阶段的扬弃与综合。由于第三阶段是前两个阶段的扬弃与综合，所以在第三个阶段，事物会得到进一步发展与壮大。又由于第三个阶段是对第二个阶段的否定，同时也是对第一个阶段的肯定，所以在第三个阶段，第一阶段的一些特征又会重新出现，会出现某些特征的回复现象。否定之否定规律揭示了事物演化曲折的三步曲：肯定——否

定——否定之否定，或者说正——反——合。

那么，事物的演化为什么一定要走否定之否定这样一条曲折之路呢？形成否定之否定的机理是什么呢？

马克思主义哲学通过对立面的斗争对该问题做出解释，任何事物的内部都包含着肯定和否定两个对立的方面，当肯定的方面占据上风的时候，事物就会稳定地存在，事物自身被肯定，这就是肯定阶段。在肯定和否定这两个对立方面的斗争中，当否定的方面占据上风的时候，就会促进事物的死亡，就会促进事物转化为新的事物，这就是否定阶段。新生事物的命运同样也是如此，当事物内部否定的方面占据上风的时候，新事物也会死亡，也会被否定，这就是否定之否定。事物的演化之所以会走否定之否定这样一条曲折之路，原因就在于事物内部肯定和否定两个方面的斗争，正是由于这两个方面的互相斗争及输赢高下，促使事物的演化走上否定之否定这样一条曲折之路。

可以看出，这种解释完全是矛盾斗争模式的翻版。初一听貌似很有道理，但只要深入反思就会发现，这样的解释完全是牵强附会、主观臆断。为什么这样说呢？我们的理由是：

第一，在一个事物的内部，根本就不存在什么肯定和否定这两个对立的方面，这完全是马克思主义哲学家们强加给事物的。我们以一粒麦粒为例，马克思主义哲学家们能够确切地指出，麦粒内部哪一部分是肯定的方面，哪一部分又是否定的方面吗？

第二，在肯定阶段，为什么肯定的方面一定能够占据上风，否定的方面为什么一定处于下风？而在否定阶段，否定的方面为什么一定能够占据上风，肯定的方面又一定处于下风呢？它们占据上风或下风的原因究竟是什么呢？例如粮库中的麦粒，存放多年仍然是麦粒，它们并没有被否定而变成小麦植株，那么，小麦内部的否定方面为什么一直不能占据上风呢？难道说它不与肯定的方面进行斗争了吗？通过这些例子就可以看出，马克思主义哲学关于事物内部肯定与否定两个方面斗争的理论，完全是牵强附会、主观臆断，与事实不符。

第三，这种解释就像是在一个与世隔绝的小房子里，有黑白两个小鬼，它们互相斗争、博弈，一会黑鬼打倒白鬼，占据上风；一会白鬼又打倒黑鬼，占了上风，两个小鬼你来我往、轮流坐庄，而事物的演化就是被这两个小鬼所左右、所操纵。然而事实是，在事物的内部既不存在"黑白两个小鬼"，更不存在二鬼的斗争，所以这样的解释根本就不符合事实。

马克思主义哲学无法对该问题做出合理的解释，那么，形成否定之否定的机理究竟是什么呢？演化哲学认为，事物的演化之所以会走否定之否定这样一条曲折之路，并非是因为事物内部肯定、否定两个方面的互相斗争，而是因为事物内部和外部多种因素的共同作用所致。没有内外因素的共同作用，事物不可能发生如此曲折的演化。如果没有麦粒的内部结构——胚、淀粉、蛋白质及维生素等物质的组合，小麦种子不可能变成小麦植株；但是，如果没有适宜的外部因素如温度、水分和土壤等，小麦种子也不可能被否定而变成小麦植株。如果没有适宜的肥料、水分和气候等外部因素，小麦植株也不可能成熟并结出更多的麦粒。通过小麦的否定之否定就可以看出，事物的演化之所以会走否定之否定这样一条曲折之路，是事物内部和外部多种因素的共同作用所致。马克思主义哲学把否定之否定的原因仅仅归结为事物的内部，这是片面的；归结为肯定、否定两个方面的斗争，更是荒谬的。

马克思主义哲学的解释是片面、荒谬的，那么，形成否定之否定的机理究竟是什么呢？这个问题还需要通过结构理论来加以解释，我们在第三章第六节探讨过"结构决定律"：

结构是事物的决定性要素，事物的本质、外部形态、广延、功能以及信息等都决定于结构。

由于结构是事物的决定性要素，所以事物的演化之所以会走否定之否定这样一条曲折之路，其根本原因还在于结构。在内外因素的共同作用下，事物的结构在一个大的演化周期里发生了三次大的变化，第一次是诸元素互相组合成为一个结构，这时事物 A 形成并稳定地存在，这个阶段就是事物 A 的肯定阶段。然而事物 A 形成之后，演化并不会停止，它会走过一条环形轨道，当演化达到环形轨道的终点时，事物 A 的结构就会发生分解，这时事物 A 灭亡或者说被否定，这个阶段就是事物 A 的否定阶段。事物 A 灭亡了，它会被新的事物 B 替代，但事物 B 同样也要走过一条环形轨道，当它的演化达到终点的时候，它的结构同样也会发生分解，也会灭亡或者说被否定。事物 B 灭亡了，它会被更新的事物 AB 所否定、所替代，在更新的事物 AB 的形成过程中，新的元素与原结构中的元素重新组合起来构成新的结构，并形成更新的事物 AB，这个阶段就是事物的否定之否定阶段。由于新的结构中包含着原结构的某些元素，所以会出现事物 A 的某些特征的回复。又由于新结构是原结构的综合与扬弃，所以更新的事物会得到发展与壮大。正是由于事物的结构发生了三次大的变化，即结构的组合——分解——重组，于是就形成了事物肯定——否定——否定之否定的曲折过程。演化哲学认为，事物的演化之所以会走否定之否定这样一条曲折之路，是因为在内外因素的共同作用下，事物的结构发生了组合——分解——重组三次重大变化所导致。

　　我们还以小麦为例，一粒麦粒由胚、胚乳以及种皮组合而成，并含有淀粉、蛋白质、维生素等多种营养物质。当麦粒的结构组合完成之后，它就会稳定地存在，这个阶段就是麦粒的肯定阶段。在适宜的外部因素——温度、水分和土壤等作用下，麦粒中的胚开始发芽，由于其中的淀粉、蛋白质、维生素等营养物质的作用，胚逐步变成幼芽。当麦粒变成幼芽的时候，麦粒的结构发生了重大变化，胚发育成了幼芽，麦粒内部的淀粉、蛋白质、维生素等营养物质也被幼芽吸收，于是麦粒的结构就变成了幼芽的结构，或者说麦粒被幼芽否定，于是演化进入否定阶段。同样是在适宜的外部因素——阳光、水分和土壤中的多种物质元素的作用下，幼芽逐步成长，变成小麦植株。当植株成熟的时候，麦穗上会结出更多的麦粒，这时小麦植株的结构也发生了重大变化，植株枯萎死亡，麦粒从植株中分离出来。当麦粒从植株中分离出来的时候，麦粒又否定了植株。由于这些麦粒是原麦粒的回复，所以就构成了一个否定之否定的过程，或者说是对麦粒的再次肯定。从麦粒到植株，再从植株到麦粒，小麦完成了一个大的演化周期，这次演化的成果——麦粒，又会成为下一个演化周期的起点。通过麦粒的演化过程就可以看出，演化之所以会走否定之否定这样一条曲折之路，是因为在内外因素的共同作用下，小麦的结构发生了组合、分解和重组三次重大变化所导致。

在小麦的演化过程中，肯定阶段是麦粒，而否定之否定阶段则出现了更多的麦粒，人们把这种现象称之为"回复"，或"仿佛向旧东西的回复"。那么，在否定之否定的过程中，为什么会出现"仿佛向旧东西的回复"呢？

演化哲学认为，"回复"是否定之否定的一个重要特征，在否定之否定的过程中之所以会出现"仿佛向旧东西的回复"，主要原因有三：

其一，第一阶段是肯定阶段，第二阶段是对第一阶段的否定，而第三阶段则是对第二阶段的否定，即否定之否定。由于第三阶段否定了第二阶段，那么也就是说，第三阶段其实是对第一阶段的肯定。既然是对第一阶段的肯定，那也可以说第三阶段是对第一阶段的"回复"。

其二，黑格尔认为，肯定——否定——否定之否定的过程其实是一个正——反——合的过程，也就是说，否定之否定阶段是前两个阶段的综合与扬弃。既然否定之否定阶段综合了肯定与否定两个阶段，那么，肯定阶段的某些特征自然会回复。

其三，我们在上面已经进行过探讨，在否定之否定阶段，事物的结构发生了重大变化，新的元素与原结构中的元素重新组合起来构成了新的结构，形成新的事物。由于新结构中包含着原来的元素，所以肯定阶段的某些特征就会回复。我们可以把肯定——否定——否定之否定过程表达为：A——B——AB，由于 AB 中包含着 A，所以 A 的某些特征就会回复。

上面我们探讨了肯定——否定——否定之否定这样一个大的周期，当这个大的周期结束之后，演化又如何进行呢？一个周期结束了，一个新的周期又以前一个周期的终点为起点开始了，一个个周期互相衔接，组成了一个无穷的演化序列。这个序列有四个特点：①每三项构成一个周期，即肯定——否定——否定之否定；②前一个周期的终点就是后一个周期的起点，前后周期互相衔接，构成一个序列；③虽然一个周期的项是有限的，但由于周期是无限的，所以这个演化序列可能是无限的；④在这个无限的序列中，每一项都有自己的序数，这些序数又组合成一个数列，该数列存在着"序数规律"。

与量变质变规律和对立同一规律一样，人们对否定之否定规律也存在一些质疑与疑惑，这些质疑与疑惑主要表现在以下三个方面：

第一，否认否定之否定规律。典型就是毛泽东(1893-1976)，1964 年 8 月，在与康生、陈伯达的一次谈话中，毛泽东对恩格斯的三个规律提出了批评：

"恩格斯讲了三个范畴，我就不相信那两个范畴（对立统一是最基本的规律，质量互变是质和量的对立统一，否定之否定根本没有）。质量互变、否定之否定同对立统一规律平行的并列，这是三元论，不是一元论。最根本的是一个对立统一，没有什么否定之否定。肯定、否定、肯定、否定……事物发展，每一环节，既是肯定，又是否定。"[47]

毛泽东的哲学很简单，就是对立面之间无休止的斗争，就是"斗争哲学"。由于否定之否定规律揭示了事物演化的正——反——合过程，揭示了对立面之间的融合，不符合极端的"斗争哲学"，于是遭到了毛泽东的竭力反对。我们在对立同一规律中已经进行过探讨，"斗争哲学"是极端的和片面的，对立面之间无休止的斗争并不能促进事物的发展与前进，而对立面之间的合作与融合才能促进事物的发展与前进。此外在现实世界中，事物的演化大都是正——反——合的过程，无休止的斗争极其少见，所以毛泽东对否定之否定规律的否认没有道理。在事物的演化过程中，既存在着对立同一，也存在着否定之否定，不能无限抬高前者，更不能贬抑或否认后者。

第二，有的学者提出质疑，何以在第二次否定之后会出现重复肯定阶段中的特征呢？划分三段的逻辑根据在那里呢？虽然"种子——植株——大量种子"是三段，其中第三段与第一段有重复之处，但是，"昆虫——卵——幼虫——大量昆虫"是四段，而第四段才与第一段有重复之处．有什么理由认为前例比后例更具有普遍性呢？这位学者质疑的是阶段划分的问题，他认为"昆虫——卵——幼虫——大量昆虫"是四段，而不是三段；其实这是一个观察视角的问题，如果把四段改成"昆虫——卵——大量昆虫"或者"卵——昆虫——大量卵"，那就成了三段，仍然符合否定之否定规律。

第三，还有人认为，否定之否定规律是"宿命论"。什么是"宿命论"？所谓"宿命论"是指，人的生死、荣辱、贫富和事物的发展变化都是由命运决定的。那么，什么又是"命运"呢？所谓"命运"是指，迷信的人指人一生中注定的吉凶祸福。人一生中的吉凶祸福又是被谁"注定"的呢？迷信的人往往把这个原因归结为上帝、天或神，他们认为是上帝、天或神决定了人一生的吉凶祸福，决定了一个人的命运，可以看出宿命论完全是一种迷信。

那么，否定之否定规律揭示的又是什么呢？可以明显看出，否定之否定规律揭示的是事物演化的一种规律性，这种规律性是事物演化所形成的，是客观存在的，并不决定于上帝、天或神，也不决定于所谓的"命运"，所以否定之否定规律并非是"宿命论"。

第六小节到第八小节，我们分别探讨了量变质变规律、对立同一规律和否定之否定规律，三规律均来自黑格尔的《逻辑学》。在《逻辑学》的第一部分"存在论"中，黑格尔讲到了"量转化为质和质转化为量的规律"；在第二部分"本质论"中，讲到了"对立的相互渗透的规律"；在第三部分"概念论"中，又讲到了"否定的否定的规律"。后来恩格斯在《自然辩证法》一书的"计划草案"中，把它们列为辩证法"主要的规律"。但在"计划草案"中，这些规律仅仅是简单的几句话，并没有详细的阐述。大约在 20 世纪 30 年代，苏联哲学界为了构建"辩证唯物主义"体系，对恩格斯所说的辩证法"主要的规律"进行了诠释、充实与加工，形成了所谓"辩证法三大规律"，广为流传的"辩证法三大规律"正是来自苏联哲学家。近百年来，"辩证法三大规律"一直是马克思主义哲学中的重要内容，一直被苏联、中国等国的官方哲学界尊为经典，甚至通过哲学教科书灌输给广大青年和民众，造成了广泛的影响。我们今天重新探讨三规律，那么，应该如何正确地认识、评价"辩证法三大规律"呢？

第一，"辩证法三大规律"是概念演绎的结果，空洞漂浮，脱离实际，先天存在着不足。三规律最初均来自黑格尔《逻辑学》，由于黑格尔的《逻辑学》是一系列空洞概念的演绎，所以三规律完全是概念演绎的结果。虽然苏联哲学家对其进行了一些诠释和加工，但这些诠释和加工并不能改变其概念演绎的本质。通过三规律的产生和形成就可以清楚地看出，这些规律并不是从现实事物的实际演化中总结出来的，而是空洞概念演绎的结果，然后再把这些演绎结果硬套到现实事物中。由于"辩证法三大规律"来自概念演绎，空洞漂浮，脱离实际，所以它们先天就存在着不足。

第二，"辩证法三大规律"存在诸多错误。马克思主义哲学认为，"辩证法三大规律"的核心是"对立统一规律"，所谓"对立统一规律"就是矛盾既对立又统一的规律，就是对立面互相斗争推动事物发展的规律。按照马克思主义哲学的说法，既然"对立统一规律"是"辩证法三大规律"的核心，那么，其他的两条规律同样也是关于不同的对立面——量与质、肯定与否定互相斗争的规律，事实上马克思主义哲学也确实是这样解释其他两条规律的。我们在第七小节讨论对立同一规律时已经指出，"对立统一规律"中的"既对立又统一"违背形式逻辑，是荒谬与不真的。此外，"对立统一规律"中所说的"对立面互相斗争推动事物发展"，这种观点也是十分片面和极端的。正是由于"对立统一规律"存在这么多问题，所以马克思主义哲学对其他两规律的解释也不可避免地存在着诸多错误。这些错误，我们在前面的两小节中已经进行过讨论。

第三，"辩证法三大规律"存在的最大问题就是"辩证法"。什么是"辩证法"？马克思主义哲学认为，"对立统一规律是辩证法的实质与核心"，[48] 这就是说，辩证法的实质与核心就是矛盾双方的"既对立又同一"，就是对立面之间无休止的斗争。马克思主义哲学所谓的"辩证法"就是建立在这两个错误命题之上的，由于其核心命题是错误的，所以建立在这些核心命题之上的辩证法也必然是错误的。既然辩证法是错误的，那么，所谓的"辩证法三大规律"也必然存在着错误。通过以上分析可以看出，三规律最大的问题就是"辩证法"，正是辩证法扭曲、污染了三大规律。三大规律要想成为正确的哲学规律，就必须与"辩证法"分离，就必须把错误的"辩证法"彻底清除出去。

演化哲学认为，量变质变规律、对立同一规律和否定之否定规律分别揭示了事物演化的不同方面、不同阶段的规律性，所以三规律还是有一定价值的。演化哲学彻底纠正了"辩证法三大规律"中的一系列错误，大刀阔斧地对其进行改造和修正，并对三规律做出了更为合理、可靠和切合实际的解释。经过大刀阔斧地改造与修正，新的量变质变规律、对立同一规律和否定之否定规律诞生，并成为演化哲学中的三条重要规律。

九、二期规律

第八小节探讨了否定之否定规律，本小节探讨一个新的规律——二期规律，简称二期律。长期以来，研究二期问题的哲学家很少，演化哲学不仅对二期问题进行了专门研究，而且首次提出了二期律，所以二期律是一个新的规律。

在探讨二期律之前，我们首先需要搞清"二期"这一概念，那么，什么是"二期"呢？演化哲学对"二期"进行了定义：

在一个完整的演化过程中，事物的结构存在着两个截然不同的演化时期，第一个是"合成期"，第二个是"分解期"，这就是二期。

通过定义可以看出，所谓"二期"是指事物演化过程中的两个不同时期，在这两个不同的时期里，事物的结构发生了截然不同的变化。例如一个人的一生，演化过程长达数十年甚至上百年之久，如果从结构的角度看，这个漫长的演化过程可以分成两个截然不同的时期。一个人从呱呱坠地开始，身体就在不断地发育、成长，个子越来越高，身体越来越强壮，器官与组织发育越来越成熟，到青壮年时期，身体结构的发育达到了高峰。在这个时期里，一个躺在摇篮中的小婴儿会变成身强力壮的彪形大汉，他的身体结构发生了巨大的变化，这个时期就是身体的合成期。当身体生长达到高峰后，人的身体就开始进入一个完全不同的时期，生长停止，衰退开始，人一天天变老，例如脸上开始出现皱纹，头发逐渐变白，牙齿脱落，肌肉萎缩，个子变矮，最后变成了一个满头白发、弯腰弓背、步履艰难、老态龙钟的老翁，这个时期就是身体的分解期。通过人身体的变化可以看出，在人的生命演化过程中确实存在着两个截然不同的时期，从婴儿到青壮年是合成期，而从青壮年到衰亡则是分解期。不仅是人，一朵花，一棵树，一个村庄，一个国家，一颗星球，莫不是如此。只要仔细观察、分析每一事物完整的演化过程，都可以发现合成与分解两个截然不同的时期。

搞清了"二期"一词的含义，那么，什么又是二期律呢？演化哲学对该规律表述如下：

一个完整的演化过程由两个截然不同的时期构成，从事物诞生到演化的顶峰是合成期，在这个时期里，事物的结构不断合成、不断完善，功能不断增强，事物也由小变大、由弱变强，最后到达演化的顶峰。但达到顶峰后，事物的演化就开始进入分解期，结构逐渐失衡、分解，功能逐渐减退，事物也由大变小，由强变弱，最后走向灭亡。

二期律中说事物"一个完整的演化过程"，那么，究竟什么是"完整"的演化过程呢？所谓"完整"的演化过程是指，一个演化过程包括了事物生、长、亡三个完整的阶段，或者说包括了起点、峰点和终点的一个完整的演化过程。例如一个人从诞生到死亡，小麦从播种到收割，一个朝代从建立到灭亡，一个星球从形成到解体等等，这些都是"完整"的演化过程。事物的演化过程多种多样，也存在着不完整的演化过程。例如一个人从婴儿到幼儿，仅仅是人生中一个短暂的阶段，这个阶段并不是完整的演化过程。再如一粒麦粒变成幼芽，这是小麦完整演化过程中的一个短暂的阶段，这个短暂的阶段并不是小麦完整的演化过程。二期律揭示的是一个完整演化过程中事物所发生的变化，假若不是完整的演化过程，那么，这种变化就可能不会出现。

为了对"完整"的演化过程有一个更清晰、直观的认识，我们将通过演化环来加以说明。

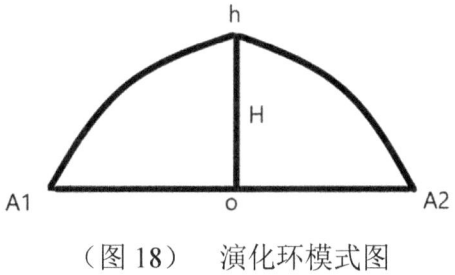

（图18）　演化环模式图

我们在第八节探讨事物的演化轨道时，曾经讨论过演化环，演化环就直观地刻画了一个完整的演化过程。演化环有起点 A1、峰点 h 和终点 A2，起点 A1 表示事物的诞生，峰点 h 表示演化的顶峰，终点 A2 表示事物的衰亡，演化环刻画、表达了一事物生、长、亡的全过程，刻画、表达了事物一个完整的演化过程。

演化环不仅刻画了事物完整的演化过程，而且还清晰地刻画了事物演化截然不同的两个时期。在演化环中，从起点 A1 到峰点 h 是一条上升的曲线，这条曲线表示结构的合成期，在这个时期里，事物的结构不断合成、不断完善，功能不断增强，事物也由小变大、由弱变强，最后到达演化的顶峰。从峰点 h 到终点 A2 是一条下降的曲线，这条曲线表示结构的分解期，在这个时期里，事物的结构逐渐失衡、分解，功能逐渐减退，事物也由大变小，由强变弱，最后走向灭亡。

二期律揭示了事物演化过程中两个截然不同的时期，许多事物的演化都存在着二期现象，所以这个规律具有普遍意义。我们以细胞的演化为例，生命科学家发现，一个细胞周期存在着两个截然不同的时期，第一个时期是间期，包括 G1 期、S 期和 G2 期，细胞在此期合成大量 RNA、蛋白质、酶、微管蛋白以及促成熟因子等物质，为有丝分裂作准备，间期其实就是细胞的合成期。第二个时期是分裂期，包括前期、中期、后期和末期，在这个时期中，细胞发生分裂，由一个母细胞分裂成两个子细胞，这个时期就是细胞的分裂期。通过细胞的演化就可以看出，在细胞的一个演化周期里，确实存在着两个截然不同的时期。

黄河是中国北方的一条大河，每到寒冬季节，当气温下降到零度以下时，黄河水就会结冰；但当冬季过去，气温上升到零度以上时，黄河中的冰又会融化。从结冰到融化，水利学家把这个演化过程分为六期：第一期：冬季畅流期；第二期：冬季流凌期；第三期：封冻成冰期；第四期：春季融冰期；第五期：春季流凌期；第六期：春季畅流期。虽然水利学家们把这个演化过程细分为六期，但实质上仍然是二期：第一到第三期其实可以合成为一期，即冰的合成期；第四到第六期可以合成为另一期，即冰的分解期。

我们在上一节讨论过唐朝的演化过程，公元 618 年，唐朝建立，由于唐太宗李世民实施"贞观之治"，唐朝沿着升支曲线快速强盛，到唐玄宗前期达到高峰，史称"开元盛世"。但是，在唐玄宗的后期，"安史之乱"爆发，唐朝开始沿着降支曲线逐步衰落，到公元 907 年，朱温逼唐哀帝李祝禅位，唐朝灭亡。通过唐朝的历史可以清楚地看出，唐朝的演化过程明显可以分成两个截然不同的时期，从唐朝建立到"开元盛世"，是它的合成期；而从"安史之乱"到 907 年灭亡，这是唐朝的分解期。当然不仅仅是唐朝，历史上所有王朝的演化都会经历合成与分解这两个截然不同的时期。

我们在前面还讨论过恒星的演化过程，在恒星形成之初，星际弥漫物质互相组合集结成星云，星云又形成星胚，星胚经过大约一千万年到一亿年的演化，形成恒星，这就是恒星的诞生。恒星形成之后，经过幼年期红外星环节，发展到一生中最长的主序星环节，恒星的演化达到高峰。到达主序星环节后，恒星的演化开始沿着降支走向衰亡，这时恒星开始收缩，外壳急剧膨胀成为红巨星。到老年期时，恒星的核接近枯竭，内部温度极高，发生大爆炸，大量向外抛射物质，于是恒星收缩成体积很小、光度也很小，但密度极大的白矮星。白矮星继续收缩演变成中子星，中子星只能维持几千年时间，最后能源完全枯竭，崩溃而转化为星际弥漫物质。通过恒星的演化过程可以看出，恒星的演化同样也存在着两个截然不同的阶段，从星胚的形成到主序星，是恒星的合成阶段；从主序星到恒星的爆炸、崩溃，是恒星的分解阶段。当然不仅是恒星，宇宙中所有的天体在演化过程中都存在着合成与分解两个截然不同的时期。

事物完整的演化过程都存在着合成、分解两个不同时期，那么，事物在演化中为什么会出现二期呢？形成二期的机理究竟是什么呢？演化哲学认为，根本原因还在于事物的结构，事物刚产生的时候，诸元素互相组合而成结构，在事物成长和发展的过程中，结构需要通过不断地合成以达到完善与平衡，所以这个时期就是结构的合成期。然而，当事物的演化达到高峰时，结构的合成也达到最完善的程度，由于内外因素的共同作用，这时就会出现物极必反，结构就会出现失衡，就会逐渐分解，最后造成结构的解体，这个时期就是结构的分解期。正是由于结构的合成与分解、平衡与失衡，于是在事物的演化过程中就形成了二期，结构的变化是二期产生的根本原因。

物理学中有一个热力学第二定律，该定律指出：在孤立系统内实际发生的过程中，总是使整个系统的熵的数值增大。热力学第二定律的这一表达方式也叫作孤立系统熵增原理。在系统形成的过程中，系统从无序到有序，这时系统的熵不断减小。但是当系统形成之后，在其演化过程中熵又不断增大，这时系统就会从有序到无序，甚至导致系统的解体。系统从无序到有序的时期就是系统的合成期，而从有序到无序的时期就是系统的分解期，正是由于系统熵的变化，所以形成了二期。通过热力学第二定律，也能对二期形成的机理做出解释。

二期律的数学表达：

$$A1 \rightarrow Ah \rightarrow A2$$

本小节我们探讨了二期律，那么，我们研究二期律又有什么意义呢？二期律揭示了事物演化过程中的两个截然不同的阶段，揭示了事物生、长、亡的过程与机理，揭示了事物演化的规律性，所以研究二期律具有重要意义。

十、周期律

上一小节探讨了二期律，本小节探讨最后一个演化规律——周期规律，简称周期律。

在探讨周期律之前，我们首先需要搞清"周期"概念的含义，在本章的第七节，我们对"周期"进行过定义，演化哲学所说的周期有两层含义：第一层含义是指，**一个完整的演化过程从开始到结束的时间**；第二层含义是指，**相似演化过程重复出现的时间间隔**。本小节所探讨的"周期"主要是指第二层含义，就是事物演化中相似过程重复出现的时间间隔。

搞清"周期"概念的含义，那么，什么又是周期律呢？演化哲学的表述如下：

所谓周期律是指在事物的演化中，间隔一定时间，相似的演化过程就会重复出现。

周期律中所说的"事物"是指同一个事物，是指同一事物的不同演化过程之间的关系。什么关系呢？就是相似关系，就是不同演化过程之间具有相似性，就是"相似的演化过程"的出现。所谓"相似的演化过程"是指过程之间基本相同，但不一定完全一样，可能会有一些细微的变化。所谓"间隔一定时间"是指，相似过程出现的时间基本相同，但具体情况也会有所不同。例如自然界中事物的演化，相似过程出现的时间大都比较稳定；但人类社会以及复杂系统的演化，由于影响因素较多，所以相似过程出现的时间并不那么稳定，但相似演化过程的出现却是一定的。相似演化过程的出现具有必然性，否则就不能称"周期律"了。

通过以上探讨可以看出，周期律揭示的是这样一种演化现象：

间隔基本相同的时间，相似的演化过程会周而复始地出现。

现实世界中，周期现象十分普遍。例如每到黎明时分，雄鸡就会鸣啼司晨，每天如此，从不改变。与雄鸡类似，蜘蛛在拂晓前织网，猫头鹰昼伏夜出，招潮蟹一天颜色三变，入冬时蛙、蛇、刺猬冬眠，候鸟向南迁飞，周期现象在动物的活动中普遍存在。[49] 科学家们发现，不仅是动物，几乎一切生物，从单细胞生物到人类，其生命活动都呈现节律性或周期性变化。其中有些节律活动的周期与地球自转周期近似，即与 24 小时自然昼夜交替大致同步，称为约日节律。按时程长短来分，机体的活动节律有：近年节律、近月节律，昼夜或近日节律，及周期短于 24 小时的超昼夜节律，近小时节律是超昼夜节律的一种。[50]

此外，雌性灵长类动物的月经也是一种典型的周期现象，这些动物的月经周期以月经来潮的第 1 天至下次月经来潮的第 1 天之间作为一个周期，一般为 28 天左右。人类每次月经流血总量约 50 毫升左右，行经日数一般 3～5 天。子宫内膜在月经周期中呈现的周期性变化叫做内膜周期，可分为增殖期、分泌期及月经期等三期；相应于内膜周期，卵巢在月经周期中呈现的周期性变化（卵巢周期）可分为卵泡期，黄体期及黄体退化期等 3 期。

不仅生物的演化具有周期性，宇宙天体的演化同样也具有周期性。地球每昼夜自转一圈（小周期），每年绕太阳公转一圈（大周期），周而复始，几十亿年来都是如此。月球每月绕地球旋转一圈，周而复始，亿万年来从未改变。太阳黑子的活动 11 年为一个周期，相应的地磁活动也是 11 年一个周期。

不仅宇宙天体的演化具有周期性，地球上气候的演化同样具有周期性。气候学家们经过几个世纪的研究发现，受地球外部和自身因素的影响，全球的气候变化具有明显的周期性，这些周期分别是 3 亿年、10 万年、2 万年、1500-1800 年、200 年和 60 年。这些气候变化是长周期，其实气候变化还存在着短的周期，例如厄尔尼诺与拉尼娜现象，厄尔尼诺现象的周期是 2-7 年，而拉尼娜的周期会长一些。

宇观、宏观事物的演化具有周期性，微小的化学元素的演化同样也具有周期性。俄国化学家门捷列夫（1834 - 1907）发现了著名的元素周期律，元素的性质随着元素的原子序数（即原子核外的电子数或核电荷数）的递增呈周期性变化。

上面所说的事物大都属于自然界，自然界中事物的演化具有周期性，而人类社会的演化同样也具有周期性。我们以中国历史演化为例，从公元前 221 年到 1911 年，两千多年里经历了秦、西汉、东汉、三国、晋、南北朝、隋、唐、五代、宋、元、明、清等十余个朝代，这些朝代有一个显著的特点，那就是周期性。什么周期性呢？这就是后面那么多朝代基本上都与秦朝相似，它们与秦朝一样都是君主专制王朝。

中国古典名著《三国演义》曾对"天下大势"进行过精辟的概括："分久必合，合久必分"。纵观历史我们就会发现，中国历史确实是一部"治""乱"交替、"治""乱"循环的历史，当一个新的王朝或政权建立之后，国家就会趋于统一、稳定或者说"治"，然而这种统一、稳定或者说"治"的局面却难以长久，长则数百年，短则数十年之后，就会出现分裂、战乱或者说"乱"的局面，而这种分裂、战乱或者说"乱"的局面往往会持续数十年甚至数百年之久。经历了分裂、战乱或者说"乱"世之后，又会出现一个新的王朝或政权，这时国家又一次趋于统一、稳定或者说"治"；然而经历了一段岁月之后，这种统一、稳定或者说"治"的局面又会被打破，国家又一次进入分裂、战乱或者说"乱"的局面。从"乱"到"治"，再从"治"到"乱"，这就形成了一个典型的恶性周期：

——乱——治——乱——新的治——新的乱——

在中国数千年的历史发展进程中，这种"治""乱"交替的局面一次又一次地循环、重复，所以我们把这种"治""乱"周而复始、循环不息的历史现象称之为"恶性周期律"。

不仅历史的演化具有周期性，经济的演化也具有周期性。最典型的就是经济危机周期性出现，1825 年，英国开始出现第一次经济危机，之后每隔一定时期就会发生一次危机。进入 20 世纪后，又发生了 1907 年、1914 年、1921 年、1929～1933 年和 1937～1938 年多次经济危机。第二次世界大战后，各国又发生了次数不等的经济危机，几个主要国家发生经济危机的次数分别是：

美国 7 次（1948～1949、1953～1954、1957～1958、1960～1961、1969～1970、1973～1975、1980～1982）

日本 7 次（1954、1957～1958、1962、1965、1970～1971、1973～1975、1981）

德国 7 次（1952、1958、1961、1966～1967、1971、1974～1975、1980～1982）

法国 5 次（1952～1953、1958～1959、1964～1965、1974～1975、1980～1982）

英国 7 次（1951～1952、1957～1958、1961～1962、1966、1971～1972、1973～1975、1979～1982）

通过以上探讨可以看出，在事物的演化中，周期现象确实是一种十分普遍的现象。

周期现象是一种十分普遍的现象，那么，事物的演化为什么会具有周期性呢？相似的过程为什么会周而复始地出现呢？演化哲学通过结构对这一问题做出解释，事物的演化之所以会具有周期性，根本原因还在于结构。我们在解释周期律时已经指出，周期律中所说的"事物"是指同一事物，所说的"过程"是指同一事物的不同演化过程，正是由于在不同的演化过程中演化的主体——事物是同一的，所以事物的结构也基本上是同一的，或者说结构并没有发生根本性的改变。正是由于事物的结构没有发生根本性的改变，所以演化的过程与结果应该是相似的。由于演化的过程与结果是相似的，所以间隔一定的时间，相似的演化过程就会重复出现，演化就会呈现周期性。

但是，当事物的结构发生根本性改变的时候，原来的周期性就会随之发生改变，如原周期消失，或形成新的周期。例如女性之所以会出现月经周期，根本原因就在于卵巢分泌的性激素促使子宫内膜发生了周期性变化，当卵巢功能正常的时候，月经周期就会正常。但是当女性进入更年期后，卵巢的功能就会逐渐减退甚至丧失，由于女性性器官的重要结构——卵巢发生了根本性的改变，所以月经周期也会随之发生改变，月经周期会变得不正常，甚至消失。

不仅事物结构的改变会影响周期，外部因素的作用也会影响事物的周期性。例如一个年轻女性，卵巢功能正常，但由于怀孕、疾病、营养、情绪或环境等因素的影响，她的月经周期也会发生改变。

事物的演化不仅会形成周期性，而且还有可能形成"周期系统"。所谓"周期系统"是指，若干小的周期组成大周期，大的周期又组成更大的周期，周期与周期之间构成了有序的系统，这就是周期系统。我们在上面讲过全球气候变化周期，这些周期分别是 3 亿年、10 万年、2 万年、1500-1800 年、200 年和 60 年；除了这些长周期，还存在着厄尔尼诺、拉尼娜等短周期。这些长短周期互相组合在一起，就构成了全球气候变化的周期系统。我们研究事物的周期性，不仅要研究短周期，而且要研究长周期；不仅要研究单一周期，而且要研究各种周期构成的周期系统。

上面我们对周期律进行了专门探讨，那么，为什么要研究周期律？研究周期律有什么意义呢？周期律揭示了事物演化的周期性，揭示了周期与时间的关系，所以研究周期律对人类的生存大有好处。例如认识了气候变化的周期，人类就可以根据气候的变化周期提前作好准备，防止恶劣气候对人类造成危害。再如认识了小麦演化的周期，人类就可以及时播种、及时施肥、及时收割，保证人类生存所必须的粮食。地震是一种严重的自然灾害，常常给人类造成巨大的危害，例如 1976 年中国的唐山大地震，造成了 24 万人死亡，16 万人重伤，40 万人在一夜之间死伤，这是一场多么大的灾难！地震也具有一定的周期性，如果人类能够准确地认识、掌握地震的周期性，那就有可能在地震发生前做出预报，就有可能把地震的危害减到最小。然而令人非常遗憾的是，人类至今还无法掌握地震的周期性，通过地震就可以看出，研究事物演化的周期性具有十分重要的意义。

周期律的公式：

$$E_n + T \backsim E_{(n+1)}$$

公式中 E 表示事物的演化过程，E_n 表示前一个演化过程，$E_{(n+1)}$ 表示后一个演化过程，T 表示周期时间，$\backsim$ 表示相似（is similar to）。公式表示一个演化过程间隔时间 T，另一个相似的演化过程就会出现。

第九节我们探讨了演化哲学的十条规律，这些规律对演化的不同过程、阶段、周期、元素、结构、动力等进行了总结与升华，从不同的角度揭示了演化的规律性。通过这些规律，我们就可以对万物的演化有一个更深入、更系统的认识。

长期以来，规律研究一直是哲学的一个薄弱环节。与其他哲学相比较，辩证唯物主义还是比较重视规律研究的，但是近百年过去了，它依然是黑格尔提出的三规律，规律研究基本处于停滞状态。演化哲学不仅对黑格尔提出的三规律进行了修正和完善，不仅吸纳了系统论的规律，而且还提出了三条新的规律。不仅如此，在材料哲学中，又提出了物质作用规律、物质运动规律和物质信息规律三条新规律；在组合哲学中，还提出了结构元素关系律、结构功能统一律、结构决定律、结构优化律、个体与环境关系规律以及层次关系规律等新规律。除了研究新规律，世界哲学还对传统规律进行了补充、修正与提高。通过这些努力，世界哲学在规律研究方面有了较大的发展，彻底改变了规律研究的停滞状态。虽然规律研究有了较大的发展，但现实世界是丰富多彩的，在今后的研究和探索中，一定会有更多的新规律出现，这是哲学繁荣的象征。

第十节 演化哲学总结

在第三章"组合哲学"中，我们探讨了物质粒子如何通过不断地组合产生了千姿百态、纷繁复杂的万物。当万物形成之后，又出现了一个新的问题：万物形成之后是从此固定下来、永不改变，还是不断地发生改变与变化呢？第四章"演化哲学"对这个问题做出了回答：世界万物形成之后并非是固定不变的，而是不断地发生着改变与变化。那么，世界万物又是如何改变与变化的呢？演化哲学对这些问题进行了探讨，并做出了深入、系统的解释与回答，本节对第四章作以总结。

（1）演化哲学是世界哲学的一个重要分支

长期以来，绝大多数西方哲学家都认为，哲学就是关于存在的哲学。我们在第一章中进行过探讨，"存在"是一个十分抽象、模糊和空虚的概念，所以那些关于存在的哲学也多是抽象、模糊和空虚的。那么，真正的哲学应该是什么样的哲学呢？比利时科学家普里高津（LLya Prigogine,1917 - 2003）曾说过，如果说经典物理学是关于存在的科学，那么，20 世纪以后的科学就是关于演化的科学。[51] 同物理学一样，哲学也应进行一场根本的变革，新的哲学不再是存在的哲学，而是组合和演化的哲学。

世界哲学并不是关于存在的哲学，而是关于物质组合与演化的哲学。由于世界哲学就是关于物质组合与演化的哲学，所以演化哲学占据了世界哲学的半壁江山，是世界哲学一个重要的分支。

数千年来，不少哲学家都曾对运动、变化、变易或发展问题进行过探讨，但是，把"演化"作为一个哲学分支进行专门研究的却不多，所以"演化哲学"是哲学领域中的新大陆。世界哲学非常重视演化问题，专门开辟了"演化哲学"分支，对世界万物的演化问题进行深入、系统的研究，这是世界哲学的一个创新，也是对传统哲学的超越。

（2）演化哲学的总结

演化哲学分别从九个方面对万物的演化问题进行了探讨，这九个方面是：演化概念的含义，演化的主体，演化的普遍性，演化的方向，演化的动力，演化的周期，演化的轨道，演化的规律。通过这些探讨，演化哲学对万物演化的原因、方式、方向、动力、周期、轨道以及规律等一系列问题都做出了深入、细致的解释。

我们在本章的开头曾提出这样一些问题：世界万物形成之后又会怎么样？它们是从此固定下来、永不改变，还是不断地发生着改变与变化呢？它们是生命永驻、永世长存，还是存在着一定的生命周期、有生有灭呢？如果世界万物是不断改变与变化的，那么，它们又是如何改变与变化的呢？如果世界万物都有自己的生命周期，那它们的周期究竟是什么呢？如果世界万物都是有生有灭的，那它们又是如何生与灭的呢？世界万物为什么会不断地改变与变化？为什么会有生有灭呢？推动它们不断变化和生灭的动力究竟是什么呢？世界万物的变化和生灭是杂乱无章、混乱无序的，还是有一定规律的呢？如果是有规律的，那这些规律又是什么呢？"演化哲学"对这些问题都做出了深入、系统的解释与回答。

（3）演化哲学的价值与意义

演化哲学对世界万物演化的原因、方式、方向、动力、周期、轨道以及规律等一系列问题，都做出了深入、细致的解释与回答。那么，这些解释与回答又有什么价值和意义呢？人类生存于世界之中，通过与外部事物交流物质、能量与信息而生存，所以为了更好地生存，人类就必须对外部事物有所了解、有所认识，就必须掌握外部事物演化的规律。由于演化哲学揭示了世界万物演化的原因、方式、方向、动力、周期、轨道以及规律等，这样通过演化哲学，人们就有可能对世界万物的演化有所了解、有所认识。如果能对世界万物的演化有所了解、有所认识，那对于人类的生存必然会大有裨益，这是演化哲学的重要价值。

我们在第一章中探讨过哲学的定义：哲学是探究世界根本知识的学问，哲学就是世界学。演化哲学探究的正是关于世界万物演化的根本知识，如果人们学习、掌握了这些知识，那么，对于人的工作、生活、处人、处世等都会大有好处。长期以来，"哲学无用论"大为流行，许多青年学生不愿学哲学，学了哲学的也难以找到理想的工作。之所以会出现"哲学无用论"，根本原因还在于既往的哲学脱离现实、脱离生活，专门制造一些玄虚的哲学神话与空中楼阁，这些哲学神话和空中楼阁毫无用处，于是哲学变成了无用之学。演化哲学揭示了世界万物演化的根本知识，对人的工作、生活、处人、处世等都大有好处，所以哲学有大用。从无用的哲学到有大用的哲学，这也是演化哲学的价值与意义。

（4）演化哲学纠正了关于演化的种种错误认识

长期以来，人们对演化存在着种种错误认识，例如不变论、循环论、机械论、矛盾论及庸俗进化论等，演化哲学有可能纠正这些错误认识。

不变论认为世界万物形成之后便固定下来，不再变化。例如中国西汉时期的著名思想家董仲舒就认为："天不变道亦不变"，按照董仲舒的说法，既然"天"不变"道"也不变，那么也就是说，世界万物都不会发生变化。演化哲学通过大量事实证明，世界万物都在不断地演化之中，"天"在变，"道"也在变，世界上根本就不存在绝对不变之物，所以不变论是错误的。

循环论认为，虽然世界万物发生着演化，但这种演化是一种像走马灯那样的反复循环的过程，演化中没有发展，没有前进，没有上升。例如中国战国时期的阴阳家邹衍（约公元前 324～公元前 250 年）就认为，天地有五行——土、木、金、火、水，而人类社会的演化就是按照五行或五德的次序在周而复始地循环。演化哲学认为，世界万物的演化是沿着环式轨道进行的，演化不仅存在着周期性，而且还存在着质变和新旧事物的更替，存在着发展、前进和层级的上升，世界万物的演化，自然也包括人类社会的演化并不是一个周而复始的循环过程，所以循环论的观点是片面的。

机械论认为，虽然世界万物都在运动，但这种运动就像钟表一样只是机械式的运动。例如英国哲学家霍布斯（Thomas Hobbes，1588-1679）就曾说过："运动就是失掉一个位置而获得另一个位置。"他在《利维坦》一书的序言中把人的心脏比作钟表上的发条，把神经和关节比作其中的游丝和齿轮。而法国哲学家拉美特里更是宣布："人是机器"。演化哲学认为，机械式运动仅仅是演化中一种比较低级的类型，世界万物的演化还存在着多种类型或方式，其中的许多类型或方式都比机械运动高级。我们在本章的第四节探讨过演化的各种方式，例如空间位置的演化、外部形态的演化、量的演化、阶段性演化、质的演化、结构的演化、对子的演化、组的演化、群的演化、系列的演化、序列的演化、系统的演化、场的演化、环境的演化以及层的演化等。通过这些演化可以看出，世界万物的演化方式是多种多样、纷繁复杂的，其中的许多演化方式都要比机械式运动高级，所以决不能简单地把世界万物的演化统统看作是机械式的运动。此外，机械论还认为世界万物的运动就像钟表那样机械、刻板，一切都是必然的，一切都完全符合机械因果律。演化哲学认为，世界万物的演化是复杂多样的，不仅有刻板的机械运动，而且还有灵活的有机运动；不仅有必然的过程，而且还有或然或偶然的过程；不仅有位置和数量的改变，而且还有事物结构和本质的演变；不仅有外部的作用，而且还有复杂结构的自组织。机械论把复杂的演化简单化，所以机械论是偏颇的。

矛盾论认为，世界上所有的事物都是由两个对立的方面所组成，而事物的发展与变化就决定于两个对立面的斗争和输赢。演化哲学认为，世界上所有的事物都是由元素组合而成，但这些元素并不一定都是对立的，所以矛盾论对事物结构的认识是偏颇的。其次，演化哲学认为，演化的动力来自事物内外因素的相互作用，是事物内外因素的相互作用推动了事物的发展与变化，矛盾论把事物的发展与变化仅仅归结为事物内部两个对立面之间的斗争和输赢，这种观点是十分片面的。

庸俗进化论只承认量变，不承认质变；只承认渐变，不承认突变，认为人类历史是一部渐变的历史。演化哲学认为，世界万物的演化不仅存在着量变，而且存在着质变；不仅存在着渐变，而且存在着突变，演化是一个量变与质变、渐变与突变相互交替、相互促进的过程。人类历史的演化同样也是如此，不仅存在着量变、渐变，而且还存在着质变、突变，所以庸俗进化论是不全面的。

注释:

[1] 李行健主编:《现代汉语规范词典》, 外语教学与研究出版社、语文出版社 2004 年版,第 76 页。

[2] 《现代汉语词典》,商务印书馆 1978 年版,第 1315 页。

[3] 李行健主编:《现代汉语规范词典》, 外语教学与研究出版社、语文出版社 2004 年版,第 357 页。

[4] 肖前、李秀林、汪永祥主编:《辩证唯物主义原理》, 人民出版社 1991 年版, 第 72 页。

[5] 《马克思恩格斯选集》第 3 卷, 第 491 页。

[6] 李行健主编:《现代汉语规范词典》, 外语教学与研究出版社、语文出版社 2004 年版,第 684 页。

[7] 李行健主编:《现代汉语规范词典》, 外语教学与研究出版社、语文出版社 2004 年版,第 378 页。

[8] 李行健主编:《现代汉语规范词典》, 外语教学与研究出版社、语文出版社 2004 年版, 第 1317 页。

[9] 周忠和:"关于进化论的一些常见误区", 来自"墨子沙龙",《知识分子》转载。

[10] 肖前、李秀林、汪永祥主编:《辩证唯物主义原理》, 人民出版社 1991 年版, 第 80 页。

[11] 肖前、李秀林、汪永祥主编:《辩证唯物主义原理》, 人民出版社 1991 年版, 第 79 页。

[12] 卢浩泉:《生命科学的奥秘》(下),中国华侨出版社 1995 年版,第 24 页。

[13] 张长城、赵春义、李福林:《新科学知识手册》,吉林大学出版社1985年版,第420页。

[14] 袁亚愚:《社会学——历史 理论 方法》,四川大学出版社1989年版,第305页。

[15]《狄德罗选集》,三联书店1956年版,第143页。

[16] 恩格斯:《自然辩证法》,人民出版社1955年版,第13页。

[17] 恩格斯:《反杜林论》,吴黎平译,人民出版社1956年版,第18页。

[18] 肖前、李秀林、汪永祥主编:《辩证唯物主义原理》,人民出版社1991年版,第213—214页。

[19] 张长城、赵春义、李福林:《新科学知识手册》,吉林大学出版社1985年版,第420页。

[20] 黑格尔:《小逻辑》,商务印书馆1980年版,第202页。

[21] 肖前、黄楠森、陈晏清主编:《马克思主义哲学原理》,中国人民大学出版社1994年版,第217页。

[22] 李行健主编:《现代汉语规范词典》,外语教学与研究出版社、语文出版社2004年版,第929、930页。

[23] 亚里士多德:《形而上学》,第9页。

[24] 冯契、徐孝通主编:《外国哲学大辞典》,上海辞书出版社2000年版,第843页。

[25] 宫雄飞：“从物质的嬗变看哲学观念的嬗变”，来自互联网。

[26] 苏联科学院哲学研究所主编：《马克思主义哲学原理》，人民出版社 1959 年版，第 219 页。

[27] 艾思奇：《辩证唯物主义与历史唯物主义》，人民出版社 1961 年版，第 129 页。

[28] 黑格尔：《大逻辑》，德文版，第 4 卷，第 75 页。

[29] 列宁：《哲学笔记》，人民出版社 1956 年版，第 222 页。

[30] 列宁：《哲学笔记》，人民出版社 1956 年版，第 249 页。

[31] 沈敏华、阎海云：《略论中西封建君主专制制度的特点和作用》，《历史教学问题》1986 年第 2 期。

[32] 张华夏：《论唯物辩证法与一般系统论的关系》，《哲学研究》，1985 年第 4 期。

[33] 张华夏：《论唯物辩证法与一般系统论的关系》，《哲学研究》，1985 年第 4 期

[34] 赵敦华：《现代西方哲学新编》，北京大学出版社 2001 年版，第 176 页。

[35] 肖前、李秀林、汪永祥主编：《辩证唯物主义原理》，人民出版社 1991 年版，第 279 页。

[36] 肖前、黄楠森、陈晏清主编：《马克思主义哲学原理》，中国人民大学出版社 1994 年版，第 223

页。

[37] 肖前、黄楠森、陈晏清主编：《马克思主义哲学原理》，中国人民大学出版社 1994 年版，第 223—224 页。

[38] 恩格斯：《自然辩证法》，人民出版社 1955 年版，第 1 页。

[39] 李行健主编：《现代汉语规范词典》，外语教学与研究出版社、语文出版社 2004 年版辞典，第 1307、1310 页。

[40] 夏征农主编：《辞海》，上海辞书出版社 2000 年版，第 602 页。

[41] 福建教育学院政治组：《政治复习纲要》，福建人民出版社 1980 年版，第 7 页。

[42] 肖前、黄楠森、陈晏清主编：《马克思主义哲学原理》，中国人民大学出版社 1994 年版，第 235 页。

[43] 李行健主编：《现代汉语规范词典》，外语教学与研究出版社、语文出版社 2004 年版，第 748 页。

[44] 肖前、黄楠森、陈晏清主编：《马克思主义哲学原理》上册，中国人民大学出版社 1994 年版，第 257 页。

[45] 肖前、黄楠森、陈晏清主编：《马克思主义哲学原理》上册，中国人民大学出版社 1994 年版，第 258 页。

［46］肖前、黄楠森、陈晏清主编：《马克思主义哲学原理》上册，中国人民大学出版社 1994 年版，第 264 页。

［47］转引自田辰山：《毛泽东：中国"唯物辩证法"的形成与成熟 》，《湖南科技大学学报》（社科版） 2006 年第 2 期。

［48］肖前、黄楠森、陈晏清主编：《马克思主义哲学原理》上册，中国人民大学出版社 1994 年版，第 235 页。

［49］林锦湖、刘瑞林：《生物学》，高等教育出版社 1993 年版，第 133 页。

［50］韩济生主编：《神经科学原理》，北京医科大学出版社 1999 年版，第 873、903 页。

［51］普里高津、斯唐热：《从混沌到有序》，曾庆宏、沈小峰译，上海译文出版社 1987 年版，第 27 页。

第五章　世界哲学

科学的终极目的在于提供一个简单的理论去描述整个宇宙。

——史蒂芬·霍金《时间简史》

本章探讨的核心问题：世界的定义、起源、形成、演化、图景及本质

本章内容脉络：

一、什么是世界

二、世界的起源

三、世界的形成与演化

四、世界的图景

五、世界的本质

六、为什么相信世界哲学

七、世界哲学的价值与意义

第二、三、四章分别探讨了材料哲学、组合哲学和演化哲学，第五章将探讨世界哲学。什么是世界哲学？我们在第一章中已经进行过探讨，世界哲学是研

究世界整体的哲学，是研究世界的定义、起源、形成、演化、图景以及本质的哲学。

世界哲学是研究世界整体的哲学，那么，世界哲学为什么要把世界整体作为对象进行专门研究呢？我们在第一章中明确指出，从人类诞生的第一天起，他们面对的就是世界，就是他们生存于其中的世界，于是他们必然会产生许许多多的疑问与困惑：我们眼前的这个世界究竟是从哪里来的？是由什么东西构成的？它是如何形成的？又是如何演化的？世界是什么样子？世界的本质又是什么？……这些问题无疑是人类所面临的最大问题，从人类诞生一直到21世纪的今天，几百万年过去了，但人类一直没有停止对这些问题的追问、思考与探索，所以世界问题无疑是人类所面临的最大问题。正是由于世界问题是人类面临的最大问题，所以从哲学诞生的那一天起，它就为自己树立了一个终极目标，这就是找到世界的"万有之理"，对世界做出解释，这不仅是哲学的初衷，而且也是哲学的宗旨。

著名科学家、《时间简史》一书的作者史蒂芬·霍金曾说过："科学的终极目的在于提供一个简单的理论去描述整个宇宙。"哲学同样也是如此，哲学的终极目标也是用一个最简单的理论描述世界，并对世界的定义、起源、形成、演化、图景以及本质等问题做出解释。然而三千多年过去了，由于内外各种原因，哲学一直未能实现这个终极目标，所以世界问题依然是人类面临的最大问题。世界哲学把这些问题列为它要解决的主要问题，对世界的定义、起源、形成、演化、图景以及本质等问题进行专门探讨，试图对世界做出合理、清晰和简约的解释，解答人类的疑问与困惑，完成哲学一直未能完成的任务。

第一节 什么是世界

世界哲学把世界作为对象进行研究，那么，首先就需要解决这样一个问题：什么是世界？或者说世界的定义是什么？本节就对这个问题进行专门探讨。

世界哲学研究的对象是世界（world），人们常常把世界称为"宇宙"、"天下"、"寰宇"等等，本书所说的世界与宇宙同义，世界就是宇宙。那么，究竟什么是世界？或者说世界的定义是什么呢？在第一章中，我们曾对这个问题进行过初步讨论，本小节将对该问题进行更深入、细致的探讨。

中文的"世界"一词来源于佛经，佛经曰："古往今来曰世，上下四方曰界"，所以"世界"就是全部时间与空间的总称，通常指人类生活居住的地球，而更广义的"世界"则是指全宇宙。《辞海》对"世界"的解释是：① 全球所有地方。② 即宇宙。[1] 而对"宇宙"的解释是："四方上下曰宇，古往今来曰宙"，所谓"宇宙"就是天地万物的总称。[2] 通过以上解释可以看出，"世界"中的"世"是一个时间概念，它囊括古往今来的全部时间；而"世界"中的"界"则是一个空间概念，它包括上下四方的全部空间，所以"世界"一词其实指的是所有的时间和空间。

我们在第二章"材料哲学"中进行过探讨，空间是物质广延和位置的度量，而时间则是物质运动过程的一种度量，所以时间和空间其实都是物质及物质组合体——事物的度量。由于时间和空间是物质或事物的度量，所以物质或事物才是世界的主体；由于物质或事物是世界的主体，所以"世界"一词的含义主要是指所有时间和空间中的所有事物。假若用更通俗的语言来表达就是：

所谓"世界"就是指全部时间和空间中的所有事物，就是天地万物的总称。

以上是"世界"一词的含义，然而，这个囊括了全部时间和空间，囊括了所有事物的世界只不过是人类的一个推论或设想，从来没有人真正见到过这个浩瀚无垠的世界。世界如此浩瀚，然而在浩瀚的世界里，正如罗素所说，人只不过是在一个微不足道的行星上"由不纯粹的碳和水化合成的一块微小的东西"，这样"一块微小的东西"能够完全认识"所有时间和空间中的所有事物"吗？能够完全认识那个浩瀚无垠的世界吗？这个问题确实是人类所面临的一个难题，为了解决这一难题，世界哲学认为，人类应该摈弃不切实际的空想，应该量力而行，对"世界"做出更切合实际的解释。那么，如何对"世界"做出更切合实际的解释呢？世界哲学认为，人类生存于世界之中，他们通过自己的感官感知世界，通过自己的大脑认识世界，并通过自己的实践活动与世界相互作用，所以可以把"世界"定义为人类生存和生活的世界，定义为人类能够感知的世界。虽然这个"世界"不如设想的那个世界宏大，但却是一个真实的世界，一个现实的世界。

我们所说的"世界"并不是那个浩瀚无垠的设想中的世界，而是指人类生存于其中，并能够被人类所感知的那个实实在在的"经验世界"、"生活世界"或者说"现实世界"。

正如著名哲学家胡塞尔（Edmund Husserl，1859-1938）所指出的那样："最为重要的并值得重视的是唯一现实的、通过知觉现实地被给予的、被经验到并可能被经验到的世界——我们的日常生活世界，但这个世界早在伽利略那里就已经被他以数学的方式构成起来的理念基质的世界完全取代了。"[3] 一些哲学家也认为，"世界"一词具有特殊的意义，意指"全部经验实在"，因此可以等同于所有现实的和可能的经验[4]。

我们说的世界就是"经验世界"、"生活世界"或者说"现实世界"，那么，又如何准确地定义"世界"这一概念呢？世界哲学将其定义如下：

所谓世界就是全部可感事物所构成的巨大系统。

传统观念认为世界就是全部时间与空间，这是从时间和空间的角度来定义世界；与传统观念不同的是，世界哲学是从世界的主体——事物的角度来定义世界的。那么，究竟什么是世界呢？

世界其实就是全部可感事物构成的巨大系统，或者说世界就是所有可感事物的组合。

世界就是所有可感事物的组合，那么，什么又是"可感事物"呢？所谓"可感事物"是指，那些能够被人类的感官直接或间接感知的事物。定义以"可感"为标准，所有可感的事物都可以列入世界的范畴；而那些不可感或尚未被感知的事物，由于无法确定它们是否是真实的存在，所以不能列入世界的范畴。然而需要指出的是，所谓"可感"事物，并不是个别人或少数人感知到的事物，而是指全人类感知到的事物的总和；也不是某个时期或阶段感知到的事物，而是人类从诞生到今天所有感知到的事物。所谓"可感"事物，不仅是指那些人类凭借自己的感官和大脑直接感知到的事物，还包括科学家们通过仪器间接观察、感知到的事物，例如天文学家们通过天文望远镜等仪器观察到的宇宙天体和宇宙空间等。

生命科学家、西湖大学校长施一公在一篇文章中提出暗物质和暗能量的问题，他说："其实我们已知的物质的质量在宇宙中只占 5%，其余 95% 的物质的存在形式是我们根本不知道的，我们叫它暗物质和暗能量。"目前人类对这些暗物质和暗能量尚不够了解，那么，它们能够列入世界的范畴吗？世界哲学认为，虽然人类对这些暗物质和暗能量还不太了解，但科学家们已经明确感知到了它们的存在，这些暗物质和暗能量已经属于"可感事物"，所以它们也应列入世界的范畴。

需要强调指出的是，所谓"可感事物"是指那些能够被人类感知的真实事物，这些事物的真实性能够得到检验和证明；如果无法得到检验和证明，那这样的"可感事物"只能存疑，这样就可以把那些毫无根据的"感知"、想象、幻想等排除在现实世界之外。

还需要指出的是，我们所说的"生活世界"、"现实世界"或"经验世界"并不是固定不变的，随着人类认识和实践能力的提高，这个"生活世界"、"现实世界"或"经验世界"的范围会逐渐扩大。

定义认为世界就是全部可感事物的组合，那么，那些没有被人类感知到的事物能否列入世界的范畴呢？世界哲学认为，由于它们没有被人类感知，也就无法确定它们的真实性，所以不能把它们列入世界的范畴，例如哲学家、神学家、文学家以及民间所设想的理念世界、灵魂世界、天堂、地狱、鬼神等等。

在浩瀚的宇宙中，地球只不过是亿万星球中的一颗微不足道的星球，而人类只不过是这颗微不足道的星球上一粒更微不足道的物质微粒，但是，正

是这颗微不足道的物质微粒却成了宇宙的镜子和心灵，宇宙正是通过这面镜子和心灵感知自己、认识自己，意识到自己的存在，这无疑是宇宙创造的最大奇迹。

第二节 世界的起源

第一小节探讨了世界的定义：世界是全部可感事物的组合。那么，这个由全部可感事物组合而成的世界又是从哪里来的呢？它是无中生有？还是从别的东西变化来的呢？这个问题就是世界的起源问题，本小节就对这个问题进行专门探讨。

世界是从哪里来的？世界是如何起源的？古往今来，人类一直很关注这个问题。在中国的古老神话中，宇宙是一位名叫盘古的大神开辟出来的，该神话说，未开辟的天地就像一个硕大的鸡蛋，大神盘古就孕育在鸡蛋之中。后来盘古身体逐渐长大，鸡蛋无法容纳他，于是盘古就用自己的神力撑开蛋壳，结果鸡蛋内轻清的部分变成了天空，浑浊的部分就变成了大地，这就是所谓"开天辟地"的故事。这个神话告诉人们，宇宙起源于一颗硕大的鸡蛋，宇宙是从鸡蛋演化而来的。但是，这个神话明显存在着问题，如果说宇宙起源于一颗鸡蛋，那么，这颗硕大的鸡蛋又是从哪里来的呢？如果鸡蛋是一个很大的鸡下的，那么这个很大的鸡又是从哪里来的呢？神话故事无法对这些问题做出令人信服的解释。

宗教也对宇宙的起源做出了解释，最著名的解释恐怕要属《圣经》的创世纪。创世纪告诉人们，宇宙是上帝创造出来的，上帝创造宇宙很简单，他通过自己的话语创造出了宇宙。创世的第一天，上帝说要有光，于是光就出现了，上帝叫光明为日，叫黑暗为夜；第二天上帝分开混沌的天地，一个是水，一个是天；第三天上帝把水和旱土分开，叫旱土为地，叫水为海洋，上帝叫地上生出花草树木；第四天上帝造了日月星辰分出昼夜，定准年月时日；第五天上帝造了水族和空中的飞鸟，让它们生长传生本类；第六天创造了走兽昆虫，最后创造了人。创世纪要比神话更加神话，因为上帝的神力要比盘古大多了，他无中生有，用几句话就轻轻松松地创造了宇宙和万物。上帝为什么用几句话就能够凭空创造出宇宙和万物？他的话怎么能够变成宇宙和万物呢？宇宙浩瀚、万物众多，上帝又是如何创造出这浩瀚的宇宙和万物的呢？在创造宇宙之前，上帝存身在什么地方？难道他存身在宇宙之外吗？可以看出，创世纪的宇宙起源说同样也是问题多多，难以令人信服。

哲学家们也对宇宙的起源做出了解释，例如德国著名哲学家黑格尔就认为，宇宙的本原是绝对精神，世界上的一切都是"绝对精神"派生出来的，绝对精神在它发展的最终阶段"外化"为自然界或者说宇宙。按照黑格尔的说法，宇宙是由绝对精神演化而来的，宇宙起源于绝对精神。不仅是黑格尔，许多唯心主义哲学家都认为，非物质的精神、理念、意志、"理"或"心"等是世界的本原，世界上的万事万物都是这种本原派生出来的，也就是说，宇宙也是由非物质的精神性本原产生出来的。中国宋代哲学家陆九渊（1139—1193）曾提出过一个有名的论断："宇宙便是吾心，吾心即是宇宙"，按照陆九渊的论断，既然宇宙就是"吾心"，那么，宇宙也就自然起源于非物质的"心"了。按照这些唯心主义哲学家们的解释，宇宙起源于绝对精神、精神、理念、意志、"理"或"心"等本原，但是这些本原都是非物质的，而宇宙万物大都是实实在在的物质，那么，这种非物质的精神本原又是如何产生出物质的宇宙和万物的呢？如果非物质能够变成物质，那岂不是违背了物质不灭定律了吗？这说明唯心主义哲学家关于宇宙起源的解释，也很难令人信服。

神话、宗教和哲学都无法对宇宙的起源做出令人信服的解释，那么，究竟谁能够对这个问题做出令人信服的解释呢？自然科学中的宇宙学也对这个问题做出了解释，与神话、宗教和哲学相比较，宇宙学的解释不仅更为合理，而且也更令人信服。那么，宇宙学又是如何对宇宙的起源做出解释的呢？

科学家们经过长期研究与探索，提出了多种宇宙起源假说。1948 年英国的霍伊曼和戈尔德提出了稳恒态宇宙论，1962 年瑞典的阿尔文和克莱因提出了物质——反物质宇宙论，1927 年比利时数学家勒梅特提出了"大爆炸宇宙论"，他认为最初宇宙的物质集中在一个超原子的"宇宙蛋"里，在一次无与伦比的大爆炸中分裂成无数碎片，形成了今天的宇宙。1948 年，俄裔美籍物理学家伽莫夫（George Gamow, 1904 – 1968）等人又提出了更为详细的宇宙大爆炸学说，该学说认为宇宙起源于 137 亿年前的一次大爆炸。

在这些假说中，影响较大、目前最流行的就是宇宙大爆炸学说。该学说认为，宇宙起源于一个"原始火球"，这个"原始火球"由中子组成，密度极大、温度极高。"原始火球"通过大爆炸的方式产生了宇宙，这种大爆炸不是像在地球上发生的那种确定点的爆炸，而是一种在各处同时发生，一开始就充满整个宇宙空间的大爆炸，每一个粒子都离开其它粒子而飞奔。大约在 137 亿年前，宇宙在大爆炸中诞生。

图 19 是宇宙大爆炸的示意图，而图 20 则是大爆炸之后宇宙的演化图。通过这两个图可以看出，宇宙起源于 137 亿年前的一次大爆炸。137 亿年前，人类远没有出现，更没有伽莫夫、勒梅特这些科学

家，那就是说这个宇宙起源说也是来自科学家的设想与推断。既然宇宙大爆炸起源说也是来自设想和推断，那么，它与神话、宗教和哲学的宇宙起源说又有什么不同呢？我们为什么相信这个宇宙起源说呢？这是因为宇宙大爆炸起源说不仅对宇宙的起源做出了比较合理的解释，更为重要的是，这个学说能够被一些证据所支持，这些证据是：

（图19）　宇宙大爆炸示意图

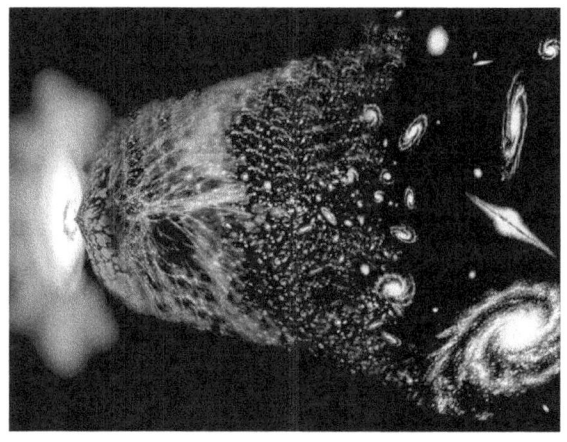

（图20）　宇宙演化图

① 恒星光谱红移。1929 年，英国天文学家埃德温.哈勃（Edwin Hubbie）发现，远星系比近星系的颜色要红，而且这种谱线红移现象是系统的，星系越远，红移越多。哈勃认为，星系光波变长是由于宇宙正在膨胀。

② "黑体"辐射。1964 年，德裔美国物理学家阿诺·彭齐亚斯（A.A.penzias）和美国学者罗伯特·威尔逊（R.W.wilson）发现了远比我们的银河系遥远得多的宇宙起源的微波辐射背景，与 3K 的黑体辐射一致，且空间分布各向同性而均匀。他们经过系统观测，终于确定背景辐射场的温度为 2.7K。这一研究成果于 1965 年 7 月正式公布，为此他们获得了 1978 年诺贝尔物理学奖。这种背景性的热辐射，是宇宙 137 亿年前大爆炸留下的遗迹。

③ 化学元素的相对丰度。所谓"化学元素的相对丰度"就是宇宙中氦、氢的比例，根据今天热辐射的温度计算，假如真的发生宇宙大爆炸，宇宙应当由 70%的氦和 25%的氢构成，这与天文测量极为吻合。[5]

正是由于宇宙大爆炸起源说得到了这些证据的支持，所以科学共同体以及广大公众对其比较相信。神话、宗教和哲学的宇宙起源说无法提供有力的证据，所以很难得到科学共同体以及广大公众的信服。

但是也应该看到，宇宙大爆炸起源说并不是一个完美的理论，它还无法对宇宙起源的所有问题都做出满意的解释。但不可否认的是，在当前的人类认识水平中，它无疑是一个比较好的理论。相信随着人类认识水平的提高和科学的发展，有可能出现更好的宇宙起源学说，相信人类会越来越接近宇宙起源的真相。

第三节 世界的形成与演化

第三节内容脉络：

一、世界的形成与演化

二、世界演化哲学

宇宙诞生之后，它又是如何形成与演化的呢？大爆炸宇宙学说认为宇宙的演化可以分为以下几个阶段：第一阶段，基本粒子的形成阶段，这个阶段是指大爆炸发生的第一秒内宇宙的演化。这个阶段主要是强子与轻子的生成与湮灭，基本粒子及其构成成分都是在这个阶段形成的。第二阶段，元素的起源阶段，它指的是大爆炸发生 1 秒到 3 分钟间宇宙的演化。在这个阶段中，中子失去了自由存在的条件，中子与质子聚合成氘、氦等核素，形成了几种不同的化学元素。第三阶段是实物阶段，它指的是大爆炸发生 1 万年之后，温度逐渐降低到 1 万摄氏度时，宇宙进入的一个阶段。在这个阶段，宇宙演化的时间最长，已经经历的 137 亿年的时间主要属于这个阶段。现在的天体与天体系统都是在这个阶段形成的，我们今天仍然生活在这个阶段。第四阶段即未来阶段，科学家们提出了不同的宇宙模型对宇宙的未来做出预测，开模型和平模型认为宇宙将一直膨胀下去，随着星系与恒星内能量的耗尽而走向衰亡，最后宇宙将变成一片黑暗。而闭模型则认为，宇宙膨胀到一定程度后，便开始收缩，恢复到原来的初始状态，然后再爆炸，再回到初始状态，如此循环下去。

英国科学家史蒂芬·霍金在《时间简史》一书中描述了宇宙的演化过程，估计在 100 亿到 200 亿年前，曾发生过一桩开天辟地的大事件，宇宙从一个极其紧致、极其炽热的状态中由大爆炸而产生，宇宙始于一个比质子还小的、密度和温度极高的小火球。他说："一个早代的恒星必须首先形成，这些恒星将一些原先的氢和氦转化成碳和氧这样的元素，由这些元素构成我们。然后恒星作为超新星而爆发，其裂片形成其它恒星和行星，其中就包括我们的太阳系，太阳系的年龄大约是 50 亿年。地球存在的头 10 亿年或 20 亿年，对于任何复杂的东西都嫌太热。余下的 30 亿年左右才用于生物进化的漫长过程，这个过程导致从最简单的组织到能够测量回溯到大爆炸那一瞬间的生物的形成。"按照霍金的说法，宇宙大约起源于 100 亿到 200 亿年前，太阳系与地球起源于大约 50 亿年前。有的科学家做了更为精确地计算，他们认为宇宙大约起源于 137 亿年前，银河系起源至少在 130 亿年前，太阳系和地球大约形成于 46 亿年前。

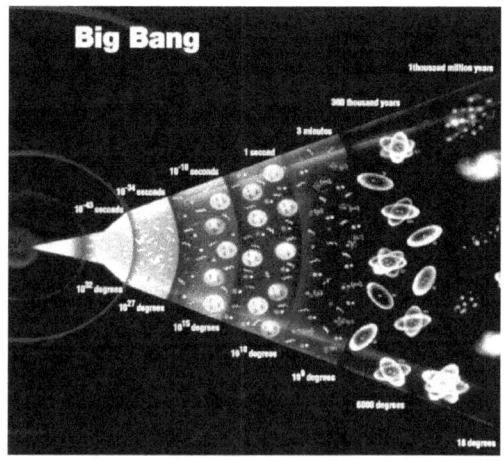

（图 21）　宇宙演化图二

　　通过宇宙演化史可以看出，最初的宇宙充满了基本粒子，这些粒子四散飞奔、混乱无序，那时的宇宙是一个混沌的宇宙，宇宙的结构也比较简单。然而经过 137 亿年的演化，目前的宇宙已经成为一个组织有序的宇宙，它的结构也十分复杂。那么，目前宇宙的结构是什么样的呢？科学家为我们勾勒出这样一副图画，人类的家园——地球与太阳、水星、金星、火星等星球共同构成太阳系，在太阳系外面还有大约 1500 亿个恒星和恒星团构成的银河系，银河系外面还有大约 10 亿个河外星系，在河外星系外面我们仅仅观察到了大约 100 亿光年范围的总星系。当然总星系并不是宇宙的边界，可能存在着尚未被人类观察到的更加广阔的区域。

太阳系——银河系——河外星系——总星系——……

宇宙中存在的不仅有星球或星体，而且还有弥散状的星云以及更稀薄的星际物质（星际气体、星际尘埃）等，我们把它们统称为"天体"。

通过科学家勾勒的图画可以看出，在浩瀚的宇宙里，存在着不计其数的天体，这些天体互相组合起来，构成了太阳系、银河系、河外星系、总星系等，而宇宙就是由这不计其数的天体所构成。虽然这些天体浩若烟海、不计其数，但它们并非是杂乱无章地堆放在宇宙里，它们互相组合构成星系，小的星系又互相组合构成大的星系，大的星系再互相组合构成更大的星系，宇宙就是由这些不同层次的星系组合而成的一个巨大系统。我们在第四章"演化哲学"的第八节探讨过演化的轨道，其中重点讨论过由大量不同层次的环所构成的环式轨道，如果我们把一个环看作是一个星系，那么宇宙的结构与环式轨道十分相似。

137 亿前宇宙大爆炸之后，物质粒子经过漫长的组合与演化，终于形成了目前我们所看到的宇宙。那么，这个宇宙的结构又是什么样呢？世界哲学认为，我们可以用最简约的语言对宇宙的结构做出解释：

宇宙就是由不计其数的天体组合而成的巨大的天体组合体，宇宙就是由大量不同层次的星系组合而成的超大星系系统，这就是宇宙的结构。

137 亿前宇宙大爆炸之初，宇宙中充满最基本的物质粒子，混沌无序，那么，宇宙为什么会变成一个复杂有序的、巨大的天体组合体呢？为什么会变成一个复杂有序的超大星系系统呢？它为什么会形成如此复杂的结构呢？世界哲学认为，根本原因有两个：一是组合，即物质粒子的不断组合，组合产生了复杂与有序；二是演化，正是由于不断地演化，那个混沌无序的宇宙才变成了复杂有序的宇宙，才形成了复杂有序的结构。

通过组合与演化，那个混沌无序的宇宙变成了复杂有序的宇宙，那么，宇宙又是如何由混沌无序向复杂有序演化的呢？我们首先以太阳系为例来进行探讨，构成太阳系的天体有太阳、水星、金星、地球、火星、木星、土星、天王星、海王星、173 颗已知的卫星、5 颗已经辨认出来的矮行星以及数以亿计的小天体和彗星等。可以看出太阳系是一个复杂的星系，它的结构也是复杂有序的，那么，太阳系又是如何形成的呢？1755 年，德国哲学家、宇宙学家伊曼努尔·康德在《宇宙发展史概论》一书中对这个问题做出了解释，这就是太阳系起源的星云假说。康德 1724 年出生于普鲁士首府哥尼斯堡的一个马鞍匠家里，虽出身贫寒，但他学识渊博，思想精深，在哲学与宇宙学领域都影响深远。康德的星云假说认为，太阳系内诸天体是由体积很大的、分散的、云雾状的"原始星云"演变而来。星云物质是一些基本微粒，由于吸引而不断凝聚，由于排斥而发生旋转，进而从最初的混沌状态逐步发展形成目前的天体系统。其具体的演化过程是，"原始星云"由尘埃和气体质点所组成，散布在很大的空间中。星云中的质点分布是不均匀的，有的地方比较密集，有的地方比较稀疏。由于质点之间的相互吸引和碰撞，就使星云中较大较密的部分把周围质点较小较稀的部分吸引过去，吸引、集聚的过程逐渐形成了中间密实、周围稀疏的缓慢转动着的庞大星云体。碰撞使其旋转并增温，旋转加快形成星云盘。这个星云盘的中心部分又通过不断地集结而形成一个巨大的球体，这就是原始太阳。与此同时，环绕在原始太阳周围的稀疏质点逐渐形成行星，行星周围的环是尚未形成的卫星。太阳、行星、卫星逐渐冷却形成壳和圈层，这时太阳系形成了。令人遗憾的是，康德的天体演化假说在当时并没有引起人们的重视，被埋没了半个世纪之久。1796 年，法国天文学家拉普拉斯在《宇宙体系解说》一书中也提出了类似的假说，这时康德的假说才开始受到人们的重视，获得声誉，并产生了广泛的影响。

大量星云物质通过互相作用、互相组合、逐步演化，最后形成了太阳系。那么，太阳系中的地球又是如何形成和演化的呢？大约 46 亿年前，在太阳系形成的过程中，地球也随之形成。地球是茫茫宇宙中的一个天体，是太阳系八大行星中的一员。地球是我们人类居住的家园，人类世世代代都在这个家园中生活、成长、繁衍。那么地球又是如何形成和演化的呢？科学家们认为，地球的演化史可以划分为"天文时期"和"地质时期"两个阶段，前者经历了 10 亿年时间，后者有 35 亿年的历史。刚从太阳星云中分化出来的"原始地球"，从整体上看是一个近乎均质的球体，构成它的各种物质混杂在一起，没有明显的分层现象。地球的圈层分化过程，同整个地球的温度变化过程有着密切的关系。构成"原始地球"的各种物质随着温度而变化，在吸引和排斥的相互作用中，逐渐破坏了原先的均质状态，而发生了圈层分化。在地球内部，放射性元素在蜕变中释放出大量的热，随着热量的积累，地球内部的温度逐渐升高，地内物质也就具有越来越大的可塑性。这就使较轻的物质缓慢上升，较重的物质缓慢地下降，地球内部的物质在重力作用下进行着分化过程。地球内部最先分化为地核和地幔，地幔经过漫长的岁月，又进一步分化出地壳。地壳是指地球最外面的薄层，平均厚度在 35～40 公里之间，地壳是由更轻的物质——各种不均匀的岩石所组成，它大约在 40 亿年前就基本形成了。

地球在形成内部三个圈层的同时，还演化出了大气圈、水圈和生物圈。地球在圈层分化过程中，内部产生了一些气体，漫布在地球的最外圈，大气圈就是地球在放出气体的过程中逐渐形成的。原始大气圈经过逐步演变，最后形成了以氮、氧为主的现代大气圈。大气圈包围在地球的最外层，厚度从地面到高空达

3000 公里以上。地球上的水圈主要是从大气中分化出来的，原始大气含有大量的水气，这些水气以及大气本身都是地球内部的物质在高温条件下分化出来的。这些水气起初存在于大气之中，由于温度逐渐降低，加上大气中含有大量的尘埃微粒，这样一部分水气便凝结而成为液态水。这些液态水降落到地面，汇聚在原始的洼地之中便形成了最早的江河湖海，也就是原始的水圈。以后，由于水量的增加和地质的沧桑巨变，原始水圈就逐渐演变成今天的汪洋大海和江河湖泽。地球上有了水和空气，为生命的产生创造了条件，开始了从无机物到有机物，又从有机物到生物有机体的转化，这时地球上才开始出现生命，才逐渐形成了生物圈。35 亿年前，地球上出现了最原始的生命——单细胞的细菌，这时生命开始了漫长的进化历程。从单细胞发展到多细胞的个体，从植物到动物，从低等动物到高等动物，从猿到人。大约在 600 万年前，人类出现，人与人组合成人类社会，开始了人类的演化史。

上面我们探讨了太阳系和地球的演化，然而，在宇宙中还存在着更多的星球和星系，它们又是如何演化的呢？我们在第四章"演化哲学"中讨论过恒星的演化，现代科学认为，恒星是由漂浮在宇宙中的稀薄气体和尘埃物质演化而成的，这些星际气体和尘埃物质相互吸引、聚集成团，逐渐演化成为红外星。演化继续进行，当红外星的内部温度升高到摄氏 700 万度时，就会发生氢聚变为氦的热核反应，这时红外星演化为主序星。主序星继续演化，它的外壳会发生急剧膨胀，星体变得很大而表面温度下降，这时主序星演化为红巨星。红巨星继续演化，当它的内部温度升高到 60 亿度时，红巨星就会发生大爆发，大量向外界抛射物质，光度也会突然成万倍甚至成亿倍地增加，这时红巨星就演变成新星和超新星。恒星大爆发后，剩余的中心部分在引力的作用下剧烈塌缩，形成了体积较小而密度极高的白矮星、中子星、黑洞以及星际物质。为了更清楚地了解恒星的演化，我们把恒星的演化过程概括如下：

星际气体与尘埃物质 → 红外星 → 主序星 → 红巨星 → 新星爆发和超新星爆发 → 白矮星、中子星、星际物质与黑洞 [6]

上面我们探讨了太阳系、地球及恒星的演化，通过这些探讨可以看出，在 137 亿前宇宙大爆炸之初，宇宙中充满了最基本的物质粒子，那时的宇宙是一个混沌无序的宇宙，由于物质粒子的相互作用，物质粒子互相组合构成基本粒子如夸克、强子、光子、质子、中子和电子，质子、中子和电子互相组合构成了原子。原子互相组合又构成分子，在宇宙的演化中，分子的出现具有重要意义，因为分子是能够独立存在并保持物理化学特性的最小微粒。分子之间互相组合又构成各种化学元素，化学元素互相组合就构成了各种各样的物质，例如星际气体、星际尘埃等。这些星际气体和尘埃物质相互吸引、聚集成团，就会逐步演化成为各种星球，星球与星球互相组合起来就会构成星系。小的星系互相组合起来就构成了大的星系，大的星系再互相组合起来就构成了宇宙。

在地球上，化学元素互相组合构成各种无机物，例如岩石、高山、土地、江河与海洋。无机物经过漫长的演化，发生质的变化，无机物变成有机物。有机物经过演化，又发生了重要质变——细胞形成，细胞是构成生物的基本单位，细胞与细胞互相组合起来，就构成了植物和动物。再经过漫长的演化，低等动物变成了高等动物，并演化出最高级的智慧生物——人类。

通过宇宙的演化过程，我们可以得出这样的结论：

137 亿年来，正是由于物质粒子的不断组合与演化，才产生出了不计其数的天体与星系，才产生出了千姿百态、纷繁复杂的万物，才形成了复杂有序的宇宙。宇宙演化的过程就是物质粒子不断组合、不断演化的过程，一部宇宙演化史其实就是物质粒子的组合与演化史。

二、世界演化哲学

上面我们对宇宙的形成和演化进行了探讨，通过探讨我们得出了以上结论，这个结论是依据自然科学的成果和知识得出的。我们在第一章中探讨过哲学的定义，哲学是探究世界根本知识的学问，既然哲学是探究世界根本知识的学问，那么，哲学探究的问题自然也应该包括宇宙演化。下面我们就从哲学的角度对宇宙的演化进行探究，尝试对宇宙的演化做出更全面、更深入的解释，我们把它称为"宇宙演化哲学"或"世界演化哲学"。

千百年来，也曾有不少哲学家对宇宙的演化进行过思考与探索，但这些思考与探索大多是没有多少科学依据的主观想象与臆测，然后再把这些主观想象和臆测强行套到宇宙之上。由于这些主观想象和臆测脱离事实、脱离实际，结果大都变成了虚幻的哲学神话，变成了"醉汉的胡言乱语"！（爱因斯坦）世界哲学总结、汲取这些教训，立足现实，依据科学成果，采用科学方法与理念，对宇宙演化进行哲学的思考与探究，所以这种思考与探究决不是毫无根据的主观想象或臆测，而是科学的和实事求是的。

宇宙起源于大爆炸，大爆炸后的宇宙还在不断地演化之中，那么，究竟是什么力量引发了宇宙的大爆炸？究竟是什么力量推动了宇宙的演化？宇宙如此宏大，推动宇宙演化的力量一定非常大，那么，这种巨大的力量又来自哪里呢？长期以来，这个问题让许多哲学家和科学家困惑，例如古希腊大哲学家亚里士多德就认为，必定会有"一个不被任何别的事物推动的第一推动者"；著名科学家牛顿也为"第一推动"问题而困惑，他认为一切物体开始运动必有第一推动力，那么，这个推动力究竟是什么呢？牛顿无法从科学的角度对这个问题做出解释，只好求助于宗教，他认为："一切物体开始运动必有第一推动力，那就是造物主。这个美丽无比的太阳、行星和彗星的体系只能借一个万能的、灵智的、具有权威的存在体——上帝的计划而存在。"著名科学家爱因斯坦也对这个问题感到困惑，他说："小如咖啡杯等物体，尚且需要一种力量来安排；那么您想一想，宇宙拥有多少星球，而每一星球均按一定轨道运行无间，这种安排运行力量的即是神。"

牛顿、爱因斯坦以及许多宗教信仰者的答案是相同的，他们都认为推动宇宙万物演化的动力来自神，神是万物演化的"第一推动者"和"动因"，"最初的一击"正是来自于神。这个答案似乎很完满，但不完满的是，他们都无法为这个答案提供事实的依据，更无法对神推动宇宙万物演化的过程和机理做出科学的解释，所以这种解释只不过是一个美丽的神话，而不是科学。

如果宇宙演化的动力不是来自于神，那么，它究竟来自哪里呢？我们在第四章第六节探讨"演化的动力"时，其实已经对这个问题做出了回答：

推动万物演化的动力究竟是什么呢？就是物质的相互作用，或者说就是事物之间的相互作用，正是事物之间的相互作用推动了万物的演化，推动万物演化的动力就来自事物的相互作用。

推动万物演化的动力来自事物的相互作用，宇宙的演化同样也是如此，推动宇宙演化的动力同样也是来自事物的相互作用。那么，事物又是如何推动宇宙演化的呢？我们首先探讨宇宙大爆炸的"第一推动力"问题，究竟是什么力量引发了宇宙的大爆炸呢？世界哲学认为，在大爆炸发生之前，由于那个"原始火球"内部的容积十分有限，而物质粒子的密度却非常大，温度也非常高，所以当这些物质粒子发生相互作用的时候，就会产生一种互相排斥的力或者说推力；又由于"原始火球"内部物质粒子数目极多，所以这些排斥力或推力汇合起来就会形成一股非常巨大的力量，正是这股非常巨大的力量导致了那个"原始火球"的爆炸。这就像一个煮粥的高压锅，由于容积有限，如果不断加热，锅内分子之间的作用力越来越大，压力越来越高，如果压力得不到释放，那么高压锅就会发生爆炸。所以引发宇宙大爆炸的"第一推动力"正是来自"原始火球"的内部，来自"原始火球"内部物质粒子之间的相互作用。这样我们就可以回答牛顿和亚里士多德的困惑，宇宙起源确实有"第一推动力"，然而，这个"第一推动力"并非来自造物主、上帝或神，而是来自"原始火球"内部物质粒子之间的相互作用。宇宙中并不存在那个神秘的"不被任何别的事物推动的第一推动者"，"第一推动者"就是事物之间的相互作用。

解决了宇宙大爆炸的"第一推动力"问题，那么，事物之间的相互作用又是如何推动宇宙演化的呢？亚里士多德就曾提出过这样的疑问："就算万物真由一元素或几元素（物质）演变生灭而成宇宙万有，可是试问生灭何由而起，其故何在？这物质'底层'本身不能使自己演变；木材与青铜都不能自变，木材不能自成床，青铜不能自造像，这演变的原因只能求之于另一事物，找寻这个，就是找寻我们所说的第二原因——动因。"[7]正如亚里士多德所说："木材与青铜都不能自变，木材不能自成床，青铜不能自造像"，那么，木材如何变成了床？青铜又如何造成了像呢？世界哲学认为，正是由于木匠与木材的相互作用，木材才变成了床；正是由于雕塑家与青铜的相互作用，青铜才变成了像。没有木匠与木材的相互作用，木材不可能变成床；没有雕塑家与青铜的相互作用，青铜也不可能变成像，所以推动事物演变的动力就来自事物之间的相互作用。微小的物质粒子之所以能够演变出宇宙万有，正是由于它们之间的相互作用——联系、组合以及演化等，宇宙万有演变的动因就是相互作用。

牛顿曾提出这样的疑问："这个美丽无比的太阳、行星和彗星的体系"为什么会存在？爱因斯坦也曾提出同样的疑问："小如咖啡杯等物体，尚且需要一种力量来安排；那么您想一想，宇宙拥有多少星球，而每一星球均按一定轨道运行无间"，那么，究竟是什么力量做出了这样的安排？我们在前面探讨宇宙的演化过程时得出这样一个结论：

137 亿年来，正是由于物质粒子的不断组合和不断演化，才产生出了不计其数的天体与星系，才产生

出了千姿百态、纷繁复杂的万物，才形成了一个复杂有序的宇宙。宇宙演化的过程就是物质粒子不断组合、不断演化的过程，一部宇宙演化史其实就是物质粒子的组合与演化史。

在宇宙大爆炸之初，宇宙是一片混沌，那么，那个"美丽无比的太阳、行星和彗星的体系"是从哪里来的呢？世界哲学认为，正是因为物质粒子的不断组合与演化，才从一片混沌的宇宙里产生出太阳、行星和彗星，产生出那个美丽无比的太阳系，而那个美丽无比的体系才会存在。假若没有物质粒子的组合与演化，太阳、行星、彗星以及那个美丽无比的太阳系都不会出现，宇宙依然是一片混沌。

宇宙中存在着大量的星球，这些星球都按照一定的轨道有序地运行，那么，究竟是什么力量做出了这样的安排？世界哲学认为，做出这种安排的力量就来自天体之间的相互作用，正是天体之间的不断组合与演化形成了宇宙中的各种星球，正是天体之间的组合与演化"安排"这些星球沿着一定的轨道运行，星球的有序性和复杂性均来自不断地组合与演化，复杂有序的星球体系也是组合与演化的结果。

通过宇宙的演化过程可以看出，宇宙的演化其实就是物质的聚与散、合与分的过程。在宇宙大爆炸之前，物质粒子互相吸引，聚合成一个体积很小的"原始火球"，这是物质聚合的过程；后来"原始火球"发生大爆炸，物质粒子互相分离，四散飞奔，形成了一个混沌无序的宇宙，这是物质分散的过程。宇宙大爆炸之后，物质粒子又互相吸引、互相作用，逐步组合、演化成稀薄的星际气体、星际尘埃以及弥散状的星云，星际气体、星际尘埃以及星云又互相吸引、互相作用，再组合、演化成各种星球。星球与星球互相吸引、互相作用，再进一步组合、演化成各种星系。宇宙大爆炸之后的137亿年间，宇宙的演化一直是一个物质聚合的过程，然而这个过程必将有一个终点，到那时星球、星系就会相继塌缩、挤压，整个宇宙的物质就会逐步聚合在一起，形成一个新的"原始火球"。由于物质粒子的互相排斥、互相作用，这个"原始火球"又会发生大爆炸，于是宇宙又开始了新的一轮演化过程。如果从物质分合聚散的角度看，我们可以把宇宙的演化过程总结为：

物质的聚合——物质的分散——物质的再聚合——物质的再分散——……

收缩——膨胀——收缩——膨胀—— ……

我们在第四章的第九节探讨过周期律：

所谓周期律是指在事物的演化中，间隔一定时间，相似的演化过程就会重复出现。

在宇宙的演化中，物质的聚合——物质的分散——物质的再聚合，就构成了一个周期。当这个周期结束之后，一个新的周期又会开始，一个周期接着一个周期，以至无穷。通过宇宙演化周期可以看出，目前人类所在的宇宙仍是物质聚合期，宇宙仍然向物质聚合的方向演化，由于宇宙演化的周期很漫长，所以这对人类的生存还是很有利的。

我们在第四章的第八节探讨过演化轨道，世界哲学认为，事物的演化是沿着一条群环交织、迂回曲折、波浪起伏、层层上升的环形轨道进行的。宇宙的演化同样也是如此，它也是沿着一条群环交织、迂回曲折、波浪起伏、层层上升的环形轨道进行的。

我们在第四章的第九节探讨过演化的十条规律，它们分别是演化动力规律、结构平衡规律、元素演化规律、自组织规律、因果规律、量变质变规律、对立同一规律、否定之否定规律、二期规律及周期规律。这些演化规律不仅适用于事物，同样也适用于宇宙。

在《西方哲学史》一书中，著名哲学家罗素曾提出这样一个问题："终不能解决的，除非人类智力变得和现在完全不同了。宇宙是否有一个统一的计划或目的呢？抑或宇宙仅仅是许多原子的一个偶然的集群呢？"宇宙的演化是否有一个统一的计划或目的呢？这个问题无疑也是宇宙演化哲学需要回答的一个重要问题。

亚里士多德是目的论思想的先驱，他率先提出了内在目的论的总论题。他认为，宇宙是一个有机的统一整体，自然是具有内在目的的，它的一切创造物都是合目的性的，并且这种内在目的性只需通过自然本身的结构与机制来实现。例如燕子筑巢、蜜蜂做窝、蜘蛛织网、植物长叶子（为了结果实）、根往下生长

（为了吸收营养），既出于自然又是合目的的。[8]

世界哲学认为，目的是指行为主体根据自身的需要，通过自我意识和理性思维，预先设想的行为目标或结果。目的产生于自我意识与理性思维，由于人类及一些高级智慧动物具有自我意识与理性思维，所以只有他们（它们）能够产生目的，而那些不具备自我意识和理性思维的主体是不可能有目的的。由于宇宙演化是一个自然的过程，它不具备自我意识和理性思维，不可能产生目的，所以宇宙的演化不可能有目的，也不可能有一个统一的计划。虽然宇宙的演化没有目的，但是宇宙的演化并不是一个杂乱无章的过程，它有方向，有规律。

亚里士多德所说的燕子筑巢、蜜蜂做窝、蜘蛛织网等，那是它们在长期进化中所形成的生存本能，驱使它们进行这些活动的是生存本能，并不是它们通过自我意识和理性思维预先设想的目标，所以严格地讲这些活动是没有目的的。

宇宙演化哲学从哲学的角度对宇宙演化的一系列问题做出了解释，这些解释立足于实际，具有科学依据，在逻辑上也是自洽的，所以这些解释不仅是合理的，而且也是可靠的。哲学是科学的先导，宇宙演化哲学可以为宇宙科学提供新的思想与思考。

宇宙演化哲学对宇宙演化的一系列问题都做出了解释，通过这些解释可以看出，宇宙演化的奥秘就蕴含在物质自身，我们不必求助鬼神或其他神秘的存在。

宇宙之谜被列为四大科学之谜之一，千百年来，虽然有许多科学家进行了不懈的探索，提出了不少很有价值的理论与假说，但由于宇宙是那样的浩瀚，时间又是那样的久远，所以直到 21 世纪的今天，宇宙之谜仍没有肯定的答案，人类对宇宙的探索恐怕还有很长的路要走，彻底破解宇宙之谜也尚需时日，但我们应该相信，宇宙之谜终有一天会被人类破解。

第四节 世界的图景

我们在第一章探讨过世界哲学研究的主要内容，这些内容包括有关世界整体的五大问题，其中第四个问题就是世界的图景。我们人类所处的世界究竟是什么样子？或者说世界究竟是一个什么样的图景呢？长期以来，虽然也有一些哲学家谈及世界图景，但对该问题进行专门研究的并不多；世界哲学研究的对象就是世界整体，而世界的图景也是其中的一个重要内容，所以世界哲学把它列为专题，进行专门的研究。

在探讨世界图景之前，我们首先应该了解什么是"图景"？根据辞典的解释，"图景"一词含义有二：一是指图画上的景物；二是指现实或想象中的景象。[9] 世界哲学所说的"图景"主要是指第二种含义——

"现实或想象中的景象"，更准确地说是指现实中的景象，而不是想象中的景象。了解了图景一词的含义，"世界图景"这一概念就容易理解了，那么，什么又是世界图景呢？世界哲学将其定义为：

世界图景是指世界的景象。

我们在第三章第五节讨论过物的要素，构成物的第四个要素就是外部形态。由于物是一个独立的整体，所以它必然会形成一定的外部形态，如形状、体积、颜色、温度、气味等等。假若用流行的语言来表达，那么外部形态就是物的"面子"。世界同样也是一个整体，所以它也必然会形成自己的外部形态，形成自己特殊的景象，这个形态或景象就是世界图景。世界图景是世界哲学研究的第四个大问题，我们也可以称其为"世界图景学"。

我们在第三节探讨过宇宙的结构，宇宙的结构是由不计其数的天体、大量不同层次的星系组合而成的巨大系统，那么，这个巨大的系统又会呈现出什么样的景象或图景呢？在现实生活中，如果想了解一个事物的景象或图景，我们可以通过看或观察的方式就能够知道。例如想了解菊花的景象或图景，只要我们去看一看就可以知道菊花的景象或图景；想了解北京故宫的景象或图景，只要我们到那里去看一看就能够达到目的。但是，要想了解世界的景象或图景就没有那么容易了，因为世界浩瀚无垠，人的视觉能力又是有限的，所以凭借人的肉眼很难看到整个世界，也更难观察到世界的全部景象或图景。那么，如何解决这个难题呢？科学为我们解决了这个难题，天文学家通过光学望远镜、射电望远镜等仪器观察、研究宇宙，比较清楚地描绘出了世界的景象或图景。这样通过天文学家描绘的世界图景，我们就可以对它有一个清晰的认识。那么，世界的图景究竟是什么样呢？我们分别从两个角度看世界的图景。

首先从地球的角度看，人类生存于地球，他们看得最多、接触最多的就是地球，人们常常把地球称作"世界"，所以我们首先讨论地球的图景。

（图22）　太阳系与地球

图 22 是一张地球与太阳系的关系图，从图中可以看出地球是太阳系中的一颗行星，它与其他行星一起围绕着太阳旋转。通过这张图可以看出地球的一些图景，首先看地球的形状，粗略地看地球是一个圆圆的球体，仔细地看地球的两极稍扁，赤道略鼓，所以它的形状是个三轴椭球体。我们再看地球的颜色，从

图中我们可以看出地球的颜色是蓝色的，它是一颗美丽的星球。然后再看地球的大小，在太阳系中，地球的大小属于中等，它小于太阳、木星、土星、天王星和海王星，但大于水星、金星、火星和冥王星。地球有一个天然卫星——月球，二者构成一个天体系统——地月系统。

（图 23） 地球全景图（1972 年）

通过地球与太阳系的关系图，我们对地球的宇观图景有了初步了解，那么，地球的全景又是怎么样的呢？图 23 是地球的一张全景图，通过这张图可以看出地球的全景，地球的表面分布着海洋、冰川、河流、岛屿、陆地、沙漠与山川等，有蓝色的海洋，黄色的大地，绿色的森林，洁白的冰川，这些构成了地球斑驳陆离、绚丽多彩的图景。地球的年龄大约 46 亿年，地球的内部由三个圈层组成，分别是地核、地幔和地

壳。地壳是地球最外面的一小薄层，平均厚度在 35~45
公里之间，地球上的海洋、冰川、河流、岛屿、陆地、
沙漠和山川就分布在这个小薄层上。在地球的演化过
程中，它蕴育出不计其数的物，人们把它们称为万物，
例如各种各样的无机物、有机物、植物、动物和人类。
地球就像一个大家园，万物就像它的孩子，这些孩子
们在大家园里互相联系、互相作用，组合分解，演化
生灭，分合聚散，它们（他们）在这里演出了一幕又
一幕精彩的戏剧。

　　一颗美丽的星球，上面分布着海洋、冰川、河流、
岛屿、陆地、沙漠和山川，万物在这里生存生息、组
合分解、演化生灭，这就是地球的图景。

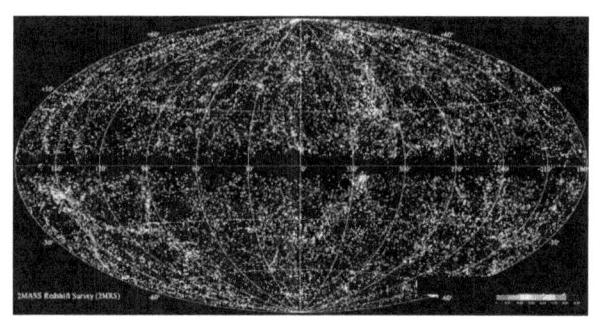

（图24）　宇宙全景

　　上面探讨了地球的图景，下面再探讨宇宙的图景。
图24是欧洲宇航局拍摄的人类观测范围的宇宙全景，
图中的亮点就是一个个星系，太阳系只是其中的一个
小亮点。有人根据引力理论推算，我们的宇宙大约有

100 亿个星系，我们所在的银河系里大约有 1000 亿个恒星，许多恒星各有自己的行星，银河系里大约有 500 亿颗行星。[10] 根据美国国家航空航天局 2001 年发射升空的 WMAP 宇宙微波背景辐射探测器获得的资料，天文学家威克斯推断，宇宙其实是有限的，相对说来其实并不大，大约只有 70 亿光年宽度，形状为五边形组成的 12 面体，好像足球。人们之所以感觉宇宙是无限的，是因为宇宙就像一个镜子迷宫，光线传过来又传过去，让人们发生错觉，误以为宇宙在无限伸展。《新科学家》杂志报道了威克斯的推断。

通过宇宙全景图可以看出，宇宙中存在着不计其数的星系，这些星系沿着各自的轨道在不停地旋转，不停地组合演化，聚散分合，不停地生生灭灭。整个宇宙就像一个巨大的舞场，那众多的星球和天体就是这个舞场中的舞者，它们在这个巨大的舞场中翩翩起舞，演出一曲又一曲宏大的舞剧，这就是宇宙的图景。

第五节 世界的本质

本节探讨的核心问题：世界的本质

本节内容脉络：

一、什么是世界的本质？

二、传统世界本质论

三、世界的真正本质

第四节探讨了世界的图景，我们对世界的景象已经有了总体的认识，下面我们探讨关于世界的第五个大问题：我们人类所处的世界究竟是什么东西？或者说世界的本质究竟是什么？这个问题就是世界的本质问题。从人类诞生之日起，他们的脑海里就出现了这个疑问或问题，他们希望有人能对这个疑问或问题做出解释与回答。数千年来，有许多哲学家、思想家、科学家、宗教家、文学家以及勤于思考的人，都对这一问题进行了思考与探索，也曾提出各种各样的学说、理论或设想，但令人遗憾的是，直到 21 世纪的今天，这个最重要、最基本的问题仍然没有一个准确的、令人信服的答案。世界哲学认为，世界的本质问题确实是哲学需要回答的一个最根本、最重要的问题，所以世界哲学把该问题列为专题进行探讨，试图对该问题做出更为准确可信的解释与回答。

一、什么是世界的本质？

在探讨世界本质之前，我们首先需要搞清"本质"的含义，那么，究竟什么是本质呢？在第三章的第六节，我们对"本质"进行过定义：所谓本质就是决定一事物成为该事物而非他事物的属性，由于这种属性对事物具有决定性作用，所以称为本质属性。

本质是事物决定性的属性，那么，什么是世界的本质呢？所谓世界的本质就是世界的本质属性，那么，世界的本质属性又是什么呢？我们在这里所说的世界的本质属性是指，究竟是什么东西决定世界成为世界？是什么东西对世界起着决定性的作用？或者说世界在本质上究竟是什么东西？所以研究世界的本质其实就是研究世界是由什么东西构成的，是什么东西使世界成为世界，这是世界本质问题的要害与核心。

长期以来，不少哲学家都在探索世界的"本原"问题，这个问题已经成为哲学的一个重要课题。那么，什么是本原呢？哲学辞典的解释是：构成世界万物的根源、元素、始基或共同基础。[11] 古希腊哲学家阿那克西曼德（Anaximandros，约前 610-前 546）最早提出这一哲学范畴，亚里士多德又作了更细致的解释：所谓本原是指万物都由它构成，开始由它产生，最后又化为它。本原又称"本体"，本体论是传统哲学的重要组成部分。

可以看出，世界哲学所说的世界本质问题与传统哲学所说的本原具有密切关系，只要能够找到构成世界万物的本原，那就有可能确定世界的本质，所以对世界本质的研究其实就是寻找世界的本原。

二、传统世界本质论

对世界本质的研究就是寻找世界的本原，那么，世界的本原究竟是什么呢？数千年来，哲学家们对这个问题进行了不懈的探索，提出了各种各样的答案，如果对这些答案进行总结和归类，大致可以划分为三种大的类型：唯心论、唯物论和二元论。

首先介绍唯心论，唯心论又称唯心主义，它认为构成世界的本原是精神，例如理念、绝对精神、感觉、意志、灵魂、"理"及"心"等，所以世界的本质是精神。由于精神是非物质的，所以世界的本质也是非物质的。

由于对精神的性质有着不同的认识，唯心主义又分成客观唯心主义与主观唯心主义两种类型。客观唯心主义认为，在我们的世界中存在着一种非物质的精神实体，这种非物质的精神实体就是构成世界的本原，所以世界的本质是精神，世界万物都是精神的产物。客观唯心主义最著名的代表人物是古希腊哲学家柏拉图（(Plato，前 427-前 347)，柏拉图认为世界的本原是精神性的"理念"，万物分有理念，世界万物都是由理念派生出来的，所以世界的本质是理念。现实世界之外存在着一个理念的世界，理念世界才是本质的世界，而现实世界只不过是理念世界的影子。客观唯心主义另一个代表人物是德国哲学家黑格尔，黑格尔认为世界的本原是"绝对精神"，绝对精神是客观独立存在的某种宇宙精神，这种精神实为一种逻辑思维，是脱离了人并与客观世界相分离的，只以概念形式表现出来。绝对精神是先于自然界和人类社会永恒存在着的实在，是宇宙万物的内在本质和核心，万物只是它的外在表现。[12] 按照黑格尔的观点，世界的本原是绝对精神，那么，世界在本质上只不过是一个按照逻辑规律自行运动发展的精神系统。

与客观唯心主义稍有不同，主观唯心主义认为，世界的本原不是客观的精神，而是大脑所产生的主观精神，例如感觉、意识、意志、表象、"心"等，精神的本质是非物质的。由于非物质的精神是世界的本原，所以世界的本质自然是精神的，而物质及物质世界只不过是精神的产物与表现。主观唯心主义的著名代表人物是英国主教贝克莱，他的名言是"存在就是被感知"、"物是观念的集合"，他认为世界的本原是人的"感知"与"观念"，所以世界的本质是精神。怀疑论哲学家休谟认为，知觉形成世界与自我，这就是说主观的"知觉"是世界的本原，那么世界的本质自然是精神。德国哲学家叔本华（Arthur Schopenhauer, 1788-1860）认为，"世界是我的表象"、"世界是我的意志"，[13] 这就是说世界的本原是主观的"表象"或"意志"，这样世界的本质就是精神。德国哲学家费希特（Johann Gottlieb Fichte, 1762-1814）认为，世界是人的主观创造物；德国哲学家尼采（Friedrich Nietzsche, 1844-1900）认为，世界是"强力意志"。[14] 既然世界是人的主观创造物，既然世界是"强力意志"，那么，世界的本质自然是精神了。在西方哲学中，主观唯心主义影响比较大，现代西方哲学中的实证主义、唯意志论、实用主义等，大多是主观唯心主义的继承与发展。中国哲学家中也不乏主观唯心主义，例如南宋哲学家、陆王心学的代表人物陆九渊（1139—1193）就曾说过："宇宙便是吾心，吾心即是宇宙"，按照陆九渊的说法，人主观的"心"就是世界的本原，那么，世界的本质自然是精神。

介绍了唯心论，下面介绍唯物论，唯物论又称唯物主义。唯物主义的观点与唯心主义截然不同，唯物主义认为，构成世界的本原是客观的物质，例如原子、物体、物质、物质存在、"物理物"、物质粒子以及"气"等，由于物质是世界的本原，所以世界的本质是物质。例如法国哲学家拉美特利在《人是机器》一书说，自然界只有一个唯一的物体，那就是物质。万物有生有灭，而物质永恒。他说："我睁开眼睛就看到我的周围只是物质。"辩证唯物主义也认为，世界的本原是物质，世界是物质的，物质是一切事物、现象的共同本质和统一基础。世界上形形色色的现象都是物质的种种形态，连意识也是物质的产物。世界是物质的统一体。[15]　辩证唯物主义创始人之一的恩格斯在《自然辩证法》一书说："宇宙是一个体系，是各种物体的相互联系的总体""我们所面对的整个自然界形成一个体系，即各种物体的相互联系的总体，而我们这里所说的物体是指所有的物质存在，从星球到原子，'物质是一切变化的主体'。"[16]

虽然唯物主义认为客观世界是物质的，但是，又有不少唯物主义哲学家认为人脑的产物——精神、意识等并不是物质的，而是非物质的，大脑中存在着一个非物质的主观世界。客观世界是物质的，而主观世界却是非物质的，这种唯物主义并不是彻底的唯物主义，实质上仍然是二元论。

19世纪50年代，在德国、瑞士和荷兰出现了一个彻底的唯物主义派别，这个派别的主要代表人物是德国医生及哲学家路德维希·毕希纳（Ludwig Büchner，1824—1899）、瑞士博物学家卡尔·福格特（Karl Vogt，1817—1895）以及荷兰生理学家和哲学家雅·摩莱萧特（Jacob Moleschott，1822—1893）。这三位唯物主义哲学家不仅认为物质是世界的唯一本原，而且进一步认为精神或意识也是物质的、实体的东西，所以他们是彻底的唯物主义。

第三种类型是二元论，二元论认为，构成世界的本原有两种——非物质的精神与物质，由于精神和物质都是世界的本原，所以世界的本质既是精神的，也是物质的。二元论最著名的代表人物是法国哲学家笛卡儿（René Descartes，1596-1650），笛卡尔认为精神是一种"非物质实体"，精神就像存在于"机器"中的"幽灵"。按照笛卡尔的观点，精神实体与物质实体同为世界的本原，所以世界的本质既是精神的又是物质的，上帝是两种实体之上的最高实体，上帝协调身心的活动。

上面分别介绍了唯心主义、唯物主义和二元论对世界本质的不同解释，那么，这些解释能够对世界本质问题做出合理、可靠的解释吗？他们的解释符合实际吗？能够揭示出世界的真正本质吗？下面我们就对它们一一评析。

首先对客观唯心主义进行评析，客观唯心主义认为，存在着一种非物质的精神实体，这种非物质的精神实体就是构成世界的本原，所以世界的本质是精神，物质世界只不过是精神的产物。客观唯心主义最大的问题就是这种非物质精神实体的真实性问题，这种非物质精神实体是从哪里来的？这种非物质精神实体以及非物质的精神世界究竟存在于什么地方？它们究竟是什么样子？它们的结构如何？科学为什么一直无法发现它们？虽然客观唯心主义哲学家们信誓旦旦地说，确实存在着非物质的精神实体和非物质的精神世界，但是数千年来，他们却一直无法提供它们确切的存在地，也无法说出它们的样子，更无法描述它们的结构。科学取得了巨大成就，已发现了遥远的星系和至微的物质粒子，可是为什么却无法发现这种非物质的精神和精神世界呢？吕大吉先生主编的《宗教学通论》是一本内容翔实而又严谨的好书，这本书在讨论上帝、灵魂的真实性时曾讲过一段极富哲理的话："如果一种东西本质上永远超越经验，不能为任何经验所把握（如上帝、灵魂之类），那只能是因为它们根本不存在。" [17]

再者，根据物质不灭定律，物质不可能凭空产生，物质只能产生于物质。非物质的精神与物质是两种截然不同的存在，那么，非物质的精神如何能够产生出物质？又如何产生出物质的世界和万物？如果说非物质能够产生物质，那岂不是违背了物质不灭定律了吗？岂不是与科学冲突了吗？客观唯心主义哲学家们一直无法对这些问题做出合理的、令人信服的解释。

通过以上分析可以看出，客观唯心主义关于非物质精神的真实性很难令人信服，对许多问题也无法做出合理的解释，并与科学冲突，逻辑也无法自洽，所以这种解释基本上属于没有根据的猜测与想象，它无法揭示世界的真正本质。

下面我们再评析主观唯心主义，主观唯心主义认为，构成世界的本原是大脑所产生的精神，精神的本质是非物质的，由于这种非物质的精神是世界的本原，所以世界的本质是精神。与客观唯心主义相同，主观唯心主义最大的问题仍然是非物质精神的真实性问题，主观唯心主义哲学家们说大脑产生了非物质的精神，例如感觉、意识、意志、表象、"心"等等，但是，人们一直无法在大脑中找到这种非物质的精神。脑科学或神经科学已经对大脑进行了深入的研究，科学家们在大脑中发现了大量神经细胞、胶质细胞以及微小的化学分子和离子等，但是始终未能发现非物质的精神，所以这种非物质精神的真实性无法得到证实。此外，大脑是一个由神经细胞等物质构成的物质结构，那么，这个物质结构如何产生出非物质的精神？这些非物质的精神又如何在大脑这个物质结构中安身？

这些非物质的精神又如何与物质的大脑发生相互作用,如何推动大脑的思维、意识、感情等一系列活动?再次,假如说大脑产生的精神是非物质的,那么,这些非物质的精神如何越过大脑在脑外产生物质?如何产生现实世界中的万事万物?又如何产生那个浩瀚的物质世界呢?千百年过去了,主观唯心主义哲学家们一直无法对这些问题做出合理的、令人信服的解释。

通过以上分析可以看出,与客观唯心主义一样,主观唯心主义所说的非物质精神的真实性同样难以令人信服,对许多问题也无法做出合理的解释,同样得不到科学的支持,逻辑也无法自洽,这种解释也属于没有根据的猜测与想象,所以无法揭示出世界的真正本质。

下面再分析唯物主义,唯物主义认为,构成世界的本原是物质,由于物质是世界的本原,所以世界的本质是物质。人类在漫长的生存过程中接触过大量的物,这些物就是由物质所构成,这一点不仅被人类的经验所证实,而且还得到了科学的验证。例如人类生存离不开水,水是一种客观实在的物,那么,水是由什么东西构成的呢?当人类用科学的手段分解水时,发现构成水的是很小的水分子;继续分解又发现,构成水分子的是氢原子和氧原子,而氢原子和氧原子又是由更小的物质微粒所构成。不仅是水,当人们对世界上的物进行分解时,发现所有的物都是由微小的物质微粒所构成，这种微小的物质微粒就是物质。所有的物都是由物质所构成，那么，物质自然就是构成世界的本原。物质本原论不仅被人类的经验所证实，而且还被物理学、化学、生物学、材料科学等科学研究所证实。

物质是世界的本原，世界的本质是物质。唯物主义的解释不仅符合实际，而且也比较合理、可靠。但是，这种解释也存在两个问题：

其一，唯物主义认为世界的本原是物质，可是究竟什么是物质？或者说物质的准确定义究竟是什么？长期以来，物质一直缺乏一个准确、完善和严谨的定义，人们对物质的认识比较模糊，他们无法准确地知道究竟什么是物质。虽然也有一些哲学家和科学家对物质进行过定义，但这些定义大都存在着这样或那样的缺陷与不足，受到人们的质疑与批评，正如德国哲学家施太格谬勒所指出的那样："这个物质概念始终是使这个世纪科学感到最困难、最难解决和最难理解的概念。"唯物主义主张物质是世界的本原，如果不能对物质概念做出准确、完善和严谨的解释，势必会对唯物主义的本原论造成负面影响。

其二，唯物主义未能解决精神问题。根据物质本原论，唯物主义确实能对物质世界做出很好的解释，但是，它却无法对精神以及精神世界做出合理的解释。这是因为传统观念一直认为精神的本质是非物质的，既然精神是非物质的，那么，唯物主义的物质本原论就无法对非物质的精神以及精神世界做出解释。没有办法解决这个难题，唯物主义只好把精神和精神世界这半壁江山留给唯心主义，于是号称物质一元论的唯物主义也不得不屈居二元论的角色。

如果唯物主义不能解决这两个问题，那唯物主义的物质本原论和世界本质论势必会受到严峻挑战。

我们在上面还介绍过以毕希纳为代表的彻底唯物主义，彻底唯物主义认为，物质是世界的唯一本原，精神或意识也是物质的、实体的东西。彻底唯物主义认为精神的本质也是物质，弥补了唯物主义的一个不足，这确实是一大进步。但是，彻底唯物主义也存在一些问题，由于历史与科学发展水平的限制，这些彻底的唯物主义仅仅提出了一些观点或命题，并没有对这些观点或命题进行深入的研究与论证，没有对精神为什么是物质做出深入的解释，更没有提出有力的证据，所以不少人认为他们的观点极不可靠，受到不少责难与攻击，同为唯物主义的辩证唯物主义甚至把他们讥讽为"庸俗唯物主义"。

最后我们分析二元论，二元论认为，构成世界的本原有两种——物质与非物质的精神，由于精神和物质都是世界的本原，所以世界的本质既是精神的，也是物质的。二元论认为，非物质的精神也是世界的本原之一，非物质的精神构成非物质的精神世界，这样主观唯心主义所有的问题它都会面临。此外，二元论还面临着一个大难题：非物质的精神如何与物质相互作用？在人的大脑中，精神与物质的大脑需要相互作用，精神需要推动、指挥大脑进行思维、记忆、意识、感情等一系列活动，然而，大脑是由神经细胞等构成的物质结构，如果精神的本质真的是非物质，那么，非物质的精神如何推动、指挥物质的大脑进行思维、记忆、意识、感情等活动？二元论的代表人物笛卡尔也对这个问题感到困惑：非物质的"幽灵"如何推动大脑这部物质的"机器"呢？二元论哲学家们一直无法解决这个难题。

通过以上分析可以看出，二元论不仅无法解决主观唯心主义所面临的问题，而且也无法解决非物质的精神如何与物质相互作用这一难题，所以二元论同样也无法揭示出世界的真正本质。

三、世界的真正本质

上面介绍了唯心主义、唯物主义和二元论的本原论及世界本质论，并对它们进行了评析，通过评析可以看出，这些传统的本原论与本质论都存在着这样或那样的缺陷与不足，都无法揭示出世界的真正本质。那么，世界的真正本质究竟是什么呢？本小节将对这个问题进行专门探讨。

我们在第一小节进行过探讨，世界的本质与本原具有密切关系，只要能找到构成世界万物的本原，那就有可能确定世界的本质。那么，世界的本原究竟是什么呢？世界哲学的第二章是"材料哲学"，"材料哲学"的主题就是研究构成世界万物的最基本材料，这个最基本的材料其实就是本原。那么，构成世界万物最基本的材料或本原究竟是什么呢？经过深入、细致地研究，"材料哲学"已经得出明确的结论：这个最基本的材料或本原就是物质，准确地说就是最微小的物质粒子。

构成世界万物的本原就是物质粒子，那么，这些微小的物质粒子又是如何构成世界万物的呢？本书的第三章"组合哲学"对这个问题进行了深入、系统的研究，并揭示了物质粒子构成世界万物的基本过程，物质粒子互相组合构成基本粒子，基本粒子互相组合构成原子，原子互相组合构成分子，分子互相组合构成化学元素，化学元素互相组合构成各种化学物质，化学物质互相组合构成各种各样的物，物与物互相组合构成对子、组、群、系列、序列、系统、场、环境、层、层系等，最后构成了世界。通过这个过程可以看出，世界万物都是物质粒子不断组合而成的。

上面探讨的是地球这个世界，下面我们再探讨宇宙，那么，宇宙又是如何形成的呢？在本章的第二节我们探讨过宇宙的起源，第三节探讨过宇宙的形成与演化，通过这些探讨也可以清楚地看出宇宙形成的基本过程。在宇宙大爆炸之初，形成了大量的物质粒子，这些物质粒子互相组合构成基本粒子，基本粒子互相组合构成原子，原子互相组合构成分子，分子互相组合构成化学元素，化学元素互相组合构成各种物质，物质互相组合并演化成稀薄的星际气体、星际尘埃以及弥散状的星云，星际气体、星际尘埃以及星云再互相组合、演化成各种星球，星球与星球互相组合、演化成各种星系，星系与星系互相组合构成宇宙。通过宇宙的形成过程可以看出，宇宙也是由物质粒子不断组合、演化而成的。

世界的本原是物质粒子，宇宙和世界万物都是物质粒子组合、演化而成的，所以我们可以得出这样的结论：

世界是物质粒子组合、演化而成的世界，所以世界的本质是物质，而不是非物质的精神，更不是神秘的鬼神或其他超自然存在。

这就是世界哲学关于世界本质的结论，由于这个结论来自宇宙演化的实际，来自自然科学的成果，并经过了人类经验以及科学的检验与验证，所以这个结论揭示了世界的真正本质，它不仅是合理的，而且也是可靠的。

我们在上面对唯物主义进行过评析，唯物主义也认为世界的本质是物质，但是，传统的唯物主义存在着一个难题，这就是如何准确、完善、严谨地定义物质。那么，世界哲学能够解决这一难题吗？在本书的第二章"材料哲学"中，世界哲学用了大量篇幅对物质概念进行了深入、细致的探讨，并为它拟定了一个更为准确、完善和严谨的定义：

物质就是最基本的粒子，物质粒子具有质量和能

量，并占有空间和时间，它是构成世界万物最基本的材料。

该定义不仅明确揭示了物质的本质属性，而且还揭示了物质的四个特有属性以及功能等，这样通过新定义，人们就有可能对物质有一个准确、完善的认识，就有可能解决传统唯物主义面临的那个难题。

除了物质的定义，传统唯物主义还面临一个难题，这就是精神问题。千百年来，传统观念一直认为精神的本质是非物质，如果精神真的是非物质，那就会对唯物主义的物质本原论及世界本质论造成严峻的挑战。长期以来，传统唯物主义一直无法解决这一难题，只好把精神领域拱手让给唯心主义，导致唯物主义蜕变成二元论。那么，世界哲学能够解决这一难题吗？本书作者探索精神之谜长达数十年之久，著有《破解大脑之谜——精神分子论》与《精神的革命》两书。通过数十年艰难探索，作者提出了一个新的精神理论——"精神分子论"，精神分子论认为，精神的本质并不是虚无缥缈、神秘莫测的非物质实体，精神是大脑这个物质结构的产物，精神是大脑神经元合成的一种特定的化学分子，精神的本质是分子，而人脑中的精神信息就蕴涵在这些化学分子之中。既然精神的本质是分子，既然精神的信息就蕴涵在化学分子之中，那么，构成精神世界的材料必然也是精神分子。精神分子论彻底颠覆了传统观念，对精神的本质提出了全新的论断，那么，这个论断符合实际吗？有事实依据吗？能通过科学的检验和验证吗？作者在《破解大脑之谜——精神分子论》《精神的革命》两书中提供了大量的证据和实验验证，这些证据和实验验证有力地证明，精神分子论的这个论断是有事实依据的，是符合实际的，也是真实可靠的。由于篇幅所限，这里不能作更详细的介绍，有兴趣的朋友可以读一读《破解大脑之谜——精神分子论》与《精神的革命》两书。在科学唯物主义的第二卷《人类哲学大纲》中，我们将对精神的本质进行更深入、细致的探讨。

精神的本质是分子，由于分子属于物质的范畴，所以精神的本质并不是非物质，而是物质，世界哲学通过精神分子论解决了传统唯物主义面临的另一个难题。不仅如此，精神本质的改变还有可能产生更广泛的影响，千百年来传统观念一直认为，精神的本质是非物质，于是精神与物质是对立的，心灵与肉体是对立的，精神世界与物质世界也是对立的，精神分子论彻底地颠覆了传统观念，由于精神的本质也是物质，于是精神与物质是同一的，心灵与肉体是同一的，精神世界与物质世界也是同一的。精神与物质从对立到同一，心灵与肉体从对立到同一，精神世界与物质世界从对立到同一，这种彻底的物质一元论和世界本质论，有可能改变流传千百年的两个世界的图景，有可能改变哲学的范式，有可能改变人类对整个世界的认识。

世界哲学认为，世界就像一个大舞台，物质元素

就像演员，一个个演员组合起来，在这个大舞台上演出一幕又一幕精彩的戏剧。一幕戏演完了，物质元素又重新组合起来，演出另一幕戏剧。世界上纷繁复杂、丰富多彩的事与物，其实都是互相组合的物质元素演出的戏剧，世界万事以及整个世界都是物质元素的组合与演化，所以从最终极、最本质的角度看，世界就是一个不断组合、不断演化的物质组合体。

通过探讨，世界哲学得出了关于世界本质的最终结论：

构成世界的基本材料是物质，物质互相组合构成万物，万物又在不断演化之中，而世界就是一个不断组合、不断演化的巨大物质系统。

为了更准确地揭示世界的本质，世界哲学总结了一个世界公式：

$$W = M \{ C^n + E(e1,e2,e3……en)\}$$

$$(0 < n < \infty)$$

公式中 W 表示世界（world），M 表示物质（material），C 表示组合（combination），E 表示演化（evolution），e 表示不同的演化状态。该公式说明，世界其实就是物质不断组合与演化的产物，就是一个不断组合、不断演化的巨大物质系统。

第六节 为什么相信世界哲学？

在前面的五节中，世界哲学对世界的六个根本性问题——世界的定义、起源、形成、演化、图景以及本质进行了探讨，并对这些问题做出了解释，目的就是回答人类对世界的种种困惑，使人类对世界有一个全面而又正确的认识。长期以来，许多哲学家也曾对世界问题做出过解释，但其中不少解释未能真实地反映世界，未能揭示出世界的本来面目，所以他们的解释难以令人相信。那么，世界哲学的解释能够真实地反映世界吗？能够揭示出世界的本来面目吗？值得人们相信吗？下面就对这个问题进行探讨。

(1)世界哲学的解释是合理的，能够真实地描述世界，能够揭示世界的本来面目。

千百年来，传统哲学研究的世界大都是现实世界之外的形而上学的世界，这种虚无缥缈、神秘莫测的世界无法被人类感知，科学也探测不到它们的存在，所以这种世界大都是虚幻的。况且传统哲学的研究方法又是思辨，由于这种空洞的思辨脱离现实、脱离实际、脱离生活，所以不少思辨都变成了哲学家们的主观想象、臆测或幻想。研究的对象是虚幻的世界，研究的方法又是主观想象、臆测或幻想，那么可想而知传统哲学很难真实地描述世界，很难揭示出世界的本来面目。例如柏拉图所说的理念世界就是一个虚无缥缈、神秘莫测的世界，它无法被人类感知，科学也探测不到它的存在，这个世界并不是真实的世界，所以通过这个不真实的世界不可能对真实的世界做出合理的解释，也不可能真实地描述世界，不可能揭示世界的本来面目。

与传统哲学不同，世界哲学所研究的世界是人类生活于其中的那个生活世界、现实世界或可感世界，这个世界不仅能够被人类感知，而且科学也能够探测到它的存在，所以这个世界是一个真实的世界。与传统哲学的研究方法不同，世界哲学采用的方法是科学思辨、实证与检验，科学的思辨再加上实证与检验，通过这种方法形成的知识必然具有较大的合理性。研究的对象是真实的世界，研究的方法又是科学思辨、实证与检验，所以世界哲学的解释是合理的，能够真实地反映世界，能够揭示出世界的本来面目。

(2)世界哲学的解释得到大量证据的证实，所以是可靠的。

世界哲学的解释不仅是合理的，而且还能得到大量证据的证实，所以这些解释是可靠的。例如世界的本原问题，客观唯心主义认为存在着一种非物质的精神本原，正是这种精神本原构成了世界。但是，由于非物质的精神虚无缥缈，人们无法感知它们，无法通过经验或科学证实它们的真实性，所以客观唯心主义的本原论是不可靠的。与唯物主义一致，世界哲学也认为世界的本原是物质，物质是实在的可感的，人们不仅可以感知它们，而且还也可以通过大量经验事实以及科学手段证实物质的真实性，所以世界哲学和唯物主义的本原论是可靠的。

(3)世界哲学的解释与科学契合一致，并得到了科学的检验与验证，进一步证明了它的合理性与可靠性。

更为重要的是，世界哲学的解释与科学契合一致，并得到了科学的检验与验证，进一步证明了它的合理性与可靠性。例如宇宙的起源，黑格尔认为宇宙的本原是绝对精神，世界上的一切都是"绝对精神"派生出来的，绝对精神在它发展的最终阶段"外化"为自然界或者说宇宙。按照黑格尔的说法，宇宙是由绝对精神演化而来的，宇宙起源于绝对精神。这种解释与科学相悖，自然也无法得到科学的支持，所以黑格尔的宇宙起源说完全是"醉汉的胡言乱语"（爱因斯坦），既不合理，也不可靠。

与传统哲学不同，世界哲学在解释宇宙起源时，吸纳了自然科学的成果，用大爆炸理论来解释宇宙的起源。这种解释与科学契合一致，得到了科学的支持，进一步证明了它的合理性与可靠性。

(4)世界哲学在逻辑上是自洽的。

长期以来，唯心主义、二元论以及大多数唯物主义都认为，精神的本质是非物质，于是精神与物质、心灵与肉体、精神世界与物质世界之间的关系就成了矛盾或对立的关系，二者之间存在着一条鸿沟，导致世界也成为一个矛盾的、不统一的世界。由于存在着这么多矛盾或对立，那么，唯心主义、二元论以及大多数唯物主义在逻辑上就很难自洽。与传统哲学不同，世界哲学认为精神的本质也是物质，这样精神与物质、心灵与肉体、精神世界与物质世界就是统一或同一的，二者之间也不存在什么鸿沟，世界也变成了一个统一的世界。由于消除了矛盾或对立，由于世界是一个统一的世界，所以世界哲学在逻辑上是完全自洽的。

(5)世界哲学能够对一系列世界问题做出很好的解释。

衡量一个理论的优劣，一个重要标准就是看它能否对相关问题做出好的解释。如果一个理论无法对相关问题做出好的解释，那就很难说这个理论是一个好的理论。例如唯心主义认为，非物质的精神是世界的本原，精神产生物质，精神推动物质的运动。但是，非物质的精神如何产生出物质？非物质的精神如何推动物质的运动？唯心主义一直无法对这些问题做出合理的解释，所以很难说唯心主义是一个完美的理论。

与唯心主义不同，世界哲学能够对这些问题做出合理的解释，精神是大脑神经元产生的特定化学分子，精神的本质也是物质，所以物质可以产生精神，精神也可以产生物质。由于精神与物质在本质上是统一的，所以精神与物质完全可以相互作用，物质可以推动精神的运动，精神也可以推动物质的运动。

通过以上探讨可以看出，由于世界哲学对世界问题的解释是合理的，可靠的，与科学契合一致的，逻辑上自洽的，又能对相关问题做出很好的解释，所以世界哲学的解释是完全可以相信的。

第七节 世界哲学的价值与意义

在第五章，我们把世界整体列为一个专门的哲学分支，对世界的定义、起源、形成、演化、图景以及本质等一系列问题进行了全面而又系统的探讨。长期以来，哲学家们大都对本体论或形而上学比较关注，但把世界整体列为专门的哲学分支并进行全面、系统研究的并不多。那么，世界哲学为什么要把世界整体列为专门的哲学分支并进行全面、系统的研究呢？研究世界整体的目的是什么呢？或者说世界哲学的价值与意义是什么呢？本小节就对这个问题进行探讨。

一、世界哲学既是前三章的汇总，也是全书的总结。

本书共分六章，第五章是世界哲学，第五章前面的三章分别是材料哲学、组合哲学和演化哲学。材料哲学揭示了构成世界万物的最基本材料是物质，组合哲学揭示了物质如何构成万物，演化哲学揭示了万物如何演化，而世界哲学则进一步揭示物质是如何最终构成世界的，揭示了世界的定义、起源、形成、演化、图景及本质等。微小的物质粒子经过不断地组合与演化，最终形成了浩瀚的世界，所以世界哲学是材料哲学、组合哲学和演化哲学的汇总。我们可以把前四章的关系概况如下：

材料哲学——→组合哲学——→演化哲学——→世界哲学

通过这个关系式可以看出，世界哲学的理论结构比较清晰，从材料哲学这个基础开始，各个哲学分支联系紧密、层层递进，形成了一个结构合理、逻辑严密的整体。在这个整体中，第五章不仅是前三章的汇总，而且也是全书的总结，所以世界哲学具有重要的价值与意义。

二、世界哲学对世界重大的根本性问题做出了解释，回答了人类的疑问与困惑。

我们在本章的开头曾说过，从人类诞生的第一天起，他们面对的就是他们生存于其中的世界，于是他们必然会产生许许多多的疑问与困惑：我们眼前的这个世界究竟是从哪里来的？是由什么东西构成的？它是如何形成的？又是如何演化的？世界是什么样子？世界的本质又是什么？…… 从人类诞生一直到21世纪的今天，几百万年过去了，但人类一直没有停止对这些问题的追问、思考与探索，所以世界问题无疑是人类所面临的最大问题。正如著名科学家史蒂芬·霍金所说的那样："自从文明开始,人们即不甘心于将事件看作互不相关而不可理解的。他们渴求理解世界的根本秩序。今天我们仍然渴望知道,我们为何在此?我们从何而来?人类求知的最深切的意愿足以为我们所从事的不断探索提供正当理由。而我们的目标恰恰正是对于我们生存其中的宇宙作完整的描述。"[18]

世界问题是人类面临的最大问题,千百年来,哲学也把揭示世界的奥秘列为哲学的终极目标,一代又一代的哲学家们对这些问题进行了思考与探索,也取得了一定的成果。但是,由于许多哲学家探索的"世界"出现了错误,他们误把虚幻的形而上学世界当成了真实的世界;再加上研究方法的失误,他们用空洞的思辨去探索一个虚幻的世界,其结果可想而知。尽管哲学家们耗费了漫长的时间,花费了巨大的精力,但他们制造的却是一大堆虚幻的空中楼阁和哲学神话,这些虚幻的空中楼阁和哲学神话根本无法对世界做出合理、可靠的解释。

假如把哥白尼(Nikolaj kopernik,1473 – 1543)的《天体运行论》的发表作为近代科学的开端,那就说明科学也一直在关注世界问题,也一直把揭示世界的奥秘作为自己的终极目标。数百年来,自然科学对世界进行了大量研究,也取得了许多重要成果,回答了人类的许多疑问与困惑。但是,由于自然科学发展水平的限制以及自身的一些局限性,自然科学尚不能对世界做出全面而又系统的解释，也不能回答人类所有的疑问与困惑。

与自然科学相比较，虽然哲学有诸多不足，但是，哲学又有自己的特点与长处；作为科学的先导，哲学可以发挥自己的长处，对世界进行哲学的思考与探索，从哲学的角度对世界做出解释。世界哲学就是如此，它学习并汲取了自然科学的方法与成果，对世界整体进行了专门的探索，从哲学的角度对世界的定义、起源、形成、演化、图景以及本质等一系列问题做出解释，形成了关于世界的根本知识，这些解释和知识有可能回答人类的许多疑问与困惑，为解决人类所面临的最大问题做出贡献。

三、实现哲学的终极目标，用一个简单的理论描述和解释世界。

著名科学家史蒂芬·霍金说过："科学的终极目的在于提供一个简单的理论去描述整个宇宙。"哲学同样也是如此，哲学的终极目标也是用一个简单的理论描述和解释世界。世界哲学努力追求这一目标，在本书中，世界哲学不仅对世界的定义、起源、形成、演化、图景与本质等一系列问题进行了研究，而且还总结出了一个简单的理论来描述和解释世界。那么，这个理论究竟是什么呢？这个简单的理论就是"物质-组合-演化理论"，该理论用最简约的语言描述和解释世界：

世界起源于宇宙大爆炸，大爆炸产生出物质，物质的不断组合和演化构成世界万物，世界就是一个不断组合、不断演化的巨大的物质系统。

世界哲学不仅用最简约的语言描述、解释世界，而且还尝试用一个数学公式对世界做出更精确的描述：

$$W = M \{ C^n + E(e1,e2,e3\ldots\ldots en)\}$$

$$(0 < n < \infty)$$

世界哲学通过最简单的理论对世界做出解释，积极推进哲学和科学终极目标的实现。

四、完成哲学一直未能完成的任务，实现哲学的宗旨与初衷。

正是由于世界问题是人类面临的最大问题，所以从哲学诞生的那一天起，它就为自己树立了一个终极目标，这就是找到世界的"万有之理"，对世界做出解释，这不仅是哲学的初衷，而且也是哲学的宗旨。然而三千多年过去了，由于内外各种原因，哲学一直未能完成这个任务，一直未能实现这一宗旨与初衷。西方哲学经过几次转向，甚至遗忘、丢弃了这个宗旨与初衷。

世界哲学牢记哲学的宗旨与初衷，把世界列为首要问题，对世界的定义、起源、形成、演化、图景以及本质等问题进行专门探讨，对世界做出全面而又系统的解释，试图完成哲学一直未能完成的任务，努力实现哲学的宗旨与初衷。

五、颠覆传统观念，彻底改变人们对整个世界的认识。

数千年来，无论是唯心主义或二元论，也无论是主流唯物主义，绝大多数哲学家都一致认为，我们的世界由两个截然不同的世界构成，一个是物质世界，而另一个则是非物质的精神世界。这个观点广泛传播、代代相传，几乎成为一种毋庸置疑的传统观念。

世界哲学对精神的本质进行了深入研究，发现精神是大脑神经元产生的化学分子，精神的本质是物质，而不是什么非物质。既然精神的本质也是物质，那么，精神世界与物质世界就不再是两个截然不同的世界，而是一个统一的物质世界。从两个截然不同的世界到一个统一的世界，世界哲学颠覆了传统观念，彻底改变了人们对整个世界的认识，这也是世界哲学一个重要价值与意义。

六、普及世界知识，让更多的人参与到世界问题的探索和讨论中。

著名科学家史蒂芬·霍金在《时间简史》一书中还提出了一个很好的倡议："如果我们确实发现了一套完整的理论，它应该在一般的原理上及时让所有人（而不仅仅是少数科学家）所理解。那时，我们所有人，包括哲学家、科学家以及普普通通的人，都能参加为何我们和宇宙存在的问题的讨论，如果我们对此找到了答案，则将是人类理智的最终极的胜利——因为那时我们知道了上帝的精神。" [19]

世界是人类共同的家园，世界问题是人类共同关注的问题，如果能吸引更多的科学家、哲学家、教育家、文学家、艺术家、金融家、宗教家以及普通大众参与到世界问题的探索和讨论中，那对探索世界以及普及世界知识，都是一件莫大的好事。与自然科学中的宇宙学、天体物理学等相比较，世界哲学对世界问题的解释更简约、更通俗，容易理解、容易普及，所以通过世界哲学有可能吸引更多的人参与到世界问题的探索与讨论中，这也是世界哲学的一个价值。

七、世界哲学证明了一个事实，哲学也能合理地描述和解释世界。

17 世纪以来，科学从哲学中分化出来，成为了一门独立的学科。随着科学的飞速发展，科学的疆域逐渐扩大，而哲学的疆域却逐渐缩小，原本由哲学研究的许多问题都变成了自然科学研究的课题。哲学已经跟不上科学的步伐，于是不少人都断言：哲学不可能合理地描述和解释宇宙，"哲学已死"。著名德国哲学家海德格尔（Martin Heidegger，1889-1976）在《哲学的终结和思的任务》中也悲观地说：哲学试图合理地描述宇宙，这一理想由自然科学和技术完满地实现了，因而哲学终结于自然科学。

哲学真的无法合理地描述、解释世界吗？世界哲学认为，虽然自然科学有许多长处，但是，哲学也有自己的独特之处。例如哲学可以把自然、人类社会、心灵、历史、文学、艺术等诸多领域都作为自己的研究对象，从中总结出关于世界的根本知识，从而对世界做出合理的描述与解释，这一点自然科学是无法做到的。此外，哲学是科学的先导，与科学相比较，哲学更自由，更灵活，思维更活跃，思路也更宽，所以哲学也能够对世界做出合理的描述与解释。世界哲学从哲学的角度对世界进行了探究，不仅对世界的定义、起源、形成、演化、图景与本质等一系列问题做出了解释，而且还总结出了一个简单的理论描述和解释世界，世界哲学用事实证明，哲学也能够合理地描述和解释世界，哲学并没有死亡！

注释：

[1] 夏征农主编:《辞海》,上海辞书出版社 2000 年版，第 43 页。

[2] 夏征农主编:《辞海》,上海辞书出版社 2000 年版，第 1205 页。

[3] 胡塞尔:《欧洲科学的危机和先验现象学》,1982 年德文版，第 52 页。

[4] 龚耘、彭克慧:《哲学的故事》，北京光明日报出版社 2005 年版。

[5] 孙美堂等:《哲学新论》，北京理工大学出版社 2004 年版，第 97-98 页。

[6] 张长城、赵春义、李福林:《新科学知识手册》，吉林大学出版社 1985 年版，第 420 页。

[7] 亚里士多德：《形而上学》，第 9 页。

[8] 亚里士多德：《物理学》，商务印书馆 1982

年版，第 65 页。

[9] 李行健主编：《现代汉语规范词典》，外语教学与研究出版社、语文出版社 2004 年版，第 1318 页。

[10] 孙美堂等：《哲学新论》，北京理工大学出版社 2004 年版，第 138 页。

[11] 冯契、徐孝通主编：《外国哲学大辞典》，上海辞书出版社 2000 年版，第 149 页。

[12] 冯契、徐孝通主编：《外国哲学大辞典》，上海辞书出版社 2000 年版，第 675 页。

[13] 赵敦华：《现代西方哲学新编》，北京大学出版社 2001 年版，第 10 页。

[14] 赵敦华：《现代西方哲学新编》，北京大学出版社 2001 年版，第 14 页。

[15] 肖前、李秀林、汪永祥主编：《辩证唯物主义原理》，人民出版社 1991 年版，第 58 页。

[16]《马克思恩格斯全集》第 2 卷，第 164 页。

[17] 吕大吉主编：《宗教学通论》，中国社会科学出版社 1989 年版，第 755 页。

[18] [英]史蒂芬·霍金：《时间简史》，湖南科学技术出版社 1992 年版，第 22 页。

[19] [英]史蒂芬·霍金：《时间简史》，湖南科学技术出版社 1992 年版，第 156 页。

[20]李达：《唯物辩证法大纲》，人民出版社 1978 年版，第 163、210 页。

第六章　科学唯物主义

本章的主题：科学唯物主义

一、世界哲学与科学唯物主义

二、什么是唯物主义

三、历史上的唯物主义

四、正确认识唯物主义

五、什么是科学唯物主义

六、科学唯物主义的主题与内容

七、科学唯物主义是唯物主义发展新阶段

八、科学唯物主义是哲学的新范式

第一节　世界哲学与科学唯物主义

前五章已经结束，这里对前面的内容进行回顾与总结。

在第一章，我们分别探讨了哲学和世界哲学的定义，世界哲学的主题与内容，世界哲学的方法等，目的是让朋友们对哲学和世界哲学有一个基本的了解。

第二章是"材料哲学"，"材料哲学"探讨的主题是：构成世界万物的最基本材料是什么？在这一章中，我们详细探讨了物质的定义、功能、来源以及规律等，目的是让朋友们对构成世界万物的最基本材料——物质有一个准确、深入的认识。"材料哲学"是世界哲学的基础与前提。

第三章是"组合哲学"，"组合哲学"探讨的主题是：物质材料如何构成万物？在第三章中，我们首先揭示了物质构成万物的主要方式——组合，然后又分别探讨了物质如何组合成元素、物、结构、对子、组、群、系列、序列、系统、场、环境、层及层系等。通过这些探讨，"组合哲学"揭示了物质材料构成万物的过程与机理，解释了物质是如何构成万物的。

第四章是"演化哲学"，"演化哲学"探讨的主题是：万物是如何演化的？在第四章中，我们首先探讨了演化的定义与主体，然后又探讨了万物的演化以及演化的各种方式，而后又探讨了演化的方向、动力、周期以及轨道，最后又专门探讨了演化的十条规律。通过这些探讨，"演化哲学"揭示了万物究竟是如何演化的。

第五章是"世界哲学"，"世界哲学"探讨的主题是世界整体，探讨物质如何最终构成了浩瀚的世界。在第五章中，我们首先探讨了世界的定义，之后又分别探讨了世界的起源、形成、演化、图景以及本质等。通过这些探讨，"世界哲学"揭示了物质如何最终构成了世界，揭示了关于世界的根本知识。

通过回顾与总结可以看出，世界哲学的核心思想是：

物质是世界的本原，物质通过不断组合和演化构成了世界与万物，世界万物的本质是物质的组合与演化。

我们在第五章的第五节"世界的本质"中介绍过唯物主义，唯物主义认为，构成世界的本原是客观的物质，例如原子、物体、物质、物质存在、"物理物"、物质粒子以及"气"等，由于物质是世界的本原，所以世界在本质上是物质的。世界哲学也认为物质是世界的本原，世界在本质上是物质的，这说明世界哲学也属于唯物主义的范畴。

世界哲学确实属于唯物主义的范畴，但是，它与传统的唯物主义又有显著的不同，它不是普通的唯物主义，而是科学的唯物主义，或者说"科学唯物主义"。

我们在本书的封面已经标明，《世界哲学原理》是《科学唯物主义》的第一卷，这就是说世界哲学只是科学唯物主义的一部分。那么，世界哲学与科学唯物主义又有什么关系呢？我们在本书的开头画有一棵哲学树，这棵哲学树画的就是科学唯物主义体系的结构图，通过这个结构图就可以清楚地看出世界哲学与科学唯物主义的关系。如果说科学唯物主义是一棵枝繁叶茂的大树，那么，世界哲学就是这棵大树的主干，就是这棵大树的骨干与核心。科学唯物主义是整体，而世界哲学是这个整体的一部分，当然是最重要、最核心的一部分。

世界哲学是科学唯物主义的一部分，那么，作为整体的科学唯物主义又是什么样呢？究竟什么是科学唯物主义？科学唯物主义研究的主题和内容是什么？科学唯物主义与传统唯物主义有什么关系？科学唯物主义与传统哲学又有什么关系呢？下面我们就对这些问题进行探讨。

第二节 什么是唯物主义

在第一节，我们探讨了世界哲学与科学唯物主义的关系，并指出科学唯物主义也属于唯物主义的范畴。唯物主义是一个统称，唯物主义又可以分为各种不同的类型，例如古典唯物主义、现代唯物主义、辩证唯物主义、历史唯物主义、实践唯物主义、彻底唯物主义以及心灵唯物主义等等。在唯物主义的发展史中，科学唯物主义是最新的唯物主义，是唯物主义发展的新阶段，所以科学唯物主义与传统唯物主义有显著的不同。

第六章将对科学唯物主义进行专门探讨，在探讨科学唯物主义之前，我们首先应该对唯物主义有一个准确的认识。那么，究竟什么是唯物主义呢？多年来，哲学家们为唯物主义拟定了不少定义，下面列举几个有代表性的定义。

美国哲学教授罗伯特·所罗门在《大问题——简明哲学导论》一书中把唯物主义定义为："一种认为只有物质及物质的属性存在的形而上学观点。在现代科学文化中，唯物主义一直是一种强有力的世界观。"[1]

加拿大哲学家马里奥·邦格则从道德和哲学两个方面对唯物主义进行了定义："唯物主义的两种含义，道德上的唯物主义与哲学上的唯物主义。道德上的唯物主义等同于享乐主义，主张人们应该追求物质享受。而哲学上的唯物主义则是指这样一种学说，认为真实的世界是唯一地由物质性事物构成的。"[2] "唯物主义是各种本体论或者说各种关于世界的最一般的学说的一个派别。这一派别所有成员的共同点在于，他们都认为真实地存在的一切都是物质的。"[3] 《外国哲学大辞典》的定义是："主张唯有物质才是世界的本原的世界观"[4]

有的学者认为，唯物主义的主张可以用一句口号来概括：一切都是物质的，而物质又是由原子构成的。正如物理学家费曼(Richard Phillips Feynman,1918 - 1988)所说："假如由于某种大灾难，所有的科学知识都丢失了，只有一句话传给下一代，怎样才能用最少的词汇表达最多的信息呢？我相信这句话是原子的假设(或者说原子的事实，无论你愿意怎么称呼都行)：所有的物体都是用原子构成的——这些原子是一些小小的粒子，它们一直不停地运动着。"[5]

唯物主义主张世界的本原是物质，或者说，世间的一切归根到底皆为物质的。各种看上去似乎非物质的事物，例如生命、心灵(意识)、道德、社会等现象，其本质也是物质的，它们的存在依附于物质，其性质由物质所决定。唯物主义的共同点是，都企图以一种可感的、空间性的物质存在去解释哲学基本问题。[6]

这些定义的基本含义是一致的，但表述又各有不同，为了让朋友们对唯物主义有一个更全面、清晰的认识，科学唯物主义拟定了一个新的定义：

唯物主义是一种揭示世界本原与本质的哲学学说，该学说认为世界的本原是物质，物质构成世界万物，所以世界在本质上是物质的。

新定义从三个方面对唯物主义做出了解释：

(1)唯物主义是一种哲学学说或世界观，它的宗旨就是揭示、解释世界的本原与本质。

(2)唯物主义是一种世界本原学说。该学说认为，世界的本原就是物质，物质是世界唯一的本原。

(3)唯物主义是一种揭示世界本质的哲学学说。该学说认为，由于世界的本原是物质，由于世界万物都是由物质构成的，所以世界在本质上是一个物质的世界。

通过新定义，朋友们可能对唯物主义有了更全面、更清晰的认识，然而需要指出的是，唯物主义并非是唯一阐释世界本原与本质的哲学学说或世界观，唯心主义和二元论也对世界的本原和本质做出了解释。但与唯物主义截然不同的是，唯心主义认为世界的本原并不是物质，而是非物质的精神实体或人的感觉、意识等。由于认为世界的本原是非物质的精神或意识，于是唯心主义对世界的本质做出了完全不同的解释，他们认为世界在本质上是精神的。二元论认为，世界的本原是物质和精神两种东西；二元论也对世界的本质做出了自己的解释，我们的世界由精神世界和物质世界两个世界组成。

人类生存的世界只有一个，然而，唯物主义、唯心主义和二元论却做出了截然不同的解释，那么，究竟哪一种解释是符合实际的，是合理、可靠的呢？这个问题我们在前面已经进行过讨论，后面还要讨论，这里就不赘述了。

百余年来，中国哲学界一直采用"唯物主义"和"唯心主义"两个称谓，但有一些精通外文的学者指出，"唯物主义"的英文为"materialism"，法文为"materialisme"，德文为"materialismus"，西班牙文为"materialismo"，其余大同小异。在这些构成相同的词汇中，都只有"material"（物质）和"-sm"(主义)两个语素，并没有"only"（唯）这个语素冠于词前。同样，"唯心主义"英文为"idealism"，法文为"idealisme"，德文为"idealismus"，西班牙文为"idealismo"，其余也都大同小异。在这些构成相同的词汇中，也都是只有"idea"（理念）和"-sm"(主义)两个语素，也都是没有"only"

（唯）这个语素冠于词前。再反观中文冠于词前的这两个"唯"字，顿觉突兀，分明是在汉译过程中译者加上去的。这一加，当然就增加了诸西文原文本词没有的意思。仔细想一想，这是不是误译或至少是不准确的翻译呢？

再进一步考虑，"material"一直汉译"物质"，没有问题。由柏拉图最早提出来的"idea"，汉译曾经有过"观念"、"思想"、"理念"、"概念"等不同的译法，现在终于趋同译成"理念"了。这样一来，在汉语哲学术语系统中，由于"material"译"物质"，相应地"materialism"就应当译"物质主义"；同理，由于"idea"译"理念"，相应地"idealism"就应当译"理念主义"。这种新的译法既合乎逻辑，又理顺了哲学术语系统，还符合西文原词的构成，更重要的是消除了汉译增加的两个"唯"字及其语义。

按照这位学者的分析，唯物主义应该称为"物质主义"，而唯心主义则应该称"理念主义"，这种说法确实是有道理的。但由于"唯物主义"、"唯心主义"这两个称谓已经沿用多年，并被大家所熟知，所以本书仍然沿用这两个称谓。我们在前面已经进行过探讨，科学唯物主义是彻底的物质一元论，所以把它称为"唯"物主义也是名副其实的。

第三节　历史上的唯物主义

　　第二节探讨了唯物主义的定义，第三节探讨唯物主义的历史。唯物主义具有漫长的历史，在漫长的历史时期里，唯物主义也在不断发生着变化，并表现为各种不同的阶段或类型。马克思主义哲学教科书曾经对历史上的唯物主义进行过分类，它把历史上的唯物主义分为三种形态：古代的朴素的唯物主义、近代的形而上学的唯物主义、马克思主义的辩证唯物主义和历史唯物主义。[7] 这个分类过于简单，疏漏较多，很难真实地反映唯物主义的全貌；况且分类的目的是为了突出马克思主义，标榜辩证唯物主义和历史唯物主义是唯物主义的最高峰，而对其他唯物主义的评价则多有贬损，有失公允，所以很有必要对历史上的唯物主义重新进行分类。科学唯物主义对唯物主义的发展史进行了回顾、梳理与总结，并根据各自的特点、时间和地域等因素，把历史上的唯物主义划分为 12 个阶段或类型，下面分别介绍。

（1）早期唯物主义

　　从具有意识的那一天起，人类就开始苦苦思索这样一个问题：我们所处的世界究竟是由什么东西构成的？或者说究竟是什么东西构成了这个浩瀚的世界？

由于知识的贫乏和认识水平的限制，早期唯物主义者对这个问题的认识还比较表浅，他们试图从接触最多，也最为熟悉的具体物质形态例如水、火、土、空气中寻找答案，他们认为这些具体的物质形态就是世界的本原，世界就是由这些东西构成的。例如古希腊的泰勒斯（Thales，约前 624— 约前 547 ）就认为，万物生于水，又复归于水，所以水就是世界的本原。爱非斯人赫拉克利特（Herakleitus，约前 544— 约前 483）认为，万物的"始原"是火，"万物都换成火，火换成万物，就像货物换成黄金，黄金换成货物一样。"[8] 而阿那克西曼德（Anaximandros，约前 610—前 546）则认为，万物的"始原"是空气，中国古代的先哲们也认为"气"或"元气"就是构成世界的本原。中国古代哲人还提出了"五行学说"，该学说认为，金、木、水、火、土是生成万物的五种基本元素，我们的世界就是由这五种元素构成的。甚至到了 21 世纪的今天，中国的中医学仍然在坚持"五行学说"。古印度的斫婆伽派也认为，万物都是由四种物质元素——火、风、水、土——构成的。

这些早期的唯物主义者正确地认识到世界是由"物"构成的，然而他们又不知道这种"物"究竟是什么东西，于是他们就猜想那些最为常见的水、火、土或气等具体的物质形态就是世界的本原。这种思路无疑是正确的，但结论却过于肤浅与直观，这是早期唯物主义的不足。由于是人类认识世界的早期阶段，所以出现这样的不足是很正常的。

但并非所有的早期唯物主义都是肤浅和直观的，古希腊哲学家德莫克利特（Demokritos，约前460—约前370 ）和留基伯（Leukippos，约前500—约前440 ）就提出了"原子论"，他们认为一切自然现象的基础是一种极其微小的物质微粒——原子，世界万物都是由原子和虚空构成的，所以原子和虚空就是世界的本原。罗马共和国末期的诗人和哲学家卢克莱修（Titus Lucretius Carus，约前99年—约前55年）著有《物性论》，这是长达7000余行的哲学长诗。第一卷讨论的就是"宇宙的终极构成物"，他认为宇宙是由在无限空间中运动的无限数的原子构成的。并分别讨论了物质的永恒性和原子的存在、原子和虚空、原子是固体、永恒不可分的粒子、宇宙是无限的等问题。[9] "原子论"超越了那些具体的物质形态，认识到构成世界的本原是极其微小的物质微粒——原子，这种思想无疑是十分深刻的！在公元前5世纪，德莫克利特和留基伯就提出了如此卓越、深刻的见解，这是非常可贵的！"原子论"是唯物主义贡献给人类的一个重要成果，该成果不仅对唯物主义产生了深远的影响，而且对自然科学也产生了重大影响。

（2）中国古典唯物主义

继早期唯物主义之后，中国又出现了一种新的唯物主义，这种唯物主义认为，构成世界的本原并非是金、木、水、火、土等具体元素，而是一种人眼无法察觉的、非常精细的物质性的微粒，他们把这种微粒称之为"气"、"精气"或"元气"。这些唯物主义哲学家们认为，正是这种"气"、"精气"或"元气"构成了万物，一切事物都是"气"变化的结果。由于这种唯物主义与早期唯物主义有所不同，所以世界哲学把它命名为"中国古典唯物主义"。大约从战国中期开始，一直到明、清之际，这种古典唯物主义在中国一直比较盛行，其代表人物有荀子、王充、刘禹锡、张载、王夫之等。

（3）16 世纪意大利唯物主义

意大利的特勒肖（Bernardino Telesio，1508—1588）是达·芬奇之后意大利最卓越的哲学家和自然科学家，1565 年他出版了《物性论》一书，该书的拉丁文本原名是《依照事物自身的原理论事物的本性》。特勒肖正式提出了"物质"这一概念，他认为，物质是客观存在的、永恒不变的，即不可创造也不可消灭。热与冷的对立是推动物质运动的源泉，热使物质膨胀与稀疏，冷使物质收缩与凝聚，热趋于运动，冷趋于静止。[10]

（4）17 世纪英国唯物主义

从早期唯物主义开始，唯物主义就在不断的发展之中，有许多哲学家、思想家以及科学家都对唯物主义的发展做出了贡献。随着社会的进步和自然科学的迅猛发展，在 16 世纪末到 17 世纪初，英国出现了一个强大的唯物主义派别，主要代表人物有弗兰西斯·培根（Francis Bacon，1561—1626）、托马斯·霍布斯（Thomas Hobbes，1588—1679）和约翰·洛克（John Locke，1632—1704）。

培根认为，科学的真正使命就是研究物质世界，物质是能动的，它具有各种特性，具有内部张力和运动，在不同的自然现象中具有不同的形式。霍布斯认为，宇宙是由物质的微粒构成，物体是独立的客观存在，物质永恒存在，既非人所创造，也非人所能消灭，一切物质都处于运动状态中。物质是一切变化的主体，世界上除了具有广延的物体之外，不存在其它任何东西。洛克认为，世界万物都由原子构成，原子是世界的本原。原子是物质实体，所以世界的本原是物质实体，并把广延性、形状、质量等看成物质的规定性，对物质的研究也从关于个别事物与一般本原的关系，转向实体与属性的关系。[11] 此外，荷兰哲学家巴鲁赫·斯宾诺莎（Baruch Spinoza，1632—1677）也认为，只存在一种无限的、永恒的、不可分割的物质实体，它是一切自然现象的基础。

17 世纪的英国唯物主义不仅继承了既往唯物主义的思想，而且进一步深化了这些思想，使得唯物主义在主流学术界的影响进一步扩大。17 世纪的英国唯物主义在认识论领域也取得了巨大成就，培根著有《新工具》一书，提出了从个别上升到一般、从局部的经验材料上升到科学理论的"归纳法"，对实验科学的发展起到了巨大作用，这也是唯物主义贡献给人类的一个重大成果!

(5) 18 世纪法国唯物主义

同英国一样，在 18 世纪的法国也出现了一批唯物主义哲学家，主要代表人物有德尼·狄德罗（Denis Diderot, 1713－1784）、克劳德· 阿德里安·爱尔维修（Claude Adrien Helvétius ，1715－1771）、保尔· 亨利希· 霍尔巴哈（Paul Heinrich Dietrich d'Holbach ，1723—1789）、茹利安·拉美特利（Julien Offroy De La Mettrie，1709—1751）以及让·梅叶（Jean Meslier，1664—1729）等。

这些法国唯物主义者同样也认为，构成世界的基本材料是物质。狄德罗著有《关于物质和运动的哲学原理》一书，对物质以及物质的运动进行了专门论述。爱尔维修也认为，宇宙是由物质组成的，物质是第一性的，运动和物质不可分离。拉美特利著有《人是机器》一书，他明确指出自然界只有一个唯一的物体，那就是物质。万物有生有灭，而物质永恒。他说："我睁开眼睛就看到我的周围只是物质。"《遗书》一书的作者让·梅叶也认为，一切自然现象统一的基础，是由原子构成的永恒的、无限的物质。原子的运动和结合，形成了各种各样的自然现象，物质、空间、时间、运动和自然界的规律性都可以用自然科学来说明，物质既是自身存在的原因，又是自身运动的原因。特别值得一提的是，"唯物主义"这一称谓就是拉美特里首次提出的。

这些法国唯物主义者对唯物主义的认识更加明确，对唯物主义的信念更加坚定，他们著书立说，对唯物主义进行了专门探索和论证，他们明确提出"唯物主义"的称号，进一步扩大了唯物主义的影响，18世纪法国唯物主义是唯物主义发展史中的一个高潮。

（6）俄国唯物主义

俄国著名科学家、哲学家罗蒙诺索夫（俄文：Михаи́л Васи́льевич Ломоно́сов，英文：Mikhil Vasilievich Lomonosov，1711-1765)通过对自然科学的深刻研究指出，一切自然现象的根据是物质，而物质是由永恒运动着的原子或元素组成的。[12] 俄国十二月党人如亚库什金、克留克夫、波利索夫、戈尔巴切夫斯基、拉也夫斯基等都是唯物主义者，他们认为物质是由原子或"单元"组成的，这些原子或"单元"处于永恒运动中并充溢于整个无穷无尽的不可测度的宇宙空间，而原子的联结和黏合就形成了各种宇宙体。俄国著名思想家车尔尼雪夫斯基（俄语：Николай Гаврилович Чернышевский，英文：Nikolay Gavrilovich Chernyshevsky，1828-1889）认为："凡是存在的东西都是物质。物质有质，质的表现就是力。我们称之为自然规律的东西，是力的作用方式。"自然界的一切事物、现象都是统一的物质存在的形式，而这些事物、现象之间的相同性就在于它们都是物质的。

（7）辩证唯物主义

19世纪40年代，著名德国学者卡尔·马克思（Karl Heinrich Marx，1818—1883）和弗里德利西·恩格斯（Friedrich Von Engels，1820—1895）创立了马克思主义，哲学是其重要组成部分。1938年，原苏联领导人斯大林（Joseph Vissarionovich Stalin，1878年—1953年）在《苏联共产党（布）历史简明教程》一书中提出了"辩证唯物主义与历史唯物主义"，后来多数人都把马克思主义哲学称为"辩证唯物主义"。

辩证唯物主义宣称自己是唯物主义一元论，它认为世界的本原是物质，世界是物质的，物质是一切事物、现象的共同本质和统一基础。世界上形形色色的现象都是物质的种种形态，连意识也是物质的产物。世界是物质的统一体。[13] 恩格斯著有《自然辩证法》一书，书中对物质以及物质的各种不同运动形态进行了探讨，他认为，"物质是某种既有的东西，是某种既不能创造也不能消灭的东西"[14] "宇宙是一个体系，是各种物体的相互联系的总体""我们所面对的整个自然界形成一个体系，即各种物体的相互联系的总体，而我们这里所说的物体是指所有的物质存在，从星球到原子，'物质是一切变化的主体'。"[15] 辩证唯物主义是通过物质的辩证运动解释整个世界的哲学理论，其最显著的特点是辩证法与唯物论的结合，故称"辩证唯物主义"。

辩证唯物主义是唯物主义发展史中的一个重要阶段，在20世纪的30～50年代，苏联哲学家对唯物主义理论进行了总结，并进行了更为深入的研究，形成了一个比较全面、系统、严谨的唯物主义理论，这是对唯物主义的一大贡献。借助于国家权力的力量，唯物主义走出了书本和书斋，成为广大社会公众的基本知识，成为一些国家的主流世界观，大大地扩大了唯物主义的影响。但同样也是由于权力的原因，辩证唯物主义变成了极权主义的工具，蛮横、武断地对所有"异端"的或不同的思想、观点和理论进行批判和斗争。斗争的矛头不仅指向唯心主义以及所谓的"资产阶级思想"，而且对现代科学的重要成果例如相对论、基因学说和量子力学等，也进行了蛮横的批判与斗争，造成了极坏的影响。更重要的是，在国家权力的操纵和控制之下，辩证唯物主义变成了国家和政党的"意识形态"，变成了新的"宗教信条"，变成了束缚人们头脑的思想枷锁，它束缚人们思想的自由，阻碍、压制新思想的出现。这个思想枷锁不仅束缚别人，同时也束缚了自己，辩证唯物主义逐渐走向固化和僵化，失去了生命力与活力，变成了一具高高在上的木雕神像。

回顾这一段历史，我们对辩证唯物主义只能做出十分矛盾的评价，一方面它确实对唯物主义的发展做出了很大的贡献，但另一方面它又对唯物主义造成了很坏的影响，导致唯物主义名声不佳，以至于后来的一些唯物主义者恶其名，不愿再称自己是"唯物主义"。

（8）实践唯物主义

实践唯物主义最早由意大利共产党领袖、思想家葛兰西(Gramsci Antonio，1891-1937)及匈牙利著名哲学家、文学批评家卢卡奇（Szegedi Lukács György Bernát，1885-1971）提出。从 20 世纪 80 年代开始，中国哲学界不少学者也主张用实践唯物主义代替辩证唯物主义，并认为前者才是正统的马克思主义哲学。

与辩证唯物主义一样，实践唯物主义也属于马克思主义哲学的范畴。据一些学者的研究，辩证唯物主义主要体现了恩格斯的哲学思想，而实践唯物主义则主要体现了马克思的哲学思想，所以通过二者的不同就可以看出马克思主义的两个创始人之间哲学思想的差异。简言之，辩证唯物主义是通过物质的辩证运动来解释整个世界的存在与规律，而实践唯物主义则是通过人的实践来解释自然界、人类社会以及人自身的存在与规律。如果说辩证唯物主义的特点是"辩证"的唯物主义，那么实践唯物主义的特点就是"实践"的唯物主义。那么，马克思主义哲学究竟是辩证唯物主义，还是实践唯物主义呢？20 世纪 80 年代以来，中国哲学界进行了激烈的争论，但一直无法取得共识，目前的局面基本上是二者共存，或者是把二者勉强捏合在一起。

那么，应该如何评价实践唯物主义呢？其支持者认为，实践唯物主义"超越了以往的全部哲学，构成了一个唯物论与辩证法相统一、自然界与历史观相统一、本体论与认识论相统一的完整严密的理论体系。"

[16]　实践唯物主义特别强调实践的本体地位，认为自然界、人、人类社会以及整个世界都是人类实践活动的结果与产物，从而得出了"实践本体论"和"实践决定论"的结论。但是，如果我们对这些结论进行深刻的反思，就会发现它们隐含着一种十分危险的倾向，这是因为人的实践并非是纯粹物质的和客观的，主导、决定实践活动的其实是人的精神或意识，所以"实践本体论"有可能导致精神本体论，"实践决定论"有可能导致精神决定论，而实践唯物主义也有可能滑向唯心主义，甚至是贝克莱那样的主观唯心主义。如果实践唯物主义真的滑向了唯心主义，那无疑是马克思主义哲学的严重倒退。

（9）彻底的唯物主义

几乎在马克思主义出现的同时，19世纪50年代，在德国、瑞士和荷兰出现了一个彻底的唯物主义派别，这个派别的主要代表人物是德国医生及哲学家路德维希·毕希纳（Ludwig Büchner，1824—1899）、瑞士博物学家卡尔·福格特（Karl Vogt，1817—1895）以及荷兰生理学家和哲学家雅·摩莱萧特（Jacob Moleschott，1822—1893）。

毕希纳是一位坚定而彻底的唯物主义者，他写的《力与物质》一书曾风靡一时，被誉为"唯物主义的圣经"。毕希纳明确指出，整个世界是由同样的物质材料构成的一个无限的整体，世界统一于物质。物质总体是一切的母亲，她使所有存在的东西产生并复归于她。世界上没有超越物质基础之上的纯粹的精神实体，人也是物质实体。"物质"这一概念是《力与物质》中最重要的概念之一，他关于物质和物质世界的论述构成了他关于身心关系的思想基础。[17] 这三位唯物主义哲学家不仅认为物质是世界的唯一本原，而且进一步认为精神或意识也是物质的、实体的东西。例如毕希纳认为，物质、力和精神都是"同一原初的或者说基本的原理的不同表现"。福格特认为，"以精神活动之名著称的一切能力，只不过是脑物质的分泌物"，"思想对大脑的关系，差不多同胆汁对肝脏或尿对肾脏的关系一样"，他认为思维是一个脑伸延性的过程，大脑产生思想"正像肝脏制造胆汁一样"，思想就是脑髓的分泌物。摩莱萧特直接从食物质量推证出人的心理活动，他认为"没有磷就没有思想"，磷元素与思想有着内在的联系，人的聪明才智取决于营养的好坏。[18]

与其他唯物主义不同，他们似乎是一种更"彻底的唯物主义"，这种"彻底的唯物主义"得到了当时新兴科学的支持，曾成为自然科学及唯物主义中的一种主导范式，产生了较大的影响。然而由于他们的"彻底"唯物主义立场，他们不仅受到唯心主义哲学家们的攻击，而且也受到一些唯物主义哲学家的批评和奚落，辩证唯物主义哲学家们甚至把毕希纳等人的观点贬称为"庸俗唯物主义"。这种评价是偏颇、不公正的，长期以来，虽然所有的唯物主义者都承认世界是物质的，但却很少有人认为精神或意识也是物质的，他们大都认为精神或意识是与物质截然不同的非物质，毕希纳等彻底唯物主义者最大的贡献就是揭示了精神或意识的物质本质，对后来的心灵哲学、自然主义以及精神科学产生了一定影响，这是唯物主义对精神科学的一个重要贡献！

（10）现代唯物主义

进入 20 世纪后，唯物主义得到更大的发展，有更多的人开始接受、信奉唯物主义，在哲学以及相关学科中，唯物主义逐渐占据主导地位，成为许多国家官方世界观的组成部分。正如哲学家施太格缪勒在《当代哲学主流》一书中所说的那样："在 20 世纪，一方面唯物主义哲学(它把物质说成是唯一真正的实在)不仅在世界上许多国家成为现行官方世界观的组成部分，而且即使在西方哲学中，譬如在所谓身—心讨论的范围内，也常常处于支配地位。"[19]

由于这种唯物主义出现在 20 世纪，所以作者把它们命名为"现代唯物主义"。现代唯物主义形式更加多样，除了原有的唯物主义之外，还出现了新型的唯物主义，例如物理主义与自然主义。"物理主义"(physicalism)一词最早由卡尔纳普(Rudolf Carnap)和纽拉特(Otto Neurath)于上世纪 30 年代引入，它是从心灵哲学发展起来的一种形而上学观点。那么，究竟什么是物理主义呢？澳大利亚哲学家思多尔里亚

(Daniel Stoljar)在为《斯坦福哲学百科全书》撰写的"物理主义"词条中，给出了一个标准定义："物理主义指的是这样一个论题：天下万物皆为物理物(everything is physical)，正如某些哲学家所说的那样，天下万物均随附于物理物，或因物理物的存在而变得必然会存在(everything supervenes on，or is necessitated by，the physical)。"[20] 中国首都师范大学哲学系叶峰教授也对其进行了定义："存在着的事物最终都由现代物理学研究的物理对象构成，事物的所有属性都随附于物理属性，物理定律是描述世界的终极定律。"[21]通过物理主义的定义可以看出，物理主义的核心观点是：世界上的一切事物——客体、属性、事件以及过程等等都是物理的，所以物理定律是描述世界的终极定律。哲学家们对自然主义也进行了定义：彻底的"自然主义"相信世界上只有一元的物质存在，一切事物都可以还原到物质上；世界作为客观对象，通过自然科学实验和观察的普遍方法是可以完全被通达和掌握的。[22] 本体论自然主义是一种强观点，它认为自然是实在的，没有任何实在能够超出物质的自然界，即没有任何超自然的存在、能量和事件。

通过物理主义与自然主义的定义就可以看出，虽然它们的称谓不是"唯物主义"，但它们的本质仍然是唯物主义，我们可以把它们看作是新型的唯物主义——现代唯物主义。正如普特南（Hilary Whitehall Putnam,1926 - 2016）所说："在分析哲学中，'物理主义'和'自然主义'这两个术语实际上已经成为唯物主义的同义语。"[23]

（11）心灵唯物主义

20 世纪是唯物主义大发展的世纪, 除了物理主义与自然主义之外, 还出现了另一种类型的唯物主义, 这就是心灵唯物主义。千百年来, 绝大多数哲学家、神学家以及科学家都认为, 心灵的本质是虚无缥缈、神秘莫测的非物质, 唯物主义不可能进入这个神秘的王国。20 世纪以来, 心灵哲学、认知科学以及脑神经科学得到了极大的发展, 科学和哲学相继进入这个神秘的王国。心灵哲学家们发现, 心灵的本质并非是虚无缥缈、神秘莫测的非物质, 心灵——感觉、思维、精神、意识、情感及智慧等, 与大脑这个物质结构存在着非常密切的关系, 心灵或者与大脑的神经活动同一（"同一论"）, 或者是大脑的功能（"功能主义"）, 或者以某种方式随附于大脑的物理属性（"随附论"）, 或者是大脑的精神活动及物质产物（"精神分子论"）, 或者是定位于大脑空间中的、自然的、生物学性质的现象（"自然主义"）。正如美国著名心灵、语言哲学家约翰·塞尔(G.R.searle,1932-)所指出的那样: "在心灵哲学的领域中, 唯一能够在整个 20 世纪发生最大的影响, 并将此种影响带入 21 世纪的那组观点其实就是此种或彼种版本的唯物论。"[24] "我认为我们文明中的多数人接受某种形式的二元论。他们认为他们同时拥有心智和身体, 或者心灵和身体。但这断然不是哲学、心理学、人工智能、神经生物学和认知科学专业人员中间的流行观点。在这些领域工作的多数人接受某种形式的唯物主义，因为他们相信它是与我们当代的科学世界观唯一相符合的哲学。"[25]

千百年来，虽然唯物主义已经揭示了客观世界的本原与本质，但人的主观世界——心灵却一直是一个神秘的王国，大多数唯物主义都对其敬而远之，所以有不少唯物主义其实仍然是二元论——客观世界的唯物主义和心灵世界的唯心主义。毕希纳等彻底唯物主义者虽然正确地指出了心灵的物质本质，但由于他们的研究尚不够深入，所以仍无法彻底揭开心灵的奥秘。而心灵唯物主义则把心灵或者说"心"作为自己的研究对象，并进行了较为深入、细致的研究，初步揭示了心灵的物质本性，初步占据"心"这个半壁江山，这对唯物主义的全面胜利具有十分重要的意义。

除了心灵领域的唯物主义，在自然科学领域也存在着一些自发地主张、支持唯物主义的自然科学家们，可以把这些人称之为"自然科学中的唯物主义者"，或者"自然科学领域的唯物主义"。

（12）科学唯物主义

在 20 世纪 70 年代前后，加拿大麦吉尔大学哲学教授马里奥·奥格斯特·邦格(Mario Augusto Bunge，又译本格，1919—2020) 提出了"科学唯物主义"这一概念，并在《基础哲学论》等著作中对"科学唯物主义"进行了较为详细的论述，这是科学唯物主义的滥觞。在 21 世纪初，本书再次提出"科学唯物主义"，所谓"科学"唯物主义是指，这种新的唯物主义与历史上的唯物主义存在着根本的区别，它不再是纯粹思辨的、虚幻的和不可靠的唯物主义，而是"科学"的、真实的和可靠的唯物主义。本书对科学唯物主义做出了更加明确、系统和详尽的论述，有可能把科学唯物主义推向一个新的阶段。与其他唯物主义相比较，科学唯物主义出现较晚，很多人对它缺乏了解，然而需要指出的是，在唯物主义的发展史中，科学唯物主义是一个全新的唯物主义，它不仅是唯物主义发展的一个新阶段，而且也是哲学发展的一种新范式，具有重要的价值和意义。

第四节　正确认识唯物主义

第四节内容脉络：

一、正确认识唯物主义

二、对唯物主义的种种误解

一、正确认识唯物主义

上面我们对唯物主义进行了比较系统的介绍，目的是让朋友们对唯物主义有一个比较客观、全面的认识。但是长期以来，一部分民众、学者甚至哲学家，对唯物主义存在着诸多偏见与误解，这些偏见与误解严重影响唯物主义的声誉，对唯物主义造成了不小的伤害。为了消除偏见与误解，为唯物主义恢复声誉，本节将专门讨论正确认识和评价唯物主义这一问题。

我们在第二节定义唯物主义时已经指出，唯物主义是一种揭示世界本原与本质的哲学学说，由于这种学说比较符合实际，又与自然科学契合一致，所以客观地讲，唯物主义确实是一种比较合理、比较可靠的哲学学说。这是我们对唯物主义的认识与评价，这个评价有根据，符合实际，所以是客观和公正的。然而，由于对唯物主义缺乏真正的了解，一部分人常常产生一些片面的，甚至是非常极端的认识。例如某些过于自信的唯物主义者认为，唯物主义是"最正确、最进步、最革命"的哲学学说，是真理的化身；而另一些人则持完全相反的观点，他们认为唯物主义是最错误、最庸俗、最恶毒的哲学学说，简直就是邪恶的魔鬼！例如某些极端的唯心主义者、狂热的宗教信徒以及激烈的反马克思主义者就持这种观点。

科学唯物主义认为，这两种观点都是偏颇的，很难对唯物主义做出客观、正确的评价。那么，应该如何正确地认识和评价唯物主义呢？科学唯物主义认为，只有全面、客观、冷静地看待和认识唯物主义，才能对其做出正确的评价。虽然唯物主义确实是一种比较合理、比较可靠的哲学学说，但是作为一种哲学学说，它还必须经过严格的检验和证实，否则不能轻易地宣布它就是"最正确"的，更不能说它就是"真理的化身"。如果唯物主义通过了严格的检验与证实，那么，它确实能够对人类的认识水平、知识积累以及生存能力发挥一定的促进作用，但仍不能断言唯物主义就是"最进步"的，因为在某些问题上唯心主义可能要比唯物主义更"进步"。唯物主义只是一种哲学学说，它的主要作用就是揭示关于世界的知识，提高人类认识世界、改造世界的能力，它并不是专门的政治斗争理论或纲领，所以不能轻易地给它戴上"革命"的帽子，更不能说它是"最革命"的。总之，虽然唯物主义确实是一种比较合理、比较可靠、与科学比较契合的哲学学说，但我们在评价它时决不能脱离实际、任意拔高，决不能说它是"最正确、最进步、最革命"的，更不能说它就是"真理的化身"。

虽然在评价唯物主义时不能脱离实际、任意拔高，但也不能走向另一个极端，这个极端就是对唯物主义肆意贬损、污蔑和攻击。与唯心主义和二元论相比较，唯物主义无疑是一种更为合理、更为可靠，与科学更为契合的哲学学说，所以决不能说它是"最错误"的，这种评价毫无根据、肆意贬低，极不客观，极不公正。毋庸讳言，唯物主义确实是唯"物"的，但唯物主义唯的这个"物"是那些存在于世界中的实物、实体等，并非是金钱、利益、物欲或享受，所以断言唯物主义是"最庸俗"的，完全是望文生义、张冠李戴，是浅浮的误读与误解，甚至是无知的表现！唯物主义是一种揭示世界本原与本质的哲学学说，它能够给人类提供关于世界的知识，能够帮助人类理解、认识世界，能够提高人类的生存能力，它的目的和宗旨是积极的、善意的，所以妄言唯物主义是"最恶毒的哲学学说"，完全是别有用心的污蔑与攻击！从本质的角度讲，唯物主义就是一种知识或学问，同科学技术一样，它也是人的一种"工具"，有的人有可能是"恶毒"的，但"工具"并不存在"恶毒"之说。例如一个凶犯用水果刀残忍地杀害了一个可爱的儿童，在这里"恶毒"的是人——凶犯，而不是工具——水果刀。总之，唯物主义是一种更为合理、更为可靠、与科学更为契合的哲学学说，它能够给人类提供关于世界的知识，能够帮助人类理解、认识世界，能够提高人类的生存能力，其目的和宗旨也是积极的和善意的，所以说唯物主义"最错误、最庸俗、最恶毒"，是"邪恶的魔鬼"的说法，不仅毫无根据，而且极不客观、极不公正，这种评价或者是出于无知，或者是出于误读与误解，或者是因为评价者的偏执与偏激，甚至是别有用心地污蔑与攻击。

少数人之所以对唯物主义有如此大的误解与仇恨，除了个人的原因如无知、偏激之外，也有一些客观原因，这个客观原因就是辩证唯物主义所造成的负面影响。我们在第二节"历史上的唯物主义"中曾讨论过辩证唯物主义，在某个历史时期，辩证唯物主义曾经被极权主义当作政治斗争的工具，造成了很坏的影响，使得不少人对唯物主义产生了逆反心理，产生了误解与怨恨。我们在第二节也讨论过，唯物主义多达 12 种类型，而辩证唯物主义只是其中的一种，它并不能代表所有的唯物主义，所以即使辩证唯物主义存在问题，也不能因此就否定所有的唯物主义。我们在认识、评价唯物主义的时候，一定要注意全面、客观、冷静，千万不可以点代面、以偏概全，不可意气用事。

二、对唯物主义的种种误解与偏见

我们在第一小节讨论了如何正确认识和评价唯物主义的问题，由于对唯物主义缺乏真正的了解，一些人对唯物主义产生了诸多误解与偏见。在本小节，我们将对这些误解与偏见进行仔细分析，以便消除这些误解与偏见。

误解一，"唯物主义的最大危害就是大量制造物欲，唯物主义=唯利是图"。

这些人之所以会产生这样的误解，是因为他们仅仅从字面上理解唯物主义所说的"物"，他们把这个"物"理解成物欲、金钱、利益、物质享受，甚至是肉欲等。其实这完全是一个错误的理解，因为唯物主义所说的"物"是一个哲学概念，而不是一个世俗词语，所谓"物"是指那些存在于世界中的实体、实物、具体的物质形态或特殊形态的物质结构，并不是指物欲、金钱、利益、物质享受、肉欲等等。既然唯物主义所唯的"物"根本就不是物欲、金钱、利益、物质享受、肉欲等等，那么，怎么能说"唯物主义的最大危害就是大量制造物欲"？怎么能说"唯物主义=唯利是图"呢？

误解二，"唯物主义认为，物质构成了世界万物，既然人与动物都是物质构成的，那么，人与动物就没有什么区别了。"

唯物主义确实认为，物质是世界的本原，世界万物都是由物质构成的，人和动物也都是由物质构成的。既然人和动物都是由物质构成的，那么，是不是说人与动物就没有什么区别了？可以肯定的是，唯物主义从来没有说过"人与动物没有什么区别"，这完全是对唯物主义的误解。唯物主义认为，虽然人与动物都是由物质构成的，但是由于进化的不同，人与动物处在不同的进化层级上，人与动物不仅在身体结构方面存在着很大的差异，而且在大脑和精神方面存在着更大的差异。例如人类具有最高级、最复杂的大脑，具有最高级的思维能力、精神和意识，具有最丰富的知识积累，具有最发达的科学技术，这些都是动物所不具备的。由于具有最高级、最复杂的物质结构——大脑，由于这种最高级、最复杂的物质结构又产生出了最高级的心灵，所以在这个世界上，人是最高级的动物，是其他动物无法比拟的。虽然都是由物质构成的，但由于物质结构存在着巨大的差异，所以人与动物有着显著的区别。

误解三，"唯物主义认为人是由物质构成的，那唯物主义者就不可能有灵魂。"

唯物主义确实认为人是由物质构成的，那唯物主义者真的就没有灵魂了吗？答案完全是否定的，因为唯物主义者同样也是人，他们与其他人一样具有"灵魂"。但是，彻底的唯物主义认为，人的"灵魂"并不是那种虚无缥缈、神秘莫测的非物质实体，而是大脑的功能与产物，所以"灵魂"在本质上也是物质的。由于"灵魂"在本质上也是物质的，那么，物质的人自然也会具有"灵魂"。

这些人之所以会产生"唯物主义者不可能有灵魂"的误解，根本原因是因为他们受灵魂论的影响太深，千百年来，一些哲学家、宗教家以及大量民众都笃信灵魂就像鬼魂一样，是一种虚无缥缈、神秘莫测的非物质的东西。既然灵魂是非物质的，那么，宣称人是由物质构成的唯物主义者自然不可能有灵魂了。然而事实并非是如此，因为这种虚无缥缈、神秘莫测的非物质的灵魂完全是人们的想象，事实上根本就不存在，所以所有的人都不可能有这种非物质的灵魂。脑神经科学及心灵哲学的研究证明，人的灵魂其实就是大脑的功能与产物，只要具有正常的大脑，自然就会有"灵魂"，所以"唯物主义者没有灵魂"的说法完全是无稽之谈！

误解四，"唯物主义认为人是由物质构成的，那人就像石头和木头一样，不可能具有感情。"

首先需要指出的是，虽然都是由物质构成的，但人和石头、木头有着根本的区别，因为构成人的物质元素与构成石头、木头的物质元素大不相同，前者与后者的物质结构更是存在着巨大的差异。在进化的阶梯上，人处于最顶端，而石头和木头却处在极低或较低的层级上，石头、木头与人几乎不可同日而语！

唯物主义确实认为人是由物质构成的，那么，由物质构成的人就不能具有感情了吗？事实并不是如此，现代科学已经证明，人的感情产生于大脑，正是大脑和身体中的一系列化学分子的活动形成了感情，或者说感情其实就是一系列化学分子的活动过程。由于这些化学分子是物质的，所以物质的人完全能够具有感情。由于对感情缺乏科学的认识，所以这些人才会得出物质的人不可能具有感情的荒唐结论！

误解五，"唯物主义无信仰，而一个没有信仰的群体是可怕的群体。"

在讨论这个问题之前，我们首先应该了解"信仰"一词的含义，那么，什么是信仰呢？所谓信仰是指对某种宗教或主义信服、崇拜并奉为言行的准则和指南。那么，一个人的信仰又是从哪里来的呢？心理学的研究证明，信仰是心灵的产物，或者说是大脑通过思维所产生的一种精神行为。与其他人一样，唯物主义者也具有大脑，所以唯物主义者通过大脑的思维活动同样也可以产生信仰。例如唯物主义者对于唯物主义学说就有着坚定的信仰，那种"唯物主义无信仰"的说法是毫无根据的。这些人之所以会产生这样的误解，原因就是他们对"信仰"的理解过于局限，他们误以为"信仰"就是相信某种宗教，如果你不相信宗教，那就是没有信仰。其实这是对"信仰"的错误理解，信仰的可以是宗教，也可以是某种主义、理论等，所以不能说不信仰宗教就是没有信仰。

误解六，"唯物主义者说，'一个彻底的唯物主义者是无所畏惧的'，既然无所畏惧，那唯物主义者就可以为所欲为，就可以肆无忌惮地去干坏事了。"

首先需要指出的是，"一个彻底的唯物主义者是无所畏惧的"这句话是列宁和毛泽东所说，这仅仅是他们个人的观点，充其量也只能代表辩证唯物主义，并不能代表其他唯物主义，更不是所有唯物主义的共识。列宁是苏联共产党的领导人，毛泽东是中国共产党的领导人，由于掌握了绝对的权力，头脑膨胀，他们自以为能够决定一切、掌控一切、战胜一切，自以为可以无所畏惧、为所欲为，于是说出了这句狂妄之语。

尽管这句狂妄之语只是列宁和毛泽东个人的观点，但却引起了很大的误解，不少人因此对唯物主义疑虑重重，他们认为唯物主义本来就不信神，不畏惧神的惩罚，现在又"无所畏惧"了，那么，他们人性中的恶就会肆无忌惮地表现出来，就会为所欲为、干尽坏事。唯物主义确实不相信神灵，也不相信什么神的惩罚，但是，唯物主义者相信世界的客观性，相信客观规律的存在，相信如果不尊重客观实际和客观规律，为所欲为、一味蛮干，就会遭到挫折与失败，就会受到客观世界的惩罚，就会受到人们的批评与反对，所以一个真正的唯物主义者并不是无所畏惧的，而是谦卑的、小心谨慎的，有自知之明的。那些宣扬"一个彻底的唯物主义者是无所畏惧的"的人，实质上并不是真正的唯物主义，而是个人意志决定一切的极端主观唯心主义！此外，虽然唯物主义者不相信神灵，但他们相信法律、道德伦理和社会规范，一个真正的唯物主义者是自律的，他会根据法律、社会规范和道德伦理来约束自己，不可能为所欲为，更不可能肆无忌惮地去干坏事！历史上有许多著名的唯物主义者，他们不仅是唯物主义的大家，而且也是品德高尚的人。例如著名的唯物主义者洛克、斯宾诺莎、狄德罗、毕希纳、费尔巴哈、王充、柳宗元、刘禹锡、张载、王夫之等等，这些人有力地证明，唯物主义者并非像某些人所说的那样，都是一些"大恶之人"，都是一些为所欲为、干尽坏事的人，这种说法是对绝大多数唯物主义者的诬蔑！

作恶、干坏事，往往有许多复杂的原因，与唯物、唯心并没有必然的关系，唯物主义者不一定是坏人，唯心主义者和宗教信仰者也不一定都是好人。例如某些极端的宗教势力，他们并不信仰唯物主义，而是虔诚地信仰神灵，然而，他们不是照样肆无忌惮地杀人、放火、搞爆炸吗？发动两次世界大战、屠杀千百万生命的似乎也不是唯物主义者，这些非唯物主义者不是照样肆无忌惮地干坏事吗？

通过以上分析可以看出，人们之所以对唯物主义产生这么多的误解与偏见，主要原因还是对唯物主义缺乏真正的了解；一旦全面、深入地了解了唯物主义，那么，所有的误解都有可能得到澄清，所有的偏见也都有可能消除。

第五节 什么是科学唯物主义？

上面我们对唯物主义进行了探讨，通过这些探讨，朋友们会对唯物主义有一个正确的认识。认识了唯物主义，那么，什么又是科学唯物主义呢？本节对这个问题进行专门探讨。

究竟什么是科学唯物主义？或者说科学唯物主义的定义是什么呢？邦格先生曾经对"科学的唯物主义"进行过定义：由于它是从自然科学那里获得动力并根据科学的发展而得到检验和完善的，这种新的本体论将被称为"科学的唯物主义"。[26] 邦格先生的定义揭示了科学唯物主义的一个显著特征——科学性，但未能揭示出科学唯物主义的全部内涵，所以人们通过这个定义仍无法明确地知道究竟什么是科学唯物主义。为了对科学唯物主义做出更准确、全面的解释，为了让人们对其有一个更为清晰的认识，特拟定一个新的定义：

科学唯物主义是吸纳科学方法与精神的唯物主义，它的宗旨是揭示世界的根本知识，它是更为科学的唯物主义，是唯物主义发展的新阶段，是哲学的新范式。

下面对定义做出解释：

（1）新定义明确揭示了科学唯物主义最显著的特点：它是"科学"的唯物主义。

我们在前面多次进行过探讨，传统哲学最大的问题是编造虚幻的空中楼阁和哲学神话，缺乏实证和检验，极不可靠，就像维特根斯坦等人批评的那样，"正统的哲学几乎都是胡说"，是"狂人呓语"和"疯子的梦幻"。传统哲学为什么会变成"狂人呓语"和"疯子的梦幻"？最根本的原因就是不科学，在 21 世纪的今天，哲学要想继续存在，要想发展前进，就不能再满足于自己的"不科学"状态，更不能以"不科学"为自豪。哲学应该来一场彻底的革命，从不科学的哲学变成科学的哲学。哲学应该虚心向自然科学学习、靠拢，改变自己的方法与精神，逐渐发展成为科学的哲学。只有科学的哲学才能跟上时代的步伐，才符合人类的需求，而那些"不科学"、不可靠的哲学终将被淘汰、被抛弃！

科学唯物主义就是一个尝试，尝试用科学的方法研究哲学，尝试构建一种科学的哲学，所以科学唯物主义最独特之处就是：它是"科学"的唯物主义。

　　科学唯物主义是"科学"的唯物主义，是"科学"的哲学，但它还不属于自然科学那样严格意义上的科学，它是科学与哲学的结合。应该相信，随着哲学的不断发展，终有一天它会变成类似自然科学那样的科学的哲学。

　　目前西方哲学有一个"科学哲学"分支，它是一门从哲学的角度研究科学的学科，它以科学活动和科学理论为研究对象，主要探讨科学的本质、科学知识的获得和检验、科学的逻辑结构等问题。需要指出的是，虽然科学唯物主义是"科学"的哲学，但它并不等于科学哲学。科学唯物主义研究的对象是世界而不单纯是科学，所以不要把科学唯物主义混同于"科学哲学"。

　　我们在第二节已经进行过介绍，科学唯物主义也是唯物主义的一种类型，但是，它与历史上的唯物主义存在着明显的不同，这是因为它具有自己的独特之处：它不仅是唯物主义，而且是"科学"的唯物主义。所谓"科学"的唯物主义是指，它吸收并采纳了自然科学的研究方法与理念，对哲学问题进行更为科学的研究。几千年来，哲学一直是一个思辨之学，哲学家们的研究方法就是思辨，就是定义若干概念与范畴，然后用这些概念与范畴去编织一些脱离实际、脱离生活的"高深理论"或"哲学神话"。科学唯物主义认为，传统哲学的研究方法和理念存在着严重缺陷，所以它主张吸收、采纳自然科学的研究方法与理念，对哲学问题进行更为科学的研究。由于科学唯物主义主张通过自然科学的方法研究哲学问题，所以它具有自己的独特性：它是"科学"的唯物主义。

（2）新定义明确指出了科学唯物主义的宗旨：揭示世界的根本知识。

我们在第一节对唯物主义进行过定义：唯物主义是一种揭示世界本原与本质的哲学学说，这就是说大多数唯物主义研究的主要问题就是"世界的本原与本质"。而科学唯物主义却不同，不仅要研究"世界的本原与本质"，而且还要研究世界的定义、起源、形成、演化、图景以及本质等；不仅如此，科学唯物主义研究的对象不仅是世界整体，而且还把自然和人类等分支列为研究的对象，通过这些研究，科学唯物主义试图全面、系统地揭示世界的根本知识，这就是科学唯物主义的宗旨。

（3）新定义揭示了科学唯物主义与传统唯物主义的关系：它是唯物主义发展的新阶段。

虽然科学唯物主义是一种新型的唯物主义，但它与传统唯物主义也存在着密切的关系，它不仅继承了传统唯物主义的基本原则与思想，而且从多个方面充实、发展了唯物主义学说，把唯物主义推向一个新的发展阶段。为什么说科学唯物主义是唯物主义发展的新阶段？这个问题将在后面专门探讨。

（4）新定义揭示了科学唯物主义与传统哲学的

关系：它是哲学的新范式。

科学唯物主义无疑也是一种哲学学说，但是，科学唯物主义与传统哲学存在着较大的不同，这种不同并非是形式的和局部的，而是根本上的不同。与传统哲学相比较，科学唯物主义在立论基础、研究方法、基本思想、研究内容、评价标准等诸多方面都发生了较大的改变，可以说它是哲学的一种新的范式。为什么说科学唯物主义是哲学的新范式？这个问题我们将在后面专门探讨。

虽然科学唯物主义也是唯物主义，但它却是更为科学的唯物主义，是唯物主义发展的新阶段，是哲学的新范式，我们对它应该有一个准确的认识。

第六节 科学唯物主义的主题与内容

第六节内容脉络：

一、科学唯物主义的主题

二、科学唯物主义的内容

三、对一些质疑和困惑的解释与回答

一、科学唯物主义的主题

　　每一个哲学学说都有自己的主题，所谓"主题"就是指一个哲学学说所研究的最基本、最核心的问题。那么，科学唯物主义的主题是什么呢？我们在前面对科学唯物主义进行过定义：科学唯物主义是吸纳科学方法与精神的唯物主义，它的宗旨是揭示世界的根本知识，它是更为科学的唯物主义，是唯物主义发展的新阶段，是哲学的新范式。从这个定义就可以看出，科学唯物主义研究的最基本、最核心的问题就是世界问题，所以它的主题就是"世界"。科学唯物主义的主题是"世界"，那么，"世界"这个主题又包括哪些问题呢？这个主题包含的问题很多，但其中有三个问题最为重要：第一个问题是世界的本原，即世界究竟是由什么东西构成的？第二个问题是世界的本质，即世界在本质上究竟是一个什么东西？第三个问题是世界的图景，即世界究竟是什么样子？或者说世界的图景究竟是什么？如果把这三个问题用一句话来概括，那么这个主题就是：世界究竟是什么？

　　世界究竟是什么？世界是人类生存的家园，离开了这个家园，人类就无法生存，所以这个问题无疑是人类生死攸关的最大问题，自然也是人类所面临的最大困惑。世界问题是人类所面临的最大问题和最大困惑，那么，这个问题自然也是哲学所面临的最大问题，假若哲学无法回答这个问题，那哲学这门被人类寄予最大希望的智慧之学就会黯然失色，就会让人类大失所望！此外，这个问题还是一个总体性或全局性问题，如果这个问题得不到解决，那么哲学所研究的那么多问题，例如自然问题、人类问题、社会问题、生命问题、宗教问题、语言问题、现象学问题、心灵问题等等，都不可能得到真正的解决，所以"世界究竟是什么？"这个问题不仅是科学唯物主义的主题，而且也是整个哲学的主题，是哲学需要研究的最基本、最重要的问题。

世界问题是人类所面临的最大问题和最大困惑，而哲学的主要任务就是回答人类的这些疑问与困惑，为人类刻画一幅完整的世界图景，绘制一幅准确的"世界地图"，揭示世界的根本知识，为人类的生存提供重要的支持与帮助。也正是由于这个原因，所以在哲学诞生之初，当时的哲学家们就把世界问题列为哲学的主题，那时的哲学其实就是"世界学"，就是探索世界、研究世界的学问。但是在后来的发展进程中，由于种种原因，哲学发生了一次又一次转向，例如从本体论转向认识论，再从认识论转向语言哲学，后来又从语言哲学转向心灵哲学。这些转向标志哲学在不断地开拓新的研究领域，标志哲学研究的逐步深化与细化，这是转向对哲学的正面影响。但是，转向也给哲学带来了不小的负面影响，由于一次又一次地转向，哲学逐步从全局转向局部，从整体转向分支，从主线转向支线，哲学也日益偏离了自己的主题。更为严重的是，由于长期沉浸在一些细枝末节问题之中，不少哲学家竟然完全遗忘了哲学的主题，甚至把那些细枝末节误认为就是哲学的主题。

在长达数百年的时间里，由于偏离了主题，哲学迷失了大方向，它的领地变得越来越狭小，道路也越来越窄，最后几乎走进了一个死胡同，哲学这样一门曾经十分神圣、辉煌的学问竟然堕落成为一种无聊的"闲聊"或"语言游戏"！正如著名哲学家罗素所批评的那样，分析哲学放弃了追求关于外部世界的知识的任务，已经成为茶余饭后的闲聊。[27] 著名科学家霍金也对哲学的"堕落"提出了严厉的批评："哲学家如此地缩小了他们的质疑范围，以至于连维特根斯坦——这位本世纪最著名的哲学家都说道：'哲学仅余下的任务是语言分析'。这是从亚里士多德到康德以来哲学的伟大传统的何等的堕落！"[28] 北京大学哲学系教授赵敦华也对这种状况进行了分析和评论："二十世纪哲学的努力，结果是彻底丧失了哲学本身，方法的陈旧使得即使非常重大的人学问题也被肢解为无足轻重的语言、语句、语义等等工具（方法、技巧）问题，维特根斯坦索性称之为语言的游戏。"[29]

几百年来，哲学逐渐丧失了自己主要的研究对象，甚至丧失了哲学本身，正如后现代主义哲学家们所说的那样，哲学正面临着终结与死亡！有着 3000 多年悠久历史的哲学，正面临着一场严重的危机——生与死的危机。在这场严重的危机面前，哲学如何才能走出危机？又如何避免自己的终结与死亡呢？科学唯物主义认为，最根本的解决办法就是回归哲学的主题，重新把世界作为哲学研究的对象，重新把世界列为哲学的主题。数百年来，哲学已经在歧路上走得很远，当务之急就是猛然醒悟、悬崖勒马，调整方向、返本归元，回归到正确的道路上，使哲学获得新生！

科学唯物主义主张重新把世界列为哲学的主题，有的朋友可能会有一些担心：如果把世界列为哲学的主题，那其他的哲学问题，例如自然问题、人类问题、社会问题、生命问题、宗教问题、语言问题、现象学问题、心灵问题等，难道就不研究了吗？难道要把它们统统放弃吗？科学唯物主义认为，朋友们的担心其实是多余的，虽然科学唯物主义主张把世界列为哲学的主题，但并不主张放弃对其他哲学问题的研究。科学唯物主义认为，可以把这些具体的哲学问题列为世界这个整体的分支进行研究，从而形成各个哲学分支或分支哲学。这就是说，今后的哲学有可能分成两个大的部分，一部分是研究世界整体的哲学，我们可以把它叫做"整体哲学"；而另一部分则是研究各个具体分支的哲学，我们可以把它们叫做"哲学分支"或"分支哲学"。"整体哲学"与"分支哲学"互相结合，形成一个统一、有序的整体，这样既可以牢牢把握哲学的主题，又可以对具体问题进行深入、细致的研究。

二、科学唯物主义的内容

上面我们探讨了科学唯物主义的主题，即科学唯物主义中最基本、最核心的问题，但是，科学唯物主义所研究的问题并不仅仅局限于世界整体，它研究的问题更多，内容也十分丰富。那么，科学唯物主义究竟研究哪些问题？它研究的具体内容是什么呢？

为了更好地说明这个问题，我们首先回顾一下既往哲学家们所研究的问题。英国哲学家罗素在其名著《西方哲学史》一书的"绪论"中，对哲学研究的问题或内容进行了精炼的概括，他用十分生动的语言说：

"世界是分为心和物的吗？如果是这样，那么心是什么？物又是什么？心是从属于物的吗？还是它具有独立的能力呢？宇宙有没有任何的统一性或目的呢？它是不是朝着某一个目标演进呢？究竟有没有规律呢？还是我们信仰自然律仅仅出于我们爱好秩序的天性呢？人是不是天文学家所看到的那种样子，是由不纯粹的碳和水化合成的一块微小的东西，无能地在一个渺小而又不重要的行星上爬行着呢？还是他是哈姆雷特所看到的那种样子呢？也许他同时是两者吗？有没有一种生活方式是高贵的，而另一种是卑贱的呢？还是一切生活方式全属虚幻无谓的呢？假如有一种生活方式是高贵的，它所包含的内容又是什么呢？我们又任何实现它呢？善，为了能够值得受人尊敬，就必须是永恒的吗？或者说，哪怕宇宙是坚定不移地趋向死亡，它也还是值得加以追求的吗？究竟有没有智慧这样一种东西，还是看来仿佛是智慧的东西，仅仅是极精练的愚蠢呢？"[30]

在这里，罗素概括了哲学所研究的主要问题或内容——心、物、宇宙、目的、规律、人、生活方式、善、智慧等。在 3000 多年的哲学发展史中，虽然不同的哲学家研究的重点各有不同，但是，大多数哲学家研究的内容都未能脱离罗素所说的范围，研究的方式基本上大同小异。那么，作为一种新的哲学学说，科学唯物主义究竟研究哪些问题呢？它研究的内容与传统哲学又有哪些不同呢？

我们在本书的开头画有一棵哲学树，科学唯物主义研究的问题或内容可以通过哲学树来加以说明。科学唯物主义的内容就像一棵大树，大树分为树干、树枝两大部分，树干部分就是我们所说的研究世界整体的哲学，即"整体哲学"，或者说"主题哲学"；而树枝部分则是研究各个具体分支的哲学，我们可以把它们叫做"分支哲学"，或"哲学分支"。

我们首先介绍"哲学树"的"树干"，即"主题哲学"或"整体哲学"部分。"整体哲学"由四个部分构成，它们自下而上分别是：材料哲学、组合哲学、演化哲学和世界哲学。"材料哲学"主要研究构成世界的基本材料或本原——物质，揭示物质的定义、来源，物质的形成，物质的规律，揭示物质如何成为构成世界的最基本材料。"组合哲学"主要研究物质材料是如何构成万物的，揭示物质如何通过联系与组合构成物或事物，物或事物又如何构成对子、组、群、系列、序列、系统、场、环境、层和层系等。"演化哲学"主要研究万物是如何演变和变化的，揭示演化的动力和终极原因，揭示演化的具体方式，揭示演化的各种规律以及演化的方向等等。"世界哲学"主要研究世界的定义、起源、形成、演化、图景及本质，揭示世界是从哪里来的？是如何形成的？世界究竟是什么样子？世界的本质是什么？并从哲学的角度对世界的演化史进行了探讨。材料哲学、组合哲学、演化哲学和世界哲学四个部分构成了一个有序的整体，这个有序的整体就是科学唯物主义的"整体哲学"或"主题哲学"。

介绍了哲学树的树干，然后再介绍哲学树的"树枝"，即"分支哲学"或"哲学分支"部分。"整体哲学"构成了哲学树的树干，树干的顶端长出两个大的树杈，这两个大的树杈分别代表"自然哲学"和"人类哲学"，它们是科学唯物主义的两大分支，我们把它们称为科学唯物主义的 I 级分支。

"自然哲学"是一个大的分支，在这个大的分支上又长出了若干小的分支，例如宇宙哲学、物理哲学、化学哲学、生物哲学、数学哲学、地质哲学等等，我们把这些小的分支称之为 II 级分支。

另一个大的 I 级分支是"人类哲学"，这个分支上同样也长出许多小的 II 级分支，例如人的哲学、心灵哲学、实践哲学、伦理哲学、人生哲学、语言哲学、社会哲学、政治哲学、经济哲学、科学哲学、文化哲学、宗教哲学、历史哲学，等等。

在"人类哲学"中，"心灵哲学"是一个重点，传统哲学大多称之为"认识论"。哲学家们在这个问题上花费了大量的时间和精力，有的哲学家甚至认为认识论就是哲学的主题，哲学就是认识论。科学唯物主义对"心灵哲学"或认识论也很重视，不仅进行了长期、深入的探索，而且还通过新的理论对心灵或认识问题做出新的解释。本书作者曾于 2005 年、2015 年分别出版《破解大脑之谜——精神分子论》与《精神的革命》两书，对心灵和认识问题做出了全面而又系统的解释。此外，本书作者还发表了"精神的本质是分子"、"精神世界在哪里"、"知识认识论"、"从科学的角度看心物关系"、"哲学家对心物关系的种种误解"、"心智哲学 12 个问题探析"、"究竟什么是知识"、"传统认识理论评析"等多篇论文，这些论文也对心灵或认识问题做出了更为深入、细致的解释。通过两本书和这些论文，朋友们就可以对科学唯物主义的"心灵哲学"有一个基本的了解。在科学唯物主义的第二卷《人类哲学大纲》中，对心灵哲学也进行了深入、系统的探讨。

"自然哲学"和"人类哲学"两个大的分支以及若干小的分支，构成了科学唯物主义的"分支哲学"。当然，哲学树并不是固定不变的，随着哲学的不断发展和深化，"哲学树"上还会出现更多的 I 级、II 级、III 级或 IV 级分支。由于"分支哲学"包含了许多大大小小的分支，所以它涉及的范围比较广泛，内容也十分丰富。

科学唯物主义计划分为三卷，第一卷是"世界哲学"，本书已经进行了探讨。第二卷是"人类哲学"，第三卷是"自然哲学"，"世界哲学"、"人类哲学"和"自然哲学"构成了科学唯物主义的完整体系。

通过以上介绍可以看出，科学唯物主义研究的问题很多，内容也十分丰富。这些内容不仅涵盖了传统哲学所研究的大部分内容，而且还增加了许多新内容。科学唯物主义是一个开放的系统，随着研究的不断深入，哲学树上一定会生长出更多的分支和果实，这棵哲学之树也一定会成为一棵枝繁叶茂的参天大树！

三、对一些质疑或困惑的解释与回答

上面我们介绍了科学唯物主义研究的主题与内容，长期以来，由于对哲学的对象与宗旨有着完全不同的认识，所以对科学唯物主义所说的主题与内容，有些学者和朋友可能会提出疑问或质疑，下面我们就对这些疑问或质疑做出解释与回答。

1. 哲学的基本问题究竟是什么？思维和存在的关系是否是哲学的基本问题？

哲学的主题也可以说是哲学的基本问题，说到哲学的基本问题，那些熟悉马克思主义哲学的朋友们一定会提出质疑：马克思主义哲学明确指出，哲学的基本问题就是思维和存在的关系问题，而科学唯物主义却认为哲学的主题是世界问题，那么，哲学的基本问

题或主题究竟是什么呢？究竟哪一种观点是正确的呢？

马克思主义创始人之一的恩格斯曾经说过："全部哲学，特别是近代哲学的重大的基本问题，是思维和存在的关系问题。""什么是本原？是精神，还是自然界？是全部哲学的最高问题。"[31] 仔细分析恩格斯的话就可以看出，他所说的哲学基本问题并不是一个问题，而是两个问题：一个是思维和存在的关系问题，另一个是世界的本原问题，下面我们分别探讨。

马克思主义哲学认为，哲学的基本问题就是思维和存在的关系问题，或者说主观和客观的关系问题；而科学唯物主义却认为，哲学的主题或者说基本问题并不是思维和存在的关系问题，而是世界问题。显而易见，二者对哲学主题的认识不太一致，那么，究竟哪一种观点是正确的呢？我们为什么说思维和存在的关系问题并不是哲学的主题或基本问题呢？我们的理由是：

第一，思维和存在的关系问题并不是哲学所面临的最重大的问题。所谓哲学的主题或基本问题就是哲学所面临的最重大的问题，我们在前面已经进行过探讨，哲学所面临的最重大的问题就是世界问题，与人类生死攸关，人类最为关切的也是这个问题。思维和存在的关系问题是人如何认识外部世界的问题，这个问题无法对世界做出完整的描述与解释，无法回答人类的最大关切，所以它并不是哲学所面临的最重大的问题。

第二，所谓思维和存在的关系问题，其实质就是人如何认识外部世界的问题，这个问题是认识论的问题，或者说是心灵哲学领域的问题。既然这个问题属于心灵哲学领域，那么显而易见，这个问题应该属于"分支哲学"，而不属于"整体哲学"，所以该问题不可能是哲学的主题或基本问题。虽然该问题不是哲学的主题或基本问题，但它有可能是心灵哲学的主题或基本问题。

第三，马克思主义哲学把思维和存在的关系问题列为哲学的基本问题，并以此问题为标尺，把哲学划分成唯物主义和唯心主义两大派别，甚至把哲学分裂成为互相对立的"两大党派、两大阵营"。[32] 结果造成了哲学的分裂，导致哲学内部纷争不断，耗费了哲学家们大量的时间与精力，对哲学的发展极为不利。科学唯物主义改变了马克思主义哲学的观点，不把思维和存在的关系列为哲学的主题或基本问题，而把这个问题归位到"分支哲学"，这种做法有可能缩小哲学的分裂，淡化无休止的唯心、唯物之争，让哲学家们腾出大量时间与精力去研究更有价值的哲学问题。

通过以上探讨我们可以得出这样的结论：思维和存在的关系问题并不是哲学的主题或基本问题，而是心灵哲学的主题或基本问题。

当然恩格斯又指出："什么是本原？是精神，还是自然界？是全部哲学的最高问题。"我们在前面已经进行过探讨，世界的本原问题确实是哲学需要研究和回答的重大的根本性问题之一，所以从这个角度看，恩格斯的观点还是有道理的，我们应该有一个客观的认识。

2. 哲学的主题究竟是"世界"，还是"人"？

长期以来，有不少哲学家认为，人是哲学的真正主题，哲学其实就是人学。例如中国著名哲学家高清海先生就认为："在我看来，人是哲学的真正主题，哲学不过是人的自我理解、自我反思、自我意识的一种理论形态。"[33]不可否认，哲学确实是人自我理解、自我反思、自我意识的一种理论形态，但是，能否因此就把哲学的主题定为"人"呢？作者认为，答案应该是否定的，虽然哲学的主体确实是人，但哲学的主题却不仅仅是人，因为人只是世界的一部分（虽然是最重要的一部分），人也应该纳入世界这个整体。哲学是人研究世界的学问，并不是专门研究人的学问，所以哲学不是"人学"或"人类学"，而是"世界学"。"人学"或"人类学"应该包含在"世界学"之中，它是其中的一个分支，或者说是最重要的一个分支。从人类的角度看，所有的科学和学科都是人研究的，都是人理解、反思、意识的结果，但是，我们不能说所有的科学和学科都是"人学"或"人类学"。例如物理学和化学也是人研究的，也是人对物理或化学现象理解、反思、意识的结果，但是，我们不能因此就说物理学和化学都是"人学"。

通过以上探讨我们可以得出这样的结论：哲学的主题应该是"世界"，"人"可以作为人类哲学的主题进行研究。

3. 哲学应不应该建立体系？

在相当长的时期里，哲学家们大都把建立一个满意的理论体系作为自己追求的目标，那时人们普遍认为建立理论体系是合理的和必要的。但是，随着哲学的不断转向，哲学逐步从全局转向局部，从整体转向分支，从研究大问题转向细枝末节问题。由于长期沉浸在细枝末节问题之中，不少哲学家的视野变得狭小，他们遗忘了哲学的真正主题，误认为那些细枝末节就是哲学的主题。随着主题的变更，这些哲学家们的研究方式也发生了较大的改变，他们摈弃"宏大叙事"，力主"细小叙事"。例如后现代主义就主张，用"细小叙事"代替"宏大叙事"，用某一学科或领域的具体话语来代替涉及所有话语的"元话语"。[34] 由于力主"细小叙事"，所以他们反对建立理论体系，认为理论一旦成为体系就会走向僵化和谬误。

哲学究竟应不应该建立体系？理论一旦成为体系真的会走向僵化和谬误吗？

假若哲学研究的全都是一些零碎杂乱的"细小"问题，那么，这样的哲学也许真的不需要建立理论体系；然而现在的问题是，哲学研究的并不是那些零碎杂乱的"细小"问题，哲学研究的对象是世界，而世界又是一个巨大的、完整的和有序的系统。既然世界是一个巨大的、完整的和有序的系统，那么，哲学要想对它做出完整而又准确的描述与解释，它就必须建立一个完整和有序的理论体系，否则就无法对其作出全面、系统的说明。世界原本是一个巨大的、完整的和有序的系统，假若我们用一些零碎杂乱的"细小叙事"去描绘、刻画它，那么这种描绘和刻画一定是失真的和失败的。这就像画一棵大树，如果只允许画家描绘细小的树枝和树叶，那画家永远也不可能画出一棵完整的大树。哲学的功能就是描述、解释世界，既然世界是一个巨大的、完整的和有序的系统，那哲学就必须与之对应，就必须建立一个完整、有序的理论体系，只有这样才有可能完整而又准确地描述和解释世界。

通过上面的讨论，科学唯物主义认为建立理论体系是合理的和必要的，那么，理论一旦成为体系真的会走向僵化和谬误吗？在哲学史中，确实有一些理论体系最后走向了僵化和谬误，这是因为这些理论体系或者变成了高高在上的"教义"，或者傲慢自大、故步自封，或者头脑膨胀，把自己的理论推向极端，这就是说，导致理论体系走向僵化和谬误的是人，并不是理论体系自身。一个理论体系，只要不被权力异化，只要不停下探索的脚步，只要允许质疑和批评，只要能正确地评价自己，只要能及时地修正错误，那它就不会走向僵化和谬误。

第七节　科学唯物主义是唯物主义发展的新阶段

上面探讨了科学唯物主义的定义、主题与内容，在第二节还介绍了历史上的唯物主义，通过这些介绍可以看出，科学唯物主义与历史上的唯物主义存在着密切关系，那么，二者究竟存在着什么样的关系呢？这个问题可以从两个方面来看，首先，从历史的角度看，科学唯物主义与历史上的唯物主义是一脉相承的，它继承、坚持了唯物主义的基本原则和基本思想，所以它在本质上依然是一种唯物主义学说。但是，科学唯物主义又与历史上的唯物主义存在着较大的不同，这是因为它从多个方面丰富、发展了唯物主义学说，并把唯物主义推向一个新的发展阶段，所以科学唯物主义是唯物主义发展的新阶段。

为什么说科学唯物主义是唯物主义发展的新阶段？它究竟在哪些方面丰富、发展了唯物主义呢？

第一，科学唯物主义大大丰富、发展了唯物主义学说。

长期以来，传统唯物主义研究的问题主要集中在世界的本原、本质、物质的运动、认识论以及实践论等方面，科学唯物主义不仅对这些问题进行了更为深入的研究，而且还对许多新问题例如世界的定义、起源、形成、演化、图景、本质以及自然、人类、心灵、行为、伦理等，进行了更为全面和系统的研究。由于科学唯物主义研究的问题更加广泛、全面，内容也更加丰富、深入，所以它大大地丰富和发展了唯物主义学说，把唯物主义推向一个新的阶段。

第二，科学唯物主义吸纳了自然科学的方法与精神，把唯物主义发展成为更科学的哲学学说。

长期以来，传统唯物主义的研究方法就是哲学思辨，很少有人吸收、采纳自然科学的方法与精神；而科学唯物主义却认为，传统哲学的研究方法存在严重缺陷，所以它主张吸收、采纳自然科学的方法与精神，用科学的方法去研究哲学，把哲学变成一种更为科学的学问。引进科学的方法与精神，用科学的方法研究哲学，把唯物主义变成更科学的哲学学说，这无疑是对唯物主义的一大发展。

第三，科学唯物主义主张彻底的物质一元论，把唯物主义发展成为"彻底的唯物主义"。

虽然所有的唯物主义都宣称自己是"唯物"的，但大多数唯物主义其实仍然是物质与精神的二元论，即它们都认为存在着精神与物质这样两种截然不同的本原，所以大多数唯物主义都是不彻底的唯物主义。科学唯物主义对精神的本质进行了更深入的研究，发现精神的本质其实是大脑所产生的一种高级物质，精神与物质同一，所以它主张彻底的物质一元论，主张"彻底的唯物主义"。从二元论到彻底的物质一元论，科学唯物主义把唯物主义发展成为更彻底的唯物主义。

通过以上探讨可以看出，由于科学唯物主义把传统唯物主义发展成为更科学、更彻底的唯物主义，由于科学唯物主义大大丰富、发展了唯物主义学说，所以科学唯物主义是唯物主义发展的新阶段。

科学唯物主义是唯物主义发展的新阶段，它是一种全新的唯物主义学说，然而，许多人往往把它与辩证唯物主义相混淆，认为科学唯物主义与辩证唯物主义是同一的，二者没有太大的区别。这种看法是不准确的，科学唯物主义与辩证唯物主义是两种完全不同的唯物主义学说，二者存在着较大的不同，这些不同是：

第一，二者的名称大不相同

一个的名称是"科学唯物主义"，而另一个的名称则是"辩证唯物主义"，显而易见，二者的名称大不相同。

第二，二者的特点大不相同

科学唯物主义的最大特点是"科学"，而辩证唯物主义的最大特点是"辩证"，所以二者的特点也大不相同。

第三，"世界学"与"世界观"的不同

辩证唯物主义明确指出，哲学就是世界观，那么，什么是世界观呢？辩证唯物主义的教科书认为："所谓世界观（亦称宇宙观）就是人们对于整个世界、整

个宇宙，包括自然界、社会和人及人的主观精神世界在内的根本观点。"[35] 或者说是"人们对整个世界（自然、社会和人）的总的根本看法"。[36] 在德语中，Weltanschauung（世界观）是由 Welt（世界）和 Anschauung（直观、观察）组成的复合词，这就是说，所谓世界观就是人观察世界后所产生的一种看法，或者说是一种"观感"。然而科学唯物主义却认为，哲学是"世界学"，所谓"世界学"就是指它是研究、揭示世界根本知识的一门严谨的学问。辩证唯物主义认为哲学就是"世界观"，就是人观察世界后所产生的一种看法或"观感"；而科学唯物主义却认为，哲学并非是人观察世界后所产生的一种泛泛的看法或"观感"，而是一门研究、揭示世界根本知识的、严谨的学问，所以"世界观"不能等同于"世界学"。

第四，一个是精神与物质并存的二元论，而另一个则是彻底的物质一元论，这也是二者的不同之处。

虽然辩证唯物主义宣称自己是彻底的唯物主义，但它仍然认为，除了物质世界之外，在人的大脑中还存在着非物质的精神和非物质的精神世界，所以它在本质上其实是二元论。而科学唯物主义却认为，精神的本质其实是大脑所产生的一种高级物质，精神与物质同一，精神世界与物质世界同一，所以它主张彻底的物质一元论，主张"彻底的唯物主义"。辩证唯物主义是二元论，而科学唯物主义则是彻底的物质一元论，这也是二者的一大不同。

第五，二者研究的问题和内容也大不相同

我们首先来看辩证唯物主义，它究竟研究哪些内容呢？我们以中国教育部组织编写的一部很流行的哲学专业教材为例，这就是中国人民大学肖前、李秀林、汪永祥主编的《辩证唯物主义原理》。这本教材比较详尽地介绍了辩证唯物主义研究的内容，这些内容是：世界的物质性、人类意识、世界的普遍联系和发展、联系和发展的基本规律、联系和发展的基本环节、实践、认识、辩证思维的形式和方法、真理和价值等。那么，科学唯物主义研究的内容又是什么呢？我们在前面已经作过介绍，科学唯物主义研究的内容可以分为两大部分，第一部分是"整体哲学"，第二部分是"分支哲学"。"整体哲学"包括材料哲学、组合哲学、演化哲学、世界哲学四部分，而"分支哲学"又分成两个大的分支，第一个分支是自然哲学，自然哲学又可以分为若干小的分支，例如宇宙哲学、物理哲学、化学哲学、生物哲学，等等；第二个分支是人类哲学，人类哲学又可以分为若干小的分支，例如人的哲学、心灵哲学、实践哲学、伦理哲学、社会哲学、政治哲学，经济哲学、文化哲学、宗教哲学、语言哲学，等等。通过对比就可以清楚地看出，二者研究的问题和内容也大不相同。

通过以上探讨可以看出，科学唯物主义与辩证唯物主义是两种完全不同的唯物主义学说，存在着较大的不同，不能把它们混为一谈。

第八节 科学唯物主义是哲学的新范式

我们在上一节探讨了科学唯物主义与传统唯物主义的关系，本节我们将探讨科学唯物主义与传统哲学的关系。那么，科学唯物主义与传统哲学又是什么关系呢？我们在科学唯物主义的定义中已经指出：科学唯物主义是哲学的新范式。

什么是范式？"范式"（paradigm）这一概念是科学哲学家库恩（Thomas Sammual kuhu,1922 - 1996）首先提出的，他认为："范式是一个成熟的科学共同体在某段时间内接纳的研究方法、问题领域和解题标准的源头活水""按既定的用法，范式就是一种公认的模型或模式。" [37] 科学哲学家查尔莫斯也对范式概念做出解释：所谓范式是由一些具有普遍性的理论假设和定律以及它们的应用方法构成，而所有这些都是某个特定的科学共同体的成员所接受的。[38] 南开大学哲学系教授陈宴清先生对"范式"做出了更为简洁的解释："哲学思维的范式可以简单地定义为人们思考哲学的基本进路或类型。" [39] 综上所述，可以把"范式"简单地理解为哲学研究方式或理论结构，理解为哲学模型或模式。

那么，为什么说科学唯物主义是哲学的新范式呢？它又"新"在哪里呢？

第一，科学唯物主义彻底改变了哲学的出发点——由"存在"改为"物"。

早在两千多年前，古希腊哲学家巴门尼德（Parmenides，约前 515—约前 445）就提出了一个非常抽象的、既无质的差异又无量的区分的"存在"（"有"、"是"）概念，他认为存在是不生不灭、不动、不可分、连续，只能被思想所理解、所把握的整体。[40] 自从巴门尼德提出"存在"或"是者"（on/Being）的概念之后，对世界本原的探讨开始发生转变，世界的逻辑前提逐渐成为哲学研究的方向，尤其是在亚里士多德确立了形而上学这门学科之后，"存在"或"是者"成为哲学的核心概念。

两千多年来，绝大多数西方哲学家都把"存在"作为哲学的出发点，并以"存在"为基点建立自己的理论体系，可以毫不夸张地说，两千多年的西方哲学就是关于"存在"的哲学。但是，"存在"是一个非常抽象、模糊和空虚的概念，既无法定义，也无法说明它是什么，甚至可以说这个"存在"并不是一个真实的存在。正如有的学者指出的那样："存在"根本不表示一种性质或动作，它不能作为"谓词"，所以科学历史上关于"存在"所做的思辨统统是错误的，而且是严格意义上的错误。[41] 如果哲学把这个非常抽象、模糊和空虚的概念作为自己的出发点，如果哲学研究的就是这种非常抽象、模糊和空虚的对象，如果哲学理论就是建立在这种其实并不真实存在的"存在"

之上，那么可想而知，这样的哲学将会是何等的抽象与模糊，将会是何等的空虚与虚幻！差之毫厘而谬之千里，由于选错了出发点，于是正如罗素所说的那样，西方哲学不可避免地陷入了长达数千年的思辨与混乱！

仅仅因为选错了出发点，就导致西方哲学陷入了长达数千年的思辨与混乱，这无疑是一个非常严重的失误。科学唯物主义对这个失误进行了深刻的总结与反思，主张彻底摈弃"存在"这个出发点，重新为哲学选择新的出发点。那么，科学唯物主义选择的新出发点又是什么呢？这个新的出发点就是"物"，就是人类在生存活动中经常看到、接触到并与之发生着密切关系的"物"。例如我们人类赖以生存并发生密切关系的空气、水、粮食、蔬菜、水果、房屋、土地、天空、江河、高山、森林等等。那么，究竟什么是"物"呢？科学唯物主义将其定义为：

所谓"物"就是指存在于世界中的那些实物、实体、具体的物质形态或特殊形态的物质结构。

我们所说的"物"是一个简称，哲学家常常把它称为"自在之物"、"物质实体"、"物质客体"、"客观事物"或"事物"等，虽然称呼不同，但它们的基本含义是相同的，即都把"物"看作是一种真实存在的、实实在在的"东西"。但需要强调的是，我们所说的"物"并不完全是指实体、实物或具体的物质形态，而且还包括那些特殊形态的物质结构，这些特殊形态的物质结构虽然不以实体或实物的方式存在，但它们具有物质的结构，所以它们同样属于"物"的范畴。例如物理学中的电磁场、引力场、介子场等，虽然它们并不是实体或实物，但由于它们都是物质所形成的结构，所以它们属于具有特殊形态的、非实体的"物"。

我们对"物"进行了定义，那么，为什么说"物"就是哲学最好的出发点呢？这是因为"物"是世界上最普遍、最常见的东西，而且是实际存在的东西，又是与人类关系最为密切的东西。正是由于"物"具有这些特点和长处，所以人类很容易就可以通过自己的感官去感知这些"物"，去研究和认识它们，显而易见，这些客观实在的"物"要比那个抽象、模糊和空虚的"存在"更容易被人类感知和认识，所以把"物"作为哲学研究的出发点无疑是一个最佳的选择。传统哲学把抽象、模糊、空虚的"存在"作为自己的出发点，而科学唯物主义却把实在的、具体的和可感的"物"作为出发点，科学唯物主义不仅彻底改变了哲学的出发点，而且彻底改变了哲学的范式。

第二，科学唯物主义彻底改变了哲学的本原观——由二元改为一元。

本原问题是哲学探究的重要问题，那么，世界的本原究竟是什么呢？几千年来，绝大多数哲学家都坚持这样的本原观：世界是由"心"和"物"两种本原构成的，所谓"心"就是非物质的灵魂、心灵或精神，所谓"物"就是物质性的实体。由于认为存在着"心"和"物"两种本原或者说"元"，所以几千年来的绝大多数哲学都是二元哲学，即使号称彻底"唯物主义一元论"的辩证唯物主义，其实质同样也是二元哲学，因为它承认在人脑中还存在着一个非物质的精神世界。

虽然二元哲学历史悠久，但当我们对其进行深刻反思时就会发现，这种哲学存在着一个巨大而又深刻的矛盾，这就是"心"和"物"两种本原之间的矛盾。"心"是虚无缥缈的非物质，而"物"却是客观实在的物质，这两种本原在性质上是截然不同的，在关系上又是互相对立的。既然二者是截然不同和互相对立的，那么，这两种本原怎么能够融合在一起？又怎么能够构成一个统一、和谐的世界呢？这无疑是一个巨大而又深刻的矛盾，也是二元哲学一直无法解决的一大难题。为了解决这个难题，弥合这个矛盾，一代又一代的哲学家们绞尽脑汁、苦苦探索，正如德国哲学家费尔巴哈所说的那样："精神对感性的关系问题""这是哲学上最重要的也是最困难的问题……，全部哲学史就是在这个问题的周围兜圈子"。虽然哲学家们绞尽脑汁、苦苦探索，但直到 21 世纪的今天，二元哲学的这个矛盾一直无法解决。由于存在着巨大而又深刻的矛盾，所以那些看起来巍峨雄伟的二元哲学宫殿潜伏着巨大的危机。

几千年过去了，二元哲学的矛盾为什么一直无法解决？问题的根源究竟在哪里呢？科学唯物主义认为，问题的根源就在"心"这种本原上，既然"心"是虚无缥缈的非物质，既然"心"是无形无踪、神秘莫测的，那哲学家们如何能够确定它是一个真实的存在呢？假如非物质的"心"并不是一个真实的存在，那它又怎么能够充当本原呢？科学唯物主义已经进行过探讨，"心"在本质上并不是虚无缥缈的非物质，而是实实在在的物质。科学唯物主义彻底否定了那个虚无缥缈的非物质的"心"，把"心"也纳入物质的范畴，这样构成世界的两种本原就变成了一种，这种本原就是物质。既然只存在着一种本原，那么，传统的二元哲学的宫殿就必然会彻底崩塌，二元哲学也必将被一元哲学所替代。科学唯物主义认为，世界上只存在物质这样一种本原，正是物质构成了世界和万物。既然构成世界万物的材料只有一种，既然"心"也是由物质材料所构成，那么，"心"和"物"的矛盾就不复存在，而二元哲学的那个巨大而又深刻的矛盾也随之消失了。科学唯物主义彻底否定那个非物质的本原——"心"，主张彻底的物质一元论，它是真正的一元哲学。从"心"、"物"二元哲学到彻底的物质一元哲学，科学唯物主义彻底改变了哲学的本原观，这无疑是哲学范式的一次巨大改变。

第三，科学唯物主义彻底改变了哲学的研究理路与对象：由"形而上学"改为"形而下学"，由"形而上的世界"改为"现实世界"。

我们在第一章中进行过探讨，哲学是探究世界根本知识的学问，哲学研究的对象就是世界。然而，哲学研究的究竟是一个什么样的世界呢？古希腊是西方哲学的发源地，古希腊的哲学家们就认为，直观经验无法达到真理，只有超经验的思维抽象才能揭示存在的真理，于是希腊哲学就开启了这样一种理路——抛开现实事物，蔑视感性经验，而把抽象思维的产物当作真实的、实在的东西追求。哲学家们预设了一个与现实世界脱离并主宰现实世界的"形而上的世界"，并竭力通过这个"形而上的世界"对现实世界做出解释。这一哲学理路被称为"本体论"或"形而上学"，它后来成为哲学最主要的模式，以至于很多人都认为，哲学就是"形而上学"。几千年来，绝大多数哲学家都在孜孜不倦地追寻那个超越并制约现实世界的"形而上的世界"，并试图通过这个"形而上的世界"对现实世界的本质和奥秘做出解释。例如古希腊哲学家柏拉图就通过思维的抽象构建了一个"形而上的世界"——"理念世界"，并试图通过这个"理念世界"对现实世界的本质和奥秘做出解释。德国哲学家黑格尔同样也是如此，他通过思维的抽象构建了另一个"形而上的世界"——"绝对精神"的世界，并试图通过"绝对精神"的世界对现实世界做出解释。

几千年来，虽然哲学家们耗尽心血构建了一个又一个"形而上的世界"，然而事实却无情地证明，这些虚无缥缈、神秘莫测的"形而上的世界"是根本不存在的，它们只不过是哲学家们的臆测或想象。正如哈佛大学原校长艾略特（C.W.Eliot）所批评的那样：他们"弛骛于空虚不实之中"！既然"形而上的世界"是虚幻的和不存在的，那么，既往哲学家们追寻那个超越并制约现实世界的"形而上的世界"的理路就是错误的，这种理路就像水中捞月、画饼充饥那样不可靠！

"形而上学"的理路是错误的，那么，哲学研究应该走什么样的道路呢？科学唯物主义认为，哲学在研究理路上应该有一个彻底的转变，哲学研究的对象是世界，然而，这个世界并不是那个虚无缥缈、神秘莫测的"形而上的世界"，而是人生存于其中的那个实实在在的现实世界，或者说"形而下的世界"。既然哲学的对象不再是"形而上的世界"，那么，哲学的研究理路也应该由"形而上学"转变为"形而下学"。由"形而上的世界"转向现实世界，由"形而上学"转变为"形而下学"，科学唯物主义不仅彻底改变了哲学的研究理路与对象，而且也彻底地改变了哲学的范式。

有的朋友可能会提出质疑：科学研究的也是"形而下"的世界，那么，科学唯物主义会不会与科学重复呢？回答是否定的，因为科学研究的是具体知识，而科学唯物主义研究的却是"根本知识"；虽然二者研究的对象同为"形而下"的世界，但由于它们观察的视角、探究的方向不同，总结的知识也不相同，所以二者不会重复。

第四，科学唯物主义彻底改变了哲学的研究方法：由"思辨"改为"科学"。

哲学的历史长达三千年之久，在这漫长的岁月里，哲学的研究方法基本上没有大的变化，这就是"思辨"，哲学就是思辨之学。一代又一代的哲学家们独坐书斋、闭门造车、天马行空、恣意想象，制造出了一大堆虚幻的空中楼阁和"哲学神话"，这些虚幻的空中楼阁和"哲学神话"脱离现实、脱离实际、脱离生活，不能给人类提供确定的知识，既没有多少用处，也没有多大价值，这无疑是传统哲学最大的弊病！科学唯物主义认为，哲学应该彻底摈弃这种落后的、不科学的思辨之法，虚心向自然科学学习，用科学的方法研究哲学，把哲学变成科学的哲学。由思辨到科学，由不科学的哲学到科学的哲学，科学唯物主义不仅改变了哲学的研究方法，而且也改变了哲学的范式。

第五、科学唯物主义改变了西方哲学近三百年的不可知论范式，由不可知论回归可知论，由康德范式回归巴门尼德范式。

世界是可知的，还是不可知的？哲学家们对这个问题有两种截然不同的认识，多数哲学家认为世界是可知的，但也有一些哲学家认为世界是不可知的，后一种观点被称为"不可知论"。什么是不可知论？不可知论是一种认为现实世界不可认识或不可能彻底认识的哲学理论。[42] 古希腊的普罗塔格拉（Protagoras，前 481-约前 411）和怀疑主义者皮浪（Pyrrhon，约前 365-约前 275 ）主张不可知论，但他们的观点在哲学界影响不大，未能占据哲学的主流。千百年来，绝大多数哲学家都认为古希腊哲学家巴门尼德（Parmenides，约前 515—约前 445）所提出的"能被思维者和能存在者是同一的"是正确的，人的思维与外部存在是同一的，所以世界是可知的。

但是从英国哲学家休谟开始，不可知论在哲学界的影响逐渐变大。休谟认为感性知觉是认识的来源，人们的知识不能超越感性知觉的范围，强调在人的感觉之外是否有物质实体和精神实体的存在是不可知的。后来到了康德，不可知论的影响进一步扩大，康德认为，我们的感觉之外有"自在之物"存在，人的感觉和观念由"自在之物"刺激我们的感官而产生，但康德却认为人的知识所达到的只是"现象"，而"自在之物"本身是不可知的。既然"自在之物"不可知，那么世界也自然是不可能彻底认识的。康德的批判哲学被一些哲学家评价为"哥白尼式的革命"，在哲学界产生了巨大影响，然而康德的不可知论也极大地影响了哲学，所以近三百年来，西方哲学的主流范式基本上是不可知论范式。

科学唯物主义对世界以及人类的认识能力进行了全面、深入的研究，通过这些研究，科学唯物主义认为世界是可知的，不可知论是偏颇的。为什么说不可知论是偏颇的？为什么说世界是可知的呢？理由有三：

第一，物质具有广延或空间性，所以所有的物质及物质组合物都有可能被人类感觉和认识。

在第二章"材料哲学"中，我们对物质进行过定义：**物质就是最基本的粒子，物质粒子具有质量和能量，并占有空间和时间，它是构成世界万物最基本的材料。**定义明确指出，物质"占有空间"或者说具有空间性，物质的空间性来自于它的质量，正是由于物质具有质量，所以它才具有广延性，而具有广延的物质就必然会在空间中占据一定的位置。在这个世界上，只有物质和物质的组合物能够占有空间，而一个虚无缥缈的非物质的东西绝不可能占有空间，所以"占有空间"或具有广延也是物质的一个重要的属性，也是我们识别物质和非物质的一个重要根据。

更为重要的是，物质的空间性是可感性的前提，因为只有占有空间的东西才是可感的，才能够被人类的感官感知和认识。物质具有广延或空间性，而由物质构成的所有物质组合物也都具有广延或空间性，所以它们同样也能够被人类感知和认识，这是可知论重要的理论基础与逻辑前提。

第二，物质及物质组合物具有信息功能，所以它们完全有可能与人类直接进行信息交流。

在第二章"材料哲学"中，我们还对物质的规律进行过探讨，物质的第四个规律是"物质信息规律"：**物质的相互作用和运动产生了物质的信息功能，所有**

的物质结构都具有产生、发送、传递、接受、处理以及反馈信息的功能。物质信息规律揭示了物质信息功能产生的原因，正是物质的相互作用和运动产生了物质的信息功能。物质信息规律不仅揭示了物质信息功能产生的原因，而且进一步揭示了物质的一个重要属性——物质具有信息交流的功能。既然物质具有信息交流的功能，既然物质能够发出并接受其他物质的信息，那么，物质以及物质所构成的事物就是可知的，世界万物就是可知的。物质信息规律为世界的可知性以及认识论奠定了理论基础，具有非常重要的哲学意义。

人是一个复杂而又高级的物质结构，他必然具有产生、发送、传递、接受、处理以及反馈信息的功能。当外部事物或物质组合物向人发送信息的时候，作为一个复杂而又高级的物质结构，人一定能够接受到这些信息，一定能够通过自己的感官把这些信息转化为感觉或现象，而人的大脑也一定能够通过感觉或现象处理、认识这些信息。正是由于物质与物质的组合物具有信息功能，所以人类与外部事物完全能够直接进行信息的交流，或者说完全能够感觉、认识它们。

康德认为，我们的感觉之外有"自在之物"存在，人的感觉和观念由"自在之物"刺激我们的感官而产生，但康德却认为人的知识所达到的只是"现象"，而"自在之物"本身是不可知的。按照康德的观点，外部事物——"自在之物"只能刺激人的感官从而产生感觉或现象，但却无法直接与人的大脑发生关系，所以在人与外部事物之间存在着一条无法逾越的鸿沟，外部事物在鸿沟的彼岸，而人则在鸿沟的此岸，既然外部事物和世界远在鸿沟的彼岸，那它们自然是不可知的。但科学唯物主义却认为，康德的观点既不符合事实，也不符合信息科学，因为当外部事物——"自在之物"刺激人的感官产生感觉或现象的时候，感觉或现象中已经包含了外部事物或"自在之物"的信息，人的大脑处理、认识感觉或现象其实就是在处理、认识外部事物或"自在之物"的信息，认识了感觉和现象其实就是认识了外部事物或"自在之物"。感觉或现象只是一个中介或桥梁，人通过它们把外部事物或"自在之物"的信息传递到大脑中，以便进行处理或认识，所以人与外部事物之间的信息交流是畅通的，二者之间根本不存在无法逾越的鸿沟，自然也没有什么彼岸和此岸之分，所以康德的观点不符合事实。

三，人的大脑不仅有感觉功能，而且还具有非凡的认识和意识能力，这种非凡的认识和意识能力能够通过感觉或现象，认识外部事物或"自在之物"，甚至认识世界。

人的大脑是世界上最复杂、最高级的物质结构，大脑不仅有感觉功能，而且还具有许多高级功能，例如非凡的认识和意识能力。正是由于大脑具有非凡的认识和意识能力，所以大脑能够认识和意识到脑中的感觉或现象来自"自在之物",感觉或现象只是"自在之物"的表征,感觉或现象与"自在之物"在信息和逻辑上都是同一的。脑对感觉或现象的认识其实就是对"自在之物"的认识,所以大脑不仅可以形成感觉或现象,而且还可以认识"自在之物"本身,甚至认识整个世界。

科学唯物主义通过对物质可感性、物质信息功能以及人的认识能力的分析,有力地论证了世界的可知性,对不可知论做出了批判。

由于康德的巨大影响,近三百年来,大多数西方哲学家都笃信康德理论,西方哲学的主流范式基本上是不可知论。科学唯物主义批判了不可知论的错误,并对可知论进行了有力的论证,积极促进哲学由不可知论回归可知论,由康德范式回归巴门尼德范式,彻底改变持续了近三百年的哲学范式——不可知论范式。

第六,科学唯物主义构建了一个全面、系统的哲学体系,对世界做出了描述与解释,并揭示了世界的根本知识,实现了哲学的初衷,回答了人类所面临的最大问题与困惑。

上面我们详细介绍了科学唯物主义,通过这些介绍可以看出,科学唯物主义不仅研究世界整体,而且还研究自然、人类以及更多的分支,所以它是一个全面、系统和有序的哲学体系。通过这个哲学体系,科学唯物主义不仅对世界以及分支做出了描述与解释,而且还揭示了世界以及各个分支的根本知识。通过这个哲学体系，科学唯物主义不仅把哲学描述、解释世界的初衷变成了现实，而且也回答了人类所面临的最大问题和困惑。

数百年来，随着哲学的多次转向，哲学研究的领域逐步从全局转向局部，从整体转向分支，从研究大问题转向细枝末节问题。由于长期沉浸在细枝末节问题之中，不少哲学家的视野变得越来越狭小，他们遗忘了哲学的真正主题，误认为那些细枝末节就是哲学的主题。随着主题的变更，这些哲学家们的研究方式也发生了较大的改变，他们摈弃"宏大叙事"，力主"细小叙事"，研究细枝末节、力主"细小叙事"几乎成为哲学的主流范式。

科学唯物主义牢记哲学的初衷与宗旨，坚持把世界作为研究的主题，构建全面、系统和有序的哲学体系，一方面恢复哲学"宏大叙事"的优良传统，研究重大的全局性问题；另一方面也不放弃"细小叙事"，对各个哲学分支及细节进行深入的研究。科学唯物主义将"宏大叙事"和"细小叙事"有机地结合起来，构建了一个全新的哲学模式，构建了一个全新的哲学。

通过以上探讨可以看出，与传统哲学相比较，科学唯物主义在哲学的出发点、本原、理路、对象、方法以及理论体系等诸多方面都发生了根本性的改变，它是哲学一次大的变革和转型，是哲学的新范式，是一种全新的哲学。

　　《世界哲学原理》一书即将结束，在结束之际还需探讨一个问题：科学唯物主义为什么要花费巨大精力探究世界问题呢？目的究竟是什么呢？我们在本书的开头曾经说过，世界问题是人类最大的疑问与困惑，也是人类所面临的最大问题。人类诞生于世界，世界是人类之母，人类是世界之子。所以从人类诞生的第一天起，他们所面对的就是世界，就是他们生存于其中的那个浩瀚的世界。面对这个浩瀚的世界，智慧的人类一定会产生许多疑问与困惑：这个浩瀚的世界究竟是从哪里来的？它究竟是由什么东西构成的？这些东西又是如何构成了世界？世界在不断地变化，那么，世界究竟是如何变化的呢？世界究竟是什么样子？世界的本质又是什么呢？……这些疑问与困惑一直困扰着人类，他们渴望能对这些疑问与困惑做出解答。从人类诞生一直到 21 世纪的今天，几百万年过去了，人类一直没有停止对这些问题的追问、思考与探索。

　　正是由于世界问题是人类面临的最大问题，所以从哲学诞生的那一天起，爱智慧的哲学就担负起这个重任，哲学就为自己树立了一个终极目标，这就是找到世界的"万有之理"，揭示世界的奥秘，解答人类对世界的种种疑问与困惑，所以世界问题不仅是哲学需要解决的最大问题，而且也是它需要解决的终极性问题。解决这个最大的终极性问题，不仅是哲学的初衷与宗旨，而且也是哲学追求的终极目标。数千年来，有不少哲人对世界问题进行了不懈探索，也提出了各种理论与假设，但遗憾的是，这些理论与假设尚不能对人类的疑问与困惑做出满意的回答，不能解决这个最大的终极问题，自然也无法实现哲学的终极目标。

那么，哲学如何才能对人类的疑问与困惑做出满意的回答呢？又如何实现哲学的终极目标呢？在本书的扉页，我们引用了伟大的古希腊哲学家、数学家、物理学家阿基米德（Archimedes，公元前 287-公元前 212）的一句豪言壮语：给我一个支点，我就能撬起地球。哲学家们同样也可以这样说：给我一把刀，我就能解剖世界。那么，这把解剖世界的"刀"究竟是什么呢？科学唯物主义认为，《世界哲学原理》就是一把解剖世界的"刀"，通过这把"刀"，我们就可以解剖那个浩瀚无垠、纷繁复杂的世界。通过这把"刀"，我们就可以层层剖析，最终找到构成世界的那种最基本的材料——物质；通过这把"刀"，我们就可以揭示出物质是如何通过组合逐步构成万物和整个世界的；通过这把"刀"，我们就可以揭示出世界万物是如何演化的，揭示世界万物演化的方式、方向、动力、轨道以及规律等；通过这把"刀"，我们还可以揭示世界的定义、起源、形成、图景与本质。总之通过《世界哲学原理》，科学唯物主义揭示了世界的奥秘，明确而又系统地回答了人类的疑问与困惑，回答了哲学最大的终极性问题，促进了哲学终极目标和宗旨的实现，这是科学唯物主义对哲学的一大贡献！

在三千年漫长的演化历程中，哲学曾经取得过巨大的成就与辉煌，曾被视为人类最高的智慧，但是，由于科学的冲击以及哲学自身的原因，到了 20 世纪后期，哲学的主流——西方哲学失去了正确的方向，丧失了大部领地，同时也丧失了活力，哲学陷入了困境，出现了严重的危机。正如著名哲学家维特根斯坦所说的那样，哲学成了"捕蝇瓶中的苍蝇"，这只可怜的"苍蝇"被困在狭小的"捕蝇瓶"中，嗡嗡乱飞却找不到出路。那么，出路又在哪里呢？维特根斯坦和海德格尔分别代表英美分析哲学和欧洲大陆哲学的两座高峰，但他二人都不约而同地得出了"哲学终结"的结论。这就是说，有着三千年光辉历史的哲学即将终结，代表人类最高智慧的哲学即将消亡，哲学已经到了生死存亡的严峻时刻！

在哲学生死存亡的严峻时刻，科学唯物主义另辟蹊径，为哲学开拓了一条新路，开辟了一个新的世界。科学唯物主义对哲学进行了新的定义，重新把广阔的世界、自然和人类都纳入哲学的领地，指出了哲学的方向；科学唯物主义虚心向自然科学学习，引进科学的研究方法，构建科学的新哲学；科学唯物主义采用新范式，研究新问题，并构建了新的理论体系，为哲学注入了新的活力。新领地、新方向、新方法、新范式、新理论，这一切将会产生巨大的力量，在巨大力量的冲击下，那个束缚哲学的"捕蝇瓶"将会被打得粉碎，而瓶中的"苍蝇"也会突变成雄鹰，自由地在天地之间翱翔，哲学将获得新生，将重新走向辉煌！

注释：

[1] [美]罗伯特·所罗门：《大问题——简明哲学导论》，张卜天译，广西师范大学出版社 2004 年版，第 431 页。

[2] [加]马里奥·本格：《科学的唯物主义》，张相轮、郑毓信译，上海译文出版社 1989 年版，第 1 页。

[3] [加]马里奥·本格：《科学的唯物主义》，张相轮、郑毓信译，上海译文出版社 1989 年版，第 17 页。

[4] 冯契、徐孝通主编：《外国哲学大辞典》，上海辞书出版社 2000 年版，第 769 页。

[5] 理查德·费曼：《费曼物理学讲义》(第一卷)，王子辅译，上海科学技术出版社 1983 年版，第 4 页。

[6] 陈晏清等：《马克思主义哲学高级教程》，南开大学出版社 2001 年版，第 144 页。

[7] 肖前、黄楠森、陈晏清主编：《马克思主义哲学原理》上册，中国人民大学出版社 1994 年版，第 20 页。

[8] 《古希腊罗马哲学》，三联书店 1957 年版，第 27 页。

[9] 冯契、徐孝通主编：《外国哲学大辞典》，上海辞书出版社 2000 年版，第 526 页。

[10] 冯契、徐孝通主编：《外国哲学大辞典》，上海辞书出版社 2000 年版，第 526—527 页。

[11] 冯契、徐孝通主编：《外国哲学大辞典》，上海辞书出版社 2000 年版，第 526 页。

[12] 冯契、徐孝通主编：《外国哲学大辞典》，上海辞书出版社 2000 年版，第 515 页。

[13] 肖前、李秀林、汪永祥主编：《辩证唯物主义原理》，人民出版社 1991 年版，第 58 页。

[14] 恩格斯：《自然辩证法》，人民出版社 1971 年版，第 54 页。

[15]《马克思恩格斯全集》第 2 卷，第 164 页。

[16] 肖前、黄楠森、陈晏清主编：《马克思主义哲学原理》上册，中国人民大学出版社 1994 年版，第 56 页。

[17] 余丽萍：《庸俗唯物主义庸俗吗？从毕希纳〈力与物质〉来看》，华中师范大学硕士论文。

[18] 冯契、徐孝通主编：《外国哲学大辞典》，上海辞书出版社 2000 年版，第 789 页。

[19] 施太格缪勒：《当代哲学主流》（下卷），王炳文、王路、燕宏远、李理译，商务印书馆 1992 年版，第 536 页。

[20] Daniel Stoljar, "Physicalism", The Stanford Encyclopedia of Philosophy(Fall 2009 Edition), Edward N. Zalta(ed.)

[21] 张清俐：《用科学新成果"滋润"哲学》，2014

年 6 月 25 日《中国社会科学报》。

[22] 王铜静：《自然主义可否如愿以偿》，2015 年 8 月 18 日《中国社会科学报》。

[23] 普特南：《重建哲学》，杨玉成译，上海译文出版社 2008 年版，第 58 页。

[24] 约翰·R·塞尔：《心灵导论》，许英瑾译，上海人民出版社 2008 年版，第 43 页。

[25] J. Searle, The Mystery of Consciousness, pp.135-136.

[26] [加]马里奥·本格：《科学的唯物主义》，张相轮、郑毓信译，上海译文出版社 1989 年版，第 6 页。

[27] 赵敦华：《现代西方哲学新编》，北京大学出版社 2001 年版，第 196 页。

[28] [英]史蒂芬·霍金：《时间简史——从大爆炸到黑洞》，湖南科学技术出版社 1992 年版，第 156 页。

[29] 赵敦华：《二十世纪，西方哲学走向死亡的最后历程》。

[30] [英]伯特兰·罗素：《西方哲学史》，何兆武、李约翰译，商务印书馆 1963 年版，绪论。

[31] 《马克思恩格斯选集》第 4 卷，人民出版社 1972 年版，第 220、219 页。

[32] 李达：《唯物辩证法大纲》，人民出版社 1978 年版，第 10 页。

[33] 高清海：《高清海哲学文存》，吉林人民出版社 1997 年版，自序。

[34] 赵敦华：《现代西方哲学新编》，北京大学出版社 2001 年版，第 257 页。

[35] 肖前、李秀林、汪永祥主编：《辩证唯物主义原理》，人民出版社 1991 年版，第 2 页。

[36] 肖前、李秀林、汪永祥主编：《辩证唯物主义原理》，人民出版社 1991 年版，第 2 页。

[37] 库恩：《科学革命的结构》，李宝恒、纪树立译，上海科学技术出版社 1980 年版，第 95 页。

[38] [英]A.F.查尔默斯：《科学究竟是什么？》，鲁旭东译，商务印书馆 2007 年版，译者前言，第 5 页。

[39] 陈晏清等：《马克思主义哲学高级教程》，南开大学出版社 2001 年版，第 11 页。

[40] 冯契、徐孝通主编：《外国哲学大辞典》，上海辞书出版社 2000 年版，第 253 页。

[41] 刘放桐等：《新编现代西方哲学》，人民出版社 2000 年版，第 264 页。

[42] 冯契、徐孝通主编：《外国哲学大辞典》，上海辞书出版社 2000 年版，第 65 页。

附录

一、本书定义集锦

1. 什么是哲学？

哲学是探究世界根本知识的学问，哲学就是世界学。

2. 什么是根本知识？

所谓根本知识就是起决定作用的、根源性的知识，或者说最重要的、最基础的知识。

3. 什么是终极性知识？

所谓终极性知识是指，这种知识并非是表面的、肤浅的和枝节的，而是穷根究底的根源性知识，或者说"元知识"；用通俗的话讲，就是最终的知识。

4. 什么是知识的普遍性？

所谓知识的普遍性是指，这种知识能够适用于众多领域、众多对象，用通俗但不准确的话说就是"放之四海而皆准"。

5. 什么是知识的必然性？

所谓知识的必然性就是确定不移、必定如此的知识。

6. 什么是知识的整体性？

所谓知识整体性是指，这种知识并不是局部的、分支的或零碎的知识，而是全局的、系统的和整体的知识。

7. 什么是世界哲学？

世界哲学是研究世界整体的哲学，是研究世界的定义、起源、形成、演化、图景以及本质的哲学。

8. 什么是思辨？

所谓"思辨"是指从概念出发进行纯粹的逻辑思维，并推演出整个客观实在的方法。

9. 什么是材料？

所谓材料就是构成物体、实物的原料或元素。

10. 什么是物质？

物质就是最基本的粒子，物质粒子具有质量和能量，并占有空间和时间，它是构成世界万物最基本的材料。

所谓物质就是具有质量和广延的始原粒子。

11. 什么是粒子？

自然科学认为，粒子（particle）是指能够以自由状态存在的最小物质组分。

12. 什么是最基本的粒子？

所谓"最基本的粒子"就是说，这种粒子是不可再分的终极粒子，或者说始原粒子。

13. 什么是质量？

质量是物质粒子含量的度量。

14. 什么是能量？

能量是物质运动的度量。

15. 什么是空间？

空间是物质广延和位置的度量。

16. 什么是时间？

时间是物质运动过程的一种度量。

17. 什么是规律？

规律是人对事物演变过程的归纳与总结，所谓规律就是事物必然的演变过程。

18. 什么是元素？

所谓元素就是构成事物的组成部分。

19. 什么是联系?

所谓联系就是指事物之间发生交集,并形成一定的关系。

20. 什么是组合?

所谓组合就是若干元素结合成一个有序整体的过程。

21. 什么是物?

所谓物就是若干元素组合而成的独立有序的整体。

22. 什么是结构?

所谓结构就是构成事物的元素互相组合而形成的组织架构,就是元素的组合方式。

23. 什么是本质?

所谓本质就是决定一事物成为该事物而非他事物的属性,由于这种属性对事物具有决定性作用,所以称为本质属性。

24. 什么是优化结构?

所谓优化结构是指元素组合合理,结构严密有序,各部分协调一致的结构。

25. 什么是对子？

一事物与另一事物互相组合构成一种简单的组合体，这种简单的组合体就是对子。

26. 什么是组？

所谓组就是由多个事物组合而成的较小组合体。

27. 什么是群？

所谓群就是由众多事物组合而成的较大组合体。

28. 什么是系列？

组合哲学所说的系列是指，若干事物排列组合而形成的行列，我们把这种行列称之为"系列"，而把构成系列的一个个事物称之为"项"。

29. 什么是序列？

组合哲学所说的序列是指，若干事物按照一定的次序或规律排列组合而成的有序行列，我们把这种有序的行列称之为序列。

30. 什么是系统？

系统是由若干元素组合而成的具有复杂结构和特定功能的组合体。

31. 什么是个体？

所谓个体就是具有一定空间尺度和时间起终点的实体。

32. 什么是环境？

所谓环境就是个体存在的外部世界。

33. 什么是场？

所谓场就是个体直接存在的小环境。

34. 什么是层？

层是构成事物立体结构的基本单元，层由同一等级的事物集合及相应时空构成。

35. 什么是层系？

层系是层的组合体，层系就是若干个层按照一定的次序或规律叠加组合而成的垂直系统。

36. 什么是层系坐标系？

所谓层系坐标系就是水平方向的层与垂直方向的层系互相交叉所形成的一种三维或立体的坐标系统。

37. 什么是演化？

所谓演化就是事物的演变与变化。

38. 什么是演化的主体？

所谓演化的主体就是演化的实施者或承担者，就是演化的"主角"。

39. 什么是量？

量是对事物的数量、规模以及演化程度等属性的度量。

40. 什么是量变？

所谓量变就是事物的数量、规模以及演化程度等属性的变化。

41. 什么是质？

所谓质就是事物的本质，就是事物的本质属性，本质属性决定一事物成为该事物而非他事物。

42. 什么是质变？

所谓质变就是事物本质属性的演变，就是由一种质变成另一种质、由一事物变成另一事物的过程。

43. 什么是结构的演化？

所谓结构的演化就是事物的组织架构或组合方式的演变与变化。

44. 什么是组的演化？

所谓组的演化就是多个事物组合体的演变与变化，演化哲学把这种演化简称为"组变"。

45. 什么是群的演化？

所谓群的演化就是众多事物组合体的演变与变化，可以把这种演化简称为"群变"。

46. 什么是系列的演化？

所谓系列的演化是指，系列中事物的排列组合以及相互关系的变化。

47. 什么是序列的演化？

所谓序列的演化是指，序列中的事物排列组合以及相互关系的变化。

48. 什么是系统的演化？

所谓系统的演化就是系统中的元素排列组合以及相互关系的变化。

49. 什么是场的演化？

所谓场的演化是指，个体存在的小环境的演变与变化。

50. 什么是力？

力是事物相互作用的度量。

51. 什么是周期？

演化哲学所说的周期有两层含义，第一层含义是指，一个完整的演化过程从开始到结束的时间；第二层含义是指，相似演化过程重复出现的时间间隔。

52. 什么是轨道？

所谓轨道是指事物演化的道路或轨迹。

53. 什么是环式轨道？

环式轨道是从哲学角度揭示事物演化道路的一种轨道模式，该模式由诸多不同序数、不同层级的演化环组合而成。

54. 什么是因果？

在事物的演化过程中，如果之前的过程、事件引起或产生了之后的过程、事件，那么，之前的过程、事件就是"因"，而之后的过程、事件就是"果"。

55. 什么是对立？

所谓"对立"是指事物之间那种截然相反、互相"抵触"、互相"冲突"的关系，这种关系是事物关系中的一个极端。"对立"就是最大的差异，就是差异之极。

56. 什么是同一?

同一是事物之间的一种关系，当两事物相同或一致时，那么它们的关系就是同一关系。

57. 什么是二期?

在一个完整的演化过程中，事物的结构存在着两个截然不同的演化时期，第一个是"合成期"，第二个是"分解期"，这就是二期。

58. 什么是世界?

所谓世界就是全部可感事物构成的巨大系统，就是所有可感事物的组合。

59. 什么是世界图景?

所谓世界图景就是世界的景象。

60. 什么是唯物主义?

唯物主义是一种揭示世界本原与本质的哲学学说，该学说认为世界的本原是物质，物质构成世界万物，所以世界在本质上是物质的。

61. 什么是科学唯物主义?

科学唯物主义是吸纳科学方法与精神的唯物主

义，它的宗旨是揭示世界的根本知识，它是更为科学的唯物主义，是唯物主义发展的新阶段，是哲学的新范式。

62. 什么是物？

所谓"物"就是指存在于世界中的那些实物、实体、具体的物质形态或特殊形态的物质结构。

63. 什么是不可知论？

不可知论是一种认为现实世界不可认识或不可能彻底认识的哲学理论。

二、本书规律集锦

1. 普遍联系规律：

世界就是亿万事物通过互相联系编织而成的巨大网络，每一事物都存在于这个巨大的网络之中，所以每一事物都必然要与其他事物发生联系，没有任何联系、绝对孤立的事物是不存在的。

2. 物质守恒规律：

在一定的宇宙演化周期内，物质会发生各种演变，但物质的总质量与总能量之和是恒定的，物质具有守恒性。

3. 物质作用规律：

物质的存在不是孤立的，物质之间必然发生联系与相互作用。

4. 物质运动规律：

物质的相互作用推动了物质的运动，相互作用是物质运动的原因和动力。

5. 物质信息规律：

物质的相互作用和运动产生了物质的信息功能，所有的物质结构都具有产生、发送、传递、接受、处理以及反馈信息的功能。

6. 组合规律：

无论是微观、宇观领域，也无论是宏观领域，世界上所有的"物"都是元素组合的产物。离开了组合，所有的"物"都无法形成，世界也难以成为世界，所以世界万物形成的关键就在组合。

7. 结构元素关系规律：

在一个结构中，结构与元素、元素与元素之间都是互相制约、互相影响的。

8. 结构决定律：

结构是事物的决定性要素，事物的本质、外部形态、广延、功能以及信息等都决定于结构。

结构是事物的根基、核心与命脉，一事物之所以成为该事物而非他事物，之所以是这样而非他样，根本原因就在结构。

9. 结构优化律：

优化结构元素组合合理、结构严密有序且各部分协调一致，所以优化结构能够增强事物的稳定性，发挥事物的最大功能，促进事物更快、更好地发展。

10. 整体性规律：

任何系统的整体性都由其子系统即部分组成，在部分构成整体时，出现了组成部分所不具有的甚至对于组成部分来说是毫无意义的性质，同时又丧失了组成部分单独存在时所具有的某些性质。这个规律叫做整体不等于部分之和的规律或整体性规律，又称贝塔朗菲定律。

11. 个体与环境关系规律：

个体产生并存在于环境之中，它必须从环境中获得并交换物质、能量与信息，所以个体必然会受到环境的制约与影响；但是作为环境中的一个存在物，它又必然会与环境发生相互作用，反过来影响甚至改变环境。

12. 层次关系规律：

在一个层系中，低层次是高层次的基础与元素，高层次是低层次的突现与发展，高低层次之间互相制约、互相影响。

13. 演化动力规律：

推动世界万物演化的根本动力就是事物之间的相互作用。

14. 结构平衡规律：

事物的稳定决定于结构的平衡，结构平衡事物就会稳定并发展；结构不平衡又得不到及时反馈与调整，事物就会失去稳定性，就会衰落甚至灭亡。

15. 元素演化规律：

在一个结构中，某一元素的演化有可能引起其他元素的改变；在一定的条件下，有可能引起所有元素以及整个结构的改变，甚至还有可能引起其他结构及元素的改变。

16. 自组织规律：

在一定条件下，复杂系统的内部能够产生自组织功能，系统能够自发地向组织程度更高的方向演化。

17. 因果律：

一定的原因必然引起、产生相应的结果，有因必有果，有果必有因。世界上既不存在无因之果，也不存在无果之因。

18. 量变质变规律：

在事物的演化过程中，量变能够引起质的改变，质变又能引起新的量变，量变与质变互相转化、互相交替、互相推动，而事物的演化就是在量与质的互变中进行。

19. 对立同一规律：

两个互相对立的事物，在内外因素的共同作用下，通过一定的方式，由对立关系转化为同一关系，最后成为相同或一致的事物，关系的转化推动了事物的发展。

20. 否定之否定规律：

一个大的演化周期大都包括曲折反复的三个阶段，第一个阶段是事物的形成与存在阶段，即事物的肯定阶段；第二个阶段是该事物被否定并转变为他事物的阶段，即否定阶段；第三个阶段是对否定的再否定阶段，这个阶段是前两个阶段的扬弃与综合，通过否定之否定，不仅肯定阶段的某些特征会回复，而且事物也会进一步得到发展与壮大。

21. 二期律：

一个完整的演化过程由两个截然不同的时期构成，从事物诞生到演化的顶峰是合成期，在这个时期里，事物的结构不断合成、不断完善，功能不断增强，事物也由小变大、由弱变强，最后到达演化的顶峰。但达到顶峰后，事物的演化就开始进入分解期，结构逐渐失衡、分解，功能逐渐减退，事物也由大变小，由强变弱，最后走向灭亡。

22. 周期律：

所谓周期律是指在事物的演化中，间隔一定时间，相似的演化过程就会重复出现。

三、本书公式及数学表达集锦

1. "物质公式"：

$Ma = m (e, t, s)$

解释：公式中 Ma 表示物质(matter)，m 表示质量，e 表示能量(energy)，t 表示时间，s 表示空间(space)。该公式说明，质量 m 是物质的主体，而能量 e、时间 t 和空间 s 分别是物质的属性。

2. 系统的四大功能公式：

$R = f (\alpha, \beta, \gamma, \delta)$

解释：公式中独立变量 R 表示系统的状态性质，α 表示有序整体，β 表示自稳定，γ 表示自组织，δ 表示等级层次。这里 α、β、γ、δ 是具有联合函数 R（"自然系统"）的独立变量，独立变量 $R=f(\alpha)$（系统的状态性质）。

3. 元素的数学表达：

a、 b、 c 、d …

解释：元素用小写字母 a、 b、 c 、d 等表示。

4. 联系的数学表达：

A—B, C—D

解释：式中 A、B、C、D 表示事物，"—"表示事物之间的联系，A—B 表示事物 A 与事物 B 发生联系。

5. 组合的数学表达：

a·b·c

解释：式中 a、b、c 表示元素，"·"表示元素与元素的组合。

6. 物的公式：

A = { a·b·c }

解释：该公式说明，物 A 是由元素 a、b、c 组合而成的一个独立有序的整体。公式中的大括号"{}"表示物 A 由元素 a、b、c 组合而成，公式中的"·"表示元素紧密地结合。

7. 物的要素公式：

Q = {el, m, s, a, st, e, i, b }

解释：公式中 Q 表示物，el 表示材料或元素（element）、m 表示质量、s 表示广延、a 表示外部形态（appearance）、st 表示内部结构（structure）、e 表示能量（energy）、i 表示信息（information）、B 表示功能。该公式说明，构成物的要素有材料、质量、广延、外部形态、内部结构、能量、信息、功能等。

8. 结构公式：

$S = \{a \cdot b \cdot c\}$

解释：公式中 S 表示结构，a、b、c 表示组成结构的元素，"·"表示元素的紧密结合。

9. 松散结构公式：

$S = \{a, b, c\}$

解释：公式中 S 表示结构，a、b、c 表示组成结构的元素，","表示元素松散地组合。

10. 结构元素关系律的数学表达：

$S \longleftrightarrow \{a \longleftrightarrow b \longleftrightarrow c\}$

解释：式中 S 表示结构，a、b、c 表示组成结构的元素，"$\longleftrightarrow$"表示元素与元素、元素与结构之间的相互作用与影响。

11. "结构功能统一律"公式：

$B = f(E, C, S)$

解释：该公式说明，在特定的环境 E 下，一个系统的功能 B 既取决于系统的元素 C，更取决于系统的结构 S。

12. "结构决定律"公式：

$S \rightarrow \{Es, A, Ex, B, I, \}$

解释：公式中 S 表示事物的结构，Es 表示事物的本质(essence)，A 表示事物的外部形态(appearance)，Ex 表示事物的广延（Extension），B 表示事物的功能，I 表示事物的信息（information），而"$\rightarrow$"则表示决定。该公式说明，结构是事物的决定性要素，事物的本质、外部形态、广延、功能以及信息等都决定于结构。

13. "结构优化律"公式：

$f(So) = A(St, B, D)$

解释：公式中 A 表示事物，So 表示优化结构（optimization），St 表示事物的稳定性(Stable)，D 表示事物的发展（Development），B 表示事物的功能。该公式说明，事物的稳定 St、功能 B、发展 D 是优化结构 So 的函数，优化结构能够促进事物的稳定、功能和发展。

14. 整体性规律的公式:

设系统 Σ (K1, K2, ……Kn) 的组成部分为 K1, K2, ……Kn, 则整体性规律可表达为:

SL (Σ (K1, K2, ……Kn) $\neq$ SL (K1) $\cup SL$ (K2) $\cup$……$\cup$ SL (Kn)

15. 对子的数学表达:

$Su = \{ A—B \}$

解释: 式中 Su 表示对子 (Sub), 事物用大写字母 A、B 表示, "—"表示事物之间发生了联系与组合。

16. 组的数学表达:

$Gr = \{ A—B—C—D—E \}$

解释: 式中 Gr 表示组 (group), 事物则用大写字母 A、B、C、D 等表示, "—"表示事物之间发生了联系与组合。

17. 群的数学表达:

$$G = \{ A-B-C-D-E-\cdots\cdots - Xn\}$$

解释：式中 G 表示群（英语 group），事物用大写字母 A、B、C、D、X 等表示，"—"表示事物之间发生了联系与组合。

18．同项系列的数学表达：

$$A-A-A-A-A-\cdots\cdots An$$

解释：式中 A 表示构成系列的事物，由于事物是同一的，所以系列的各项也是同一的。

19．异项系列的数学表达：

$$A-B-C-D-E-F-\cdots\cdots Xn$$

解释：式中 A、B、C、D、E、F、X 表示构成系列的事物，由于事物各不相同，所以系列的项为异项。

20．同项无限系列的数学表达：

$$A-A-A-A-A-\cdots\cdots$$

21．有次序的序列：

$$A1-A2-A3-A4-A5-A6-\cdots\cdots An$$

解释：序列中的各项按照一定的次序排列，例如

1、2、3、4、5、6等。

22．有规律的序列：

A—B—C—A—B—C—A—B—C—

解释：序列中的各项按照一定的规律排列，例如

A—B—C、A—B—C等。

23．异项无限序列的数学表达：

A1—A2—A3—A4—A5—A6—……

24．场的数学表达：

[A]　[B]

解释："[ ]"表示场，大写英文字母表示个体，例如个体 A 的场为[A]，个体 B 的场为[B]。场中的事物也可用小写英文字母表示，如[a、b、c、d]。

25．场的并列关系：

[A]∪[B]∪[C]∪[D]

解释：符号∪表示并列，上式表示场[A]、[B]、[C]、[D]是并列关系。

26. 场的包含关系：

$[A] \subseteq [B]$

解释：符号"$\subseteq$"表示包含，上式表示场[A]包含于场[B]。

27. 场的交集关系：

$[A] \cap [B] \cap [C] \cap [D]$

解释：符号"$\cap$"表示交集，上式表示场[A]、[B]、[C]、[D]互相交集。

28. 场的混合关系：

$[A] \cup [B] \subset [C] \cap [D]$

解释：该式表示场[A]与[B]是并列关系，[B]与[C]是包含关系，而[C]与[D]是交集关系，它们共同构成了混合关系。

29. 层次关系的数学表达：

…… n 级 $< n+1$ 级 $< n+2$ 级 $< n+3$ 级 $< n+4$ 级 ……

解释：n 级、$n+1$ 级、$n+2$ 级分别表达不同层级的层，这些层由低到高组成一个序列。

30. 事物位变的数学表达：

A（mq / nq）→A（mq+1 / nq+1）

解释：式中 A 表示事物，（mq / nq）表示事物在层系坐标系中的位置，该式表示事物 A 由位置（mq / nq）移动到位置（mq+1 / nq+1）。

31. 事物段变的数学表达：

P = S1 + S2 + S3 + …… Sn

解释：式中 P（英文 Process）表示演化过程，S（英文 stage）表示阶段。该式表示事物的演化过程由不同的阶段构成。

32. 量变的数学表达：

$$\sum_i^n q = q\,i + q\,i{+}1 + q\,i{+}2 + \cdots + qn$$

其中 0 < i < n

解释：式中 q 表示量变，$\sum$ 表示量变之和。

33. 质变的数学表达：

A ⇒ B ⇒ C ⇒ D ⇒ E ⇒ F ⇒ ……

解释：式中 A、B、C、D、E、F 表示不同的事物，"⇒" 表示事物发生了质变。

34. 结构调整的数学表达：

$$\{a \cdot b \cdot c \cdot d\} \rightarrow \{a \cdot b \cdot c \cdot e\}$$

解释：式中 $\{a \cdot b \cdot c \cdot d\}$ 表示调整前的结构，$\{a \cdot b \cdot c \cdot e\}$ 表示调整后的结构。

35. 结构分解方程：

$$\{a \cdot b \cdot c\} \Rightarrow \{a\} \cup \{b\} \cup \{c\}$$ （此方程适用于紧密结构）

$$\{a, b, c\} \Rightarrow \{a\} \cup \{b\} \cup \{c\}$$ （此方程适用于松散结构）

36. 结构重组方程：

$$\{a\} \cup \{b\} \cup \{c\} \cup \{d\} \Rightarrow \{a \cdot b \cdot c \cdot d\}$$ （此方程适用于紧密结构）

$$\{a\} \cup \{b\} \cup \{c\} \cup \{d\} \Rightarrow \{a, b, c, d\}$$ （此方程适用于松散结构）

37. 对子演化的数学表达：

对子的结构式：Su = { A–B }

对子的合作：{A+B}

对子的对立：{A↔B}

对子的分裂：{A–B} ⇒ {A} ∪ {B}

对子的重组：{A} ∪ {D} ⇒ {A–D}

解释：Su 表示对子，A、B 等表示组成对子的事物。"+"表示事物之间的合作，"↔"表示事物之间的矛盾与争斗。

38. 组演化的数学表达：

组的结构式：Gr = {A–B–C–D–E }

组的团结协作：{A + B + C + D + E}

组的矛盾争斗：{A ↔ B ↔ C ↔ D↔E}

组的扩大：{A–B–C–D–E }+ {F} + {G} = { A–B–C–D–E–F–G}

组的缩小：{A–B–C–D–E } – {D} – {E} = {A–B–C }

组的分裂：{A–B–C–D–E } ⇒ {A} ∪ {B} ∪ {C} ∪ {D} ∪ {E}

组的重组：{A} ∪ {B} ∪ {C} ∪ {D} ∪ {E} ⇒ {A–B–C–D–E }

解释：Gr 表示组，A、B、C、D、E 等表示组成组的事物。

39. 群演化的数学表达:

群的结构式: $G = \{A-B-C-D-E- \cdots\cdots -Xn\}$

群的团结协作: $\{A + B + C + D + E + \cdots\cdots + Xn\}$

群的矛盾争斗: $\{A \leftrightarrow B \leftrightarrow C \leftrightarrow D \leftrightarrow E \leftrightarrow \cdots\cdots \leftrightarrow Xn\}$

群的分化: $\{(A-B-C)-(D-E-G)- \cdots\cdots -Xn\}$

群的失序: $\{B, C, A, E, D, E, \cdots\cdots, Xn\}$

群的扩大:

$\{A-B-C-D-E-\cdots\cdots Xn\} + \{F\} + \{G\} = \{A-B-C-D-E-F-G-\cdots\cdots Xn\}$

群的缩小: $\{A-B-C-D-E-\cdots\cdots -Xn\} - \{D\} - \{E\} = \{A-B-C-\cdots\cdots Xn\}$

群的分裂:

$\{A-B-C-D-E-\cdots\cdots Xn\} \Rightarrow \{A\} \cup \{B\} \cup \{C\} \cup \{D\} \cup \{E\} \cup \cdots\cdots \{Xn\}$

群的重组:

$\{A\} \cup \{B\} \cup \{C\} \cup \{D\} \cup \{E\} \cup \cdots\cdots \{Xn\} \Rightarrow \{A-B-C-D-E -\cdots\cdots Xn\}$

解释：G 表示群，A、B、C、D、E、F、G 等表示组成群的事物。

40. 系列演化的数学表达：

系列的结构式：

同项系列：$S1 = \{A—A—A—A—A—\cdots\cdots An\}$

异项系列：$S1 = \{A—B—C—D—E—F—\cdots\cdots Xn\}$

无限同项系列：$S1 = \{A—A—A—A—A—\cdots\cdots\infty\}$

无限异项系列：$S1 = \{A—B—C—D—E—F—\cdots\cdots\infty\}$

系列的团结协作：$\{A + A + A + A + A +\cdots\cdots An\}$

$\{A + B + C + D + E + F +\cdots\cdots Xn\}$

系列的矛盾争斗：$\{A \leftrightarrow A \leftrightarrow A \leftrightarrow A \leftrightarrow A \leftrightarrow\cdots\cdots An\}$

$\{A \leftrightarrow B \leftrightarrow C \leftrightarrow D \leftrightarrow E \leftrightarrow F \leftrightarrow\cdots\cdots Xn\}$

系列的项变：

$\{A—B—C—D—E—F—\cdots\cdots Xn\} \rightarrow \{A—B—C—E—D—F—\cdots\cdots Xn\}$

系列的扩大：

$\{A—B—C—D—E—F—\cdots\cdots Xn\}+\{R\} + \{G\} = \{A—B—C—D—E—F—R—G—\cdots\cdots Xn\}$

系列的缩小：

$\{A—B—C—D—E—F—\cdots\cdots Xn\}-\{E\} -\{F\}$

$= \{A—B—C—D—\cdots\cdots Xn\}$

系列的分裂：

$\{A—B—C—D—E—F—\cdots\cdots Xn\} \Rightarrow \{A\} \cup \{B\} \cup \{C\} \cup \{D\} \cup \{E\} \cup \{F\} \cup \cdots\cdots \{Xn\}$

系列的重组：

$\{A\} \cup \{B\} \cup \{C\} \cup \{D\} \cup \{E\} \cup \{F\} \cup \cdots\cdots \{Xn\}$
$\Rightarrow \{A—B—C—D—E—F—\cdots\cdots Xn\}$

解释：S1 表示系列，A、B、C、D、E、F 等表示组成系列的事物。

41. 序列演化的数学表达：

序列的结构式：

按序数大小排列的有限序列：

$Se = \{A1—A2—A3—A4—A5—A6—\cdots\cdots An\}$

有规律排列的有限序列：

$Se = \{A—B—C—A—B—C—A—B—C—\cdots\cdots A—B—C\}$

按序数大小排列的无限序列：

$Se = \{A1—A2—A3—A4—A5—A6—\cdots\cdots \infty\}$

有规律排列的无限序列：

$Se = \{A—B—C—A—B—C—A—B—C—\cdots\cdots \infty\}$

系列的团结协作：（以下以有限序列为例）

{A1 + A2 + A3 + A4 + A5 + A6 +……An}

{A + B + C + A + B + C + A + B + C +……+ A + B + C}

序列的矛盾争斗：

{A1 ↔ A2 ↔ A3 ↔ A4 ↔ A5 ↔ A6 ↔ ……An}

{A ↔ B ↔ C ↔ A ↔ B ↔ C ↔ A ↔ B ↔ C ↔……Xn }

序列的项变：

{A1—A2—A3—A4—A5—A6——……An} ➜ {A2—A3—A4—A5—A6——……An}

序列的序变：

{A—B—C—A—B—C—A—B—C——……A—B—C } ➜ {B—C—A—B—C—A—B—C—A……B—C—A }

解释：式中 B 的序数由 2 变为 1，A 的序数则由 1 变为 3。

序列的扩大：

{A1—A2—A3—A4—A5—A6——……An}+{ An+1 } + { An +2} ={A1—A2—A3—A4—A5—A6——……An—An+1—An +2}

序列的缩小：

{A1—A2—A3—A4—A5—A6——……An} － { A5 } － { A6} = {A1—A2—A3—A4——……An}

序列的分裂：

$\{A1{-}A2{-}A3{-}A4{-}A5{-}A6{-}\cdots\cdots An\} \Rightarrow \{A\} \cup$

$\{A\} \cup \{A\} \cup \{A\} \cup \{A\} \cup \{A\} \cup \cdots\cdots \{An\}$

序列的重组：

$\{A\} \cup \{A\} \cup \{A\} \cup \{A\} \cup \{A\} \cup \{A\}$

$\cup\cdots\cdots \{An\} \Rightarrow \{A1{-}A2{-}A3{-}A4{-}A5{-}A6{-}\cdots\cdots An\}$

解释：Se 表示序列，A、B、C、D、E、F 等表示组成序列的事物。

42. 系统演化的数学表达：

系统的结构式： $Sy = \{A{-}B{-}C{-}D{-}E{-}\cdots\cdots -Xn\}$

系统的团结协作：$\{A + B + C + D + E +\cdots\cdots Xn\}$

系统的矛盾争斗：$\{A \leftrightarrow B \leftrightarrow C \leftrightarrow D \leftrightarrow E \leftrightarrow \cdots\cdots \leftrightarrow Xn\}$

系统的扩大：

$\{A{-}B{-}C{-}D{-}E{-}\cdots\cdots Xn\} + \{F\} + \{G\} = \{A{-}B{-}C{-}D{-}E{-}F{-}G{-}\cdots\cdots Xn\}$

系统的缩小：

$\{A{-}B{-}C{-}D{-}E{-}\cdots\cdots -Xn\} - \{D\} - \{E\} = \{A{-}B{-}C{-}\cdots\cdots Xn\}$

系统的组合：

{A-B-C-D-E-……-Xn }+ {F-G-H-……-Xn } + {R-U-T……-Xn }=

{A-B-C-D-E-F-G-H-R-U-T……-Xn }

系统的分化:

{A-B-C-D-E-F-G-H-R-U-T……-Xn }- {F-G-H-……-Xn } - {R-U-T……-Xn }={A-B-C-D-E-……-Xn }

系统的分裂:

{A-B-C-D-E-……Xn} ⇒ {A} ∪ {B} ∪ {C} ∪ {D} ∪ {E} ∪……{Xn}

系统的重组:

{A} ∪ {B} ∪ {C} ∪ {D} ∪ {E} ∪……{Xn} ⇒ {A-B-C-D-E -……Xn }

解释:Sy 表示系统(英文 system),A、B、C、D、E、F 等表示组成系统的事物。

43.场演化的数学表达:

场的结构式: $Si = [(a-b-c-d-e-…… - xn)t \cdot sp]$

"场围"的变化:$[Sisp_1] \rightarrow [Sisp_2]$

"场界"的变化:$[Si \odot_1] \rightarrow [Si \odot_2]$

变场:$[Si_1] \rightarrow [Si_2] \rightarrow [Si_3]$

场变：$[(a-b-c-d-e-\cdots\cdots -xn)t_1 \cdot sp_1] \Rightarrow [(f-r-h-g-p-\cdots\cdots -xn)t_2 \cdot sp_2]$

场的扩大：

$[(a-b-c-d-e-\cdots\cdots -xn)t \cdot sp]+ [f] + [r] = [(a-b-c-d-e-f-r\cdots\cdots -xn)t \cdot sp]$

场的缩小：

$[(a-b-c-d-e-f-r\cdots\cdots -xn)t \cdot sp]-[f]-[r] =[(a-b-c-d-e-\cdots\cdots -xn)t \cdot sp]$

场的合：$[Si_1] +[Si_2] +[Si_3] = [Sin]$

场的分：$[Sin] - [Si2_2] - [Si_3] = [Si_1]$

场的解体：$[(a-b-c-d-e-\cdots\cdots -xn)t \cdot sp] \Rightarrow [a] \cup [b] \cup [c] \cup [d] \cup [e]$

场的重组：$[f] \cup [r] \cup [h] \cup [g] \cup [p] \Rightarrow [(f-r-h-g-p-\cdots\cdots -xn)t \cdot sp]$

解释：Si 表示场（英文 site），a、b、c、d、e 等表示场中的事物，t 表示时间，sp 表示场的空间，$\odot$ 表示场的边界。

44.层演化的数学表达：

层的结构式： $L= [(a,b,c,d,e,\cdots\cdots -xn)t \cdot sp]n$

层的扩大：

$[(a, b, c, d, e, \cdots\cdots -xn) t \cdot sp]n+ (f) +(h) = [(a, b, c, d, e, f, h, \cdots\cdots -xn) t \cdot sp]n$

层的缩小：

$[(a, b, c, d, e, f, h, \cdots\cdots -xn) t \cdot sp]n -(f)-(h) = [(a, b, c, d, e, \cdots\cdots -xn) t \cdot sp]n$

层的升：$Ln \rightarrow Ln+1$

层的降：$Ln \rightarrow Ln-1$

层的分解：

$[(a, b, c, d, e, , \cdots\cdots -xn) t \cdot sp]n \Rightarrow [a] \cup [b] \cup [c] \cup [d] \cup [e]$

层的重组：

$[a] \cup [b] \cup [c] \cup [d] \cup [e] \Rightarrow [(a, b, c, d, e, , \cdots\cdots -xn) t \cdot sp]n$

升层：$Aln \rightarrow Aln+1$

跃层：$Aln \rightarrow Aln+4$

降层：$Aln \rightarrow Aln-1$

解释：L 表示层（英文 layer），A、a、b、c、d、e 等表示层中的事物，t 表示时间，sp 表示层的空间，n 表示层的级。

45. 动力公式:

$F = E(T1-T2-\cdots-Tn)$

解释: 公式中 F 表示演化的动力, T 表示事物 (Thing), E 表示作用 (Effect), $E(T1-T2-\cdots Tn)$ 表示事物之间发生相互作用。该公式说明, 演化的动力来自事物之间的相互作用。

46. 周期公式:

$En + T \backsim E(n+1)$

解释: 公式中 E 表示事物的演化过程, En 表示前一个演化过程, E(n+1) 表示后一个演化过程, T 表示周期时间, $\backsim$ 表示相似 (is similar to)。该公式说明, 一个演化过程间隔时间 T, 另一个相似的演化过程就会出现。

47. 演化方程:

$Dq = S \cdot H \cdot N / T \cdot L$

解释: 方程中 D 是演化指数, 它表示事物演化的进度、高度和速度; q 是演化的主体, 如事物、元素、系统等等; S 是演化基线, 表示主体 q 演化的实际值; H 是演化的峰值, 它表示演化所达到的最高峰; N 是一个环所在的层级；T 是演化所用去的时间，L 是从起点到终点的那段环形曲线的长度。演化方程表示，主体 q 的演化指数 D 与它所在环的演化基线 S、峰值 H、级数 N 的乘积成正比，与演化所用去的时间 T 以及环形曲线的长度 L 成反比。

48."元素演化规律"的数学表达：

(1) $f(Qi_1) = (Q1, Q2, Q3)$

(2) $f(Qi_2) = (Q1, Q2, \cdots\cdots Qn)$

(3) $f(Qi_3) = (Q1, Q2, \cdots\cdots Qn)(R1, R2, \cdots\cdots Rn)$

$$1 \leqslant i \leqslant n$$

解释：Q1、Q2、Q3、Qi、Qn、R1、R2、Rn 表示结构中的元素，方程（1）表示，元素 Qi_1 的演化有可能引起结构中某些元素（Q1, Q2, Q3）的改变；方程（2）表示，某一元素 Qi_2 的演化有可能引起结构中所有元素（Q1, Q2, …… Qn）以及整个结构的改变；方程（3）表示，某一元素 Qi_3 的演化不仅有可能引起本结构中所有元素（Q1, Q2, …… Qn）以及整个结构的改变，而且还有可能影响其他结构及元素（R1, R2, …… Rn）发生改变。

49.量变质变规律的数学表达:

$$Q = \sum_i^n q$$

$0 < i, n \not> °$

解释: q 表示量变 (quantitative change), Q 表示质变 (qualitative change), "°" 表示度, "$\not>$" 表示达到或超过度。该公式表示, 当量变达到或超过度时就会发生质变。

50.否定之否定规律的数学表达:

A → B → AB

解释: A 表示肯定, B 表示否定, AB 表示否定之否定。

51.二期律的数学表达:

A1 → Ah → A2

解释: A1 → Ah 表示合成期, Ah → A2 表示分解期。

52.世界公式:

$$W = M \{ C^n + E(e1, e2, e3 \cdots en) \}$$

$$(0 < n < \infty)$$

解释：公式中 W 表示世界（world），M 表示物质（material），C 表示组合（combination），E 表示演化（evolution），e 表示不同的演化状态。该公式说明，世界就是物质不断组合与演化的产物，就是一个不断组合、不断演化的巨大的物质系统。

跋——我的哲学探索之路

《世界哲学原理》一书终于完成了，我十分高兴，但又非常感慨，高兴的是几十年的心愿终于变成了现实，感慨的是这本书竟然用了漫长的 60 年！1960 年，那时我还是一个年仅 14 岁的初中学生，就立志写一本不同寻常的哲学书；2020 年，这本书终于完成了，但我已是 74 岁的白发老人，一本书竟然用了 60 年之久，怎能不让人感慨！为了这本书，我不仅花费了 60 年光阴，而且耗尽心血、历尽磨难，可以说这本书就是用我的全部生命写成的，它是我生命的结晶。古往今来研究哲学的人不计其数，但绝大多数人都是把哲学作为一种职业或爱好，而我却是把哲学视为生命，用自己的全部生命去探索哲学，去求索哲学的真理。

既然是用全部生命去探索哲学，可是为什么这本书经过漫长的 60 年才得以完成？原因有四：一是因为我探索的哲学是前人罕至的荒漠之地，我不得不披荆斩棘、垦荒拓土、栽花种树，从荒漠中开辟出一片新天地，分外艰难；二是我长期生活在一个封闭的环境中，缺乏哲学探索、创作、发表和出版的自由，特别是我所探索的这种与官方哲学迥异的新哲学，更是风险重重；三，由于在中学时代就遭受政治打击，我无法进入大学学习，也无法进入哲学研究机构，没有参考资料，没有经费，甚至连最起码的研究条件也不具备，我只能凭借一己之力在极其困难的条件下孤军奋斗，这种状况严重影响了我的研究速度和进程；四，在我的人生道路上屡遭曲折与坎坷，这些曲折与坎坷严重阻碍了我的研究与探索，我是在艰难竭蹶的逆境中，克服重重困难才完成此书的。了解了这些情况，朋友们一定能够理解，《世界哲学原理》一书为什么花费了 60 年时间才完成。

经历了 60 年的艰难历程，《世界哲学原理》一书终于完成了，回顾这 60 年漫长的探索之路，大致可以分为四个阶段：学生时代、逆境之中、平反之后和著书立说。下面一一讲述。

1946 年 1 月，我出生在河南东部的一个小城——商丘，在那里度过了童年。1953 年随父母来到河南西部的一个小县城——渑池，我的学生时代就是在渑池度过的。1959 年夏，我小学毕业考入渑池县一中，第一个班主任是陈无尘老师，陈老师出身耕读之家，深受孔孟思想的影响，他立志要在自己的教育生涯中培养出几个出类拔萃的人才。入校不久，陈老师看我喜欢读书，特地从学校图书馆借来一本哲学小册子让我读。那是一本薄薄的哲学普及读物，内容也很浅显，但对于一个从来没有接触过哲学的十三岁初中学生来说，我却被深深地震撼，我觉得哲学是一门高深而又神圣的学问！这本小册子把我带进神奇的哲学世界，也许是与哲学三生有缘，我立马疯狂地爱上了哲学，爱上了这个给我带来了非常智慧和非常痛苦的哲学，爱上了这个让我为之付出毕生心血的哲学！

那时，哲学就像面包和水一样吸引着我，我如饥似渴地学习了大量古今中外著名哲学家的著作，几年下来，我几乎把县书店和图书馆里的哲学书籍浏览了一遍，我的书桌上也摆满了各种哲学书籍。记得那时读过恩格斯的《反杜林论》、《自然辩证法》和《费尔巴哈与德国古典哲学的终结》，马克思的《经济学—哲学手稿》，列宁的《哲学笔记》以及两卷本的《列宁文选》，黑格尔的《小逻辑》、《哲学史讲演录》，罗素的《西方哲学史》、任继愈的《中国哲学史》和杨荣国的《简明中国思想史》，等等。此外还精读了苏联科学院哲学研究所主编的《马克思主义哲学原理》、艾思奇的《大众哲学》和《辩证唯物主义与历史唯物主义》，毛泽东的《矛盾论》与《实践论》，冯定的《平凡的真理》等。那时中国盛行"学习苏联老大哥"，苏联科学院哲学研究所编的《马克思主义哲学原理》被尊崇为经典哲学教科书，那是两本很厚的书，字数近 60 万，为了啃透书中深奥的哲学概念与原理，我废寝忘食、苦苦钻研，几乎患上神经衰弱。除了哲学书籍，我还阅读了大量文学、历史、政治以及自然科学书籍。

1962 年，我初中毕业考入渑池高中，在功课之余，我一边读书，一边思考、探索哲学问题。那时毛泽东的《矛盾论》被尊为哲学经典，但我仔细研读后却发现，文中有多处论断无法自圆其说，不少问题用《矛盾论》也无法做出合理的解释，所以我感到《矛盾论》并不像官方宣传的那样正确、伟大。此外，我研读马克思主义哲学后感到，它同样也存在一些问题，并不能对纷繁复杂的世界做出满意的解释。马哲和《矛盾论》都存在缺陷，那哲学领域是否存在还没有被发现的新大陆？是否存在更新、更好的哲学呢？不知天高地厚的我决定另辟蹊径，去探索更新、更好的哲学，在高中的几年里，我一直在默默地探索一种新的哲学理论——"联系运动论"。所谓"联系运动论"就是从联系和运动的视角看世界，从联系和运动的角度研究哲学问题，它就是"世界哲学"的萌芽。除了"联系运动论"，我还对矛盾问题、黑格尔"圆圈论"、精神的本质以及哲学新规律等问题，进行了思考与探索。那时我准备报考北京大学哲学系，立志做一个有为的哲学家，探索更新、更好的哲学。按照我当时的学习成绩，实现这个理想很有希望，但世事难料、命运莫测，没有想到等待我的并不是北大，而是一场灭顶之灾！

事情的原由还要从初中说起，我在初中读书时正值三年大饥荒（1959-1961），疯狂的"大跃进"、"大炼钢铁"、"大食堂"、"浮夸风"、"放卫星"等政治运动，给国家带来巨大灾难，人民生活极度困难，饥饿夺去了成千上万人的生命！那时我虽然只是一个十几岁的初中学生，但严重的大饥荒让我忧国忧民、夜不能寐，我决定上书毛泽东，为民请命。1961年的夏天，我冒着极大风险给毛泽东写了一封"万言书"，真实地反映了大饥荒的严重情况，并对"五八年大跃进"、"五七年反右斗争"提出尖锐的批评，还提出在农村实行"包产到户"、"整顿干部作风"、不搞政治运动、实行民主等多项建议。

那是疯狂的阶级斗争年代，我所在的高三一班的班主任吕忠德和校长张相如，都是心狠手辣的阶级斗争专家，他们认为我的举动简直是胆大妄为、反动至极，我的"万言书"被扣上"对现实不满，恶毒攻击三面红旗，大肆鼓吹修正主义"的大帽子，我的哲学探索也被定为"反马列主义、反毛泽东思想"的大毒草。1965 年 1 月，在高考的前夕，我被打成"反动学生"、"小反革命"，被开除学籍、团籍，送农村监督劳动改造！

我成了全县闻名的"小反革命"，离校不久就被押送到渑池一个农村劳动改造，后来又随知青下乡到渑池果园公社一个知青队劳动。我在农村劳动改造 8 年之久，后又到一个煤矿下井挖煤 3 年。那时我遭受一次又一次的批斗，涂黑脸、挂黑牌、住牛棚、捆绑打骂、游街示众，受尽了折磨与打击！我不仅在政治上遭受打击，而且生活上动荡不安，经济上穷困窘迫，四处碰壁、工作无着、厄运不断、度日艰难，那时我几乎是处在一个山穷水尽的人生绝境之中。

虽身处艰难的逆境，但我探索哲学之志并没有被磨灭，我摘录了司马迁的一段话来激励自己："昔西伯居羑里，演周易；孔子厄陈蔡，作春秋；屈原放逐，著离骚；左丘失明，厥有国语；孙子膑脚，而论兵法；不韦迁蜀，世传吕览；韩非囚秦，说难，孤愤；《诗》三百篇，大抵圣贤发愤之所为作也。"虽然身处逆境、穷困潦倒，但我决心向先贤们学习，穷且益坚、发愤图强，继续哲学的探索。1972 年 11 月，我在哲学论文的一段"插话"中写道："今天当我穷得身无分文，研究哲学只能使我更穷、更危险的时候，我之所以坚持不懈进行哲学的探索，催促我的就是对哲学的一颗真诚的心。"

那时我身处偏僻的农村，终日辛苦劳作，不仅远离大学和图书馆，参考书籍和资料也极端缺乏。在如此困难的条件下，如何进行哲学探索？中国古代哲人老子说过："祸兮福之所倚"，我无法进入北大，但我却进入了一所更大的大学——"社会大学"，我决定在"社会大学"中学习、探索哲学。我在农村，在知青队，在矿山，在社会现实中观察、发现和思考哲学问题，在现实世界中探索哲学。在漫长的哲学史中，绝大多数哲学家都是在安静的书斋或图书馆里探索哲学，而我却是在山村田间、矿井煤堆中探索哲学，在实践中研究哲学。正是由于我的哲学诞生于社会现实之中，所以它具有鲜明的现实主义特色。

残酷的政治打击把我抛到社会的最低层，使我遭受许多磨难，但也促使我的思想发生剧烈的变化，我大彻大悟、看透一切，无所畏惧、无所顾忌，思想得到彻底的解放。由于政治和历史的原因，我们这一代人学习哲学不得不从官方限定的马克思主义哲学或辩证唯物主义开始，很多人把辩证唯物主义尊为哲学的正统，甚至认为哲学就是辩证唯物主义，所以很多人一辈子都在这个圈子里打转。在学校时，我虽然发现辩证唯物主义存在着问题，但还没有跳出这个圈子，我的探索基本上是对辩证唯物主义的弥补与修正。离开学校后，我对辩证唯物主义进行了更深入的审视与反思，我发现辩证唯物主义在学理、方法以及理论体系等诸多方面都存在着严重问题，无法对哲学的重大问题做出满意的解释。此外，多年来它一直固守死板的教条，既不发展，也不前进，已经变成了一具僵化的神像。

认清了辩证唯物主义的本质，我决定跳出这个圈子，去探索新的哲学。我在学校时已经开始思考"联系运动论"，但那仅仅是一些零散的思考，还没有形成系统的理论。20 世纪 70 年代初，我正在农村劳动改造，我开始构思完整的"联系运动论"理论体系，该体系分为三个部分："本体论"、"逻各斯论"和"认实论"。"本体论"主要探讨世界的本原，我认为精神的本质也是物质，认为世界的本原只有一种，那就是物质。"逻各斯论"主要探讨哲学的规律，我把哲学规律分为"概律"和"系律"两部分，所谓"概律"是指最具普遍意义的规律，而"系律"则是指局部性的规律，"概律"共 10 条，"系律" 8 条。"认实论"包括两个部分,一是认识论,二是实践论。我把自己的思考与探索记录在两个硬皮笔记本中,陆陆续续写了十余万字,这是我第一次系统地把"联系运动论"用文字表达出来,也是第一次尝试建构新的哲学体系。

"联系运动论"提出了许多新问题、新观点和新规律,与辩证唯物主义大不相同。那时正处于疯狂的"文革"之中,政治运动接连不断,有人仅仅因为写诗、作歌、记日记就被打成"现行反革命",横遭批斗、坐牢,甚至被枪毙!我提出了一个与官方哲学截然不同的新哲学,那更是"罪大恶极",所以我的哲学探索面临着巨大的风险。为了保护研究成果,也为了避祸,我把哲学手稿包好放在一个陶瓷盆中,埋在地下,这才躲过了一场劫难。我在一首诗中曾写道:"人间浮沉寻正道,炼狱砥砺著真文",这是我艰难探索的真实写照!

数千年来,研究哲学的人不计其数,然而谁能想到在 20 世纪的中国,研究哲学竟然变成了一件极其危险的事情?1971 年 7 月 24 日,我在哲学论文的"插话"中写了这样一段话:

读书的人,啧啧称赞的是作者的万言巨著,但他们怎么能够知道,在这万言巨著的每一页、每一行、每一个字的背后,都浸透了作者的血泪与汗水,都潜藏着作者生命的呼唤!

"莫道浮云终蔽日,严冬过尽绽春蕾"。1976 年

9 月，毛泽东离开了这个世界，"四人帮"被逮捕，中国历史翻开了新的一页。1978 年 12 月，中共十一届三中全会召开，拨乱反正、改革开放，中国开始了巨变。1979 年 10 月，我持续了 14 年的冤案得到平反，那种动荡不安、提心吊胆的日子结束了，我终于可以放心大胆地探索哲学了。改革开放后的 80 年代，中国出现了少有的宽松局面，哲学研究机构逐步恢复，不少禁区被打破，学术研究也有了一定的自由。大量国外哲学、文学、科学以及学术书籍进入中国，科学的新成果"三论"（系统论、信息论和控制论）等也得到广泛传播。这是一个难得的机会，我积极阅读了大量国外哲学、思想以及科学书籍，并自费购买了不少重要学术著作和资料，以便进行深入的学习和研究。为了系统地了解中外哲学的动态，我购买并仔细研读了冯契、徐孝通主编的《外国哲学大辞典》、刘放桐主编的《现代西方哲学》、赵敦华著的《现代西方哲学新编》、邢贲思主编的《中国哲学 50 年》、任俊明、安起民主编的《中国当代哲学史》等。除了哲学著作，我还认真学习了现代科学的新理论，例如系统科学、信息科学、脑神经科学，生物学、生物化学、细胞生物学、量子力学以及宇宙学等等。通过这些学习，我不仅了解了国外的哲学新理论和科学新成果，并进一步了解了中外哲学的历史、现状、进展、失误与缺憾，为我的哲学探索奠定了坚实的基础。

　　长期以来，我一直是孤军奋战，处于哲学学术圈子之外，为了及时了解、把握学术动态，我专门订阅了《哲学研究》、《哲学动态》和《青年论坛》等杂志，并经常浏览哲学网站，例如中国社会科学网、中国人民大学哲学在线、中山大学哲学网、爱思想网以及学说连线等。多年来我一直生活在河南西部的小县城，很少有机会与哲学专业人士接触、交流。1998 年，我家移居河南省会郑州，我积极与中国人民大学哲学系、北京大学哲学系、河南省社会科学院哲学研究所、河南省社会科学联合会、河南省自然辩证法研究会、河南哲学研究会以及思维科学研究会的学者们联系，并与他们交流、沟通。通过这些措施，我开始进入哲学学术圈，改变了闭关自守、孤军奋战的局面。

　　如果说 20 世纪 60～70 年代是我学习、探索哲学的第一个高潮，那么 20 世纪的 80～90 年代就是我学习、探索哲学的第二个高潮。在第二个高潮中，我学习了大量国外哲学新理论、新思想以及科学新成果，这些新理论、新思想和新成果不仅开阔了我的视野，丰富了我的知识，而且促使我的思想发生大的飞跃。我重新对"联系运动论"进行审视与反思，发现了其中的不足，于是我把"联系运动论"进一步深化成为"组合演化论"，最后又把"组合演化论"发展成为"世界哲学"和"科学唯物主义"。科学唯物主义是我几十年探索的最终结果，它就是我孜孜以求的"新哲学"。科学唯物主义是一个完整的哲学体系，它由三个大的分支构成，这三个分支是：世界哲学、人类哲学和自然哲学，而每一个大分支又由若干小的分支构成，其整体结构就像本书开头所画的那棵哲学树。

从辩证唯物主义的修正到"联系运动论"，从"联系运动论"到"组合演化论"，再从"组合演化论"到"世界哲学"和"科学唯物主义"，60年来，我的哲学探索之路如同"演化哲学"中的"环式轨道"，经过一环又一环、一级又一级的探索和攀登，终于达到了一个理想的境界。

经过几十年的坚持与努力，我的哲学探索终于完成了，为了总结探索的成果并用文字记录下来，我决定集中精力著书立说。1996年，我提前办理了退休手续，获得了充裕的时间；1998年我又将家搬到郑州，杜门谢客、专心著书。多年来我一直是用笔写作，为了写作更快捷、方便，我决定采用电脑，1999年我购置了一台电脑，并学会在电脑上写作。学会电脑后，写作速度加快，查找资料方便，与外界交流、沟通也更加容易，真是如虎添翼！

科学唯物主义是一个庞大的理论体系，那么，书应该从哪里写起呢？世界的本原是哲学需要解决的首要问题，世界的本原究竟是物质，还是非物质的精神？几千年来哲学家们对这个问题见仁见智、争论不休，我在学校时就曾对这个问题进行过思考与探索，我认为世界本原问题的关键在于精神的本质，如果搞清了精神的本质，本原问题就有可能迎刃而解，于是我决定先写精神问题。我认为精神是大脑这个物质结构的产物，物质结构的产物只可能是物质，而不可能是非物质，所以精神的本质应该是物质。为了从科学的角度对我的观点做出令人信服的解释与证明，我对大脑的神经结构、大脑产生精神的过程与机理、精神的结构与形态、精神与蛋白质分子的关系等一系列问题进行了深入的研究，并对精神的本质做出了更为科学的解释。为了总结、记录我对精神问题的探索，2000年我开始撰写《破解大脑之谜——精神分子论》一书，2004年12月该书完成。全书40万字，共分39章，书中明确指出精神就是大脑神经元合成的特定蛋白质分子，精神的本质是分子。此外，《破解大脑之谜》一书还对大脑的思维、记忆、自我、意识、潜意识、梦、感情、行为、智慧等一系列问题都做出了详尽的解释。2005年，《破解大脑之谜——精神分子论》一书由北京群言出版社出版，在哲学、科学以及理论界产生了一定的影响。

《破解大脑之谜》一书也有一点遗憾，由于该书涉及问题较多，无法对精神本质问题进行充分的论证，提供的证据也偏少。由于这是一个十分重要的哲学和科学问题，我决定再写一本书，专门探讨精神本质以及精神问题。2006年，我开始撰写第二本书《精神的革命》，2008年完成。该书31万字，共分8章，重点探讨精神本质问题，书中不仅明确提出"精神的本质是分子"的论断，不仅进行了充分的论证，而且提供了大量有力的科学证据。不仅如此，《精神的革命》

一书还从科学和哲学的角度对各种精神或心灵现象做出了新的解释，构建了新的科学心灵哲学。更为重要的是，该书对世界的本原作出了明确的解释——由于精神的本质也是物质，所以世界的本原只有一种，那就是物质，人类的精神观和本原观将会发生一场翻天覆地的大革命。2015 年，《精神的革命》一书由郑州大学出版社出版。

《破解大脑之谜》和《精神的革命》两书完成后，第三本书我准备写矛盾问题。从中学时代开始，几十年来我一直在思考、探索矛盾问题，我发现苏版矛盾理论存在着严重缺陷，它曲解"对立同一规律"的本义，炮制了一个荒谬的矛盾理论，大肆鼓吹"斗争哲学"，造成了极大的危害。我决定写一本书专门讨论矛盾问题，这本书就是《新矛盾论》。该书 2008 年 5 月动笔，2011 年 12 月完成一稿，后来又撰写了多个版本。《新矛盾论》不仅对苏版矛盾理论的缺陷和错误进行了深入的评析，而且拨乱反正、破旧立新，构建了新的矛盾学说，对矛盾问题做出更合理、更全面、更切合实际的解释。

在写书之余，我还撰写了一百多篇论文与文章，在《中州学刊》、《炎黄春秋》及《爱思想》等处发表，其中一些文章还被中国人民大学复印资料、中国社会科学网、中山大学哲学网等转载，受到一些专家学者和读者的好评，在哲学、理论和思想界产生了一定的反响。

《破解大脑之谜》、《精神的革命》和《新矛盾论》三本书完成后，我开始撰写最重要的一本书——《世界哲学原理》，它是科学唯物主义的核心，也是我几十年探索取得的最重要的成果。该书 2014 年 6 月开始撰写，2020 年 1 月完成初稿，虽然撰写用了数年，但思考和探索却花费了数十年之久。"世界哲学"是我花费几十年心血，筚路蓝缕、披荆斩棘，从荒漠中开辟出来的一片哲学新天地，是地地道道的原创哲学。与传统哲学相比较，它在哲学的定义、主题、方向、出发点、理路、对象、方法以及理论体系等诸多方面都发生了根本性的改变，它是唯物主义发展的新阶段，是哲学的新范式，是全新的哲学。虽然花费了几十年心血，虽然经历了种种磨难，但总算实现了我的初衷与理想，我感到分外高兴！

《世界哲学原理》一书完成了，按计划我应继续撰写《人类哲学原理》和《自然哲学原理》两书，完成科学唯物主义的整个体系。然而这是一个宏大的工程，我今年已经 75 岁，前几年又害了一场大病，身体不如以前，能否完成科学唯物主义的第二卷和第三卷，尚不敢肯定。但我有一个初步的设想，先写出《人类哲学原理》和《自然哲学原理》两书的大纲，把科学唯物主义这棵大树画成。

"墙角数枝梅，凌寒独自开"，每读王安石的这两句诗都十分感慨，因为它就是我哲学探索的写照。几十年来，我把哲学视为生命，在极其困难的条件下孤军奋战，坚持哲学探索 60 年之久，终于取得一些成果，就像那墙角的梅花一样顶着严寒独自开放。

陈定学

2021 年 7 月 12 日于龙山

参考文献

1.［英］伯特兰·罗素：《西方哲学史》，何兆武、李约翰译，商务印书馆，1963年版。

2.刘放桐等：《新编现代西方哲学》，人民出版社，2000年版。

3.赵敦华：《现代西方哲学新编》，北京大学出版社，2001年版。

4.朱德生：《西方哲学名著菁华》，中国青年出版社，1991年版。

5.任继愈：《中国哲学史》第一、第二、第三册，人民出版社，1963年版。

6.邢贲思：《中国哲学五十年》，辽海出版社，1999年版。

7.任俊明、安起民：《中国当代哲学史》，社会科学文献出版社，1999年版。

8.冯契、徐孝通主编：《外国哲学大辞典》，上海辞书出版社，2000年版。

9.夏征农主编：《辞海》，上海辞书出版社，2000年版。

10.《简明社会科学词典》，上海辞书出版社，1982年版。

11.江天骥：《当代西方科学哲学》，中国社会科学出版社，1984年版。

12.孙正聿：《哲学通论》，辽宁人民出版社，1998年版。

13.吕振羽：《中国政治思想史》，三联书店出版，1955年第四版。

14. 侯外庐等：《中国思想通史》第二卷，人民出版社，1957年版。

15. 杨荣国：《简明中国思想史》，中国青年出版社，1962年版。

16. [德]黑格尔：《小逻辑》，贺麟译，三联书店出版，1957年版。

17. [德]黑格尔：《逻辑学》下卷，商务印书馆，1976年版。

18. [德]黑格尔：《精神现象学》，商务印书馆，1979年版。

19. [德]黑格尔：《哲学史讲演录》，三联书店出版，1957年版。

20. 张世英：《论黑格尔的逻辑学》，上海人民出版社，1959年版。

21. [英]罗素：《我们关于外部世界的知识》，上海译文出版社，1990年版。

22. [美]罗伯特·所罗门：《大问题——简明哲学导论》，张卜天译，广西师范大学出版社，2004年版。

23. [美]理查德·罗蒂：《哲学和自然之镜》，李幼蒸译，商务印书馆，2003年版。

24. [法]霍尔巴赫：《自然的体系》，管士滨译，商务印书馆，1977年版。

25. [法]拉·梅特里：《人是机器》，商务印书馆，1979年版。

26. [德]恩斯特·海克尔：《宇宙之谜》，上海人民出版社，1974年版。

27. 《狄德罗哲学选集》，江天骥、陈修宅、王太庆译，三联书店，1983 年版。

28.[法]卢梭：《社会契约论》，何兆武译，商务印书馆，1963 年版。

29.[英]卡尔·波普：《客观知识——一个进化论的研究》，舒炜光等译，上海译文出版社，1987 年版。

30.[英]卡尔·波普：《二十世纪的教训》，王凌霄译，广西师范大学出版社，2004 年版。

31.海德格尔：《存在与时间》，陈嘉映、王庆节译，三联书店，1987 年版。

32.石里克：《自然哲学》，商务印书馆,1984 年版。

33.[英]A.F. 查尔默斯：《科学究竟是什么？》，鲁旭东译，商务印书馆，2007 年版。

34.施太格缪勒：《当代哲学主流》，商务印书馆，1992 年版。

35.[加]马里奥·本格：《科学的唯物主义》，张相轮、郑毓信译，上海译文出版社，1989 年版。

36.库恩：《科学革命的结构》,李宝恒、纪树立译，上海科学技术出版社，1980 年版。

37.[美]麦克尔·路克斯：《当代形而上学导论》，朱新民译，复旦大学出版社，2008 年版。

38.[美]约翰·彼洛克，乔·克拉兹：《当代知识论》，陈真译，复旦大学出版社，2008 年版。

39.《爱因斯坦文集》,许良英、李宝恒、赵中立译，商务印书馆,2009 年版。

40.[英]史蒂芬·霍金：《时间简史——从大爆炸到黑洞》，

湖南科学技术出版社，1992年版。

41. [英]斯蒂芬·霍金：《宇宙的起源与归宿——听霍金讲万物之理》，赵君亮译，凤凰出版传媒集团、译林出版社，2009年版。

42. 冯·贝塔朗菲：《一般系统论：基础、发展和应用》，林康义、魏宏森等译，清华大学出版社，1987年版。

43. 伊·普利高津等：《从混沌到有序》，沈小峰译，上海译文出版社，1987年版。

44. [美]欧文·拉兹洛：《系统哲学引论：一种当代思想的新范式》，商务印书馆，1988版。

45. 苗东升：《系统科学大学讲稿》，中国人民大学出版社，2007年版。

46. [英]弗朗西斯·克里克：《惊人的假说——灵魂的科学探索》，湖南科学技术出版社，1999年版。

47. [美]约翰·R·塞尔：《心灵的再发现》，王巍译，中国人民大学出版社，2005年版。

48. [美]约翰·R·塞尔：《心灵导论》，徐英瑾译，上海人民出版社，2008年版。

49. [美]约翰·海尔：《当代心灵哲学导论》，高新民等译，中国人民大学出版社，2006年版。

50. 丹尼尔·丹尼特：《心灵种种——对意识的探讨》，上海科学技术出版社，1998年版。

51. [美]约·冯·诺意曼：《计算机和人脑》，商务印书馆，1979年版。

52. [美]威廉·詹姆斯：《心理学原理》，田平译，中国城市出版社，2003 年版。

53.［瑞士］皮亚杰：《发生认识论原理》，商务印书馆，1996 年版。

54.［英］I.G.吉尼斯：《心灵学——现代西方超心理学》，辽宁人民出版社，1988 年版。

55.［美］洛伊斯·N·玛格纳：《生命科学史》，百花文艺出版社，2002 年版。

56.［美］弗雷德·艾伦·沃尔夫：《精神的宇宙》，商务印书馆，2005 年版。

57. 高新民、储昭华主编：《心灵哲学》，商务印书馆，2002 年版。

58. 马克思：《资本论》，第一、第二、第三卷，人民出版社，1953 年版。

59. 恩格斯：《自然辩证法》，人民出版社，1962 年版。

60.《马克思恩格斯全集》第 1 卷，人民出版社，1956 年版。

61.《马克思恩格斯全集》第 38 卷，人民出版社，1972 年版。

62.恩格斯：《反杜林论》，吴黎平译，人民出版社，1956 年版。

63. 恩格斯：《费尔巴哈与德国哲学的终结》，人民出版社，1963 年版。

64. 列宁：《哲学笔记》，人民出版社，1958 年版。

65. 列宁：《唯物主义与经验批判主义》，人民出版社，1950 年版。

66.《列宁全集》第 38 卷，人民出版社，中文第一版。

67.《普列汉诺夫哲学著作选读》第 1 卷，三联书店，1961 年版。

68. 苏联科学院哲学研究所主编：《马克思主义哲学原理》，人民出版社，1959 年版。

69. 罗森塔尔、尤金编：《简明哲学辞典》，人民出版社，1959 年版。

70. 苏联科学院经济研究所编：《政治经济学教科书》，人民出版社，1955 年版。

71. 苏联科学院社会学研究所：《社会学与社会发展问题》，浙江人民出版社，1982 年版。

72.《毛泽东选集》第一卷，人民出版社，1951 年版。

73.《毛泽东哲学批注集》，中共中央文献出版社，1988 年版。

74.《毛泽东选集》第五卷，人民出版社，1977 年版。

75.《毛泽东著作选读》上册，人民出版社，1986 年版。

76. 艾思奇：《辩证唯物主义与历史唯物主义》，人民出版社，1961 年版。

77. 肖前、李秀林、汪永祥主编：《辩证唯物主义原理》，人民出版社，1991 年版。

78. 李达：《唯物辩证法大纲》，人民出版社，1978 年版。

79. 高清海：《马克思主义哲学基础》，人民出版社，1987 年版。

80. 陈晏清等：《马克思主义哲学高级教程》，南开大学出版社，2001 年版。

81. 肖前、黄楠森、陈晏清主编：《马克思主义哲学原理》，中国人民大学出版社，1994 年版。

82. 《李泽厚哲学文存》上下编，安徽文艺出版社，1999 年版。

83. 胡军：《哲学是什么》，北京大学出版社，2002 年版。

84. 孙美堂等：《哲学新论》，北京理工大学出版社，2004 年版。

85. 谢龙等：《哲学百年》，北京出版社，1999 年版。

86. 李连科：《中国哲学百年论争》，商务印书馆，2004 年版。

87. 吕大吉主编：《宗教学通论》，中国社会科学出版社，1989 年版。

88. 王充：《论衡》，上海人民出版社，1974 年版。

89. 李达：《〈实践论〉〈矛盾论〉解说》，三联书店，1979 年版。

90. 金岳霖：《形式逻辑》，人民出版社，1979 年版。

91. 《杨献珍文集》，第 1 卷，河北人民出版社，1984 年版。

92. 闵家胤：《进化的多元论》，中国社会科学出版社，1999 年版。

93. 王元化：《清园近作录》，文汇出版社，2004 年版。

94. 王永祥：《矛盾问题新探》，河北人民出版社，2005 年版。

95. 乌杰：《系统哲学》，人民出版社，2013 年第 2 版。

96. 成中英：《论中西哲学精神》，东方出版中心，1991 版。

97. 袁亚愚、詹一之主编：《社会学—历史　理论　方法》，四川大学出版社，1989年版。

98. 文聿：《中国"左"祸》，朝华出版社，1993年版。

99. 杨继绳：《墓碑——中国六十年代大饥荒记实》，香港天地图书有限公司，2009年版。

100. 李宗禹等：《斯大林模式研究》，中央编译出版社，1999年版。

101. 蒋元明主编：《往事——1966写真》，百花洲文艺出版社，1999年版。

102. 金钟主编：《建国五十年大纪实》，香港东方出版有限公司，2006年版。

103.《金刚经 心经 坛经》，陈秋平、尚荣译注，中华书局，2016年版。

104. 李行健主编：《现代汉语规范词典》， 外语教学与研究出版社、语文出版社2004年版。

105. 姜丹、钱玉美：《信息理论与编码》，中国科技大学出版社，1992年版。

106. 白唐、郭鸣中：《漫谈信息和控制》，中国青年出版社，1984年版。

107. 钟义信：《信息学漫谈》，科学普及出版社，1984年版。

108. 刘曼西：《生命科学导论》，中国电力出版社，2000年版。

109. 王文清主编：《脑与意识》，科学技术文献出版社，1999年版。

110. 王文清：《宇宙·地球·生命——化学家眼里的生命》，

湖南教育出版社，1999 年版。

111. 汪云九、杨玉芳：《意识与大脑——多学科研究及其意义》，人民出版社，2003 年版。

112. 林锦湖、刘瑞林：《生物学》，高等教育出版社，1998 年版。

113. 方宗熙：《生物的进化》，科学出版社，1973 年版。

114. 方宗熙、江乃萼：《生命发展的辩证法》，人民出版社，1976 年版。

115. 朱东亚：《生命之舟——走进微观世界》，湖北教育出版社，2001 年版。

116. 卢浩泉：《生命科学的奥秘——生物学》，中国华侨出版社，1995 年版。

117. 赵国屏等：《生物信息学》，科学出版社，2002 年版。

118. 张自立、彭永康：《现代生命科学进展》，科学出版社，2004 年版。

119. 东北师范大学自然辩证法研究室主编：《自然·科学·辩证法》，科学出版社，1984 年版。

120. 桂起权等：《生物科学的哲学》，四川教育出版社，2003 年版。

121. 张长城、赵春义、李福林：《新科学知识手册》，吉林大学出版社，1985 年版。

122. 金俊歧、张纯成、赵兴太主编：《自然辩证法原理》，河南人民出版社，1999 年版。

123. 尹儒英：《高能物理入门》，四川人民出版社，1979 年版。

124.韩济生主编：《神经科学原理》，北京医科大学出版社，1999年版。

125.汪堃仁、薛绍白、柳惠图主编：《细胞生物学》，北京师范大学出版社，2002年版。

126.Robert F. Weaver：《分子生物学》，科学出版社，2000年版。

127.王镜岩、朱圣庚、徐长法主编：《生物化学》，高等教育出版社，2002年版。

128.陈贻源：《模糊数学》，华中工学院出版社，1984年版。